KB182178

개발자를 위한
웹게임
쿡북

The Web Game Developer's Cookbook: Using JavaScript and HTML5 to Develop Games

by Evan Burchard

Authorized translation from the English language edition, entitled WEB GAME DEVELOPMENT COOKBOOK, THE: USING JAVASCRIPT AND HTML5 TO DEVELOP GAMES 1st Edition by BURCHARD, EVAN, published by Pearson Education, Inc, publishing as Addison-Wesley Professional, Copyright © 2013 Pearson Education, Inc.

KOREAN language edition published by J-Pub Co. Copyright © 2013
KOREAN translation rights arranged with PEARSON EDUCATION, INC., publishing as Addison-Wesley Professional, Indianapolis through AGENCY ONE, SEOUL KOREA.

초판 1쇄 발행 2013년 9월 13일

지은이 이반 버차드
옮긴이 장현희
펴낸이 장성두
펴낸곳 제이펍

출판신고 2009년 11월 10일 제406 – 2009 – 000087호
주소 경기도 파주시 문발동 파주출판도시 530–1 뮤즈빌딩 403호
전화 070 – 8201 – 9010 / **팩스** 02 – 6280 – 0405
홈페이지 www.jpub.kr / **이메일** jeipub@gmail.com
편집부 이민숙, 이 슬
용지 신승지류유통 / **인쇄** 한승인쇄 / **제본** 광우제본

ISBN 978 – 89 – 94506 – 75 – 3 (93000)
값 28,000원

제이펍은 독자 여러분의 책에 관한 아이디어와 원고 투고를 기다리고 있습니다.
책으로 펴내고자 하는 아이디어나 원고가 있으신 분께서는 책에 대한 간단한 개요와 차례,
구성과 저(역)자 약력 등을 메일로 보내주세요.　　　　　　　　jeipub@gmail.com

자바스크립트와 HTML5로 만드는 웹 게임의 모든 것

개발자를 위한 웹 게임 쿡북

The Web Game Developer's Cookbook:
Using Java Script and HTML5 to Develop Games

이반 버차드 지음 | **장현희** 옮김

Jpub
제이펍

차례

CHAPTER 1 퀴즈   1

CHAPTER 2 대화형 게임   29

CHAPTER 3 파티   69

CHAPTER 4 퍼즐   103

CHAPTER 5 플랫폼 게임   145

옮긴이 머리말

자바스크립트는 웹 개발을 업으로 삼는 우리 곁에 상당히 오래 머물러 있는 언어이다. 사실, 이 언어는 90년대 후반에서 2000년대 초반에 Dynamic HTML 기술과 더불어 정적인 웹 페이지에 역동성을 불어넣기 위한 목적으로 사용되면서 널리 알려지기 시작했다. 그러나 간단한 풀다운 메뉴를 구현한다거나, 사용자의 입력 값을 검사하고 적절한 오류 메시지를 표시하는 등 DOM 객체를 조작하는 수준에서 크게 벗어나지는 못했었다. 그도 그럴 수밖에 없는 것이 자바스크립트라는 언어는 태생적으로 웹 브라우저 환경에서만 사용할 수 있었고, (물론, Windows Script Host 환경의 스크립팅에도 사용할 수 있고, 오래된 ASP라는 마이크로소프트의 서버 측 스크립트 플랫폼도 자바스크립트를 지원했었지만) 웹 브라우저는 여타의 데스크톱 애플리케이션과는 달리 보안으로 인해 여러 제약이 많았다. 특히 그래픽 장치나 사운드 장치, 또는 네트워크 소켓 등 하드웨어를 직접 제어한다는 것은 꿈도 꿀 수 없는 일이었다(이를 위해 악명 높은 ActiveX를 비롯해 플래시 등의 브라우저 확장 기술이 꽤 오랫동안 사용됐다).

그러나 최근 몇 년간, 특히 HTML5 스펙이 발표되기 시작한 이후로 자바스크립트의 위상은 급격히 달라지기 시작했다. 이제 웹 브라우저에서 동작하는 자바스크립트는 HTML5 스펙에 힘입어 화면에 그림을 그릴 수도 있게 되었고, 오디오나 비디오를 직접 제어할 수도 있으며, 소켓을 통한 네트워킹도 가능하게 되었다. 가만히 생각해보면 이런 기능들이야말로 게임 구현에 필수적인 요소들이 아니던가! HTML5와 함께 이제 웹 브라우저도 하나의 완벽한 게임 플랫폼으로 자리 잡을 수 있는 충분한 기술적 기반을 갖게 된 것이다. HTML5 스펙이 발표된 후 이를 활용한 다양한 예제와 데모들이 인터넷에 나타나기 시작했는데, 이들 중 상당 부분이 게임과 관련된 것들이라는 점은 이미 웹이 게임 플랫폼으로서 충분한 자격을 갖추었음을, 그리고 상당한 기대를 받고 있음을 방증하는 부분이라 하지 않을 수 없다.

이 책은 HTML5의 새로운 기능들을 모두 소개하지는 않고 하나의 완벽한 게임을 만드는 방법을 채택하고 있지도 않다. 그러나 일반적으로 게임의 구현에 필요한 여러 요소를 적절한 수준의 예제를 통해 설명하고 있다. 즉, 이 책의 예제들을 따라 한다고 해서 당장 플레이할 수 있는 게임이 뚝딱 만들어지지는 않지만, 여러분이 게임을 만들고자 한다면 반드시 구현해야만 하는 기능들을 대부분 설명하고 있다. 배고픈 자에게 밥을 떠 먹여주기보다는 밥을 짓는 방법을 알려주는 책이 바로 이 책이다.

이 책의 첫 번째 장과 첫 번째 완성된 예제는 어쩌면 다소 실망스러울 수도 있다. 그리고 책을 계속 읽어나가면서 각 장마다 완성된 예제를 실행해보면 왠지 조금씩 부족하고 완성도 떨어진다는 느낌을 받게 될 것이다. 그러나 조금 전에도 말했지만, 이 책은 여러분이 만족할 만한 수준의 게임 하나를 완성하는 책이 아니라 만족스러운 게임을 구현하는데 필요한 재료들을 설명한 책이다. 결국, 괜찮은 게임을 만들기 위해서는 최소한 이 책이 설명하는 내용들은 알고 있어야 한다는 뜻이다.

이 책을 통해 게임 개발에 사용되는 다양한 게임 엔진과 더불어 각종 문제를 해결하는 방법, 게임 개발 시 고려해야 할 사항 등에 대해 하나씩 익혀나가다 보면 어느새 여러분은 스스로 꽤 괜찮은 수준의 웹 게임을 개발할 수 있는 능력을 갖추게 될 것이다. 이 책은 여러분을 웹 게임 개발자로 만들기 위해 쓰인 책이니 말이다.

웹 게임 개발자로 거듭나고자 하는 자바스크립트 개발자들에게 역자의 서툰 번역이 조금이나마 도움이 되었기를 바라며, 매번 좋은 책을 번역할 기회를 제공해주시는 제이펍의 장성두 실장님께 감사의 말씀을 드린다. 그리고 벌써 13년째 저녁 시간마다, 또는 주말마다 책을 쓰거나 번역하는 일에 몰두하는 남편과 아빠를 옆에서 지켜주고 응원해주는 아내와 딸 예린이, 아들 은혁이에게 사랑과 감사의 마음을 전한다.

2013년 8월

역자 **장현희**

어린 시절, 필자는 '닌텐도 공인 품질 보증' 딱지가 붙어 있는, 아직은 스티로폼 냄새가 채 가시지 않은 일본산 플라스틱 카트리지가 무척이나 재미있는 물건이라는 점을 깨달았다. 작은 상자에 그것을 집어넣고 '전원' 버튼을 누르면 놀라운 재미를 선사했던 그 마법 상자에는 재미와 함께 도전, 발견, 그리고 우정이 모두 깃들어 있었다. 그러나 나중에 알고서 충격적이었던 사실은 그 게임들(그리고 그와 유사한 다른 게임들)이 지극히 평범한 사람들에 의해 만들어졌으며, 때로는 단 한 명이거나 몇 명의 사람이 만들었다는 점이었다. 하지만 팀의 규모는 점점 커졌고, 필자가 지켜본 바 몇 명의 해커로 구성된 작은 규모의 팀에서 시작된 것이 어느새 오늘날 우리가 알고 있는 500억 달러 규모의 비디오 게임 산업으로 성장했다.

대규모 게임 스튜디오가 시장을 지배하고 있는 요즘에도 소규모의 독립된 팀들이 게임을 개발하며 부흥을 이끌고 있다. 이런 노력을 지원하는 수십 개의 유통 플랫폼이 만들어졌지만, 그리 변변치 못하며 때로는 간과되었던 웹 브라우저 영역처럼 혁신적인 플랫폼은 없었다. 브라우저 기술의 발전에 힘입어 수백 가지의 무료 게임 엔진이 나타났고, 이 엔진들을 이용하면 심지어 게임 디자이너 혼자서도 인상적이면서도 재미있고, 잠재적인 수익성을 지닌 게임을 만들어 낼 수 있다. 필요한 것은 브라우저와 텍스트 편집기, 그리고 이 책에서 얻을 수 있는 것과 같은 정보들이다. 게임 콘솔을 켜는 것보다는 버튼을 몇 개 더 눌러야 하지만, 독자 스스로나 다른 사람을 위해 뭔가 재미있는 것을 만드는 데 이보다 쉬운 방법도 없다.

자, 그럼 이제 전원을 켜보자.

이반 버차드

감사의말

무엇보다 진심으로 독자에게 감사한다. 여러분은 내가 쓴 책을 읽고 있다. 그것이 내게는 매우 가슴 벅찬 일이다. 정말로 감사하다.

피어슨 출판사에서 이 책의 출간을 담당했던 팀, 특히 내가 이 책을 쓸 수 있는 기회와 조언을 아끼지 않은 로라, 올리비아, 그리고 송린에게 감사한다.

친구들과 이 책을 리뷰해준 존, 리치, 제이슨, 그렉, BBsan, 파스칼, 팀, 그리고 토니에게 감사한다.

어머니의 삶의 지혜와 아버지의 통찰력에 감사한다. 항상 인내하며 지켜봐 준 에이미에게 감사한다. 내 게임의 첫 번째 테스터이자 내가 아는 그 누구보다 정직하며 쾌활한 그레첸과 맥스에게 감사한다.

내가 성장하는 동안 사랑하게 되었던 게임을 만들어 준 모든 이들과 90년대에 그 게임들을 깨는 방법을 알려준 ROM 해킹 커뮤니티의 모든 이들에게 감사한다.

오픈 소스 기여자들에게도 감사한다. 그들이 이런 놀라운 세상을 만드는 데 이바지해준 덕분에 나는 일과 취미를 거의 같은 방식으로 즐길 수 있었다. 특히 내가 이 책을 집필하는 동안에 사용했던 여러 도구를 개발해준 사람들에게 감사한다(부록 C 리소스를 참고하기 바란다). 그들의 노력이 없었다면 이 책은 결코 존재하지 못했을 것이다. 또한, HTML5 초기에 웹 게임의 가능성을 전파해준 케시브(옮긴이 Keisiev Norimaki)에게 감사한다.

나의 반항심을 조정해주고 관심을 기울여준 모리스 씨에게도 감사의 말씀을 드리고 싶다. 깊고 폭넓게 이해하는 것의 가치를 가르쳐준 재미슨 박사와 세상을 완전히 새로운 관점에서 바라볼 기회를 제공해준 하타사 박사님께 감사의 말씀을 드린다.

내가 온전한 정신을 유지할 수 있게 하고 즐거움을 느끼며 수년간 적당한 수준의 문젯거리로 골머리를 앓는 데 도움을 준 합창단과 극단의 꼬마들, 동네 양아치들, 별종들, 해커들, 엔지니어들, 기업가들, 연구자들, 디자이너들, 몽상가들, 그리고 다양한 언어를 사용하는 여러 사람에게 감사한다. 특히 오랫동안 나를 잘 견뎌준 극단의 꼬마에게 감사한다.

마지막으로, 나를 믿어주며 그 이유를 설명해준 모든 사람과 나를 믿지 않는 이유를 설명해준 모든 사람께 감사한다.

과거에 게임을 구현할 때는 대부분 특별한 도구가 필요했으나 이제는 브라우저와 텍스트 편집기만 준비하면 된다. HTML5 게임의 범주에 속하지 않은 경우라도 구현에 필요한 시간과 비용이 놀랍도록 경감되어서 요즘에는 몇 시간 혹은 하루 정도면 게임을 구현할 수 있다. 소규모 게임 개발자의 역할이 증가하면서 게임 잼(Game Jam)처럼 온라인은 물론 직접 만나서 빠르게 게임을 개발하는 모임이 늘어나고 있기 때문이다.

게임 잼에서 통상적으로 규정하는 게임 개발 시간은 글로벌 게임 잼(Global Game Jam)이나 러덤 대어(Ludum Dare) 같은 대규모 이벤트들이 규정한 48시간을 채택하고 있다. 그러나 게임 디자이너들은 (으레)스스로 규칙을 정하는 것을 좋아하기 때문에 일부 잼들은 1시간 정도 짧은 시간을 규정하기도 한다. 게임을 개발하는 사람들은 게임 잼을 통해 친모와 협업이라는 이익은 물론, 정해진 시간 내에 최대한 빨리 게임을 만드는 환경에 자신을 몰아넣는다. 이는 장단기 프로젝트에 큰 도움이 되는 기술이다.

'뭔가를 빨리 만드는 것'은 소규모 게임 개발자들에게만 도움이 되는 것은 아니다. 기업 환경에서는 이러한 능력을 생산성이라고 표현한다. 좋은 도구를 찾아 학습하는 것은 '똑똑하게 일하는 것'을 잘못 정의하는 것보다 훨씬 생산적이다. 또한, 실제로 지식을 갖추고 있는 것과 동일한 설득력을 발휘한다. 특히 '도구'의 정의에 수학과 같은 것을 포함한다면 더 큰 효과를 발휘할 수도 있다.

이 책은 100가지로 함축한 HTML5 게임 엔진 중에서 최선의 것을 추적한다. 책에서 제시하는 도구와 다른 도구들을 활용하면 브라우저에서 빠르게 게임을 구현할 수 있다. 이 도구들은 HTML 문서에서 자바스크립트 파일을 로드하기만 하면 곧바로 활용할 수 있다. 물론, 일부 도구들은 몇 줄의 코드를 추가해야 하는 경우도 있으나 전반적으로 이 책에서 선택한 도구들은 문서화가 잘 되어 있으며, 커뮤니티 역시 활성화되어 있다. 또한, 몇몇 게임 엔진은 다른 것들에 비해 규모가 크다. 이 도구들은 모두 게임 개발에 필요한 독특한 기능들을 제공하며, 이 중 몇 가지만 학습하면 각 도구의 공통점과 차이점을 발견할 수 있을 것이다.

각각의 게임 엔진은 각 장에서 소개하는 게임의 장르와 궁합이 잘 맞는다. 이 책을 따라 하는 과정에서 다소 복잡한 장르의 게임 구현을 위해 더 풍부한 기능을 제공하는 엔진이 필요하다는 것을 알게 될 거고, 결국 독자는 새로운 게임 엔진을 학습하거나 직접 만들고자 할 것이다.

각 게임은 몇 시간 정도면 만들어 낼 수 있다. 이 게임들이 여러분이 좋아하는 장르의 게임이 될 수 있을까? 그러나 사실 그렇지 않을 가능성이 높다. 이 책은 게임 장르를 기본적인 요소들로 구분하는데, 이것들을 바탕으로 틀을 마련하고 완성해 나가는 것이다. 어떤 경우에는 저자가 몇 가지 장식을 걸어둔 경우도 있을 것이다. 또는 지붕에 큰 구멍이 뚫려 있을 수도 있고, 벽에 저자가 좋아하는 그림이 걸려 있을 수도 있다. 원한다면 얼마든지 뒤뜰을 만들고, 푹신한 카펫을 깔거나 은행나무를 심어도 좋다. 필요하다면 필자가 그린 그림을 바꿔도 된다. 필요한 것들은 어디서나 찾을 수 있지만, 어디까지나 여러분의 집을 완성하는 것임을 잊지 말기 바란다. 원하는 것은 뭐든지 해도 좋다. 여러분이 실행하는 순간, 그것은 여러분 자신의 게임이 될 것이다.

책을 다 읽으면 여러분이 좋아하는 게임을 떠올리고 그것을 기능의 목록으로 분류하여 이 책을 통해 학습했던 도구들을 활용해 비슷하게 구현할 수 있는 방법을 알게 될 것이다. 또한, 어떤 기능이 얼마나 어려운지, 또는 얼마나 오랜 시간이 걸릴지에 대한 감각도 가지게 될 것이다. 이 책이 소개한 도구들을 통해 생산성을 갖추고 게임으로 구현하기에 적당한 아이디어가 있다면 많은 이들이 좋아하게 될 무언가를 금세 만들 수 있을 것이다.

누구를 위한 책인가?

여러분이 이 책을 집어든 데에는 여러 이유가 있을 것이다. 게임에 취미가 있고 코딩을 하는 방법을 배웠다면 이 책은 독자 여러분을 위한 책이다. 웹 개발자나 디자이너로서 게임 개발에 필요한 도구와 기술, 템플릿 등을 찾고 있었다거나, 자바스크립트 초급 개발자에서 중급 개발자로 올라서기를 원한다면 마찬가지로 이 책은 여러분이 찾던 바로 그 책이다. 플래시, 네이티브 모바일/데스크톱 애플리케이션, 혹은 다른 플랫폼을 대상으로 하는 게임 디자이너나 개발자이자 HTML5/자바스크립트 기반으로 무언가를 만드는 방법을 공부하고 있다면 마찬가지로 이 책을 읽을 자격이 있다. 그러나 오픈 소스 게임 엔진에 주로 달린 HTML5 로고 문신을 하거나, 주말 동안 HTML5로 만들어진 마리오64 게임을 아이폰 네이티브 게임으로 포팅할 수 있는 독자라면 이 책은 여러분이 찾던 책이 아니다.

이 책의 코딩 규칙

새로 추가되거나 변경된 라인은 굵은 글씨로 표시하고 코드가 예제에서 생략되면 말줄임표(...)를 한 줄 이상 표시하였다. 삭제되거나 변경된 코드 라인의 표시는 그 자리에 (//로 시작하는)주석과 함께 굵은 글씨로 표시하였다. 완전히 새로운 코드 예제에서는 굵은 표시를 사용하지 않았다.

계속 표시(➡)는 이전 라인에서 코드가 계속 이어진다는 것을 의미한다.

문장 중간에 나타나는 코드는 이렇게 표시한다.

추가적인 설명이 필요하면 '참고'란에 표시한다.

문장으로는 적합하지 않지만 알아두면 도움이 되는 내용들은 '팁' 상자에 표시한다.

'주의'는 이렇게 표시되며, 확실하지 않거나 제대로 알고 있지 않으면 문제를 발생시킬 수 있는 내용들을 표시한다.

이 책의 구성

이 책은 총 11개의 장으로 구성되어 있고, 1장부터 10장까지는 각각 한 개의 게임을 구현하는 것을 목표로 하며, 세 개의 부록(A "자바스크립트 기초", B "품질 관리", C "리소스" 등)이 제공된다. 제1장 "퀴즈"에서는 HTML, CSS, 자바스크립트 혹은 기타 도구들에 대해 전혀 지식이 없다는 것을 가정하고 있다. 반면, 나머지 장에서는 부록 A와 1장의 내용을 독자가 모두 이해했다는 것을 가정한다. 코드의 관점에서 볼 때 모든 장에서는 이전 장에서 구현한 도구는 절대 다시 사용하지 않는다. 즉, 장르는 복잡도에 따라 적당히 분류되어 있기 때문에 비교적 간단하게 나누어진 장르를 통해 얻은 경험이 마지막 장에서 게임을 구현할 때 도움이 될 것이다. 11장 "한 계단 올라서기"에서는 이 책을 다 읽은 후 독자 여러분이 하고자 하는 일에 대한 가이드를 제공한다. 그리고 그 가이드는 부록 C에서 완성되는데, 부록 C는 이 책의 제1장에서 제10장까지의 내용을 통해 게임을 구현하는 데 필요한 도구들을 표시한다.

각 게임은 '레시피'로 나누어져 있다. 이렇게 함으로써 하나의 게임을 이해하기 위한 만큼의 코드와 설명으로 나눌 수 있음은 물론, jsarcade.com에서 제공하는 소스 파일들을 적용할 수 있게 된다. 즉, 모든 레시피가 홍보 사이트에서 다운로드할 수 있는 코드와 상호 보완되는 폴더들을 모두 가지고 있다는 뜻이다. 그리고 뭔가 이해가 되지 않거나 다음 단계로 건너뛰고자 한다면 가장 최근의 레시피에서 소개하는 코드를 사용하면 된다. 또한, 각 장이 끝날 때 이 게임이 어떤 모양새를 갖추게 되는지 보고싶다면 해당 게임의 'final' 디렉터리를 확인하면 된다.

만일 1장과 부록 A의 내용을 잘 알고 있지만 코드를 이해하기가 너무 어렵다면, 부록 B의 내용을 통해 이해에 도움이 되는 내용을 파악하는 것도 가능하다.

이 책의 활용법

이 책을 제대로 활용하려면 각 장마다 소스 코드 파일을 다운로드해야 한다. 다운로드 파일에는 각 레시피에 필요한 자바스크립트, HTML, CSS, 이미지, 그리고 기타 추가적인 파일들이 포함되어 있다. 소스 코드 파일은 jsarcade.com에서 다운로드할 수 있다. 소스 코드는 각 장의 제목으로 분류되어 있으며, 각 장의 디렉터리는 게임 실행에 필요한 전체 소스 코드와 세 가지 다른 형식의 디렉터리로 구성된다. 'initial/' 디렉터리는 게임 실행에 필요한 최소한의 코드가 들어 있으며, 'after_recepe<x>/' 폴더에는 각 레시피를 완료한 이후의 특정 '체크 포인트'(대부분 각 장의 첫 부분)에 해당하는 코드가 제공된다. 따라서 이해가 잘 안 되는 상황이 발생해도 한두 페이지의 내용만 다시 이해하면 된다. 'final/' 디렉터리는 한 장의 내용을 마쳤을 때의 완성된 게임 소스 코드가 들어 있다. 각 장의 레시피 디렉터리에는 index.html 파일이 저장되어 있어, 이 파일을 더블 클릭하거나 브라우저에서 열어보면 디렉터리 이름에 표시된 레시피를 완료한 직후의 게임의 모습을 볼 수 있다. 각 게임의 최종 버전에 대한 데모는 jsarcade.com에서 볼 수 있으므로 게임을 미리 살펴보고 난 다음에 무엇을 구현할지 선택할 수도 있다.

모든 게임과 게임 엔진 그리고 기타 필요한 소프트웨어의 소스 파일은 jsarcade.com과 출판사 웹 사이트(informit.com/title/9780321898388)에서 다운로드할 수 있다.

특정 단계는 건너뛸 수도 있지만, 책을 읽어나가는 동안 게임은 점점 더 복잡해진다는 것을 명심하기 바란다. 무엇이든 이해가 되지 않는 것이 있다면 체크 포인트(after_recipe<x> 디렉터리)의 코드를 활용하고, 1장과 부록 A의 내용에 좀 더 주의를 기울이도록 한다. 또한, 어디가 어떻게 잘못되었는지 이해가 되지 않는다면 부록 B를 살펴보아도 좋다.

한 장을 마치고 나면 여전히 게임에 뭔가 부족하다는 것을 깨닫게 될 것이다. 그 부족한 것이란 특수 효과일 수도, 조금 더 나은 게임 스토리일 수도 있으며, 혹은 보스와의 전투가 될 수도 있다. 각 장을 마칠 때마다 게임에 추가할 수 있는 몇 가지 제안을 보게 될 것이다. 필자가 제안한 내용이 마음에 들든, 아니면 스스로 다른 아이디어가 있든, 반드시 시도해보기 바란다. 소스 코드를 다운로드하고 자신의 컴퓨터에서 실행해보는 순간, 그 게임은 여러분의 것이다. 제공된 소스 코드는 그저 템플릿일 뿐이며, 얼마든지 수정하고 확장하여 마음대로 뜯어고칠 수 있다. 필자는 그런 노력에 대해 그저 박수를 쳐줄 뿐 여러분이 필자의 소스 코드를 수정했다고 해서 고소할 생각은 전혀 없다.

CHAPTER 1

퀴즈

퀴즈류의 게임에는 간단한 규칙이 적용된다. 항상 올바른 정답이 있으며, 그 정답은 여러분이 아는 것일 수도 있고 예측 가능한 것일 수도 있다. 레스토랑에서의 평범한 저녁부터 대입 수학능력평가에 이르기까지 이러한 종류의 게임들은 오늘날의 세계 구석구석에 퍼져 있다. TV 게임은 간혹 사용자와의 상호작용을 위한 새로운 방법을 발견하곤 한다. 게임에는 간단한 질문과 답변 외에도 더 많은 요소들이 필요하지만, 이들을 구성하는 모든 종류의 소프트웨어는 일종의 로직을 실행한다. 만일 왕이 당신에게 용과 싸우고 싶냐고 물었을 때, 여러분이 '예'라고 답해야 한다는 것은 매우 단순하면서도 쉬운 퀴즈다. 어드벤처 게임에서 구멍에 빠지는 것과 RPG 게임에서 그동안 쌓아온 점수를 몽땅 잃어버리는 것이 동등한 경험이라고 말하기는 어렵지만, 규칙과 그에 대한 결과를 프로그래밍하는 것은 게임의 장르를 막론하고 비슷하다 할 수 있다.

The Web Game Developer's Cookbook

레시피: 질문 구성하기

이 장에서는 독자들의 다양한 웹 개발 경험 수준을 고려하여 갓 시작하는 사람들도 쉽게 이해할 수 있도록 최대한 명확하게 설명하고자 한다. 이후로는 내용이 점차 복잡해지겠지만, 이번 장을 쉽게 이해할 수 있는 적절한 수준이 될 것이다. 물론, 어딘가에서는 이 책을 읽기 시작해야 하며, 그것이 바로 이곳 1장이 될 수도 있다. 만일 이번 장의 내용이 너무 쉽게 느껴진다면 얼마든지 지나치거나 건너뛰어도 좋다. 앞으로의 내용들은 점점 복잡하고 어려워질 것이다.

이번 장에서 게임의 구현 목적은 세 가지로, 우선 HTML과 CSS, 그리고 자바스크립트에 대한 기본적인 이해를 도모하는 것이다. 그중에서도 자바스크립트에 대한 지식은 이 책에서 가장 중요한 부분으로, 만일 자바스크립트에 대한 기초가 없다면 부록 A의 "자바스크립트 기초"를 살펴보기 바란다. 내용을 진행하면서 다양한 외부 자바스크립트 라이브러리를 활용할 것이다. 따라서 현 시점에서 그러한 것들을 활용하는 데 아무런 문제가 없음을 확인해야만 하는 절차가 두 번째 목적이다. 그리고 이 책의 내용을 활용하기 위한 기본 지식인 파일을 생성, 편집하고, 저장했다 열어보는 과정을 쉽고 반복적으로 행할 수 있도록 패턴을 확립할 것이다.

텍스트 편집기가 없다면 한 가지를 선택해야만 한다. 이 책의 예제로 제공되는 자바스크립트와 HTML, CSS 파일을 생성해내고 편집하기 위해서는 어떠한 도구를 사용해도 무방하다. 만약 어떤 도구를 사용할지 감이 잡히지 않는다면 부록 C의 "리소스"를 참고하기 바란다.

자, 이제 시작해 보자. 텍스트 편집기를 실행하고 quiz/initial/index.html 파일에 예제 1.1의 코드를 추가한다. 만일 소스 코드를 다운로드하지 않았다면 서문에서 소개한 소스 코드 다운로드 방법을 참고하도록 하자.

예제 1.1 HTML의 구조를 보여주는 index.html 파일의 코드

```html
<!DOCTYPE html>
<html>
  <head>
    <meta charset="utf-8">
    <title>퀴즈</title>
    <link rel="stylesheet" type="text/css" href="main.css">
  </head>
  <body>
    <h1>퀴즈</h1>
    <div id="quiz">
    </div>
  </body>
</html>
```

> **참고**
>
> HTML은 HyperText Markup Language의 줄임말로, 오래 전에는 **링크(links)를 하이퍼링크(hyperlinks)**라 일컬었으며, 그 외에도 문서 간에 이동 가능한 것들이 하이퍼라는 단어와 관련되어 있었다. 하이퍼텍스트는 일반 텍스트의 한 종류이나 하이퍼링크를 포함하는 것이고, 마크업은 약간의 문맥을 추가하기 위해 하이퍼텍스트를 감싸고 있는 것들이다. 따라서 HTML은 여러 종류의 텍스트를 조합해 서로 연결이 가능한 페이지를 만들기 위한 문법 가이드라인의 집합이며, .html 확장자를 지닌다.
>
> HTML 태그는 꺾쇠 괄호(〈와 〉) 사이에 나타나는 텍스트이며, HTML 요소는 여는 태그(〈태그〉)와 닫는 태그(〈/태그〉)로 나타나는 모든 것을 일컫는다. 물론, 여는 태그와 닫는 태그도 HTML 요소에 포함되며, 참고로 '/'는 닫는 태그에만 사용된다.

예제 코드는 DOCTYPE 선언부터 시작한다. 이 선언은 브라우저로 하여금 자신이 파싱(parsing)하고 표시할 문서가 HTML이라는 것을 알 수 있도록 해준다. 브라우저가 열 수 있는 파일은 XML 문서부터 오디오 파일과 이미지 등 무척 다양하기 때문에 이 선언을 통해 지금 처리하는 파일이 보통의 웹 페이지라는 것을 명확하게 정의하는 것이 가능하다. 이것을 생략했을 때 어떤 현상이 발생할지 궁금할 것이다. 그러나 그 결과는 브라우저마다 다르며, 경우에 따라서는 끔찍한 일이 일어날 수도 있다. 또한, 선언이 생략된 문서들은 효율을 위해 알 수 없는 종류로 구분되기에 이것만으로도 문서의 상단에 선언을 추가해야

3

하는 충분한 이유가 된다.

다음으로는 <html> 태그가 등장한다. 이 태그는 문서 전체를 감싸는 범용 컨테이너이며, 예제에서와 같이 주로 <head> 태그와 <body> 태그로 구성된다. 기억할 점은 지금까지 설명한 세 개의 태그는 모두 슬래시를 사용한 닫는 태그가 존재한다는 점이다(예를 들면, </body>). 닫힘 태그를 사용하는 것은 내부에 다른 요소를 가질 가능성이 있는 요소를 명확히 지정하는 방법이다.

일반적으로 <head> 태그 내부에는 브라우저가 알아야 할 중요한 정보와 사용자 입장에서는 브라우저 창의 주요 영역에 나타나는 것과 직접적으로 관련이 없는 정보들이 포함된다. 그리고 <meta> 태그는 여러 가지 다양한 목적으로 사용되는데, 이 예제에서는 문서에서 사용할 텍스트의 인코딩 방식을 지정하기 위해 사용되었다. 만일 이 태그를 생략한다면 제한된 범위를 벗어나는 텍스트들은 (비록 그 제한의 범위가 일반적이라 하더라도) 예측할 수 없는 형태로 처리된다. 매일 사용하는 영어로 구성된 대부분의 텍스트들은 올바르게 표시되겠지만, 전 세계의 문자들 중 어느 일부에는 문제가 발생할 수 있다. 게다가 자바스크립트 콘솔(Firebug나 크롬 개발자 도구 등)에서 인코딩 방식을 지정해야 한다는 경고가 발생할 수도 있다. 따라서 본 책에서는 많은 이유에서 <meta> 태그를 생략할 수 있으므로 각 장별로 원래 지정되었던 태그가 어떤 것인지를 미리 살펴두는 것이 좋다.

<title> 태그는 브라우저의 최상단(브라우저에 따라 다르다. 어떤 브라우저는 제목 표시줄에, 어떤 브라우저는 탭에 나타날 수도 있으며, 두 군데 모두 나타날 수도 있다.)에 나타날 텍스트를 지정하는 태그다. 또한, 애플리케이션이 단축 링크와 즐겨찾기에 페이지를 '한눈에 알 수 있도록' 제공하는 목적으로서 사용되기도 한다.

그 다음에 사용한 <link> 태그에는 rel 특성이 stylesheet로, type 특성에는 css 파일로 지정되어 있으며, href 특성에서는 여러분의 컴퓨터에 저장할 파일의 경로를 지정하고 있다. 이 경로는 (예제처럼 파일명만 지정되어 있다면) index.html과 동일한 디렉터리에 지정된 파일이 존재한다는 것을 의미한다. 이 태그는 주로 외부 스타일 시트(CSS 파일)를 연결하기 위해 사용되며, 경로를 제외하고는 대부분 동일한 형태를 가지고 있다. 그리고 <link> 태그에 대해 한 가지 더 알아둘 점은 <meta> 태그와 마찬가지로 이 태그 역시 (</link>와 같은) 닫는 태그가 존재하지 않는다는 점이다. 다른 요소를 품을 수 있는 컨테이너처럼 동작하지 않는 태그에는 굳이 닫는 태그가 필요치 않다.

<body> 태그로 이동해보면 두 개의 중첩된 요소가 정의되어 있다. 첫 번째는 제목(<h1>) 태그이며, 이 태그에는 다른 텍스트보다 크게 보여질 텍스트를 위한 기본적인 스타일이 미리 정의되어 있다. 이어서 <div> 태그는 여러 마크업 정보들을 조직화하는 대표적인 컨테이너 요소다. 예제의 경우 이 <div> 태그는 태그 이름과는 별개로 id 특성을 가지고 있으며, CSS 스타일(예를 들면, 새로운 색상이나 글꼴 크기를 지정하는 등)을 지정하며 자바스크립트 동작(예를 들면, 클릭했을 때 페이지를 뒤집는 등)을 지정하는 데도 사용할 수 있는 class 특성을 가지고 있다.

아직 <div> 태그에는 아무런 요소도 추가되어 있지 않지만, 뭔가 새로운 것을 추가하기에 앞서 여러분이 지금까지의 내용을 잘 따라오고 있는지 확인할 필요가 있다. 따라서 이 파일을 index.html이라는 이름으로 저장하고 브라우저를 실행해보자. 그런 다음, 브라우저의 URL 표시줄에 파일의 경로를 입력하거나, 데스크톱에서 URL 표시줄로 파일을 드래그하거나, 혹은 파일을 더블클릭하자.

브라우저가 파일을 열면 그림 1.1과 같은 화면을 볼 수 있다. 앞서 설명했듯이 <title> 태그에 지정한 '퀴즈'라는 텍스트가 탭에 표시된다.

그림 1.1 크롬 브라우저에서 HTML 파일을 열어본 모습

크롬이나 파이어폭스 브라우저가 설치되어 있지 않다면 지금 둘 다 다운로드하기 바란다. 이 두 브라우저는 HTML5 게임을 개발하는 동안 서로 다른 이슈들을 보여줄 것이기 때문

5

에 두 브라우저를 모두 사용하게 될 것이며, 이 책을 진행하는 중에 두 브라우저는 서로를 완벽히 대체할 수도 없을 것이다.

이제 <div> 태그로 들어가 예제 1.2에서 굵게 표시된 부분의 코드를 index.html 파일에 추가하여 몇 가지 질문을 추가해보자. 이 예제는 그리 길지는 않으나 반복적인 코드로 작성되어 있다. 코드를 직접 입력하는 시간을 벌고 싶다면 quiz/after_recep1/index.html 파일에서 코드를 복사해도 무방하다.

예제 1.2 퀴즈에 추가될 질문들

```
...
<div id="quiz">
  <div id="question1">
    <div class="question">웹 사이트를 구축할 때 주로 사용하는 파일 타입이 아닌 것은?</div>
    <input type="radio" name="question1" value="a"/>
    <label>.html</label>
    <input type="radio" name="question1" value="b"/>
    <label>.exe</label>
    <input type="radio" name="question1" value="c"/>
    <label>.js</label>
    <input type="radio" name="question1" value="d"/>
    <label>.css</label>
  </div>
  <br />
  <div id="question2">
    <div class="question">자바스크립트 객체는 어떤 문자로 래핑되는가?</div>
    <input type="radio" name="question2" value="a"/>
    <label>[]</label>
    <input type="radio" name="question2" value="b"/>
    <label>;;</label>
    <input type="radio" name="question2" value="c"/>
    <label>{}</label>
    <input type="radio" name="question2" value="d"/>
    <label>()</label>
  </div>
  <br />
  <div id="question3">
    <div class="question">다음 중 두더지에 대한 설명으로 적합한 단어는?</div>
    <input type="radio" name="question3" value="a"/>
    <label>닥치는 대로 먹는</label>
    <input type="radio" name="question3" value="b"/>
    <label>사랑스러운</label>
    <input type="radio" name="question3" value="c"/>
    <label>내쫓아야 하는</label>
    <input type="radio" name="question3" value="d"/>
    <label>상기 보기가 모두 해당</label>
  </div>
  <br />
```

```
<div id="question4">
  <div class="question">일본어 "か"의 발음은?</div>
  <input type="radio" name="question4" value="a"/>
  <label>ka</label>
  <input type="radio" name="question4" value="b"/>
  <label>ko</label>
  <input type="radio" name="question4" value="c"/>
  <label>ke</label>
  <input type="radio" name="question4" value="d"/>
  <label>ki</label>
</div>
<br />
<div id="question5">
  <div class="question">다음 중 지구의 중력 수치를 구하는 공식은?</div>
  <input type="radio" name="question5" value="a"/>
  <label>10m/s^2</label>
  <input type="radio" name="question5" value="b"/>
  <label>.809m/s^2</label>
  <input type="radio" name="question5" value="c"/>
  <label>9.81m/s^2</label>
  <input type="radio" name="question5" value="d"/>
  <label>84.4m/s^2</label>
</div>
<br />
<div id="question6">
  <div class="question">십진수 45를 이진수로 바꾸면 얼마일까?</div>
  <input type="radio" name="question6" value="a"/>
  <label>101101</label>
  <input type="radio" name="question6" value="b"/>
  <label>110011</label>
  <input type="radio" name="question6" value="c"/>
  <label>011101</label>
  <input type="radio" name="question6" value="d"/>
  <label>101011</label>
</div>
<br />
<div id="question7">
  <div class="question">4 << 2 = ?</div>
  <input type="radio" name="question7" value="a"/>
  <label>16</label>
  <input type="radio" name="question7" value="b"/>
  <label>4</label>
  <input type="radio" name="question7" value="c"/>
  <label>2</label>
  <input type="radio" name="question7" value="d"/>
  <label>8</label>
</div>
<br />
<div id="question8">
  <div class="question">직각 삼각형의 두 변의 길이를 알 때 빗변의 길이를 구하는 방법은?
➥</div>
  <input type="radio" name="question8" value="a"/>
  <label>Pi*Radius^2</label>
```

```
    <input type="radio" name="question8" value="b"/>
    <label>피타고라스의 정리</label>
    <input type="radio" name="question8" value="c"/>
    <label>계산기를 사용한다?</label>
    <input type="radio" name="question8" value="d"/>
    <label>Sin(side1 + side2)</label>
  </div>
  <br />
  <div id="question9">
    <div class="question">참 혹은 거짓: 모든 게임은 최소한 초당 60프레임으로 실행되어야 한다.
➡</div>
    <input type="radio" name="question9" value="a"/>
    <label>참</label>
    <input type="radio" name="question9" value="b"/>
    <label>거짓</label>
  </div>
  <br />
  <div id="question10">
    <div class="question">서버를 사용하면 얻을 수 있는 장점은?</div>
    <input type="radio" name="question10" value="a"/>
    <label>코드를 감출 수 있다.</label>
    <input type="radio" name="question10" value="b"/>
    <label>적절한 성능의 게임을 구현할 수 있다.</label>
    <input type="radio" name="question10" value="c"/>
    <label>사용자들이 경험을 공유할 수 있다.</label>
    <input type="radio" name="question10" value="d"/>
    <label>상기 보기가 모두 해당</label>
  </div>
</div>
...
```

이 퀴즈 애플리케이션에서 보여주는 질문들은 모두 같은 구조로 만들어졌지만, 서로 다른 질문의 번호 식별자와 다른 질문 및 보기로 구성되어 있다. 자, 그러면 생각의 범위를 첫 번째 질문으로만 좁혀보자. 첫 번째 질문은 <div> 태그의 id 특성에 question1이라는 값이 지정되어 있으며, 이 유일한 식별자는 나중에 활용할 수 있다. <div> 태그는 전체 질문과 보기 항목들을 갖고 있다. 다음으로, 또 다른 <div> 태그는 질문을 표현한 문자열을 가졌고, 이 <div> 태그는 class 특성에 question이라는 값이 지정되어 있다. class 특성은 태그 이름(예를 들면, <div>), 혹은 id 특성과 마찬가지로 나중에 요소를 참조하기 위한 방법 중 하나로 활용할 수 있다. class 특성과 id 특성의 가장 큰 차이점은, id 특성은 요소별로 유일한 값을 가져야 하지만 class 특성 값은 서로 다른 요소들 간에 공유할 수 있다는 점이다.

다음으로 <input> 태그는 세 가지 특성을 가지고 있다. type="radio" 특성은 이 요소가 라디오 버튼이라는 것을 의미한다. 혹시 요소가 어떻게 보여지는지 모르겠다면 그림 1.2를 참고하기 바란다. 두 번째 name 특성은 동일한 질문에 대한 보기들 중에서는 유일해야만 한다. value 특성의 값은 사용자가 입력한 텍스트 필드와 마찬가지 방법으로 HTML 폼 제출 기능을 통해 전달된다. 예제에서는 폼을 제출하는 것이 아니라 자바스크립트와 요소의 값들을 이용하여 사용자가 페이지에 답변한 내용을 검사할 것이다. 이 입력 태그는 />로 끝나는 세 번째 형식의 요소다. 즉, />가 닫는 태그와 동일한 의미를 갖는다.

<label> 태그는 입력 요소의 바깥에 위치한 텍스트를 위한 요소다. 이 태그의 주요 기능은 입력 요소가 클릭되었을 때 클릭된 요소에 해당하는 텍스트로 포커스를 지정하는 것이다. 이번 예제에서 실제로 사용하지는 않지만, 만일 이 기능을 이용해보고 싶다면 각각의 보기 항목에 id="question-10-answer-b"처럼 유일한 값을 id 특성에 지정하고, 이 보기 항목에 해당하는 레이블의 for 특성을 <label for="question-10-answer-b">와 같이 지정하면 된다.

각 질문 사이에는 줄바꿈 태그(<br />)가 닫는 태그를 생략한 채 사용되고 있다. 줄바꿈 태그는 요소들 사이에 수직으로 공간을 삽입한다. 삽입되는 공간의 크기는 브라우저마다 서로 다르기에 레이아웃에 문제가 생긴다면 (예제에서는 문제가 되지 않지만 대부분 그런 문제가 생긴다.) CSS 스타일을 이용하여 공간을 추가해야만 한다.

모든 사항을 계획대로 완료하고 파일을 저장한 뒤 브라우저를 통해 열어보면, 그림 1.2와 같은 화면을 보게 된다.

레시피: 퀴즈를 숨기거나 보여지게 하기

The Web Game Developer's Cookbook

게임에는 종종 잠금을 해제할 수 있는 요소들이 숨어있다. 예를 들자면, 잠금을 해제하면 보이는 문자나 보조 임무, 혹은 마찬가지로 잠금을 해제하면 나타나는 새로운 레벨 등이 그것이다. 이번 예제에서는 사용자로 하여금 질문을 잠금 해제하도록 할 수 있다. 언뜻 봐서는 다시 이전 과정으로 돌아가는 것처럼 여겨질 수도 있겠지만, 이는 여러분이 페이지에 노출한 콘텐츠가 너무 단순하며 쉽게 파악할 수 있는 것이기 때문이다. 여러분은 마리오 게임의 모든 레벨을 한 번에 플레이하고 싶지는 않을 것이다. 안 그런가? 만일 이 퀴즈 예제가 10개가 아닌 100개의 질문을 가지고 있다면, 모든 질문을 한꺼번에 보여주는 것은 모든 레벨을 한 번에 노출하는 것과 마찬가지다.

그렇다면 어떻게 콘텐츠의 일부를 감출 수 있을까? 질문들을 별도의 페이지로 분리하는 등 여러 가지 방법이야 있겠지만, 간단히 시도해볼 수 있는 방법으로는 CSS 파일을 추가하여 전체 콘텐츠가 노출되는 것을 방지하는 방법이 있다. 이제 main.css라는 이름의 새로운 파일에 예제 1.3의 코드를 작성하여 index.html 파일과 동일한 디렉터리에 저장하자.

예제 1.3 콘텐츠를 숨기기 위한 main.css 파일

```
#quiz {
  display: none;
}
body {
  margin-left: 50px;
}
```

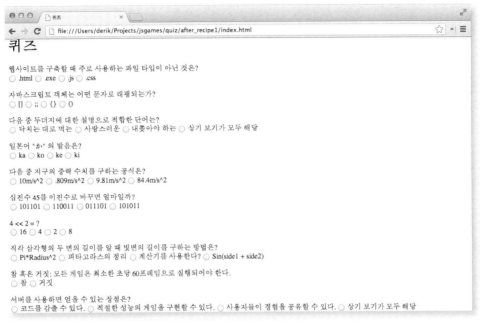

그림 1.2 퀴즈 예제의 질문과 보기들

#quiz는 div와 같은 컨테이너 요소 중 id 특성에 quiz라는 값이 지정된 모든 요소를 의미한다. display:none 값은 div 요소 중 id 특성에 quiz라는 값이 지정된 모든 요소를 보이지 않도록 만든다. 만약 id 특성에 another-quiz라는 값을 지정한 요소를 선택하고자 한다면, 스타일 선택기(Selector)는 #another-quiz처럼 지정하면 된다. 또한, class 특성 값이 quiz인 요소들을 선택하고자 한다면, 이 경우에는 # 기호 대신 마침표 기호를 이용하여 .quiz처럼 지정해야 한다.

태그 기반의 선택기는 아무런 기호를 더하지 않고 태그 이름을 그대로 사용한다. 따라서 body 태그를 선택하고자 한다면 마침표나 # 기호를 사용할 필요가 없다. margin-left: 50px; 값은 페이지를 약간 오른쪽으로 이동시킨다. 다음으로는 이 예제에서 사용한 두 가지 스타일 블록의 형식을 살펴보도록 하자. 우선, 선택기를 지정한 후 여는 중괄호가 나타난다. 그런 후 스타일 정보가 나타나고 마지막으로 닫는 중괄호가 나타난다. 스타일 정보의 형식은 왼쪽에 CSS 속성 이름을 입력하고 그 다음에 콜론을 입력한 후 CSS 속성에 지정할 값이 나타나며, 마지막으로 줄을 종료하는 세미콜론을 입력한다.

여러분이 웹 개발을 처음 시작하는 사람이라면 이 문법이 다소 난해해 보일 것이다. 특히, HTML 태그가 쌍을 이루며 id와 class를 비롯한 많은 특성들이 한꺼번에 소개되었기에 더욱 그럴 것이다. 좋은 소식은 이제 여러분은 CSS와 HTML의 기초를 터득했다는 것이며, 앞으로 더 많은 특성과 선택기가 소개되더라도 기본적으로는 지금까지의 내용과 동일하다. 간단히 말해, 여러분이 실수를 한다면 그것은 아마도 마침표 대신 # 기호를 사용했다거나, 문장 끝의 세미콜론이나 닫는 중괄호를 빠뜨렸다거나, 오타를 입력한 정도일 것이다. 사실 이런 것들은 전문가들도 종종 겪는 실수다. 뭔가 제대로 동작하지 않는다면 느긋하게 지금까지 작성한 코드를 꼼꼼히 읽어보길 바란다.

지금까지의 작업을 저장하고 브라우저에서 index.html 파일을 열어보면, 그림 1.1과 동일한 화면이 보이게 된다. 그러나 이번 예제는 body 태그에 지정한 스타일 때문에 약간 오른쪽으로 이동해 있을 것이다.

The **Web Game Developer's Cookbook**

레시피: 질문을 다시 보이게 하기

이제 모든 질문들이 사라졌으므로 이들을 다시 보이도록 할 방법이 필요하다. 이는 각 장의 마지막에 추가하게 될 패키지를 이용하여 간접적으로 처리할 수 있으며, 패키지를 추가할 때마다 질문이 다시 나타나게 할 수도 있다.

패키지가 로드되었는지를 확인하기에 앞서 자바스크립트를 사용할 수 있는 환경인지를 먼저 확인해보자. index.html 파일 하단에 예제 1.4에서 굵게 표시된 코드를 추가하자.

예제 1.4   첫 번째 외부 자바스크립트 파일을 추가하기

```
...
    <script src="game.js"></script>
  </body>
</html>
```

이 코드는 game.js 자바스크립트 파일을 로드한다. 그 다음으로는 이 파일을 생성해야 한다. game.js라는 이름의 파일을 main.css 파일과 index.html 파일이 저장된 디렉터리에 생성하고 예제 1.5의 코드를 입력하자.

예제 1.5   game.js 파일의 코드

```
alert('안녕하세요');
console.log('안녕하세요');
```

이 코드는 지정된 문장을 두 군데에 출력한다. index.html 파일을 브라우저에서 열어보면 먼저 경고 창에 이 문장이 나타난다. 두 번째 줄의 console.log 메서드는 웹 페이지 개발에 없어서는 안 될 도구인 자바스크립트 콘솔에 출력한다. 자바스크립트 콘솔을 실행하는 방법에 대해서는 부록 B "품질 관리"를 참고하기 바란다.

여기까지 문제없이 진행되었다면 다음으로 jQuery 라이브러리를 가져와 보자. 이 라이브러리를 가져오려면 jquery.com 웹 사이트를 방문하는 것이 가장 빠른 길이다. 이 라이브러리를 어떻게 여러분의 컴퓨터로 옮길지는 여러분이 결정하면 된다. 필자는 웹 페이지에서 가장 크고 번쩍이는 버튼을 클릭하여 텍스트로 된 소스 코드가 보여지는 페이지로 이동했다. 그런 후 소스 코드를 복사하여 jquery.js라는 새로운 파일에 붙여넣고 저장했다.

이 웹 사이트는 소스 코드 파일을 직접 다운로드하는 전통적인 방법도 제공한다. 어떤 방법을 사용할 것인지는 여러분의 선택에 달렸지만, 일단 다운로드한 소스 코드는 반드시 올바른 디렉터리에 저장해야만 한다(index.html, main.css 그리고 game.js 파일이 저장된 것과 동일한 디렉터리여야 한다).

파일을 올바른 디렉터리에 생성했으면 index.html 파일에 예제 1.6에서 굵게 표시한 코드를 추가하자.

예제 1.6 jQuery 라이브러리를 index.html 파일에 추가하는 코드

```
...
    <script src="jquery.js"></script>
    <script src="game.js"></script>
  </body>
</html>
```

만일 파일명으로 jquery.js가 아닌 다른 이름을 사용했다면, 파일을 올바르게 로드하기 위해서는 로드할 파일의 이름을 변경해야 한다.

다음 단계로 진행하기에 앞서 CSS 파일을 조금 조정해보자. 우리가 앞서 CSS 파일을 처음 만들 때는 다소 적극적이었다. 이번에는 전체 퀴즈를 숨기는 대신 예제 1.7의 코드를 이용하여 각각의 질문들만 숨기도록 수정해보자.

예제 1.7 퀴즈가 아닌 질문만 숨기도록 수정된 코드

```
body {
  margin-left: 50px;
}
#question1, #question2, #question3, #question4, #question5,
#question6, #question7, #question8, #question9, #question10 {
  display: none;
}
```

이 예제에서는 앞서 작성했던 #quiz라는 ID 선택기를 삭제하고 콤마로 구분된 ID 선택기로 대체했다. 물론, 이 방법 외에 질문 요소들에 공통적으로 사용할 하나의 class 특성 값을 정의하고 # 기호 대신 마침표 기호를 이용할 수도 있다. 그러나 선택기를 나열하는 지금이 방법이 인식하기에는 훨씬 편하다.

이제 CSS를 콘텐츠의 일부를 숨기는 나쁜 놈이라고 생각하고 jQuery는 이 숨겨진 질문들을 잠금 해제하는 좋은 놈으로 사용해보도록 하자. 숨겨진 질문들을 보이게 하려면 game.js 파일의 소스를 예제 1.8과 같이 수정해야 한다. 앞서 작성했던 내용을 아래의 코드로 교체하자.

예제 1.8 jQuery 라이브러리가 로드되면 첫 번째 질문이 보이도록 하는 코드

```
if (jQuery) {
  $("#question1").show();
};
```

첫 번째 줄에서는 jQuery 라이브러리가 로드되었는지 확인한다. 만일 라이브러리가 로드되었다면 두 번째 줄이 실행된다. 여기서는 jQuery가 제공하는 $ 함수에 #question1이라는 CSS 선택기를 따옴표와 괄호로 둘러싸서 전달한다. 그런 후 jQuery의 show 함수를 호출하여 첫 번째 질문 요소에 지정된 display:none 값을 display:block 값으로 변경한다.

이제 파일을 저장하고 index.html 파일을 브라우저에서 열어보면 첫 번째 질문이 보이는 것을 확인할 수 있을 것이다.

The Web Game Developer's Cookbook

레시피: 쇼핑 목록

이번 레시피에서는 총 9개의 파일을 페이지에 추가로 포함시켜야 한다. 아마도 여러분은 파일을 로드할 수 있다면 결국엔 다시 보여줄 질문들을 굳이 왜 숨겨둬야 하는지 궁금할 것이다. 파일을 다운로드하고 그것들을 다른 파일에 포함시키는 것은 대부분의 독자들에게는 불필요하게 반복되는 경험으로 느껴질 수도 있다. 그러나 다른 사람이 작성한 코드를 찾고, 그것에서 필요한 지식을 얻는 방법을 이해한다는 것은 무척 중요한 일이다. 몇몇 프로젝트는 완전히 새롭게 만들어졌지만, 정작 여러분이 필요한 기술을 가지고 있지 않다면 '거인의 힘을 빌려' 게임을 개발하는 것이 여러분의 시간을 조금이나마 아낄 수 있는 방법이다. 게다가 이번 섹션은 여러분에게 나중에 어떤 파일들을 사용하게 될 것인지를 미리 살펴볼 수 있게 해주는 기회가 되기도 한다.

즉, 여러분이 외부의 자바스크립트 라이브러리를 가져다 사용하는 것에 익숙하고 버전 관리를 올바르게 이해하고 있다면, 앞으로의 내용은 그저 이미 알고 있는 내용을 다시 한 번 확인하는 정도가 될 것이다. 물론, 이전 레시피를 한 번 훑어보거나 그냥 건너뛰어도 무방하다.

잡동사니

아래 나열한 것들이 바로 여러분에게 필요한 도구인 동시에 이 책에서 활용하고 있는 도구들이다.

1. **jquery.js:** 이 파일은 이미 가지고 있다. 해당 라이브러리는 여러 장에 걸쳐 사용되며, 페이지 요소를 쉽게 탐색하고 조작할 수 있다.

2. **impress.js:** 제3장 "파티"에서는 이 (자바스크립트로 만들어진 파워포인트 같은) 프레젠테이션 도구를 게임 엔진으로 활용하여 게임을 구성하는 "페이지"들을 조작한다.

3. **atom.js:** 소스 코드를 압축하지 않고도 불과 203줄의 커피스크립트 코드만으로 구현된 이 도구는 가장 가벼운 게임 엔진 중 하나다. 이것은 파티 게임을 구현할 때 사용한다.

4. **easel.js:** 이 도구는 퍼즐 게임에서 퍼즐 요소들을 그릴 때 사용할 캔버스 API에 몇 가지 멋진 인터페이스를 추가로 제공해준다.

5. **melon.js:** 이 도구는 제5장 "플랫폼 게임"에서 엔진으로 사용한다.

6. **yabble.js:** 격투 게임을 개발할 때 'game.js' 게임 엔진(이름은 똑같지만 앞서 작성했던 것과는 다른 것이므로 혼동하지 말기를 바란다)을 로드하기 위해 사용할 도구다.

7. **jquery.gamequery.js:** 이 도구는 jQuery 라이브러리의 플러그인으로, 역시 게임 엔진이다. 스크롤 형식의 슈팅 게임을 만들 때 사용한다.

8. **jaws.js:** 이 도구는 다방면에 활용할 수 있는 강력한 게임 엔진으로, (약간은 구식의 삼각법을 이용하여) 일인칭 슈팅 게임을 구현할 때 사용한다.

9. **enchant.js:** 일본에서 혜성처럼 등장한 이 게임 엔진은 다양한 기능을 제공하며, 모바일에 대한 지원도 훌륭하다. 이 도구는 제9장 "RPG"에서 활용한다.

10. **crafty.js:** 이 도구는 정말 제대로 만들어진 게임 엔진으로, RTS를 구현할 때 사용한다 (만일 필자에게 하나의 게임 엔진을 선택하라고 한다면 이 엔진을 선택할 것이다).

자, 이제 이번 장을 진행하기 위해 필요한 라이브러리들을 모두 갖추었다. 특히, jQuery 라이브러리를 잘 챙기고, 그 외 다른 필요한 것들에 대하여 살펴보도록 하자. 간혹 스스로를 도전적인 사람이라고 생각한다면 부록 C "리소스"에서 소개하는 모든 라이브러리들을 각각의 프로젝트 페이지에서 미리 다운로드받아 두어도 된다. 아니면 소스 파일의 after_recipe4 폴더에 모아져 있는 파일들을 사용해도 무방하다. 단지 이 파일들을 index.html 파일과 동일한 디렉터리에 저장해야 한다는 것만 기억하자.

부록 C를 살펴봤다면 이 파일들을 Github에서도 구할 수 있다는 것을 깨달았을 것이다. Github에서 파일을 얻으려면 세 가지 방법 중 하나를 선택할 수 있다. 첫 번째 방법은 전체 프로젝트의 소스를 zip 파일로 다운로드하여 압축을 해제하고 필요한 파일을 사용하는 방법이다.

두 번째 방법은 프로젝트 소스 파일들을 탐색하여 필요한 파일을 클릭하고, 소스 코드가 나타나면 그것을 복사하여 여러분의 컴퓨터에 새로운 파일로 붙여넣는 방법이다. 다소 복잡해 보이지만 가장 빠른 방법이다.

세 번째 방법은 조금 더 복잡하지만, 지금이나 나중을 위한다면 조금 더 나은 방법이 될 수도 있다. 그것은 바로 git 클라이언트를 설치하고 그것을 이용하여 프로젝트의 복사본을 다운로드한 후 필요한 파일을 사용하는 방법이다. 이 디렉터리에서 곧바로 작업을 시작하거나 파일을 필요한 곳으로 복사하여 사용하면 된다.

git은 "버전 관리 시스템"의 일종으로 여러분이 파일에 변경한 내용을 추적한다. Github는 git을 사용하는 사람들(다양한 언어로 개발하는 많은 프로그래머들)이 프로젝트를 찾거나 관리하기 위한 웹 사이트다. 필자는 이 방법을 강력히 권장한다. git을 설치하는 방법은 http://help.github.com/articles/set-up-git을 참고하기 바란다.

어떤 방법으로든 필요한 파일을 모두 준비했다면 파일 시스템의 모습은 그림 1.3과 같을 것이다.

이곳을 바탕으로 필요한 자바스크립트 파일들을 추가하기 위해 index.html 파일의 하단에 예제 1.9에서 굵게 표시된 부분을 추가하도록 하자.

예제 1.9 필요한 자바스크립트 파일 추가하기

```
<script src="jquery.js"></script>
<script src="impress.js"></script>
<!-- atom 라이브러리를 실행하기 위해 필요 -->
<canvas></canvas>
<script src="atom.js"></script>
<script src="easel.js"></script>
```

```
    <script src="melon.js"></script>
    <script src="yabble.js"></script>
    <script src="jquery.gamequery.js"></script>
    <script src="jaws.js"></script>
    <script src="enchant.js"></script>
    <script src="crafty.js"></script>
    <script src="game.js"></script>
  </body>
</html>
```

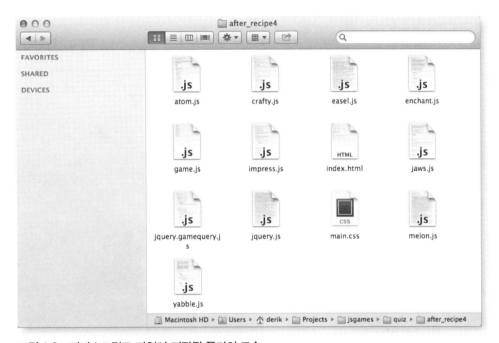

그림 1.3 자바스크립트 파일이 저장된 폴더의 모습

index.html 파일에서 참조하는 파일의 이름이 실제로 존재하는 파일의 이름과 동일한지 다시 한 번 확인하자. HTML 파일에서 자바스크립트 파일을 참조하는 과정은 주로 <script> 태그를 이용한 간단한 방식을 따른다. 이 섹션에서 한 가지 이상한 것은 <canvas> 요소가 atom.js 파일을 참조하는 위쪽에 <!-- --> 주석과 함께 추가되어 있다는 점이다. 이 <canvas> 요소를 추가해야 하는 이유는 이것을 생략하면 atom.js가 동작하지 않기 때문이다. 대부분의 게임 엔진들은 엔진을 사용할 때 초기화 함수를 호출하거나 해당 엔진이 사용할 <canvas> 요소를 지정해야 한다. 그러나 atom.js는 자신이 참조되면 곧

19

바로 캔버스 요소를 탐색한다. 이런 동작을 수정하려고 노력하는 것보다는 그냥 원하는 대로 해주는 것이 낫다. <!-- -->는 HTML의 주석이다. 그러므로 여러분 스스로나 혹은 다른 사람이 이 사실을 인지할 수 있도록 그것을 사용한 것이며, 브라우저는 이 주석을 그냥 무시하게 된다. 다만, HTML 페이지에서 "소스 보기" 기능을 통해 누구든지 이것을 볼 수 있는 잠재적인 가능성이 있다. 만약 이해가 잘 되지 않는다면 부록 B를 참고하기 바란다.

다음으로, game.js 파일에서 나머지 질문들이 나타나게 해보자. 그러려면 game.js 파일에 예제 1.10에서 굵게 표시된 코드를 추가하면 된다.

예제 1.10 나머지 질문들을 보이게 하는 코드

```
if(jQuery){
  $("#question1").show();
};
if(impress){
  $("#question2").show();
};
if(atom){
  $("#question3").show();
};
if(createjs){
  $("#question4").show();
};
if(me){
  $("#question5").show();
};
if(require){
  $("#question6").show();
};
if($().playground){
  $("#question7").show();
};
if(jaws){
  $("#question8").show();
};
if(enchant){
  $("#question9").show();
};
if(Crafty){
  $("#question10").show();
};
```

이번 예제를 통해 알 수 있는 사실은 jQuery 라이브러리를 사용하는 것처럼 자바 스크립트 파일을 참조하게 되면, 대부분 그 즉시 어떤 객체에 액세스가 가능한 상태가 된다는 점이다. 그러나 이처럼 동작하지 않는 부분이 한 곳이 있는데 바로 7번째 질문을 보여주는 부분이다. gameQuery 라이브러리는 jQuery 라이브러리의 플러그인이며, 그렇기 때문에 jQuery를 통해 자신의 기능을 제공한다. 따라서 스스로 어떤 객체를 제공하지 못하기 때문에 jQuery 라이브러리의 $() 함수에 playground 함수를 정의하여 제공하고 있다.

이것은 당신이 작성한 코드가 아닙니다

몇몇 사람들은 자신이 작성하는 코드가 어떻게 사용되어야 하는지를 고려하며 코드를 작성한다. 이러한 의도는 '법적으로 구속력을 가지는 의도'로써 소프트웨어 라이선스를 코드에 포함시키는 형태로 표현한다. 하지만 그렇다고 해서 사용해선 안 된다는 의미는 아니다. 어떤 라이선스는 상업적 이용을 금지하기도 하고, 어떤 라이선스는 단순히 나중에 재사용이 불가능해지는 것을 방지하는 것을 목적으로 하기도 한다. 라이선스의 모든 의미를 설명하는 것은 이 책의 범위를 벗어난다. 그러나 이런 프로젝트들의 라이선스를 읽어보거나 Creative Commons, GPS, BSD 그리고 MIT 라이선스에 대해 읽어보면, 사람들이 오픈 소스 형태로 작업한 결과물에 대해 어떠한 생각을 가지고 있는지 알 수 있을 것이다. 이러한 라이선스는 이미지, 사운드 파일은 물론 다른 종류의 파일에도 적용된다.

파일을 저장하고 index.html 파일을 브라우저에서 열어보면, 질문의 목록을 볼 수 있지만 아무것도 클릭할 수 없다는 사실을 깨닫게 될 것이다. 그 이유는 앞서 추가한 캔버스 요소가 전체 페이지 영역으로 삐져나와 여러분의 마우스 클릭을 방해하는, 보이지 않는 방패처럼 되어버렸기 때문이다. 이 문제를 해결하려면 예제 1.11에서 굵게 표시된 부분을 main.css 파일에 추가해야 한다.

예제 1.11 main.css 파일에서 캔버스 요소를 숨기기 위한 코드

```
body{
  margin-left:50px;
}
#question1, #question2, #question3, #question4, #question5,
```

```
#question6, #question7, #question8, #question9, #question10{
  display:none;
}
canvas{
  display:none;
}
```

레시피: 정답 확인하기

질문에 대한 올바른 정답을 알아내기 위해 정답에 해당하는 요소에 'correct'라는 클래스를 지정할 수도 있다. 그러나 이 방법은 구현도 쉽지만 플레이어가 정답을 알아내기에도 너무 쉬운 방법이다. 때문에 여러분이 이 파일들에 작성한 주석을 비롯한 모든 코드는 사용자에게 쉽게 노출된다. 따라서 사용자들은 정답을 모를 때 소스 코드 보기를 통해 쉽게 정답을 알아낼 수 있다. 프로그래밍 지식이 있는 사람이라도 정답을 쉽게 찾을 수 없고 프로그래밍 지식이 없는 사람들은 정답을 찾는 것이 불가능하게 하려면, 정답을 식별하기 위한 해싱 함수를 구현해야 한다.

해싱 함수(hashing function)는 한 값을 전달받아 다른 값을 출력하는 함수다. 해싱 함수의 내구성은 첫 번째 값으로 두 번째의 '해시된' 값을 얼마나 쉽게 결정할 수 있는가에 달렸다.

시작하기에 앞서, 모든 질문에 대한 답변이 모두 정답일 경우에 이를 명확히 알 수 있도록 하기 위한 스타일을 만들어보자. main.css에 예제 1.12에 굵게 표시된 코드를 추가한다.

예제 1.12 게임을 완료했을 때 적용될 main.css 파일의 스타일

```
body{
  margin-left:50px;
}
#question1, #question2, #question3, #question4, #question5,
#question6, #question7, #question8, #question9, #question10{
  display:none;
}
canvas{
  display:none;
}
.correct{
  background-color:#24399f;
  color:white;
}
```

이 스타일은 correct라는 이름의 클래스에 배경을 파란색으로 지정하고 글꼴 색은 흰색으로 설정한다. 이제 플레이어가 승리했을 때 이 클래스를 추가하면 된다. 사람이라면 유치원을 다닐 때나 그보다 더 어리다 하더라도 흰색이라는 존재에 대해 한두 번은 들어봤을 것이다. 그러나 #24399f라는 색은 사람 사이의 대화는 물론 심지어 대학 수업에서도 들어본 적이 없을 것이다. 이것은 RGB(Red Green Blue) 색상을 표현한 값이다. 처음 두 자리 숫자는 빨간색을 결정하며, 가운데 두 값은 녹색, 마지막 두 값은 파란색을 의미한다.

하지만 잠깐, 마지막 숫자가 "f"처럼 보인다. 저것은 숫자가 아니지 않나. 지금까지 10진수만 사용해왔다면 맞는 말이다. 또한, 10진수만 사용한다면 각 색상 타입에 대해 100(0-9, 0-9 또는 10 × 10)이라는 값의 제약을 받게 될 것이다. 하지만 누군가가 이 범위의 값이 웹에서의 색상 표현에는 충분치 않다고 결정했기 때문에 우리는 각각의 RGB 값에 256가지(16 × 16) 색상을 표현할 수 있는 16진수를 사용하고 있다. 색상을 이름으로 표현하는 것에도 한계는 있지만, 그 대신 흰색은 #ffffff로, 검은색은 #000000으로 사용할 수 있다. 그러나 언젠가부터 누군가 이 색상이 너무 많다고 결정하는 바람에 이제는 세 자리 16진수 값(빨강, 초록, 파랑을 각각 한 개의 숫자로 표현)을 사용하여 #000이나 #fff처럼 표현할 수도 있게 되었다.

CSS 코드 수정을 완료했으면 이제 index.html 파일을 조금 더 수정해보자. body 태그의 여는 태그를 예제 1.13에서 굵게 표시한 부분처럼 수정해보자.

예제 1.13 index.html 파일의 Body 태그에 onclick 핸들러 추가하기

```
<!DOCTYPE html>
<html>
  <head>
    <meta charset="utf-8">
    <title>퀴즈</title>
    <link rel="stylesheet" type="text/css" href="main.css">
  </head>
<body onclick="checkAnswers();">
```

이제 일반적으로 사용하는 <body> 태그 대신, 따옴표 안에 자바스크립트 코드를 표현한 문자열을 가진 onclick 특성을 추가하였다. "문자열"이라는 표현이 혼란스럽다면 부록 A를 읽어보기 바란다. 이 onclick 핸들러에 작성된 문자열의 의미는 사용자가 페이지에 존재하

는 어떤 요소 중 하나를 클릭하면 언제든지 checkAnswers 함수를 실행하라는 뜻이다. 다만, 함수를 호출할 때 주의할 것은 괄호를 사용했다는 점이다. 만일 괄호를 생략하면 함수를 참조만 할 뿐 호출하지는 않는다.

이제 이번 장의 마지막 예제인 1.14를 통해 이 함수가 호출되면 어떤 일이 발생하는지 살펴보도록 하자. 굵게 표시된 코드는 game.js 파일의 상단에서 jQuery 라이브러리를 검사하는 코드와 1번 질문을 보이게 하는 코드 사이에 위치한다.

예제 1.14 올바른 정답을 검사하는 코드

```
if(jQuery){
  var checkAnswers = function() {
    var answerString = "";
    var answers = $(":checked");
    answers.each(function(i) {
      answerString = answerString + answers[i].value;
    });
    $(":checked").each(function(i) {
      var answerString = answerString + answers[i].value;
    });
    checkIfCorrect(answerString);
  };

  var checkIfCorrect = function(theString) {
    if(parseInt(theString, 16) === 811124566973) {
      $("body").addClass("correct");
      $("h1").text("승리했습니다!");
      $("canvas").show();
    }
  };

  $("#question1").show();
}
...
```

이번 예제에는 두 개의 함수가 굵게 표시되어 있다. 첫 번째 함수인 checkAnswers 함수는 빈 문자열 변수를 선언하며, 앞으로 이 변수에 값을 더하게 된다. 그런 후, 라디오 버튼에서 클릭된 값들을 이 문자열 변수에 (순서대로) 덧붙인다. 반복문이 종료되면 두 번째 함수인 checkIfCorrect 함수를 호출하여 문자열이 긴 숫자와 동일한 값을 갖는지를 확인한다. 그런데 왜 이 숫자를 사용한 것일까?

25

앞서 CSS 색상 값은 0부터 f 사이의 범위 내의 값으로 구성되는 16진수 값이라고 설명했다. 이는 a부터 d까지의 범위를 갖는 각 응답 항목의 값 역시 유효한 16진수 숫자라는 것을 의미한다(a부터 d를 10부터 13까지의 값이라고 생각하면 된다). 따라서 이 값들을 연속해서 늘어놓은 것이며, 긴 숫자는 이 16진수 문자열을 10진수로 표현한 값이다.

두 값이 일치한다면 'correct'라는 클래스를 body 요소에 추가하여 배경색과 글자 색이 바뀌게 한다. 그런 후, h1 태그에 지정되었던 "퀴즈"라는 단어를 "승리했습니다!"로 변경한다. 그리고 마지막으로, 앞서 화면에 마우스 입력에 방해가 되어 숨겨두었던 캔버스 요소를 다시 나타나게 한다. 하지만 사실 이 방법보다는 jQuery의 disable 함수를 이용하여 요소들을 비활성화시키는 것이 더 일반적이지만, 예제에서는 지금까지 어떤 활용 방안도 없었던 캔버스 태그에 가치를 부여하기 위해 숨겨뒀던 캔버스를 다시 보이도록 한 것이다. 이 캔버스 요소는 나중에 atom.js를 이용하여 게임 플레이를 방해하던 요소에서 퀴즈의 질문이 제공되는 영역으로 만들어질 것이다.

지금까지 설명한 내용대로 만들어진 index.html 파일을 저장하고 브라우저를 통해 열어보면 그림 1.4와 같은 화면을 보게 된다.

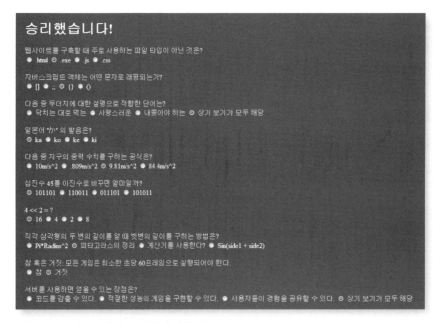

그림 1.4　모든 답변이 정답일 때의 화면

이번 장에서 우리는 이 책의 각 장에 대한 질문으로 구성된 간단한 퀴즈 게임을 만들었다. 그리고 이 책에서 전체적으로 활용하는 자바스크립트 라이브러리를 활용하여 질문들을 잠금 해제하는 기능을 추가적으로 구현하기도 했다. 더불어 정답을 확인하는 과정에서는 16진수 값을 10진수로 변환하는 해싱 함수도 구현했다.

이 게임을 구현하면서 HTML/CSS/jQuery, git 그리고 소프트웨어 라이선스에 대한 기본적인 내용들을 살펴보고, 이 책의 남은 내용을 공부하면서 사용하게 될 몇 가지 게임 엔진과 라이브러리에 대해서도 간략히 소개했다.

이 퀴즈 게임을 더욱 발전시키고 싶다면 첫 번째 페이지의 질문들에 대한 정답을 모두 맞췄을 때만 볼 수 있는 두 번째 페이지를 생성 가능한지 고려해보기를 바란다. 제2장에서는 정보를 동적으로 피하는 방법 중 하나를 소개하고 있으므로 이를 통해 영감을 얻을 수 있을 것이다. 아니면 캔버스로 모든 것을 덮어버리고 게임을 끝내고 다른 게임을 구현해도 된다. 어쨌든 atom.js는 이 캔버스를 계속 참조하고 있으며, 여러분이 제3장 "파티"를 읽고 돌아오길 기다릴 것이다.

만약 이번 장의 내용이 어려웠다면 시간을 내어 부록 A를 읽어보기 바란다. 또한, 별다른 감흥이 없었다고 너무 낙담할 필요도 없다. 2장부터는 더 어려워진다. 그리고 제6장 "격투 게임"에서는 아마도 손가락에 격투용 무기를 끼워야만 할 것이다.

CHAPTER 2

대화형 게임

이른바 현대적인 게임, MMORPG나 실시간 일인칭 슈팅 게임, 그리고 실제 축구장에서의 경기를 방불케 하는 스포츠 게임 등을 경험하며 자라온 독자들이라면 정교한 하드웨어와 소프트웨어의 혜택을 받지 못한 초창기 게임들은 쉽게 잊어버릴 것이다.

대화형 게임 장르, 어드벤처 게임 전문 서적, 그리고 특정 지점을 클릭해 주인공을 이동시키며 게임을 풀어가는 어드벤처 게임들은 서로 다른 요소들을 활용하여 플레이어의 주목을 끌어야 했다. Zork같은 일부 게임들은 명령줄을 통해 풍부한 대화형 동사를 제공함으로써 세계를 폭넓게 표현한 참신한 게임이었다. 특히, 집어올리고, 관찰하고 먹는 것은 물론, 소지한 채 모험을 떠날 수 있는 방대한 양의 객체들을 함께 제공했었다.

NES(옮긴이 Nintendo Entertainment System, 일본의 닌텐도가 발매한 가정용 비디오 게임기)
의 쉐도우게이트(옮긴이 Shadowgate, NES가 1987년 출시한 어드벤처 게임)나 매니악 맨션(옮긴
이 Maniac Mansion, 역시 1987년 루카스필름 게임즈가 발표한 어드벤처 게임)과 같이 위치를 클
릭하여 주인공을 움직여 가며 즐기는 어드벤처 게임들은 당시의 기술적 한계에도 불구하고
뛰어난 사실감과 실제 대화형으로 게임을 진행할 수 있음은 물론, 공포와 재미가 충분히
살아있다. 그건 그렇고 여러분이 매니악 맨션과 자바스크립트, 그리고 일반적인 게임이나 어
드벤처 장르를 좋아한다면 더글라스 크로포드(Douglas Crockford)가 이 게임의 NES 버전
을 작업할 때 작성했던 포스트모텀(옮긴이 Post-Mortem, 어떤 일을 마친 후 참여자들이 가지는
회고의 시간을 말한다.)을 읽어보기 바란다(http://www.crockford.com/wrrrld/maniac.html).
그는 "자바스크립트: 장점과 JSLint의 활용"을 저술한 저자이자 자바스크립트 커뮤니티에서 영
웅으로 추앙되는 인물이다.

이런 종류의 게임은 다소 진부해 보이지만 어떤 면에서는 훌륭한 가치를 가지고 있다.
"원숭이 섬의 비밀"과, "매니악 맨션"을 개발했던 사람들의 최신작인 더블 파인 어드벤처(옮긴
이 Double Fine Adventure, Double Fine 사에서 제작한 어드벤처 게임의 이름이자 이제는 하나의
게임 장르로 자리잡은 용어)는 2012년 3,500만 달러의 매출을 기록했다. 일본의 연애 시뮬레
이션은 한동안 엄청난 인기를 끌었으며 SNES(옮긴이 Super Nintendo Entertainment System,
NES의 후속버전으로 출시된 가정용 비디오 게임기)용 하비스트 문(옮긴이 Harvest Moon, 1993년
발표된 농장 경영 시뮬레이션 게임)과 같은 초기 RPG 게임과 같은 다른 장르의 게임에도 본
래 게임의 목적과 더불어 이성과의 연애라는 개념이 쏟아져 들어갔다. 이쯤에서 경고 한
마디 하면 '미소녀 만나기'나 '미소녀 구하기' 같은 테마는 많은 이들에게 진부하며 공격적
인 것으로 받아들여졌다. 따라서 특히 여러분이 직접 게임을 만든다면 다른 사람들의 관점
에서 사물을 살펴야 한다. 그것은 실제로 게임을 플레이할 사람들을 위한 게임을 만들어
야만 여러분의 노력이 쓸데없이 욕을 먹는 상황이 발생하지 않기 때문이다. 현재는 그 어
느 때보다도 기술적으로, 그리고 문화적으로도 선택할 수 있는 여러 옵션들이 존재한다.
따라서 가능한 모든 옵션을 살펴보고 이해해 두어야 한다. 이런 장르에서는 사용자의 자
유 또는 제한된 형태의 입력을 살펴볼 수 있는 여러 가지 가능성이 있으며, 아주 어두운
분위기부터 기발한 분위기에 이르기까지 어떠한 수준의 느낌도 설정할 수 있어야만 한다.

이번 장에서 구현할 게임에서는 슬라이드쇼 데모를 구현하는데 주로 사용되는 라이브러리
인 impress.js를 사용한다. 이 라이브러리를 사용하면 가로로 책장을 넘기는 듯한 효과를

이용하여 실제 책과 비슷한 형태의 인터페이스를 구현할 수 있다. 그러나 표준 웹 페이지 네비게이션을 적용한다면 게임 책처럼 '45페이지로 이동'과 같은 가능을 구현하는 것이 훨씬 쉬울 것이다. 또한, 여러분이 직접 구현하지 않아도 변환이나 크기 조정, 회전 등의 효과를 적용할 수 있다. 이 부분에 대해서는 나중에 매니악 맨션처럼 인벤토리에 물건을 수집하는 형태의 게임을 만들기 위해 HTML5의 드래그 앤 드롭 인터페이스를 적용할 때 다시 살펴보기로 하자. 한두 개의 임의의 명사와 조합할 수 있는 임의의 동사를 이해하는 표현 엔진을 구현하는 것은 말도 못하게 복잡한 일이다. 심지어 이런 엔진을 활용하는 스크립트를 작성하는 것조차도 어렵다. 하지만 이 책에서는 몇 개의 객체를 서로 연결하여 이들의 상호 작용에 따라 항상 하나의 결과만이 도출되도록 하는 상대적으로 쉬운 방법을 택할 것이다. 이렇게 하면 마인크래프트와 같은 형식으로 플레이하는 게임을 스토리보드 형태로 구현할 수 있다.

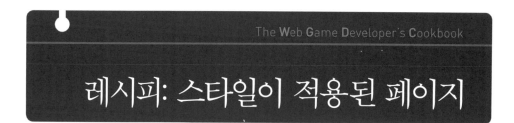

레시피: 스타일이 적용된 페이지

interactive_fiction 폴더의 initial/index.html 파일을 열어보면 아직은 구현된 내용이 많지 않음을 알 수 있다. impress 라이브러리를 로딩하고는 있지만 페이지를 통해 보여질 이야기들을 페이지로서 동작하도록 하기 위한 div 요소들은 (이번 장에 걸쳐 슬라이드로 참조하게 될 것이다.) 아직 만들지 않은 상태다. 여기에 예제 2.1에 굵게 표시된 코드들을 추가해보도록 하자.

예제 2.1 index.html 파일의 이야기에 페이지 추가하기

```
<!doctype html>
<html lang="ko">
<head>
    <meta charset="utf-8" />
    <title>대화형 게임</title>
    <link href="main.css" rel="stylesheet" />
</head>
<body>
<div id="impress">
    <div id="1" class="step slide">
        <q>이곳은 첫 번째 슬라이드(페이지)입니다. 아래쪽 및 오른쪽 화살표 키를 누르면 다음 페이지로
➡이동할 수 있습니다. 왼쪽과 위쪽 화살표 키를 누르면 이전 페이지로 이동합니다. </q>
    </div>
    <div id="2" class="step slide">
        <q>또한, 오른쪽이나 아래 화살표 키 대신 스페이스 바를 눌러도 다음 페이지로 이동할 수 있습
➡니다.</q>
    </div>
    <div id="3" class="step slide">
        <q>마지막 페이지입니다. 오른쪽 화살표 키를 누르면 처음으로 이동합니다.</q>
    </div>
</div>
<script src="impress.js"></script>
<script>impress().init();</script>
</body>
</html>
```

먼저, 굵게 표시되지 않은 코드들을 살펴보자. 사실 굳이 charset="utf-8" 구문을 사용하지 않아도 무방하지만 이 코드를 추가하면 단순히 영어만을 표시할 때에도 브라우저에서 발생할 수 있는 오류를 방지해준다. 이 책에서 다루는 예제들 중 상당수의 예제는 이 문자셋 인코딩 코드를 포함하고 있지 않다. 따라서 그로 인해 발생하는 오류 때문에 불편하다면 이 코드를 추가하면 된다. 게다가 이 특성은 화면 리더(Screen Reader, 옮긴이 시각 장애인들의 컴퓨터 사용을 돕기 위해 마우스 포인터가 위치한 객체의 텍스트를 읽어 주는 소프트웨어)를 이용한 접근성 향상에 도움이 되며(따라서 화면 리더가 올바른 발음으로 화면 상의 텍스트를 읽어줄 수 있게 된다.) 브라우저가 사용자에게 페이지를 번역할 것인지를 묻는 등의 작업을 수행할 수 있도록 해주기도 한다. 또한, 이번 예제는 head 태그가 아니라 body의 맨 아래에서 자바스크립트를 로드하고 있다. 이렇게 하면 시간이 오래 걸리는 파일을 로드해야 하는 경우, 스크립트를 로드하기 위해 초기 페이지의 로드가 지연되는 현상을 방지하고, 스크립트를 로드하기에 앞서 콘텐츠가 먼저 로드된다는 장점이 있다. 또 다른 주목할 만한 사실은 canvas 요소가 존재하지 않으며 impress.js 파일에서도 canvas 요소를 생성하지 않는다는 점이다. 이번 게임은 자바스크립트와 CSS3, 그리고 canvas 요소와는 무관한 HTML5의 기능들을 중심으로 구현할 것이다.

이제 페이지를 생성하는 코드를 살펴보도록 하자. 이 코드는 비교적 간단하여 id 특성의 값이 impress인 div 요소를 하나 배치하고, 그 안에 각 슬라이드의 단계로 사용할 div요소들을 나열하고 있다. 각각의 슬라이드는 다음 단계로 이동하는 방법들을 설명하고 있지만 적절한 CSS 코드를 함께 작성해주지 않으면 슬라이드 사이를 이동할 수는 없다. 참고로 이 예제에서 로드하려는 main.css 파일은 현재 존재하지 않는 파일이므로 이 파일을 생성하고 예제 2.2의 코드를 작성해보자.

예제 2.2 슬라이드 간 이동 및 스타일을 지정하는 CSS 코드

```
html, body, div, span, applet, object, iframe,
h1, h2, h3, h4, h5, h6, p, blockquote, pre,
a, abbr, acronym, address, big, cite, code,
del, dfn, em, img, ins, kbd, q, s, samp,
small, strike, strong, sub, sup, tt, var,
b, u, i, center,
dl, dt, dd, ol, ul, li,
fieldset, form, label, legend,
table, caption, tbody, tfoot, thead, tr, th, td,
article, aside, canvas, details, embed,
figure, figcaption, footer, header, hgroup,
```

```
menu, nav, output, ruby, section, summary,
time, mark, audio, video {
    margin: 0;
    padding: 0;
    border: 0;
    font-size: 100%;
    font: inherit;
    vertical-align: baseline;
}

article, aside, details, figcaption, figure,
footer, header, hgroup, menu, nav, section {
    display: block;
}
ol, ul {
    list-style: none;
}
table {
    border-collapse: collapse;
    border-spacing: 0;
}
b, strong { font-weight: bold }
i, em { font-style: italic }
/* Reset ends here */
body {
    background: -webkit-gradient(radial, 50% 50%, 0, 50% 50%, 500, from(rgb(0, 40, 200)),
➡to(rgb(10, 10, 0)));
    background:     -webkit-radial-gradient(rgb(0, 40, 200), rgb(10, 10, 0));
    background:     -moz-radial-gradient(rgb(0, 40, 200), rgb(10, 10, 0));
    background:     -ms-radial-gradient(rgb(0, 40, 200), rgb(10, 10, 0));
    background:     -o-radial-gradient(rgb(0, 40, 200), rgb(10, 10, 0));
    background:     radial-gradient(rgb(0, 40, 200), rgb(10, 10, 0));
}
.impress-enabled .step {
    margin: 0;
    opacity: 0.0;
    -webkit-transition: opacity 1s;
    -moz-transition:    opacity 1s;
    -ms-transition:     opacity 1s;
    -o-transition:      opacity 1s;
    transition:         opacity 1s;
}
.impress-enabled .step.active { opacity: 1 }
.slide {
    display: block;
    width: 700px;
    height: 600px;
    padding: 40px 60px;
    background-color: white;
    border: 1px solid rgba(0, 0, 0, .3);
    color: rgb(52, 52, 52);
    text-shadow: 0 2px 2px rgba(0, 0, 0, .1);
    border-radius: 5px;
```

```
    font-family: 'Open Sans', Arial, sans-serif;
    font-size: 30px;
}
```

이 예제에서 눈여겨 볼 점은 크게 두 가지다. 첫 번째는 스타일에 'CSS 재정의(CSS Reset)' 를 적용하고 있다는 점이다. 스타일 재정의에 대한 내용은 온라인에서도 수많은 예제를 찾을 수 있으며, 어떤 것들은 100줄 이상의 코드로 확장된 것들도 있다. 이 기법을 사용하는 이유는 브라우저마다 요소들에 기본적으로 적용하는 스타일에 조금씩 차이가 있기 때문이다. 이 기법을 통해 브라우저의 스타일링에 대한 기본 동작을 재정의하여 서로 다른 브라우저들이 조금 더 유사하게 동작하도록 만들 수 있다.

실제 요소들의 스타일링은 body 요소가 시작하는 코드에서부터 시작한다. body 태그에는 원형 그라디언트 스타일이 지정되어 있으며, 중앙의 파란색을 기점으로 외곽으로 갈수록 어두운 회색으로 변하도록 설정되어 있다. 이 스타일을 지정하기 위해서 많은 코드가 필요한데 그 이유는 새로운 CSS 요소 중 일부가 브라우저마다 서로 다르게 구현되어 있기 때문이다. 이후에 opacity 기능을 사용하는 두 개의 스타일 코드에서도 동일한 기법이 사용된 것을 볼 수 있다. 이 코드는 현재 활성화된 페이지를 보이도록 설정하고 나머지 페이지들은 보이지 않도록 한다. 이때, 1초의 시간 동안 페이지의 변환을 표현하는 효과가 적용된다. 슬라이드 요소에는 까만색과 파랑색이 섞인 배경 위로 페이지가 보일 수 있도록 하기 위한 기본 스타일을 적용하고 있다.

CSS3를 이용한 스타일링에 대해 더 학습하고 싶다면 http://css3please.com을 살펴보기 바란다.

모든 것이 계획대로 완료되었다면 index.html 페이지를 실행한 모습은 그림 2.1과 같을 것이다.

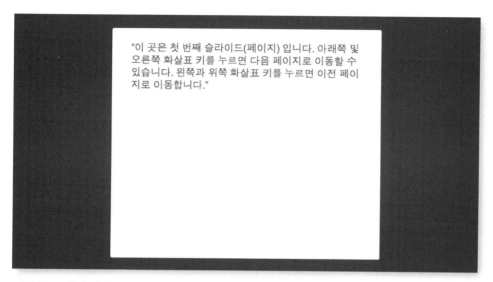

그림 2.1 각 슬라이드에 적용된 스타일

이제 이 이야기 책 예제가 우리가 처음 목표했던 형태에 더 가까워지도록 기본적인 줄거리와 페이지로 이동하는 기능을 추가로 구현해보자.

The Web Game Developer's Cookbook

레시피: 페이지 이동하기

앞으로 여러분이 구현하려는 기능은 어떤 페이지에는 무언가를 결정하기 위한 기능을 추가하고, 나머지 다른 페이지에는 그 결정에 따라 좋거나 나쁘거나한 결말과 함께 게임이 종료되도록 하는 기능이다. 먼저, index.html 페이지의 id 특성 값이 1인 div 요소의 <p> 태그를 예제 2.3의 굵게 표시한 코드로 바꾸도록 하자.

예제 2.3 의사 결정 페이지

```
<div id="1" class="step slide">
  <div class="slide-text">
    <p>여기에 타임머신이 있습니다. 스위치를 켜시겠습니까?</p>
    <p><a href="#2">네</a>, 스위치를 켭니다.</p>
    <p><a href="#3">아니오</a>, 과학자인 아빠가 집에 오기를 기다립니다.</p>
  </div>
</div>
```

이 예제에서는 다른 페이지로 이동할 수 있는 링크를 설정하고 <p> 태그를 slide-text라는 스타일 클래스가 지정된 div 태그로 감쌌다. 이제 이 요소들에 스타일을 적용해볼 것이다. 우선, 각 링크를 클릭했을 때 이동할 대상이 될 id 특성 값이 2와 3인 div 요소들의 코드를 예제 2.4의 코드로 변경하도록 하자.

예제 2.4 게임 종료 페이지

```
<div id="2" class="step slide" data-x="1500">
  <div class="slide-text">
    <p>시간에 맞춰 집에 돌아왔습니다. 즐거운 모험이었습니다.</p>
  </div>
  <div class="menu"><a href="#1">다시 시작하기</a></div>
</div>
```

```
<div id="3" class="step slide" data-x="-1500">
  <div class="slide-text">
    <p>아빠가 돌아올 때까지 한동안 아무것도 하지 못했습니다. 그리고 아빠가 돌아왔습니다.</p>
    <p>아빠는 당신의 숙제를 도와주셨습니다.</p>
    <p>덕분에 지루하진 않았지만 그렇다고 아주 재미있지도 않았습니다.</p>
  </div>
  <div class="menu"><a href="#1">다시 시작하기</a></div>
</div>
```

이 예제에서는 두 번째와 세 번째 페이지를 약간 수정했다. data-x 특성이 추가된 이유는 impress.js 라이브러리 때문이다. 이 특성을 지정하지 않으면 기본적으로 모든 슬라이드가 차례대로 쌓이게 되어 어떤 하나를 클릭하면 나머지 페이지들이 같은 우선순위로 이동하는 대상이 되어버린다. 따라서 어느 한 슬라이드를 클릭하면 항상 맨 마지막 페이지로 이동하게 되는 것이다. 만일 impress 라이브러리를 적용하기 위한 .step 클래스가 지정된 슬라이드의 투명도를 조절하면, 효과는 비활성화된 페이지를 클릭하는 동작에 의해 이 페이지가 활성화될 때 비로소 적용된다. 여기에 data-x 특성을 지정하여 두 번째와 세 번째 페이지가 각각 첫 페이지의 오른쪽과 왼쪽에 위치하도록 할 수 있다.

첫 번째 페이지처럼 두 번째와 세 번째 페이지도 slide-text 스타일 클래스가 지정된 div 요소를 가지고 있다. 또한, 그 아래에 게임 종료 페이지를 위해 menu라는 클래스가 지정된 div 요소를 추가하고, 이 요소에 첫 번째 페이지로 돌아가 다시 게임을 플레이할 수 있는 링크를 추가하였다.

엔딩 화면 자체는 그다지 화려하지 않고, 예제보다 더 볼만한 엔딩을 찾을 수도 있겠지만 이런 스타일의 강점은 새로운 엔딩을 추가하는 것이 매우 쉽다는 점이다. 그저 새로운 슬라이드를 추가하고 약간의 텍스트만 입력하면 될 뿐이다. 모든 엔딩마다 음악과 애니메이션이 곁들여진 신(Scene)을 매번 새로 만들 필요가 없는 것이다. SNES의 RPG 중 하나인 **크로노 트리거(Chrono Trigger)**처럼 여러 가지 엔딩(과 새로운 게임 시작하기 옵션)을 가진 게임을 구현할 때는 이런 방식을 고려하는 것이 합당한데, 그 이유인 즉슨, 주제별로 여러 개의 신을 고급스럽게 조합할 수 있을 뿐 아니라 새로운 이야기와 애니메이션, 그리고 사운드 효과를 통해 게임의 열성 팬들이 새로운 가능성을 찾기 위한 노력을 아끼지 않도록 유도할 수 있기 때문이다.

이번 예제의 엔딩이 너무 간단하기 때문에 좋은 결과와 나쁜 결과의 엔딩과 함께 어중간한 엔딩을 추가하는 것을 고려해볼 수 있다. 이런 가능성에 대해서는 차차 설명하기로 하고 당장은 main.css 파일의 하단에 예제 2.5의 코드를 추가하여 새로운 요소에 스타일을 적용해보도록 하자.

예제 2.5   슬라이드 내부 요소의 스타일 지정

```
.slide p {
  margin-top:15px;
  margin-bottom:30px;
  line-height:45px;
}
.slide a, .slide a:visited {
  color: #071549;
  text-decoration:none;
  background-color: #abc;
  padding:5px;
  border-radius: 5px;
  border:1px solid #cde;
}
.slide a:hover, .slide a:active{
  background-color: #cde;
}
.slide .slide-text{
  height: 450px;
}
div.menu{
  border-top:2px solid black;
  padding-top:25px;
  text-align: center;
}
```

이번 예제 코드의 대부분은 표준 CSS 코드다. 이 코드가 어떤 역할을 하는지 잘 모르겠다면 코드를 제거하거나 값을 변경하며 어떤 일이 발생하는지 살펴보면 잘 알 수 있을 것이다. 값의 변경에 따른 변화를 빨리 살피고자 한다면 파이어폭스 브라우저의 파이어버그 플러그인이나 크롬 브라우저의 개발자 도구를 이용하면 된다. 이 두 도구는 기본적으로 페이지가 렌더링된 모습을 변경할 수 있을 뿐 아니라 페이지에서 이야기가 표시되는 부분을 제외하고 메뉴 부분에만 별도로 스타일을 지정해볼 수도 있다. 지금 당장은 게임 엔딩 화면의 메뉴 부분에는 다시 시작하기 버튼만이 있지만 당연히 다른 요소들에도 활용할 수 있다.

레시피: 드래그 앤 드롭으로
인벤토리 관리하기

The Web Game Developer's Cookbook

이제 페이지 사이를 이동하고, 어드벤처 형식의 게임처럼 여러분이 직접 무언가를 선택할 수 있게 되었다. 그러나 매니악 맨션처럼 클릭 동작을 통해 진행되는 대화형 게임 장르에 보다 가까운 형태를 갖추려면, 이미지를 활용하며 인벤토리 기능을 구현해야 한다.

이번 레시피에서는 bat.png 파일, game.js 파일 그리고 dragDrop.js 파일 등 세 개의 파일을 더 추가한다. 또한, index.html 파일을 조금 수정해야 한다. 우선 예제 2.6에서 굵게 표시된 부분들을 수정하도록 하자.

예제 2.6   index.html 파일에 아이템 컨테이너 추가하기

```html
<body>
<div id="player_inventory" class="itemable">
  <span class="item-container"><h3>인벤토리:</h3>
    <div class="inventory-box empty"></div>
    <div class="inventory-box empty"></div>
    <div class="inventory-box empty"></div>
  </span>
</div>
<div id="impress">
    <div id="1" class="step slide itemable">
      <div class="slide-text">
        <p>여기에 타임머신이 있습니다. 스위치를 켜시겠습니까?</p>
        <p><a href="#2">네</a>, 스위치를 켭니다.</p>
        <p><a href="#3">아니오</a>, 과학자인 아빠가 집에 오기를 기다립니다.</p>
      </div>
      <div class="menu item-container">
        <div class="inventory-box">
          <img src="bat.png" alt="bat" class="item" id="bat">
        </div>
      </div>
    </div>
```

```html
<div id="2" class="step slide itemable" data-x="1500">
  <div class="slide-text">
    <p>시간에 맞춰 집에 돌아왔습니다. 즐거운 모험이었습니다.</p>
  </div>
  <div class="menu"><a href="#1">다시 시작하기</a></div>
</div>
<div id="3" class="step slide itemable" data-x="-1500">
  <div class="slide-text">
    <p>아빠가 돌아올 때까지 한동안 아무것도 하지 못했습니다. 그리고 아빠가 돌아왔습니다.</p>
    <p>아빠는 당신의 숙제를 도와주셨습니다.</p>
    <p>덕분에 지루하진 않았지만 그렇다고 아주 재미있지도 않았습니다.</p>
  </div>
  <div class="menu"><a href="#1">다시 시작하기</a></div>
</div>
</div>
<script src="impress.js"></script>
<script>impress().init();</script>

<script src="game.js"></script>
<script src="dragDrop.js"></script>

</body>
</html>
```

이 예제에서는 중요한 부분이 변경되었다. 첫 번째 변경 사항은 id 특성 값이 player_inventory인 div 요소가 생겼다는 점이다. 이 요소는 내부에 몇 가지 다른 요소들을 가지고 있으며, 이 요소에 대한 스타일은 예제 2.7에서 지정한다. 우선은 이 새로 추가된 요소를 화면 상에 아이템 목록을 영구적으로 저장하기 위한 것이라고만 생각하자. 여기에 아이템을 추가하고 삭제하기 위한 자세한 내용은 이 레시피의 후반부에서 살펴볼 것이다. 두 번째 변화는 슬라이드 요소에 itemable 클래스를 지정했다는 점이다. 이 클래스는 CSS 스타일링과 더불어 나중에 자바스크립트에서도 활용할 것이다. 세 번째 변화는 첫 번째 슬라이드에 방망이 그림을 추가한 item-container 요소를 추가했다는 점이며, 그리고 마지막으로는 두 개의 새로운 파일(game.js 파일과 dragDrop.js 파일)을 body 태그를 닫기 전에 로드하고 있다는 점이다.

이제 예제 2.7에 새롭게 추가된 스타일을 살펴보자. 역시 main.css 파일의 하단에 계속해서 추가하면 된다.

예제 2.7 인벤토리와 드래그/드롭을 위한 CSS

```
img.item{
  width:100%;
  height:100%;
  cursor: move;
  padding:0px;
}
#player_inventory{
  position: fixed;
  text-align: center;
  width:180px;
  padding:15px;
  border-radius: 5px;
  top: 75px;
  left: 25px;
  background-color: white;
}
.menu .inventory-box{
  margin-right:20px;
}
.inventory-box{
  position: static;
  display: inline-block;
  height:130px;
  width:130px;
  border-radius: 5px;
  text-align:center;
}
.inventory-box.empty{
  border: 2px dashed #000;
}
h3{
  font-weight:bold;
  font-size:30px;
  margin-bottom:15px;
}
```

이 코드에서는 인벤토리 상자와 컨테이너 요소, 그리고 각 슬라이드 아래의 메뉴 버튼에 대한 스타일을 정의하고 있다. 인벤토리 요소가 아무런 이미지도 가지지 않는 경우에 적용될 empty 클래스에는 테두리를 설정하였다. 또한, 리셋 기능은 h3 태그에 적용된 기본 스타일을 모조리 지워버리기 때문에 이 태그를 위한 스타일도 추가하였다.

이제 사용자의 동작을 처리할 dragDrop.js 파일을 생성해야 한다. 이 작업은 다소 복잡하므로 단계별로 코드를 살펴보도록 하자. 우선 예제 2.8의 코드를 이용하여 dragDrop.js 라는 이름의 새로운 파일을 생성하자.

예제 2.8 인벤토리 상자에 적용될 핸들러 추가하기

```
var itemBoxes = document.querySelectorAll('.inventory-box');
[].forEach.call(itemBoxes, function(itemBox) {
  itemBox.addEventListener('dragstart', handleDragStart);
  itemBox.addEventListener('dragover', handleDragOver);
  itemBox.addEventListener('drop', handleDrop);
});
```

코드를 한 줄씩 살펴보면 먼저, inventory-box 클래스가 지정된 모든 요소들을 itemBoxes 라는 변수에 담는다. 그런 다음 forEach 구문을 이용하여 각각의 요소들에 드래그 관련 이벤트 핸들러들을 추가한다. 이 메서드를 사용할 때 한 가지 주의할 점은, 오래된 버전의 인터넷 익스플로러를 사용하는 경우라면 addEventListener 메서드 대신 attachEvent 메서 드를 사용해야 한다는 점이다. addEventListener 함수에 전달된 첫 번째 인수는 처리하고 자 하는 드래그 이벤트다. 물론, 여기에 'click'과 같은 다른 이벤트를 연결할 수도 있으며 두 번째 인수는 요소에 연결된 이벤트가 발생했을 때 실행될 함수의 이름이다.

두 번째 줄의 코드를 살펴보면 반복문이 조금 이상하다는 점을 발견하게 될 것이다. 이 구문은 예제 2.9와 같은 전형적인 구문으로 대신할 수도 있다. 예제 2.9의 코드는 파일에 실제로 존재하지 않으며, 단지 forEach 함수를 이용한 반복문과의 비교를 위해 보여준 것임을 유의하기 바란다.

예제 2.9 전형적인 반복문 처리 방식. 함수형이라기 보다는 절차형에 가까운 방식이다.

```
for (var i = 0; i < itemBoxes.length; i++) {
  itemBoxes[i].addEventListener('dragStart', handleDragStart);
...
}
```

예제 2.9는 '절차적'인 형태인 반면, 예제 2.8은 보다 '함수적'인 형식이다. 코드의 차이는 크지 않아 보일 수도 있지만, 크고 복잡한 프로그램일수록 그 결과의 함수적 접근이 훨씬 효과적이다. 그 이유는 일반적으로 말해서 함수적인 형식이 변수를 비교적 더 적게 사용하고, 필요한 경우 기존의 데이터를 수정해서 사용하는 대신 새로운 데이터를 생성하여 사용하게 되기 때문이다. 간단히 말하자면 변수의 값에 대한 일관성과 프로그램의 실행에 따른

함수의 동작을 더욱 쉽게 유지할 수 있기 때문에 시스템이 더욱 단순해진다.

이 책은 함수형 스타일을 강요하지는 않으나 함수형 스타일의 장점에 대한 이해는 자바
스크립트 프로그래밍을 마스터하기 위한 중요한 항목이다. 이 접근법을 장려하기 위해 최
신 브라우저들을 대상으로 한 여러 가지 작업들이 ECMAScript5(자바스크립트 명세) 버
전에서 진행중이며 기존 브라우저들과의 차이점을 좁히기 위해 underscore.js같은 라이
브러리들도 활발하게 개발이 진행중이다.

예제 2.8의 두 번째 줄의 코드가 실제로 동작하는 방법은 조금 복잡하다. 먼저 forEach 함
수를 배열을 표현하는 표현식인 [ ]에 대해 호출하였는데, 실제로 이 배열은 아무런 원소도
가지지 않는 빈 배열이다. 이렇게 하는 배열은 forEach 함수가 제공되지만, querySelectAll
함수가 리턴하는 NodeList 객체에는 아무런 함수도 제공되지 않기 때문이다. 따라서 예
제처럼 call 함수를 이용하여 마치 NodeList 객체에 forEach 함수가 제공되는 것과 동일
한 효과를 나타낼 수 있게 된다. call 함수의 첫 번째 매개 변수는 call 함수에 앞서 호출
되는 함수(예제의 경우는 forEach 함수)에서 this 포인터에 해당하는 값이다. 때문에 [ ]가 아
니라 itemBoxes를 참조하게 된다. 이후의 매개 변수는 forEach 함수에 전달될 매개 변수
를 참조하기 위한 매개 변수다. forEach 함수의 첫 번째 매개 변수는 실행될 함수이기 때
문에 call 함수의 두 번째 매개 변수(function 키워드부터 닫는 중괄호 사이의 모든 코드)는
itemBoxes.forEach 함수에 의해 참조되는 각각의 아이템(itemBox)에 적용될 함수처럼 동
작하며, itemBox하는 형식적 매개 변수에 값을 대입하게 된다. 이렇게 구현할 수 있는 이
유는 NodeList 객체가 forEach 함수를 구현하지는 않지만 forEach 함수가 사용하는 형식
적 매개 변수에 값을 설정하는 item 메서드를 제공하기 때문이다.

이 건은 이 책에서 사용되는 기법 중 가장 복잡한 기법이다(적어도 제8장까지의 내용 중에서
는 그렇다). 이 내용을 처음 읽고서 이해했다면 무척 놀라운 일이다. 설령 그렇지 못한다 하
더라도 걱정할 필요는 없다. 자바스크립트에 대해서는 배워야 할 것이 산더미처럼 쌓여있으
며, 대부분의 경우 for 반복문을 사용하는 것에 아무런 문제가 없다. 현재 자바스크립트는

브라우저마다 조금씩 다르게 구현되어 있지만 for 반복문은 현재까지 가장 빠른 반복문이며 기억해야 할 점은 매우 뛰어난 개발자라 하더라도 반드시 처음 시작할 때가 있는 법이란 것이다. 또한, 그 누구도 아직 학습 중인 여러분을 판단하고 매몰차게 평가하는 일은 없다. 이는 다른 이들의 코드를 살펴볼 일이 있을 때나, 새롭고 더 나은 프로그래밍 방식을 원할 때, 조금 전 설명한 내용을 명심한다면 도움이 될 것이라는 의미다.

자, 그러면 이제 게임의 개발로 되돌아가 보자. 기능을 마저 구현하려면 아이템 박스에 연결될 함수들을 정의해야 한다. dragDrop.js 파일의 상단에서부터 함수를 하나씩 정의해보자. 처음으로 구현할 함수는 예제 2.10에서 구현한 handleDragStart 함수다.

예제 2.10 handleDragStart 함수를 구현한 코드

```
var draggingObject;
function handleDragStart(e) {
  draggingObject = this;
  e.dataTransfer.setData('text/html', this.innerHTML);
  var dragIcon = document.createElement('img');
  var imageName = this.firstChild.id;
  dragIcon.src = imageName + '.png';
  e.dataTransfer.setDragImage(dragIcon, -10, 10);
}
```

이 코드에서는 draggingObject라는 이름의 변수를 글로벌 영역에 우선 선언한다. 그 이유는 여러 함수들 사이에서 이 변수의 값을 공유할 필요가 있기 때문이다. 글로벌 영역에 대해서는 마지막 레시피에서 다룰 예정이므로 지금은 잠시 잊도록 하자. 이 변수에 드래그해서 가져온 inventory-box 요소를 대입하고 해당 영역 내에 출력될 HTML을 구성하는데 필요한 정보를 설정한다. 마지막 4줄의 코드는 드래그하는 동안 커서에 나타날 이미지를 표시하기 위해 해당 이미지를 복제하는 코드로, 이 코드들이 없으면 드래그는 동작하겠지만 커서에 나타나는 이미지는 브라우저마다 서로 다를 것이다.

이제 dragDrop.js 파일에 handleDragOver 함수를 예제 2.11의 코드를 참고하여 작성한다.

예제 2.11   handleDragOver 함수를 구현한 코드

```
function handleDragOver(e) {
  e.preventDefault();
}
```

handleDragOver 함수에서는 그다지 할 일이 없다. 사실 여러분이 해야 할 일은 이벤트가 발생했을 때 호출되는 기본적인 함수의 실행을 중단하는 것이 전부다.

예제 2.12에서는 handleDrop 함수를 구현하고 있는데, 이 함수는 제법 하는 일이 많다.

예제 2.12   handleDrop 함수를 구현한 코드

```
function handleDrop(e) {
  e.preventDefault();
  if (draggingObject != this) {
    var draggingGrandpa = draggingObject.parentElement.parentElement;
    var draggedToGrandpa = this.parentElement.parentElement;
    var draggingObjectId = draggingObject.firstChild.id;
    inventoryObject.add(draggedToGrandpa.id, draggingObjectId);
    inventoryObject.remove(draggingGrandpa.id, draggingObjectId);
    draggingObject.innerHTML = this.innerHTML;
    this.innerHTML = e.dataTransfer.getData('text/html');
    this.classList.remove('empty');
    draggingObject.classList.add('empty');
  }
}
```

다시 말하지만, 이 핸들러 함수가 올바르게 실행되도록 하려면 e.preventDefault() 함수를 반드시 호출해야 한다. 대부분의 코드는 드래그 중인 draggingObject라는 객체가 드롭될 대상 객체인 this 객체와 서로 다른 경우에만 동작하도록 구현되어 있다. if 조건 절 다음의 4줄의 코드는 드래그 된 객체를 보관할 객체를 변수에 대입하고 ID를 지정한 뒤, 다음 두 줄의 코드에서는 드래그된 inventoryObject 객체를 인벤토리 객체로 이동한다. inventoryObject 객체가 어떻게 구현된 객체인지는 잠시 후에 살펴볼 것이므로 지금은 이 코드를 완성하는 것에만 집중하자. 그 다음의 두 줄의 코드는 원래 객체를 구성한 HTML 코드와 드롭된 대상 객체의 HTML 코드를 innerHTML 속성을 이용해 바꿔치기한다. 마지막 두 줄의 코드는 empty라는 CSS 클래스를 토글하는 코드다.

필요한 경우 dragenter와 dragleave 이벤트도 구현할 수 있지만 이번 레시피에서 반드시 구현할 필요는 없다.

예제 2.13은 inventoryObject 객체를 구현한 코드다. 이 코드를 새로운 파일에 작성하고 game.js라는 이름으로 저장하자.

예제 2.13 아이템을 저장하고 조회하기 위한 inventoryObject 객체 구현하기

```
var inventoryObject = (function(){
  var inventory = {};
  var itemables = document.getElementsByClassName("itemable");
  [].forEach.call(itemables, function(itemable) {
    inventory[itemable.id] = [];
  });
  var items = document.getElementsByClassName("item");
  [].forEach.call(items, function(item) {
    var greatGrandpa = item.parentElement.parentElement.parentElement;
    inventory[greatGrandpa.id].push(item.id);
  });
  var add = function(inventorySection, newItem){
    inventory[inventorySection].push(newItem);
    return inventory;
  }
  var remove = function(inventorySection, itemToDelete){
    for (var i = 0; i < inventory[inventorySection].length; i++){
      if (inventory[inventorySection][i] == itemToDelete){
        inventory[inventorySection].splice(i, 1);
      }
    }
    return inventory;
  }
  return {
    get : function(){
         return inventory;
       },
    add : add,
    remove : remove
  }
})();
```

첫 번째 줄을 살펴보면 인벤토리를 위한 변수를 선언하고 여기에 함수가 리턴하는 결과를 대입했다. 이 부분을 함수가 리턴하는 결과라고 말할 수 있는 이유는, 이 코드를 괄호로 마쳤기 때문이다. 자바스크립트 코드를 파싱하는 방식에 따르면 마지막 줄처럼 괄호를 사용하고자 할 경우 (function() {...})처럼 함수 전체를 괄호로 둘러싸야 한다. 그렇지 않으면 문법 오류가 발생한다.

다음으로 inventory라는 객체를 초기화하고 { } 구문을 이용하여 빈 객체를 대입했다. 그런 다음, 앞서 슬라이드의 ID나 플레이어의 인벤토리를 키 이름으로 사용했을 때 설명했던 함수형 패턴을 이용하여 인벤토리 내의 개별 아이템들도 빈 배열로 초기화한다. 그 다음의 반복 함수 호출에서는 앞서 빈 배열로 초기화했던 인벤토리에 HTML 파일에서 찾은 객체들을 채워 넣는다.

그 다음으로는 add와 remove라는 두 개의 새로운 함수를 구현한다. 여러분에게 이 함수들이 따로 설명이 필요없을 만큼 간단한 것일 수도 있고, 그렇지 않을 수도 있지만 push와 splice 메서드에 대해서는 확실히 짚고 넘어가기 바란다. 이 두 함수는 자바스크립트의 배열 관련 API 중에서는 가장 대중적으로 사용되는 함수들로, 이 함수에서 알아둘 만한 또다른 것은 리턴 값이다. 자바스크립트에서는 특별한 리턴 값을 선언하지 않으면 기본적으로 undefined 값이 리턴되므로 여러 가지 경우에 따라 다양한 형태의 리턴 값을 사용해야 하겠지만, 예제처럼 객체를 조작하는 경우에는(예제의 경우에는 inventoryObject 객체) 실제로 동작할 객체를 리턴하는 것이 효과적이다. 게다가 이 방법은 실용성과 더불어 아래와 같이 연속적으로 함수 호출이 가능하다.

```
inventoryObject.remove(...).add(...).
```

인벤토리 객체에 실행 가능한 함수를 즉시 리턴하여 전달했기 때문에 추가로 고려해야 하는 사항도 존재한다. 사실 예제에서는 객체를 준비하기 위한 코드를 실행했을 뿐이지만, 바깥에 선언한 함수의 외부에서는 접근 불가능한 add와 remove 함수도 정의한 셈이 된다. 이 상황에서 여러분이 할 수 있는 일이란 무엇일까? 아마도 가장 최선의 방법은 마지막 부분의 코드처럼 바깥쪽에 선언한 함수가, 실제로는 객체를 리턴하도록 구현하는 것이다. 이 객체는 get, add 그리고 remove 등 세 개의 메서드로 구현되어 있으며, add와 remove 함수의 경우는 특별히 따로 구현할 것이 없다. 그저 이 두 함수가 공개된 함수로서 inventoryObject.add() 함수와 inventoryObject.remove() 함수에 의해 외부에 노출될 뿐이다. 이 함수들이 외부로 노출된다 하더라도 인벤토리 객체는 함수의 초반부에 정의한 것을 사용한다는 점에 주목해야 한다. 이것은 클로저(Closure)라고 알려진 매우 중요한 개념으로, 객체나 변수에 대한 적절한 범위 정보를 제공하는 것이다.

get 함수의 경우는 내부적으로 구현한 함수를 return 블록을 통해 외부에 노출되도록 매핑만 하는 것이 아니라 실제로도 코드 구현을 통해 내부의 inventory 변수의 값을 리턴하고 있다.

이처럼 비공개(private) 메서드와 공개(public) 메서드의 개념을 사용하는 방법을 모듈 패턴(Module pattern)이라고 한다. 이 패턴은 여러분이 다른 사람의 코드를 살펴보다보면 매우 빈번하게 마주치게 될 가장 기본적인 패턴이며, 자바스크립트 코드의 재사용 및 정리를 위한 방법에 관심이 있다면 해당 분야에서 이미 여러 가지 흥미로운 일들이 진행되고 있음을 알려주고 싶다. backbone 같은 MVC 프레임워크, 확장을 위한 AMD/common.js, 발행자-구독자 패턴(Publisher-Subscriber Pattern) 사용의 증가, 그리고 자바스크립트에 기존의 GoF(Gang of Four) 패턴의 적용 등은 여러분이 스스로의 지식에 깊이를 더하고자 한다면 반드시 살펴보아야 할 분야들이다.

그러나 이 책은 게임을 만드는 것에 관한 책이 아니며 패턴에 대한 책도 아니다. 물론, 이 책을 읽는 중에 쉽게 접할 수 있는 내용보다 훨씬 어려운 내용들을 다루는 난해한 레시피도 존재한다. 그 증거로 여러분의 그동안의 노력에 대한 보상으로서 index.html 파일을 브라우저에서 실행하면 그림 2.2와 같은 화면을 보게 될 것이다. 그리고 방망이를 드래그 드롭하여 인벤토리로 이동할 수 있다.

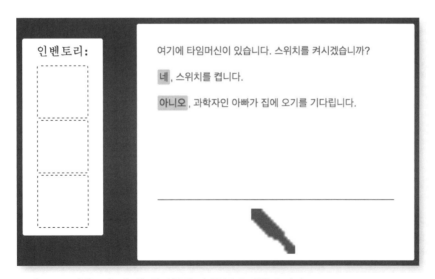

그림 2.2 인벤토리 기능을 추가한 후의 첫 번째 게임 슬라이드

The Web Game Developer's Cookbook

레시피: 복잡한 동작 추가하기

이번 레시피에서는 앞서 구현한 객체에 복잡한 동작을 추가할 것이다. 바로 직전의 레시피에서 설명했던 것만큼 컨셉적으로 어려운 것은 없지만, 새로운 동작을 위해서는 상당 부분의 코드가 변경되어야 한다. 우선 굵게 표시된 부분은 index.html 파일에서 바뀌어야 할 부분임을 보여준다(예제 2.14 참조).

예제 2.14 index.html 파일 수정하기

```
...
<div id="player_inventory">
  <span class="item-container"><h3>인벤토리:</h3>
    <div class="inventory-box empty"></div>
    <div class="inventory-box empty"></div>
    <div class="inventory-box empty"></div>
  </span>
</div>
<div id="impress">
  <div id="slide1" class="step slide">
    <div class="slide-text">
      <p>여기에 타임머신이 있습니다. 스위치를 켜시겠습니까?</p>
      <p><a href="#slide2">네</a>, 스위치를 켭니다.</p>
      <p><a href="#slide3">아니오</a>, 과학자인 아빠가 집에 오기를 기다립니다.</p>
      <div class="event-text"></div>
    </div>
    <div class="menu item-container"><div class="inventory-box"><img src="bat.png"
➥alt="bat" class="item" id="bat"></div></div>
  </div>
  <div id="slide2" class="step slide" data-x="1500">
    <div class="slide-text">
      <p>와, 공룡이다! 공룡을 잡을 수 있을까요?</p>
      <div class="event-text"></div>
    </div>
    <div class="menu"><div class="inventory-box"><img src="dino.png" alt="dino"
➥class="item" id="dino"></div></div>
  </div>
  <div id="slide3" class="step slide" data-x="-1500">
    <div class="slide-text">
```

```
        <p>아빠가 돌아올 때까지 한동안 아무것도 하지 못했습니다. 그리고 아빠가 돌아왔습니다.</p>
        <p>아빠는 당신의 숙제를 도와주셨습니다.</p>
        <p>덕분에 지루하진 않았지만 그렇다고 아주 재미있지도 않았습니다.</p>
        <div class="event-text"></div>
      </div>
      <div class="menu"><a href="#slide1">다시 시작하기</a></div>
    </div>
  </div>
  <script src="impress.js"></script>
  <script>impress().init();</script>
  ...
```

이번 레시피에서는 요소를 참조하는 방법이 바뀌어 이제는 슬라이드나 플레이어 인벤토리에 itemable 클래스를 사용하지 않는다. 숫자로 된 ID만으로는 요소를 참조하거나 추적하는 것이 쉽지 않기 때문에 숫자 앞에 slide라는 단어를 덧붙여 사용하기로 한다. 이러한 변경 사항의 결과로 각 슬라이드에 대한 링크 역시 변경되어야 한다. 또한, event-text 클래스가 지정된 div 요소를 모든 슬라이드에 추가해야 한다. 슬라이드 2에는 dino라는 새로운 객체가 추가되었는데 이 객체는 공룡이 있다는 내용의 새로운 텍스트를 보여준다.

impress.js 파일을 로드 하는 방식은 변화가 없지만 필요한 내용을 위해 코드를 조금 변경해야만 한다. 예제 2.15의 내용을 살펴보자.

예제 2.15 impress.js 파일이 변경된 코드

```
var game = {
  stepsTaken: [],
  updateAfterStep: function(stepId){
    this.stepsTaken.push(stepId);
  }
};
...
var getStep = function ( step ) {
  if (typeof step === "number") {
    step = step < 0 ? steps[ steps.length + step ] : steps[ step ];
  } else if (typeof step === "string") {
    step = byId(step);
  }
  if (!!step.id === true){
    game.updateAfterStep(step.id);
  };
  return (step && step.id && stepsData["impress-" + step.id]) ? step : null;
};
...
```

이 예제에서는 두 가지 큰 변화가 있다. 첫 번째 변화는 이번 장을 마칠 때까지 글로벌 범위에 포함될 유일한 객체인 game 객체를 구현했다는 점이다. 이 객체에는 두 가지 속성을 구현하고 있는데, 첫 번째는 이미 방문한 슬라이드를 저장하는 배열이며, 두 번째는 이 슬라이드들을 배열에 추가하기 위한 함수다. 이 코드는 파일의 첫 부분에 작성하면 된다. 두 번째 변경 사항은 매번 새로운 슬라이드를 볼 때마다 예제 2.15의 굵게 표시된 코드를 이용해서 방금 본 슬라이드를 배열에 추가하는 코드를 impress.js 파일에 작성한 것이다. 새로이 추가된 코드는 421번 라인 근처에 있다.

이제 dragDrop.js 파일을 예제 2.16을 참고해 수정해보자.

예제 2.16 　 dragDrop.js 파일 수정하기

```
(function() {
...
  function handleDrop(e) {
    var dragAppliedTo = this;
    game.things.dropItemInto(draggingObject, dragAppliedTo.parentElement.
➡parentElement.id);
    e.preventDefault();
  }
...
})();
```

이 파일에도 두 가지 변화가 있다. 첫 번째는 전체 코드를 스스로 실행되는 함수의 내부에 구현했다는 점이다. 만일 이 코드가 두 번 이상 실행되기를 원한다면(즉, 이벤트 리스너 함수를 다시 연결할 필요가 있다면), 첫 번째 줄의 코드를 game.dragdrop = (function)() {, 처럼 수정해서 이 함수를 글로벌 객체인 game 객체에 속성으로 추가하면 된다. 그러나 이번 레시피에서는 이 코드를 한 번만 실행해도 충분하다. 두 번째 변화는 handleDrop 함수가 매우 단순해 졌다는 점이다. 이제 여러분은 드래그된 객체와 그 객체가 드롭될 컨테이너의 ID를 dropItemInto 함수에 전달하기만 하면 된다. 이 함수는 game 객체의 things 속성에 구현되어 있다.

예제 2.17의 코드에는 상당히 많은 변화가 존재하므로 처음부터 조금씩 살펴보도록 하자. 우선 현재 game.js 파일의 모든 코드가 예제와 같이 변경되어야 한다.

예제 2.17 game.things 속성 구현하기

```
game.things = (function(){
  var items = {
    bat: {
      name: 'bat',
      effects: {
        'player_inventory': { message: "<p>방망이를 선택했습니다!</p>",
                              object: "addItem",
                              subject: "deleteItem"
        },
        'dino': { message: "<p>공룡을 방망이로 내리쳤습니다.</p><p>이제 공룡이 화가 났습니다.</p>",
                  subject: 'deleteItem'
        },
        'empty': {
              message: "<p>방망이를 내려놓았습니다.</p>",
              object: "addItem",
              subject: "deleteItem"
        }
      }
    },
    dino: {
      name: 'dino',
      effects: {
        'player_inventory': { message: "<p>공룡을 움직일 수 없습니다...</p>" }
      }
    }
  };

  var get = function(name){
    return this.items[name];
  };
  var dropItemInto = function(itemNode, target){
    var sourceContext = itemNode.parentElement.parentElement.id;
    if(sourceContext !== target){
      var item = itemNode.firstChild.id;
      var itemObject = this.get(item);

      if (target === 'player_inventory'){
        var effects = itemObject.effects[target];
      }else if(game.slide.getInventory(target)){
        var effects = itemObject.effects[game.slide.getInventory(target)];
      }else{
        var effects = itemObject.effects['empty'];
      };

      var targetObject;
      if (!!effects.object === true){
        if(target==="player_inventory"){
          targetObject = game.playerInventory;
        }else{
          targetObject = game.slide;
        };
```

```
        targetObject[effects.object](itemObject);
      };
      if (!!effects.subject === true){
        if(sourceContext === "player_inventory"){
          var sourceObject = game.playerInventory;
        }else{
          var sourceObject = game.slide;
        };
        sourceObject[effects.subject](itemObject);
      };
      if (!!effects.message === true){
        game.slide.setText(effects.message);
      };
      game.screen.draw();
    };
  };

  return{
    items: items,
    get: get,
    dropItemInto: dropItemInto
  }
})();
```

이번 예제에서는 많은 진전이 있었다. 구조적으로 말하자면 전체 객체가 스스로 실행되는 Self-executing 함수로 래핑되어 game 객체의 things 속성에 대입되어 있다. 이 함수가 리턴하는 것은 (맨 아래를 보면)지금까지와 비슷한 느낌을 받을 것이다. 이 함수는 전용(private) 메서드를 공용(public) 메서드로 노출하여 game.things.items처럼 외부에서도 접근이 가능하게 만드는 객체를 리턴한다. game.things 속성의 공용 인터페이스는 이제 items 객체를 리턴하는 items 메서드, 특정 아이템을 리턴하는 get 메서드, 그리고 dragDrop.js에서 호출되며 드래그 앤 드롭의 대부분의 기능을 구현한 dropItemInto 메서드를 갖추게 되었다.

함수의 첫 부분으로 되돌아가보면 items 객체를 데이터처럼 구성하고 있으며, 이 객체에는 어떤 일이 발생했을 경우 실행될 메서드에 대한 정보가 포함되어 있다. 또한, 이 데이터를 구성한 방법과 마찬가지로 bat 객체는 name 속성을 가지고 있다. bat 객체의 effects 속성은 또 다른 JSON 구문을 통해 bat 객체가 다른 객체 타입이나 위치에 드래그 될 때 발생할 영향에 대해 기술하고 있기에 player_inventory 객체로 드래그되는 경우는 조금 특별히 처리하고 있다. dino 아이템은 상대적으로 적은 매핑 정보를 가지고 있는데, 그 이유는 공룡은 플레이어의 인벤토리로만 드래그 될 수 있기 때문이다. 그러므로 어떤 경우든 잠재적으로는 크게 세 가지 상황이 발생할 수 있다. subject 항목은 아이템을 드래그하기 시작했을 때 드래그가 시작된 장소에 적용될 함수를 가리키고, object 항목은 아이템을 드롭할 때 그 장소에 적용될 함수를 가리킨다. 그리고 message 항목은 동작의 결과로 보여질 메시지를 기술하고 있다.

파일을 계속 따라 내려가면 만나게 되는 get 메서드는 함수를 호출할 때 전달된 name 매개 변수에 지정된 이름을 가진 아이템을 리턴한다.

마지막 함수인 dropItemInto 함수는 상당히 복잡하다. 이 함수는 먼저, itemNode와 target 등 두 개의 매개 변수를 필요로 한다. 우선 sourceContext 객체를 target 매개 변수와 비교하여 이 두 객체가 동일하면(즉, 객체의 드래그를 시작한 장소와 드롭한 장소가 동일하면) 이 함수는 더 이상 실행되지 않는다. 또한, if, else if, else 구문을 통해 지정된 아이템에 정의된 효과 중 어떤 것을 실행할 것인지를 결정하게 된다. 그 다음의 if 구문은 정의된 effects 객체에 object 속성이 존재하는 경우 해당 효과가 적용될 대상을 targetObject 변수에 대입하고 해당 효과를 실행한다. if (!effects.subject === true) {로 시작하는 구문은 object 속성 대신 subject 속성이 존재하는 경우, 앞서 설명한 것과 동일한 동작을 실행한다. 마지막 if 구문은 game.slide.setText 함수를 호출하여 현재 슬라이드에 effects 객체의 message 속성에 대입된 메시지를 출력한다. 그리고 dropItemInto 함수의 마지막 줄에서는 game.screen.draw 메서드를 호출하여 인벤토리들이 업데이트 된 후 화면을 갱신하게 된다.

이제 거의 대부분의 동작을 수행하는 dropItemInto 함수를 구현하였으므로 이 모든 작업을 완료하기 위해 필요한 객체를 조금 더 자세히 살펴보도록 하자. 예제 2.18은 game.js 파일의 game.slide 객체를 구현한 코드로 예제 2.17의 코드 바로 다음에 작성한다.

예제 2.18 game.js 파일에 game.slide 함수 작성하기

```
game.slide = (function(){
  var inventory = {
    slide1: 'bat',
    slide2: 'dino',
    slide3: null
  };
  var addItem = function(item){
```

```
      inventory[game.slide.currentSlide()] = item.name;
    };
    var deleteItem = function(item){
      inventory[game.slide.currentSlide()] = null;
    };
    var findTextNode = function(slideId){
      return document.querySelector("#" + slideId + " .slide-text .event-text");
    };
    var getInventory = function(slideId){
      return inventory[slideId];
    };
    var setText = function(message, slideId){
      if (!!slideId === false){
        slideId = currentSlide();
      }
      return findTextNode(slideId).innerHTML = message;
    };
    var currentSlide = function(){
      return game.stepsTaken[game.stepsTaken.length - 1];
    };
    var draw = function(slideId){
      if(!slideId === true){
        slideId = this.currentSlide();
      };
      var item = inventory[slideId];
      var inventoryBox = document.querySelector ('#'+slideId+' .inventory-box');
      if (item === null){
        inventoryBox.innerHTML = "";
        inventoryBox.classList.add("empty");
      }
      else{
        inventoryBox.innerHTML = "<img src='"+item+".png' alt='"+item+"' class='item'
➥id='"+item+"'>";
        inventoryBox.classList.remove("empty");
      }
    };
    return {
      addItem: addItem,
      deleteItem: deleteItem,
      setText: setText,
      getInventory: getInventory,
      draw: draw,
      currentSlide: currentSlide
    };
})();
```

이번 예제에서 game 객체에 속성을 정의하고 실행하는 패턴은 이제 친숙해 보여야만 한다. 앞서 마찬가지로 return 블록을 통해 이 객체가 공개 메서드를 외부에 노출하도록 만드는 것을 본다면 이제는 익숙함을 느낄 것이다. 맨 위의 코드로 올라가보면 inventory 객체가 각 슬라이드의 이름과 그 이름으로 참조하고 있는 객체 혹은 null 값을 가지고 있는 것을 볼 수 있을 것이다. 그리고 그 다음으로는 인벤토리를 관리하기 위해 현재 슬라이드에 지정된 item 변수의 이름을 추가하는 addItem 함수와 인벤토리에 이미 담겨진 객체에 null 값을 대입하여 deleteItem 함수를 구현하고 있다.

그 다음으로는 지정된 슬라이드에서 event-text 스타일 클래스가 지정된 div 요소를 찾아내는 findTextNode 메서드를 구현한다. 이 함수는 return 블록의 특성에 매핑되어 있지 않기 때문에 비공개 메서드로서 동작하게 되며 game.slide 객체의 내부에서만 접근이 가능한 함수가 된다. 참고로 이 함수는 setText 함수에서만 호출한다.

getInventory 함수는 인벤토리 객체 내에 지정된 슬라이드가 가지고 있는 아이템의 목록을 리턴한다.

setText 함수는 전달된 slideId 변수 값에 해당하는 슬라이드에 지정된 메시지를 설정한다. 만약 slideId 변수에 올바른 값이 전달되지 않았다면 currentSlide() 함수가 리턴하는 현재 슬라이드를 기본 값으로 사용한다. 혹 기본 매개 변수를 지정하는 프로그래밍 언어로 개발해본 경험이 있다면 slideId 변수 값이 제공되지 않았을 때 function(message, slideId=currentSlide())처럼 사용할 수 있는 어떤 방법이 있기를 기대할 수도 있다. 하지만 자바스크립트에 이러한 표현은 존재하지 않는다. 기본 매개 변수가 정말로 필요하다면 명시적으로 객체를 전달하여 그것을 처리하거나 아니면 null 값을 검사해야 한다.

그 다음으로 구현한 함수는 이미 몇 차례 들어 본 currentSlide 메서드다. 이 메서드야말로 앞서 impress.js 파일을 뒤집어 버린 가장 큰 이유다. 이 함수는 매번 새로운 슬라이드에 방문할 때마다 해당 슬라이드 정보를 추가해둔 stepsTaken 배열에서 가장 마지막에 추가된 요소를 가져온다.

그리고 slide 객체에 구현할 마지막 메서드는 draw 함수다. 이 함수 역시 slideId 변수에 currentSlide() 함수의 리턴 값을 대입하여 기본 매개 변수를 지원하는 것처럼 동작하는 방식으로 구현되었다. 이 함수는 지정된 슬라이드에서 inventory-box 스타일 클래스가 지정된 요소들을 찾아 inventory 객체로 표현된 값을 출력하도록 한다. 이때 출력되는 값은 null 값이거나 특정 아이템이 될 수 있다. 또한, empty 스타일 클래스를 추가하거나 제거하여 인벤토리에 아이템이 들어있는지의 여부를 표시하도록 한다.

이제 이번 레시피를 통틀어 가장 큰 객체를 구현해보자. 바로 game.js 파일의 playerInventory 객체다. 예제 2.19를 살펴보자.

예제 2.19   playerInventory 객체의 구현

```
game.playerInventory = (function(){
  var items = {
    bat: false
  };
  var clearInventory = function(){
    playerInventoryBoxes = document.querySelectorAll('#player_inventory .inventory-box');
    [].forEach.call(playerInventoryBoxes, function(inventoryBox) {
      inventoryBox.classList.add("empty");
      inventoryBox.innerHTML = "";
    });
  };
  var addItem = function(item){
    if (this.items[item.name] === false){
      this.items[item.name] = true;
    };
    return this.items;
  };
  var deleteItem = function(item){
    if (this.items[item.name] === true){
      this.items[item.name] = false;
    };
    return this.items;
  };
  var draw = function(){
    clearInventory();
    var counter = 0;
    var inventoryBoxes = document.querySelectorAll('#player_inventory .inventory-box');
    for(var item in this.items){
      if(this.items[item] === true){
        inventoryBoxes[counter].classList.remove("empty");
        inventoryBoxes[counter].innerHTML = "<img src='"+item+".png' alt='"+item+"
➥'class='item' id='"+item+"'>";
      }
      counter = counter + 1;
    };
  };
  return {
    items: items,
    addItem: addItem,
    deleteItem: deleteItem,
    draw: draw
  };
})();
```

이번 예제에서도 객체를 다른 객체의 특성으로 설정하고 여기에 필요한 작업을 모두 정의한 후, 곧바로 실행되는 함수를 대입하는 동일한 패턴을 사용하고 있다. 따라서 별로 특별한 코드는 없다. 지금까지 보아왔듯이 return 블록은 어떤 메서드가 공개될 것인지를 정의하고 있다. 이제 첫 번째 줄부터 이 객체가 어떤 일을 하는지 찬찬히 살펴보며 이해하도록 하자.

items 변수는 객체 형태로 아이템들을 저장한다. 이 변수를 일반적인 객체 형태보다는 배열 형태로 하는 것이 더 적합할 수도 있지만, 이 경우 배열의 크기가 커지면 배열 내의 특정 인덱스를 사용하지 않고 전체 배열을 훑으면서 필요한 객체를 탐색해 값의 존재 여부를 true 또는 false로 리턴하는 등의 작업을 실행할 경우, 실행 비용이 증가하게 된다. 그리하여 게임을 통해 얻은 아이템이 플레이어의 인벤토리에 나타나야 함에도 불구하고 false 값을 가지게 되는 경우가 발생할 수도 있다.

다음으로 clearInventory 라는 이름의 비공개 함수는 플레이어의 인벤토리 상자를 표현한 div 요소에 지정된 이미지들을 모두 탐색한다. 이 함수는 draw 함수가 전체 인벤토리를 비우기 전에 호출되며, 각각의 inventoryBox 객체에 empty 스타일 클래스를 추가하여 인벤토리 상자를 빈 것으로 표시한다.

addItem 함수와 deleteItem 함수는 그다지 특별한 기능을 구현하지 않는다. 이 두 함수는 단지 각 아이템의 true/false 값을 토글하고 그 값을 리턴할 뿐이다.

draw 함수는 인벤토리를 비우는 작업부터 시작한다. 특히 반복문에서는 명시적으로 카운트 변수를 사용하는 방법을 사용하고 있는데, 이 방법은 아직 이번 장에서 설명한 적이 없는 방법으로, 배열이 아닌 객체를 사용할 때는 for...in 형식의 반복문 구문을 사용하는 것이 개별적인 아이템에 접근하기가 용이하다. 때문에 특정 HTML 요소를 참조하여 HTML 코드를 추가하거나 empty 스타일 클래스를 제거하기 위해서는 카운트 변수를 통한 접근이 필요하다.

자, 이제 약속한대로 분량이 많은 객체의 구현은 모두 마쳤고 이제는 비교적 작은 분량의 함수 하나만 남겨놓고 있다. 예제 2.20에서 구현한 game 객체의 screen 속성은 game.js 파일에 반드시 추가되어야 한다.

예제 2.20 game 객체에 screen 속성 구현하기

```
game.screen = (function(){
  var draw = function(){
    game.playerInventory.draw();
    game.slide.draw(game.slide.currentSlide());
  };
  return {
    draw: draw
  }
})();
```

이 예제에서 구현한 screen 객체는 playerInventory 객체와 slide 객체에 구현한 draw 함수를 단순히 래핑하는 역할만을 담당한다.

이것으로 이번 레시피를 모두 마쳤다. 그림 2.3은 index.html 파일을 브라우저를 통해 실행한 후, 공룡을 방망이로 내리쳤을 때의 화면을 보여준다.

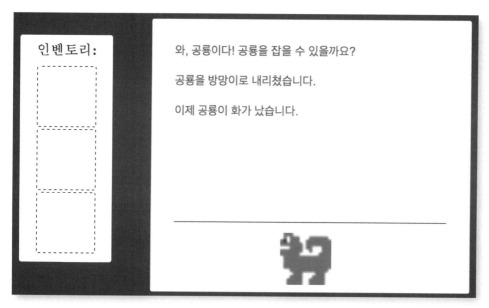

그림 2.3 공룡을 내리친 후의 화면

레시피: 브레드크럼(Breadcrumb) 만들기

The Web Game Developer's Cookbook

이제 게임이 점점 모양을 갖추어 가는 것 같다. 그러나 현재로서는 전체적인 흐름은 여러분이 명시적으로 방문한 슬라이드로 제한된다. 브레드크럼(옮긴이 우화 헨젤과 그레텔에서 두 남매가 집으로 돌아가는 길을 표시할 수 있도록 길에 빵가루를 떨어뜨려 표시한 것에서 유래된 것으로, 주로 웹 페이지의 상단에 홈페이지로부터 현재 보고 있는 페이지까지의 경로를 나열한 링크 영역을 뜻한다.)의 개념은 이전 페이지로 되돌아가기 쉽도록 여러분의 현재 위치까지의 경로를 기록해 두는 것이다. 그러기 위해서는 impress.js 라이브러리 파일과 HTML/CSS 파일을 조금 더 수정해야 한다. 사실 마지막 두 개의 레시피에 비하면 이번 작업은 아무것도 아니다.

먼저, impress.js 파일을 조금 변경해보자. 이번 변경을 통해 최종 버전에 거의 가까워질 테지만 updateAfterStep 메서드는 확장의 여지가 아직 남아있다. 예제 2.21에서 굵게 표시된 부분을 impress.js 파일에 추가하자.

예제 2.21 브레드크럼 구현을 위해 impress.js 수정하기

```
var game = {
  stepsTaken: [],
  updateAfterStep: function(stepId){
    if (this.stepsTaken.length < 1 || stepId !== this.stepsTaken[this.stepsTaken.
➥length-1]){
      this.stepsTaken.push(stepId);
      var numberOfSteps = this.stepsTaken.length;
      var stepsElement = document.getElementById("steps");
      var newStep = document.createElement("li");
      newStep.innerHTML = "" + numberOfSteps +": <a href=#"+stepId+">"+stepId+"</a>";
      var mostRecentStep = stepsElement.firstChild;
      stepsElement.insertBefore(newStep, mostRecentStep);
    };
  }
};
```

이제 이 메서드는 단순히 현 단계의 슬라이드 정보를 배열에 담는 것이 아니라 새로운 li 요소를 만들고 여기에 마지막으로 방문한 슬라이드로의 링크를 설정한 후 리스트의 상단에 추가한다.

이제 index.html 파일에서 두 곳을 간단히 변경해야 한다. 먼저, stepsTaken 배열에 추가된 데이터를 표시할 영역을 추가하고, 링크를 클릭하면 실제로 페이지를 새로고침하도록 변경해야 한다. 이번 예제에서는 이런 방식으로 아이템과 인벤토리를 처리하는데, 사실 이 방법은 UI와 데이터를 직접 관리하는 것에 비하면 훨씬 간편한 방법이다. 아래의 예제 2.22 에 굵게 표시된 코드가 바로 새롭게 추가할 코드다.

예제 2.22 브레드크럼을 위해 index.html 파일 수정하기

```
<div id="player_inventory">
  <span class="item-container"><h3>인벤토리:</h3>
  <div class="inventory-box empty"></div>
  <div class="inventory-box empty"></div>
  <div class="inventory-box empty"></div>
  </span>
</div>
<div id="steps-taken">
  <h3>방문기록:</h3>
  <ul id='steps'>
  </ul>
</div>
...
<div id="slide3" class="step slide" data-x="-1500">
  <div class="slide-text">
    <p>아빠가 돌아올 때까지 한동안 아무것도 하지 못했습니다. 그리고 아빠가 돌아왔습니다.</p>
    <p>아빠는 당신의 숙제를 도와주셨습니다.</p>
    <p>덕분에 지루하진 않았지만 그렇다고 아주 재미있지도 않았습니다.</p>
    <div class="event-text"></div>
  </div>
  <div class="menu"><a href="#" onclick='location = window.location.pathname;
➥return false;'>다시 시작하기</a></div>
...
```

이번 레시피에서 마지막으로 수정할 부분은 main.css 파일을 예제 2.23과 같이 수정하는 것이다.

예제 2.23　브레드크럼을 위한 스타일 코드

```
#steps-taken{
  position: fixed;
  text-align: center;
  width:180px;
  padding:15px;
  border-radius: 5px;
  top: 75px;
  right: 25px;
  background-color: white;
}
```

지금까지의 작업을 모두 마친 후 브라우저를 통해 index.html 파일을 실행하고 몇몇 페이지를 방문해보면 그림 2.4와 같은 화면을 보게 될 것이다.

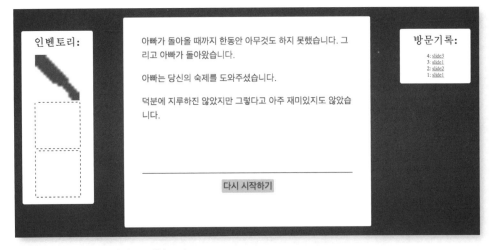

그림 2.4　브레드크럼이 동작한 모습

지금까지 구현한 게임에는 두 가지의 가능성, 즉 별로 재미없는 결말이거나 공룡을 화나게 만든다는 결말만이 존재할 뿐이었다. 그렇다면 공룡이 정말 화가 나서 여러분을 공격하면 어떻게 될까? http://www.zurb.com/playground/jquery-raptorize에서 멋지면서도 한편으로는 뭔가 이상한 jQuery 플러그인인 raptorize를 다운로드하여 이 기능을 구현해보자.

먼저, raptor-sound.mp3파일과 raptor-sound.ogg 파일을 index.html 파일과 동일한 폴더에 저장하자(이 두 파일이 모두 필요한 이유는 브라우저마다 지원하는 오디오 코텍이 서로 다르기 때문이다). 그리고 jQuery와 jquery.raptorize 파일을 raptor.png 이미지 파일과 함께 저장하자.

이제 index.html 파일을 열고 예제 2.24와 같이 스크립트 파일들을 로드한다.

예제 2.24 index.html 파일을 수정한 코드

```
<script src="impress.js"></script>
<script>impress().init();</script>
<script src="http://ajax.googleapis.com/ajax/libs/jquery/1.4.2/jquery.min.js">
➥</script>
<script>!window.jQuery && document.write('<script src="jquery-1.4.1.min.js">
➥<\/script>')</script>
<script src="jquery.raptorize.1.0.js"></script>
<script src="game.js"></script>
<script src="dragDrop.js"></script>
...
```

이번 예제에서는 새로운 script 태그가 추가되었다. 첫 번째 태그는 jQuery 라이브러리를 구글의 컨텐츠 전송 네트워크(CDN, Content Delivery Network)를 통해 추가하는 것이다. 이처럼 CDN 서비스를 이용하면 실제로 서비스를 할때 성능이 향상되는 장점이 있다. 그

리고 두 번째 스크립트 태그는 구글의 CDN 서비스를 이용할 수 없는 상황인 경우 로컬 디스크에 저장된 jQuery 라이브러리를 로드하는 태그다(구글의 CDN은 믿을 만하기 때문에 로컬 디스크의 라이브러리를 로드하게 되는 경우는 대부분이 여러분의 인터넷 연결에 문제가 있는 경우일 수 있다). 세 번째 스크립트 태그는 raptorize.js 파일을 로드한다.

예제 2.25는 game.js 파일에서 수정해야 할 부분을 보여준다.

예제 2.25 game.js 파일 수정하기

```
game.things = (function(){
  var items = {
    bat: {
      name: 'bat,
      effects: {
        'player_inventory': { message: "<p>방망이를 선택했습니다!</p>",
                              object: "addItem",
                              subject: "deleteItem"
        },
        'dino': { message: "<p>공룡을 방망이로 내리쳤습니다.</p><p>이제 공룡이 화가 났습니다.</p>",
                  subject: 'deleteItem',
                  object: 'deleteItem',
                  callback: function(){game.screen.callDino()}
...
var dropItemInto = function(itemNode, target){
...
if (!!effects.message === true){
  game.slide.setText(effects.message);
};
if(!!effects.callback  === true){
  effects.callback();
};
game.screen.draw();

...
game.screen = (function(){
  var draw = function(){
    game.playerInventory.draw();
    game.slide.draw(game.slide.currentSlide());
  };
  var callDino = function(){
    $('body').raptorize({ 'enterOn' : 'timer', 'delayTime' : 2000 });
  };
  return {
    callDino: callDino,
    draw: draw
  }
})();
...
```

먼저, things 객체에서는 공룡을 방망이로 내리칠 때의 효과를 조정한다. 그런 다음, 공룡과 방망이를 모두 사라지게 하고 dino를 호출하는 callback 함수를 추가한다. 그리고 dropItemInfo 함수에서는 콜백 함수가 존재하는지 확인하여 콜백 함수가 존재한다면 해당 함수를 실행하는 코드를 추가했다. 마지막으로 callDino 함수를 screen 객체에 추가하고 return 블록에 해당 함수에 대한 참조를 추가하여 공개 메서드로 동작할 수 있도록 수정했다.

여기까지의 작업을 완료했다면 플레이어가 공룡을 방망이로 내리치는 옵션을 선택할 경우, 공룡은 무진장 화가 나서 그림 2.5처럼 괴기스러운 소리를 내며 화면을 가로지를 것이다.

그림 2.5   극적인 엔딩

요약

이것으로 impress.js 게임 엔진을 이용한 대화형 게임의 구현을 시도해보았다. 이번 장에 서는 자바스크립트의 패턴부터 함수형 프로그래밍과 공룡에 이르기까지 다양한 소재들을 다루었다.

이번 장의 내용이 어렵게 느껴졌다면 그 이유는 실제로도 어려웠기 때문이며, 아마도 이 책 전체에서 가장 어려운 부분이었을 것이다. 자바스크립트는 한편으로는 무척 불분명하기 에 jQuery 같은 라이브러리들이 인기를 끌고 있을 뿐더러 이 책에서 다루는 게임 엔진들 을 손쉽게 사용할 수가 있는 것이다. 지금까지 소개한 라이브러리들을 이용하면 일관적이 며 기본에 충실한 문서를 다루기가 쉽지만, 반대로 자바스크립트에서는 다양한 명세와 구 현, 그리고 언어 자체의 훼손(더글라스 크록포트가 자바스크립트의 단점으로 경고한 부분이기도 하다.) 등으로 헤메기가 일쑤다.

자, 그렇다면 이제 무엇을 해야 할까? 자바스크립트 측면에서는 모든 패턴과 함수형 프로 그래밍 능력을 학습하고, 그와 동시에 이런 기법과 관련된 모든 라이브러리를 공부하자면 몇 달은 걸릴 것이다. 또한, 시각적 측면에서는 HTML5와 CSS3에 대해 더 많이 학습하는 것은 교육적 가능성의 측면에서 반드시 필요한 부분이다.

그리고 이번 장에서 만든 게임에 대해서라면 여러분이 공룡을 좋아하지 않을지도 모르겠 다. 뭔가 더욱 현실적인 것이나 더 많은 선택 사항을 추가하여 좀 더 오래 즐길 수 있기를 원할지도 모른다. 어쩌면 텍스처 인터페이스나 동서남북 형식의 색다른 탐색 기능을 넣는다 거나, 이걸로 안부용 온라인 카드를 만들고 싶을 수도 있다. 아이템은 많고, 그 결과도 다 양하며, 그에 따른 엔딩도 여러 가지다. 더 무서운, 더 재미있는 혹은 더 의미있는 엔딩을 만들 수도 있다. 그 몫은 여러분의 것이다. 여러분은 이번 장을 끝내면서 그전까지는 불가 능했지만 이제는 스스로 이야기를 진행해 나갈 수 있는 게임의 템플릿을 갖게 된 것이다.

CHAPTER 3

파티

댄스 댄스 레볼루션(Dance Dance Revolution), 마리오 파티(Mario Party), 그리고 락 밴드 (Rock Band) 등과 같은 게임들은 게임을 처음 접하는 플레이어들도 손쉽게 재미를 느낄 수 있을 정도로 플레이 방법이 간단하며, 여러 명이 가볍게 즐기기에 적합하게 만들어졌다. 이처럼 버튼을 빨리 누르거나, 버튼을 정확한 시점에 누르거나, 또는 올바른 버튼을 누르는 종류의 캐주얼한 게임들은 최근에서야 많은 사람들에게 매력적으로 받아들여지면서 뒤늦게 개발자와 게임 개발사들에게 높은 관심을 받고 있다. 사실 그 전까지 이런 류의 게임들은 그다지 주목받지 못했었다.

이번 장에서는 atom.js 게임 엔진을 활용하여 게임 로직을 감싸는 래퍼를 제공할 것이며 HTML5에서 그래픽을 위해 제공하는 캔버스 API에 대해 살펴볼 것이다.

레시피: atom.js로 간단한 예제 게임 구현하기

이번 장에서는 일반적으로 게임에서 필요한 기능들을 추상화하는 작고 가벼운 엔진으로서 atom.js 라이브러리를 사용한다. 이 라이브러리는 총 4가지 역할을 담당하며, 그것은 각각 모든 브라우저에서 requestAnimationFrame 함수의 기능이 동작할 수 있도록 표준화하는 것, 키 입력과 마우스 이벤트에 대한 추상화를 제공하는 것, 창의 크기가 변경될 때 화면의 크기를 조정하는 핸들러를 제공하는 것, 그리고 마지막으로 가장 중요한 역할로 Game이라는 이름의 기본 객체를 정의하여 게임에서 사용할 반복적인 작업들과 관련된 메서드를 제공하는 것이다.

party/initial 폴더를 찾아보면 atom.js와 atom.coffee 등 두 개의 파일이 존재하는 것을 볼 수 있을 것이다. 이 두 파일은 유사한 변수와 구조를 가지고 있지만, 문법 자체는 완전히 다르다. 두 번째 파일은 여러분이 자바스크립트에 익숙하지 않을 것을 가정해서 제공한 파일이다. 이 파일의 소스 코드는 커피스크립트(CoffeeScript)라는 언어로 만들어졌다. (atom.js 라이브러리의 제작자를 포함한) 몇몇 사람들은 커피스크립트가 자바스크립트보다 접근이 쉽다는 것을 알아냈다. 여기에는 몇 가지 메리트가 존재하는데, 커피스크립트는 자바스크립트의 부분 집합으로서 보다 간단한 문법을 제공하며, 사람이 읽기에 더 수월하다. atom.js 라이브러리의 경우 커피스크립트 버전은 코드가 30줄 정도 줄어든다는 장점도 존재한다.

자, 그렇다면 커피스크립트를 사용할 때의 단점은 무엇일까? 브라우저는 자바스크립트만 해석할 수 있을 뿐 커피스크립트를 해석하지는 못한다. 이는 커피스크립트로 작성된 모든 파일은 '컴파일되어' 브라우저가 읽을 수 있는 자바스크립트로 변환되어야만 한다는 것을 의미한다. 물론, 컴퓨터에 프로그램을 설치해서 이 작업을 수행할 수도 있겠지만, 이제 막

커피스크립트를 시작했을 뿐 더 이상 복잡한 무언가를 원치 않는다면 js2coffee.org와 같은 사이트에서 변환 작업을 거쳐도 무방하다.

또 다른 단점은 코드에 오류가 있을 경우 브라우저가 자바스크립트로 변환된 코드에서 오류를 보고하기 때문에 디버깅하기가 까다롭다는 점이다. 이 문제를 해결하기 위한 여러 도구들이(소스 매핑기와 브라우저에 내장된 커피스크립트 해석기 등) 존재하지만 이 글을 작성하는 현 시점에서는 아직 표준화된 해결책이 존재하지는 않는다.

커피스크립트 파일은 이번 장 이후로는 포함되지 않는다. 그러나 이 언어는 backbone.js와 루비 온 레일즈(Ruby on Rails) 같은 일부 웹 개발 환경에 도입될 것으로 보여지기 때문에 어느 정도 수준까지는 이해해둘 필요가 있다. 어쩌면 일시적인 유행일 수도 있고, 끝까지 살아남을 수도 있지만 결국 커피스크립트는 자바스크립트를 추상화한 것일 뿐이다. 결국 여러분이 상당한 자바스크립트 기술을 갖추고 있다면 커피스크립트에 대해 별로 걱정할 필요는 없다. 새로운 것을 배우는 것은 재미있는 일이니 커피스크립트에 흥미가 있다면 http://coffeescript.org 페이지를 방문해보자. 더 많은 것을 배울 수 있을 것이다.

자, 이제 atom.js 라이브러리의 배경에 대해 살펴보았으므로 index.html 파일에 예제 3.1의 코드를 작성해보자.

예제 3.1 atom.js 라이브러를 활용하는 기본 HTML 파일

```
<!DOCTYPE html>
<html>
  <head>
    <title>두더지 잡기</title>
  </head>
  <canvas></canvas>
  <script type="text/javascript" src="atom.js"></script>
  <script type="text/javascript" src="game.js"></script>
</html>
```

첫 번째 줄에서는 HTML5를 위해 DOCTYPE을 단순히 html로 지정하고 있다. 그런 후 head 태그 내에 title 태그를 선언한다(이 태그의 내용은 브라우저의 제목 표시줄이나 탭 이름으로 표시된다). 다음으로 빈 canvas 태그를 추가하고 atom.js 파일과 game.js 파일을 로드한다.

canvas 요소는 게임 엔진에 따라 다양한 용도로 활용된다. 때로는 HTML 문서 내에 직접 정의되지 않은 채 엔진에 의해 생성되기도 하고, 다른 엔진은 HTML 문서에 추가된 canvas 태그의 id 특성 값이나 canvas 태그 자체에 대한 참조를 사용하기도 한다. atom 라이브러리의 경우에는 라이브러리가 로드될 때 발견된 첫 번째 canvas 태그를 사용한다.

다음으로 해야 할 일은 game.js 파일을 추가하는 것이다. 여러분이 사용하게 될 모든 게임 엔진은 예제 코드와 문서화가 매우 잘 되어 있고, atom.js 파일도 마찬가지여서 두 가지 모두 철저히 준비되어 있다. 하지만 여러분이 이를 잘 활용해야 한다. 예제 3.2는 atom.js 라이브러리의 README.md 파일에 포함된 예제 코드다.

예제 3.2 README 파일의 커피스크립트 예제 코드

```
class Game extends atom.Game
  constructor: ->
    super
    atom.input.bind atom.key.LEFT_ARROW, 'left'
    atom.input.bind atom.key.RIGHT_ARROW, 'right'
  update: (dt) ->
    if atom.input.pressed 'left'
      console.log "플레이어가 왼쪽으로 움직이기 시작했습니다."
    else if atom.input.down 'left'
      console.log "플레이어가 계속 왼쪽으로 움직이고 있습니다."
  draw: ->
    atom.context.fillStyle = 'black'
    atom.context.fillRect 0, 0, atom.width, atom.height
game = new Game
window.onblur = -> game.stop()
window.onfocus = -> game.run()
game.run()}
```

이것이 바로 커피스크립트다. 이 코드를 사용하기 전에 우선 자바스크립트로 변환해야 하지만 이 코드를 통해 하려는 일이 무엇인지를 먼저 살펴보도록 하자. 예제에서는 atom.js 코드에 정의한 atom 객체의 Game 속성에 대입될 Game 객체를 선언한다. super 키워드를 사용하면 Game 객체에서 메서드를 찾을 수 없을 때 부모 객체에 구현된 메서드를 대신

사용한다. 바인딩이 필요한 모든 키(예제의 경우 왼쪽 화살표 키)들도 생성자에서 설정한다.

update와 draw 메서드는 반복적으로 실행된다. 왼쪽 화살표 키가 눌렸을 때 설정된 글자는 검정색 배경을 가진 (전체 창 크기만한)캔버스에 그려진다. 그런 다음 (atom.Game 객체를 확장한)Game 객체를 상속한 새로운 게임 객체의 인스턴스를 생성한다. 또한, 창이 포커스를 얻었는지에 대한 여부에 따라 함수를 바인딩하여 게임을 멈추거나 시작하는 기능이 동작하도록 한다. 그리고 마지막으로 run 함수를 실행시켜 게임을 시작한다.

예제 3.3은 이 게임 파일을 순수한 자바스크립트로 변환한 코드를 보여준다. 하지만, 어차피 예제 3.4에서 다시 변경할 것이므로 파일을 저장해 둘 필요는 없다.

예제 3.3 순수한 자바스크립트로 작성된 예제 게임

```
var Game;
var game;
var __hasProp = {}.hasOwnProperty;
var __extends = function(child, parent) {
  for (var key in parent) {
    if (__hasProp.call(parent, key)) child[key] = parent[key];
  }
  function ctor() {
    this.constructor = child;
  }
  ctor.prototype = parent.prototype;
  child.prototype = new ctor();
  child.__super__ = parent.prototype;
  return child;
};
Game = (function(_super) {
  __extends(Game, _super);
  function Game() {
    Game.__super__.constructor.apply(this, arguments);
    atom.input.bind(atom.key.LEFT_ARROW, 'left');
  }
  Game.prototype.update = function(dt) {
    if (atom.input.pressed('left')) {
      return console.log("플레이어가 왼쪽으로 움직이기 시작했습니다.");
    } else if (atom.input.down('left')) {
      return console.log("플레이어가 계속 왼쪽으로 움직이고 있습니다.");
    }
  };
  Game.prototype.draw = function() {
    atom.context.fillStyle = 'black';
    return atom.context.fillRect(0, 0, atom.width, atom.height);
  };
  return Game;
})(atom.Game);
```

```
game = new Game;
window.onblur = function() {
  return game.stop();
};
window.onfocus = function() {
  return game.run();
};
game.run();
```

커피스크립트로 작성된 코드는 js2coffee.com과 같은 도구를 이용하여 자바스크립트로 변환할 수 있다. 앞의 코드는 여러분이 이와 같은 방법으로 추가했다고 가정하자. 문법적인 차이점도 있지만 그보다 새로운 코드에서 더 많이 변경된 부분은 update 함수로, 커피스크립트에서 클래스와 상속을 구현하는 방법보다 일반적인 자바스크립트에서 동일한 코드를 구현하는 과정이 훨씬 복잡한 것을 알 수 있다.

소스 코드를 살펴보면 커피스크립트에서 선언한 game과 Game 변수가 최상위 스코프에 정의되었다. 이 코드에서는 스코프를 처리하기 위한 기능이 없기 때문에 앞의 두 변수는 글로벌 스코프에 생성된다. 사실 변수를 이렇게 선언할 거면 선언과 동시에 정의를 하거나, 객체를 정의하기 바로 전에 선언하면 될 텐데 그렇게 하지 않았다는 사실이 조금 이상해 보일 것이다. 그 이유는 변수 값의 대입에 대한 규칙이 단순하기 때문이다. 앞서 예로 들었던 다른 방법들을 사용하지 않는 이유는 프로그래머가 모든 코드 블록({ } 내의 코드)이 특정 함수 내의 스코프가 아니라, 로컬 스코프를 가지는 전통적인 스코프 스키마가 적용된 결과물을 기대하는 경우에는 오히려 더 혼란스러울 수 있기 때문이다. 따라서 이 규칙에 따르면, 변수는 변수고 for 구문이나 if 구문에서 사용되는 변수의 범위에 대해서도 아무런 혼란의 여지가 없다. 이 책에서 이러한 규칙을 강요하는 것은 아니지만 이 편이 이해하기에는 훨씬 수월하다.

총 42줄에 달하는 예제 3.3의 코드 중 최소한 (주로 시작 부분에 해당하는)절반 정도는 일반적이나 뭔가 명확하지 않은 클래스와 서브 클래스의 구현에 사용되고 있다. 커피스크립트를 컴파일하는 과정의 목적은 쉽고 이해할 수 있는 자바스크립트를 만들어 내고자 하는 것이었겠지만, 커피스크립트 문법 만큼 중요하지는 않았던 모양이다. 다행인 것은 자바스크립트에는 객체를 조금 더 쉽게 생성할 수 있는 네이티브 메서드가 있다는 점이다. 예제 3.4는 이 Object.create 메서드를 이용하여 변형한 코드다. game.js의 코드는 예제 3.4의 코드로 대체해서 사용하기 바란다.

예제 3.4 game.js에서 상속을 구현하기 위해 Object.create 메서드를 사용한 코드

```
atom.input.bind(atom.key.LEFT_ARROW, 'left');
game = Object.create(Game.prototype);
game.update = function(dt) {
  if (atom.input.pressed('left')) {
    return console.log("플레이어가 왼쪽으로 움직이기 시작했습니다.");
  } else if (atom.input.down('left')) {
    return console.log("플레이어가 계속 왼쪽으로 움직이고 있습니다.");
  }
};
game.draw = function() {
  atom.context.fillStyle = 'black';
  return atom.context.fillRect(0, 0, atom.width, atom.height);
};
window.onblur = function() {
  return game.stop();
};
window.onfocus = function() {
  return game.run();
};
game.run();
```

이번 예제에서는 코드의 줄 수가 현저히 줄어들었고 앞서 컴파일된 버전의 자바스크립트
보다 훨씬 간결하면서도 깔끔하다. 그중에서도 최고는 템플릿을 기반으로 객체를 생성하던
복잡한 코드가 Object.create 메서드를 통해 한 줄로 줄어들었다는 점이다. 그러나 한 가지
더 염두에 둘 부분은 atom.js 파일이 생성해주는 Game 변수가 여러분이 상속하고자 하는
game 변수의 생성자(constructor)로 사용된다는 점이다. 비록 이런 것이 엄격하게 지켜지지
않는 경우도 있기는 하지만, 프로토타입(prototype)과 생성자(constructor) 속성은 개념적으
로 서로 거의 반대로 동작한다. 객체의 프로토타입은 그 객체의 템플릿 객체를 참조하는
반면, 생성자는 해당 프로토타입을 기반으로 한 객체를 생성하는 함수를 참조한다.

게임을 실행한 후 왼쪽 화살표 키를 누르면 (파이어버그(Firebug)나 크롬 개발자 도구에서 제공
하는)콘솔에 그 결과가 출력되는 것을 볼 수 있을 것이다. 여러분이 최신 브라우저를 사용
한다고 가정하면 create 메서드는 올바르게 동작할 것이다. game 객체의 생성자는 Game
이라는 함수이며, 이 함수는 Game 객체의 프로토타입과 동일한 형태로 게임을 생성하는
역할을 담당한다.

> **참고**
>
> 프로토타입과 생성자의 의미를 확실히 이해하고 싶다면 game.constructor 속성을 콘솔에 출력해보기 바란다. 그러면 game.constructor.prototype 속성이 나타날 것이다. 실제로 constructor.prototype.constructor.prototype...과 같이 연속해서 무한대로 참조가 가능하다. 또한, 이런 경우 항상 동일한 두 가지 결과가 리턴된다. 그중 하나는 객체를 생성하는 코드가 작성된 함수(생성자)이며 다른 하나는 생성자에 의해 생성된 템플릿(프로토타입)이다.
>
> 이런 동작은 game 객체에만 국한된 것이 아니다. 일반적인 자바스크립트 객체에서도 마찬가지 결과를 볼 수 있다. 직접 살펴보고 싶다면 "myString".constructor.prototype과 var obj = {}; obj.constructor.prototype를 출력해보기 바란다. 하나는 숫자와 같은 기본 자료형에 대한 결과를 보여주며 다른 하나는 사용자 정의 객체에 대한 결과를 보여준다.

지금 당장 객체 상속에 대해 잘 이해가 되지 않는다 해도 문제될 것은 없다. 중요한 것은 게임의 목적상 Object.create 함수는 커피스크립트에 의해 컴파일된 코드가 제공하는 상속 관련 코드를 충분히 대체할 수 있다는 점이다. 한 가지 알아두어야 할 것은, 이 함수는 이전 버전의 브라우저에서는 지원되지 않는 비교적 최신의 메서드라는 것이다. 따라서 이전 버전의 브라우저에서도 이 동작을 지원할 수 있는 '대안'이 필요하다. 이런 경우 어떤 대안이 있는지 궁금하다면 부록 C "리소스"에서 Modernizr 라이브러리에 대해 살펴보기 바란다.

> **주의**
>
> **각각의 브라우저는 객체를 표현하는 방법이 서로 다르다**
>
> 여러 브라우저에서 디버깅을 하다보면 그것을 알게 될 것이다. 예를 들면 __proto__ 특성과 그 내/외부에 존재하는 것들이 서로 다를 것이다. 이 부분이 혼란스럽다면 객체의 메서드를 실행함으로써 그 인터페이스를 테스트해볼 수 있다. 대부분 내부적으로 구현하는 방법이나 표현하는 방법이 일관되지는 않더라도 여러 브라우저에서 해당 인터페이스가 동일하게 동작하는 것을 볼 수 있을 것이다.

The Web Game Developer's Cookbook

레시피: 캔버스에 그리기

현재, 전체적인 구현에 대해 이미 충분히 설명한 update와 draw 메서드 외에도, 이번에 구현할 게임은 기본적으로 키보드 입력을 받아들여 그 값을 콘솔에 출력하는 기능을 가지고 있다. 그러나 지금까지 이 책을 진행해 오면서 여러분은 HTML5 게임에서 가장 중요한 부분인 캔버스에 대해 아직 다뤄보지 못했으므로 이번 레시피를 통해 게임의 배경을 그릴 때 사용하게 될 것이다.

atom.js는 캔버스를 처음 다뤄보기에 적합한데, 그 이유는 캔버스의 최소한의 기능만을 사용하기 때문이다. 다른 게임의 프레임워크는 캔버스의 그리기 메서드들을 재정의하고 그 핵심을 추상화하여 상당히 단순화된 API를 제공하려는 경향이 있다. 예제 3.5는 atom.js 파일의 소스 코드의 일부인데, atom 라이브러리가 캔버스를 어떻게 관리하는지를 잘 보여준다. 이 코드를 바꿀 필요는 없으며 그냥 잘 살펴보기를 바란다.

예제 3.5 atom.js 파일을 통해 캔버스를 제어하는 코드

```
atom.canvas = document.getElementByTagName('canvas')[0];
atom.context = atom.canvas.getContext('2d');
```

이 두 줄의 코드가 캔버스를 사용하기 위해 필요한 가장 중요한 부분이다. 첫 번째 줄은 (HTML 파일 내의)첫 번째 canvas 요소를 찾아 atom.canvas 변수에 대입하고, 두 번째 줄은 이 캔버스의 2차원 좌표계 인터페이스를 정의한다. 그리고 2d 옵션 외에 3D 컨텍스트를 제공하는 experimental-webgl 옵션을 사용할 수 있다. 나머지 코드는 마우스 이벤트를 바인딩하는 코드다.

3D 컨텍스트는 2D 컨텍스트에 비해 무척이나 복잡하기 때문에 2D 컨텍스트를 이용해 할 수 있는 작업들을 3D 환경에서 처리하기 위해 필요한 내용을 모두 설명하자면 그것만으로도 책 한 권(어쩌면 두 권) 분량이 될 수도 있다. 이 부분에 대해 모두 설명하면 2D 게임은 별다른 프로그래밍/그래픽 기술이 없이도 구현할 수 있는 것이 되버릴 가능성도 있다. 2D 게임들은 이 책에서 설명하는 모든 장르를 포함해 다양한 장르에 걸쳐 구현되지만, 페이퍼 마리오, 수퍼 스매시 브라더스, 그리고 스트리트 파이터 같은 2D 기술 기반의 프렌차이즈 게임들은 여전히 2D 게임이 주요 타이틀로서의 가치가 있음을 증명하고 있다. 만일 3D 분야에 흥미가 있다면 부록 C를 참고하기 바란다.

이제, 캔버스와 2D 컨텍스트를 활용하여 뭔가를 그릴 수 있도록 하기 위해 game.js 파일의 draw 메서드를 예제 3.6과 같이 수정해보자.

예제 3.6 배경 그리기

```
game.draw = function() {
  atom.context.beginPath();
  atom.context.fillStyle = '#34e';
  atom.context.fillRect(0, 0, atom.width, atom.height/2);
  atom.context.fillStyle = '#ee3';
  atom.context.arc(140, atom.height/2 -30, 90, Math.PI*2, 0);
  atom.context.fill();
  atom.context.fillStyle = '#2e2';
  atom.context.fillRect(0, atom.height/2, atom.width, atom.height/2);
};
```

예제에서는 먼저 beginPath 함수를 이용하여 새로운 경로를 그릴 것임을 알린다. 그리기 함수는 이렇게 시작하는 것이 좋다. 만일 beginPath 함수로 시작하지 않는다면, 이전에 설정했던 스타일이 남아있어 전혀 엉뚱한 결과를 보게 될 수도 있다. 그 다음으로는 컨텍스트 객체의 fillStyle 속성에 파란색을 지정한다. 그리고 그 다음 줄에서는 캔버스의 위쪽 절반 영역에 fillRect 메서드를 이용하여 색상을 칠한다. 이 메서드의 매개 변수의 의미는 순서대로 x 좌표와 y 좌표, 그리고 너비와 높이 등이다. 그 다음은 fillStyle 메서드를 다시 호출하여 색상을 (노란색으로) 변경하여 태양을 그릴 준비를 한다. arc 메서드에서는 x 좌표(오른쪽에서 140 픽셀 떨어진 위치), y 좌표(가운데에서 약간 위쪽), 원의 반지름(90 픽셀), 그리기 시작할 각도(360도는 라디언으로 2*pi 값이다), 그리고 그리기를 마칠 각도(0) 등을 지정한다. arc 메서드에 정의된 매개 변수들은 실제로 원을 그리기 위한 것들이며, fill 메서드를 통해 색상도 칠해준다. 그리고 마지막 두 줄의 코드는 하늘을 그릴 때와 유사한 방법으로 땅을 그리는 코드다. 새로운 도형을 그리면 이전에 그린 도형 위에 그려지게 된다는 점을 명심하자. 이를 이용하면 땅을 그릴 때 복잡한 모양을 렌더링하지 않고 태양을 간단히 덮어버릴 수 있다.

많은 라이브러리와 (제4장 "퍼즐"에서 소개하는 easel.js같은)게임 엔진은 개발자의 편의를 위해 여러 가지 편리한 메서드를 제공하므로 원을 그리고 반지름을 조정하거나 너비, 높이 등의 좌표를 변경하는 등의 작업을 보다 쉽게 실행할 수 있다. 게다가 도형을 그리고 렌더링하는 데 필요한 상세한 코드를 두 가지 과정으로 축소시킬 수도 있다. 이보다 더욱 고수준의 그리기 기능은 다음 장에서 소개하도록 하겠다.

draw 메서드가 배경을 그리도록 수정한 이후 브라우저를 통해 index.html 파일을 실행해 본 모습은 그림 3.1과 같다.

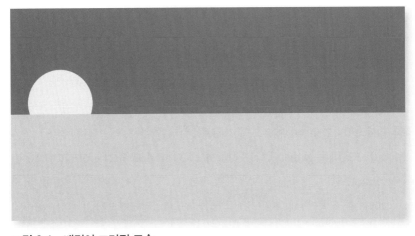

그림 3.1 배경이 그려진 모습

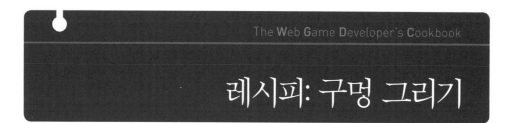

The Web Game Developer's Cookbook

레시피: 구멍 그리기

이제부터 구현할 두더지 잡기 게임의 배경이 준비되었다. 다음 단계는 두더지가 튀어나올 무언가를 여기저기 그려넣는 일이다. 이것을 '구멍'이라고 부르기로 하고 약간의 작업을 통해 구멍을 그려보도록 하자. 먼저, draw 메서드의 구현을 간소화하기 위해 예제 3.7과 같이 약간의 정리 작업을 진행해보자.

예제 3.7   draw 메서드의 구현을 간소화하기

```
game.draw = function() {
  this.drawBackground();
};
game.drawBackground = function(){
  atom.context.beginPath();
  atom.context.fillStyle = '#34e';
  atom.context.fillRect(0, 0, atom.width, atom.height/2);
  atom.context.fillStyle = '#ee3';
  atom.context.arc(140, atom.height/2 -30, 90, Math.PI*2, 0);
  atom.context.fill();
  atom.context.fillStyle = '#2e2';
  atom.context.fillRect(0, atom.height/2, atom.width, atom.height/2);
};
```

이 예제에서는 앞서 작업했던 코드를 game.drawBackground 메서드 안으로 옮겨버렸다. 그런 다음, draw 함수에서는 이 새로운 메서드만을 호출한다. 충분한 자바스크립트 지식 없이 이 책을 읽기 시작했다면 draw 메서드에서 사용한 this 키워드가 여전히 혼란스러울 것이다. 이 경우 this 포인터는 game 객체를 참조하므로 this.drawBackground() 함수는 game.drawBackground() 함수를 호출한 것과 동일하다. 늘 그랬듯이 뭔가 이해가 잘 되지 않는다면 console.log(이해가 잘 안되는 어떤 것) 코드를 콘솔에 입력해보기 바란다. 콘솔에

나타나는 정보를 확인하면 도움이 될 것이다. 진도가 잘 나가지 않을 때는 부록 B "품질 제어"도 살펴보기 바란다.

애플리케이션의 기능을 변경하지 않으면서 코드를 개선하는 방법을 **리팩토링(Refactoring)**이라고 한다. 프로그램을 완벽하게 계획하는 것은 불가능하다. 하지만 프로그램을 작성하면서 코드가 복잡해지지 않도록 조정해 나갈 시간을 가질 필요가 있다. 리팩토링은 다양한 접근법이 존재하는 방대한 주제로 일반적으로는 너무 긴 함수, 전체적으로 너무 큰 소스 파일, 명확하지 않은 이름을 가진 함수, 지나치게 많은 변수를 사용한 부분, 그리고 과도한 제어문(if 문)을 사용하는 부분들을 찾아내는 것이다. 이것들은 모두 코드의 유지보수와 협업에 방해가 되는 요소들일 뿐이므로 가능하면 없애는 것이 좋다.

다음으로 예제 3.8처럼 구멍을 그리는 코드를 추가하도록 하자. 이번 예제에서는 구멍처럼 표현할 4개의 원을 그리고, 나중에 두더지가 튀어나올 때 사용할 글자를 출력하는 drawHoles 함수를 구현할 것이다. 그리고 이 함수를 draw 함수에서 호출하면 된다.

예제 3.8 구멍 그리기

```
game.draw = function() {
  this.drawBackground();
  this.drawHoles(['A', 'S', 'D', 'F'], 145, 85);
};
game.drawHoles = function(holeLabels, xOffset, yOffset){
  for(i = 0; i < holeLabels.length; i++){
    atom.context.fillStyle = game.hole.color;
    var holeLocation = [xOffset + game.hole.spacing*i, yOffset];
    game.hole.draw(holeLocation, holeLabels[i]);
  }
};
game.hole = {
  size: 40,
  spacing: 280,
  color: '#311',
  labelOffset: 140,
  labelColor: '#000',
```

```
  labelFont: "130px monospace",
  draw: function(holeLocation, holeLabel){
    atom.context.beginPath();
    atom.context.arc(holeLocation[0], atom.height/2+holeLocation[1], this.size, 0,
➡Math.PI*2, false);
    atom.context.fill();
    atom.context.fillStyle = this.labelColor;
    atom.context.font = this.labelFont;
    atom.context.fillText(holeLabel, holeLocation[0] - this.size, atom.
➡height/2+holeLocation[1] + this.labelOffset);
  }
};
game.drawBackground = function() {
...
```

draw 함수의 코드는 게임 루프(Game Loop, atom.js의 주요 기능 중 하나다.)가 실행되는 매 프레임 동안 호출될 것이며, 그렇기 때문에 우리가 해야 할 일은 뭔가를 그리는 코드를 draw 함수 어딘가에서 호출해야 한다는 점이다. 이제 세 개의 매개 변수를 갖는 draw-Holes 함수를 호출하는 코드를 추가해보자. 첫 번째 매개 변수는 각 구멍에 나타날 글자의 배열이다. 두 번째와 세 번째 매개 변수는 구멍의 x 축과 y 축 오프셋 값이다. 한 가지 명심해야 할 것은, 대부분의 그래픽 환경에서 좌표 0, 0이 왼쪽 하단 모서리를 의미하는 것과는 달리 캔버스에 뭔가를 그릴 때는 y 좌표가 위에서 시작하므로 0, 0은 왼쪽 상단 모서리를 의미한다.

drawHoles 함수를 호출하면 이 함수는 구멍에 할당된 문자의 배열 크기만큼 반복 실행되면서 구멍의 위치를 결정한 후, 아래에 구현한 hole 객체의 draw 함수를 호출하여 각각의 구멍을 그린다. game.hole 객체에는 몇 개의 속성, 문자열, 숫자들, 그리고 draw 함수가 구현되어 있다. 문자열과 숫자는 draw 함수가 내부적으로 this.속성명과 같은 형태로 참조하는 값이다. game.hole 객체에 구현한 draw 함수의 대부분의 코드는 앞서 태양을 그릴 때 구현했던 draw 함수와 거의 같은 동작을 구현하기 때문에 대부분 유사한 코드로 구현되어 있지만 마지막 두 줄의 코드는 조금 다르다. 첫 번째 줄은 context.font 메서드를 이용하여 글꼴의 크기와 종류를 지정하고 두 번째 줄은 context.fillText 메서드를 호출하여 지정된 문자열을 출력한다. 이 함수는 세 개의 매개 변수를 사용하는데 첫 번째 매개 변수는 출력할 문자열이고, 두 번째와 세 번째 매개 변수는 각각 문자열을 출력할 위치에 대한 x 좌표와 y 좌표다.

구멍을 그리고 난 후 index.html 파일을 브라우저에서 열어보면 그림 3.2와 같은 화면을 보게 될 것이다.

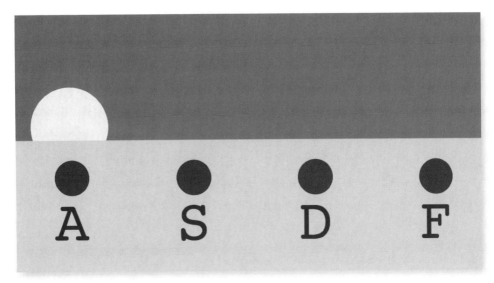

그림 3.2 구멍을 그린 후의 모습

The Web Game Developer's Cookbook

레시피: 두더지 그리기

구멍까지 그렸으므로 게임의 주변 환경에 대한 준비는 마무리가 되었다. 이제는 게임 스토리상 적군에 해당하는 것(즉, 두더지)이 나타날 때다. 두더지를 렌더링하기 위한 테스트는 이미 마쳤기에 필요한 작업은 다 되어 있는 셈이므로 어디에서 렌더링할지만 결정하면 된다. 지금은 예제 3.9처럼 draw 함수에 매개 변수를 추가하여 왼쪽 위에 두더지가 나타나게 해보자. 굵게 표시한 코드를 참고하기 바란다.

예제 3.9 draw 함수에 두더지를 그리는 기능 추가하기

```
game.draw = function() {
  this.drawBackground();
  this.drawHoles(['A', 'S', 'D', 'F'], 145, 85);
  this.mole.draw(100, 100);
};
```

그러나 우리는 아직 game.mole 객체를 구현하지 않았다. 이 코드가 올바르게 동작하려면 draw 메서드를 수정하는 것과 더불어 해당 객체도 구현을 해야 한다. 이제 예제 3.10의 코드를 추가해보자. 다른 함수나 객체에서는 필요하지 않으므로 game.js 파일의 어느 곳에 이 코드를 추가해도 무방하다.

예제 3.10 draw 함수를 가진 두더지 객체

```
game.mole = {
  size: 40,
  color: '#557',
  noseSize: 8,
  noseColor: "#c55",
  eyeSize: 5,
  eyeOffset: 10,
```

```
      eyeColor: "#000",
      draw: function(xPosition, yPosition){
        this.drawHead(xPosition, yPosition);
        this.drawEyes(xPosition, yPosition);
        this.drawNose(xPosition, yPosition);
        this.drawWhiskers(xPosition, yPosition);
      },
      drawHead: function(xPosition, yPosition){
        atom.context.beginPath();
        atom.context.fillStyle = this.color;
        atom.context.arc(xPosition, yPosition, this.size, 0, Math.PI*2);
        atom.context.fill();
      },
      drawNose: function(xPosition, yPosition){
        atom.context.beginPath();
        atom.context.fillStyle = this.noseColor;
        atom.context.arc(xPosition, yPosition, this.noseSize, 0, Math.PI*2);
        atom.context.fill();
      },
      drawEyes: function(xPosition, yPosition){
        atom.context.beginPath();
        atom.context.fillStyle = this.eyeColor;
        atom.context.arc(xPosition + this.eyeOffset, yPosition - this.eyeOffset, this.eyeSize,
➥0, Math.PI*2);
        atom.context.fill();
        atom.context.beginPath();
        atom.context.fillStyle = this.eyeColor;
        atom.context.arc(xPosition - this.eyeOffset, yPosition - this.eyeOffset, this.eyeSize,
➥0, Math.PI*2);
        atom.context.fill();
      },
      drawWhiskers: function(xPosition, yPosition){
        atom.context.beginPath();
        atom.context.moveTo(xPosition - 10, yPosition);
        atom.context.lineTo(xPosition - 30, yPosition);
        atom.context.moveTo(xPosition + 10, yPosition);
        atom.context.lineTo(xPosition + 30, yPosition);
        atom.context.moveTo(xPosition - 10, yPosition + 5);
        atom.context.lineTo(xPosition - 30, yPosition + 10);
        atom.context.moveTo(xPosition + 10, yPosition + 5);
        atom.context.lineTo(xPosition + 30, yPosition + 10);
        atom.context.stroke();
      }
    }
```

우선, 함수에서 나중에 사용할 정수와 문자열 속성을 하나 정의한다. 그런 다음, 주 draw 함수에서 호출할 두더지 객체의 draw 함수를 정의한다. 이 함수는 두더지의 위치와 실제로 두더지의 각 부분(머리, 코, 눈 그리고 수염)을 그릴 함수들을 전달받는다. 우리는 이미

원을 그리는 방법을 익혔기 때문에 머리와 코, 눈을 그리는 함수는 이해가 되지만 draw-Whiskers 함수는 새로운 세 개의 함수를 사용하는 함수다.

개념적으로 moveTo 함수는 "여기에서 그리기 시작합니다."의 의미이며 lineTo 함수는 "여기까지 직선을 그리세요."의 의미다. 그러나 이렇게 그려진 선은 현재 보이지 않는 잉크로 그려진 상태이기 때문에 stroke 메서드가 필요하다. 이 함수는 "아까 그린 선에 이 색상을 칠해주세요."의 의미를 가진다.

mole 객체는 다소 많은 속성들을 가지고 있다. 조금 더 작은 조각들로 나눌 수도 있겠지만 게임을 구현할 나머지 코드를 고려해보면 mole 객체는 별개의 단위로 취급할 필요가 있다. 사실 예제 코드를 보면 (drawWhiskers 함수와 같은)몇몇 함수는 내용이 거의 동일해서 압축이 가능할 것 같기도 하다. 필요하다고 느낀다면 무슨 일이 있어도 그렇게 해야겠지만, 전체적인 상황을 너무 규제하거나 코드의 의미를 왜곡하게 되는 상황이 발생하지 않도록 조심해야 한다. 코드를 이해가 가능하면서 짧게 만드는 것은 좋은 일이지만, 가끔은 점점 복잡해지기만 할 뿐 코드를 줄일 수 있는 완벽한 방법을 결국 찾지 못하는 경우도 있을 것이다.

> **참고**
>
> 캔버스가 제공하는 메서드로 그림을 그려보면 두더지를 그리는 것 같은 단순해 보이는 작업에도 꽤 많은 코드가 필요하다는 것을 알 수 있다. 고수준의 그리기 기능을 제공하는 다양한 라이브러리들을 이용하면 이런 코드를 줄이는 것이 가능하다. 또한, 코드를 지나치게 많이 작성하지 않을 수 있는 두 번째 옵션은 이미지를 이용해서 그리는 방법이다. 물론 이 방법도 복잡하기는 하지만 다행스럽게도 여러 게임 라이브러리(atom.js는 제외하고)들은 이미지들을 **스프라이트(Sprite)**로 만들어 사용할 수 있는 방법을 제공함으로써 재사용성과 성능을 보장하기도 한다. 스프라이트는 이 책의 나머지 부분에서 활용하겠지만, 당장은 캔버스가 제공하는 기능들을 학습하는데 집중하도록 하자.

mole 객체를 구현하고 draw 메서드에서 호출하도록 한 후 index.html 파일을 브라우저를 통해 실행해보면 그림 3.3과 같은 화면을 보게 될 것이다.

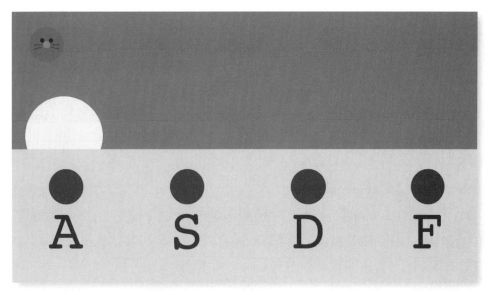

그림 3.3 왼쪽 위 모서리에 두더지를 그린 화면

The Web Game Developer's Cookbook

레시피: 두더지를 구멍에 넣기

이번 레시피에서는 구멍에 대해 적절한 재작업이 필요하다. 현재로서는 구멍에 대해 작업해둔 것이라고는 화면 어딘가에 구멍을 그릴 함수 뿐이다. 그러나 이 구멍에서 나타나는 두더지를 잡으려면 두더지를 때렸을 때의 로직을 추가해야 한다. 그러한 기능을 구현하기 위해서는 몇 가지 방법이 있다. mole 객체에 'bopped' 속성을 추가하고 어떤 구멍에 잡힌 두더지가 있는지 판단해도 되지만, 실제 두더지 잡기 게임을 생각해보면, 사실 두더지라는 것이 실제로는 구멍을 장식하는 플라스틱 덩어리일 뿐이다. 필요 이상으로 복잡한 객체를 구현할 필요는 없으므로, 방법만 채택하고 두더지 자체는 그저 장식물로서 구멍의 사용 여부에 따라 나타나거나 사라지는 역할만 하도록 구현해보자.

우선 변경해야 할 부분은 예제 3.11처럼 game.js 파일의 하단에 run 함수를 호출하기 전 부분이다.

예제 3.11   makeHole 함수 호출하기

```
window.onfocus = function() {
  return game.run();
};
game.makeHoles(['A', 'S', 'D', 'F'], 145, atom.height/2 + 85);
game.run();
```

이번 예제에도 굵게 표시된 부분이 있다. 여전히 draw 함수에서 구멍을 그리고 싶은 마음도 있겠지만, 객체를 한 번만 생성하고 싶기도 할 것이다. 이 함수가 draw, update 또는 run 함수 바깥에서 호출되는 이유는 바로 이 때문이다. 이제 예제 3.12의 코드를 game.draw 함수 바로 다음에 작성하도록 하자.

예제 3.12 makeHoles 함수 구현하기

```
game.makeHoles = function(labels, xOffset, yOffset){
  game.holes = [];
  for(var i = 0; i < labels.length; i++){
    var newHole = Object.create(game.hole);
    newHole.holeLocation = [xOffset + game.hole.spacing*i, yOffset];
    newHole.label = labels[i];
    newHole.active = true;
    game.holes.push(newHole);
  };
};
```

이 함수에서는 각각의 구멍을 표현할 객체를 생성하고 저장하기 위한 game.holes 배열을 만든다. 각각의 구멍에는 몇 개의 속성 값을 지정한 후 배열에 추가하면 된다. 구멍 자체는 개별적으로 그릴 것이기 때문에 이제 drawHoles 함수는 필요하지 않다.

예제 3.13에서는 game.hole 객체에 약간의 수정을 가한다. 이제 이 객체는 더 이상 draw 메서드의 래퍼가 아니라 실제로 레이블, 구멍, 그리고 두더지 객체를 화면에 그리는 중요한 로직을 가지고 있는 객체다.

예제 3.13 더 많은 그래픽 기능을 가지게 된 구멍 객체

```
game.hole = {
  size: 40,
  spacing: 280,
  color: '#311',
  labelOffset: 140,
  labelColor: '#000',
  labelFont: "130px monospace",
  moleOffset: 20,
  draw: function(){
    this.drawHole();
    this.drawLabel();
    if (this.active === true){
      this.drawMole(this.holeLocation[0], this.holeLocation[1] - this.moleOffset);
    };
  },
  drawHole: function(){
    atom.context.fillStyle = this.color;
    atom.context.beginPath();
    atom.context.arc(this.holeLocation[0], this.holeLocation[1], this.size, 0,
➥Math.PI*2, false);
    atom.context.fill();
```

```
  },
  drawLabel: function(){
    atom.context.fillStyle = this.labelColor;
    atom.context.font = this.labelFont;
    atom.context.fillText(this.label, this.holeLocation[0] - this.size,
➥this.holeLocation[1] + this.labelOffset);
  },
  drawMole: function(xPosition, yPosition){
    game.mole.draw(xPosition, yPosition);
  }
};
```

가장 먼저 바뀐 부분은 나중에 구멍 위에 두더지를 그릴 때 사용할 moleOffset 속성을 추가한 것이다. 그 다음으로는 두더지를 그릴 때 각 부분을 그릴 함수를 나누어 구현한 것과 마찬가지로 구멍과 레이블, 그리고 두더지를 그릴 함수를 동일하게 나누어 구현하면 된다. 두더지는 구멍이 사용 가능한 경우, 그러니까 바깥으로 나갈지 눈치를 보는 두더지가 있어야 하는 경우에만 그려진다. 두더지를 그리는 코드는 꽤 복잡하므로 이미 구현된 코드를 통해 game.mole 객체가 두더지를 계속해서 그리도록 하면 된다. 참고로 mole 객체의 draw 메서드는 변경할 것이 없다.

마지막으로 변경할 부분은 이번 레시피에 작성한 코드가 동작하도록 하는 부분이다. 예제 3.14에 굵게 표시된 부분을 살펴보자.

예제 3.14 새로운 draw 함수

```
game.draw = function() {
  this.drawBackground();
  for (var i = 0; i < game.holes.length; i++){
    game.holes[i].draw();
  }
};
```

배경 자체는 앞서 구현한 것과 동일하지만, 이번에는 각각의 구멍을 그리기 위한 반복문을 실행하면서 구멍과 두더지를 그리는 함수를 호출하는 것이 아니라 각 구멍의 draw 함수를 호출한다.

모든 것이 계획대로 동작한다면 이제 모든 구멍이 사용 가능한 상태가 되어 그림 3.4처럼 언제 뛰쳐나갈지 눈치 보는 두더지들을 모든 구멍에서 볼 수 있을 것이다. index.html 파일을 브라우저에서 실행해보자.

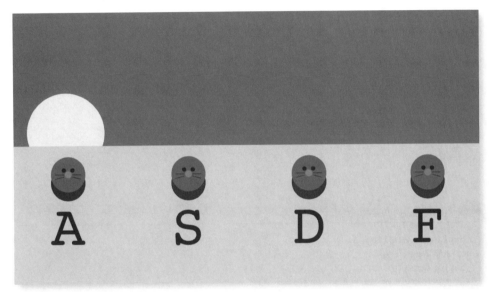

그림 3.4 모든 구멍에 나타난 두더지들

> 이번 레시피에서는 많은 부분을 변경하였다. 만약 실행 과정에서 문제가 발생한다면 지금까지의 변경 사항들을 조심스럽게 천천히 재현해보고 어떤 매개 변수가 전달되는지, 그리고 각 함수가 어떤 것들을 참조하는지를 유심히 관찰해보기 바란다. 최악의 경우에는 이 책의 예제 코드에서 party/after_recipe5/game.js 파일과 여러분이 작업한 game.js 파일을 비교해보도록 한다.

이제 그리기 기능에 대한 구현을 모두 마치고, 지는 석양 아래 귀여운 두더지들을 볼 수 있게 되었다. 그러나 이것으로 게임의 구현을 완전히 마친 것은 아니다. 다음 레시피에서는 두더지들에 조금 더 다양한 동작을 추가해보도록 하자.

The Web Game Developer's Cookbook

레시피: 두더지들의 동작 구현하기

현재는 모든 구멍들이 사용 가능한 상태다. 이번 레시피에서는 이 구멍들 중 하나만 사용 가능한 상태로 설정하고, 몇 초가 지난 후에 어떤 구멍이 사용 가능한 상태가 될지를 결정하도록 하자. 우선 예제 3.15와 같이 game.js 파일을 수정하여 필요한 변수들을 추가하고 update 함수를 수정해보자.

예제 3.15 update 함수 수정하기

```
atom.currentMoleTime = 0;
atom.tillNewMole = 2;
game.update = function(dt) {
  atom.currentMoleTime = atom.currentMoleTime + dt;
  if (atom.currentMoleTime > atom.tillNewMole){
    game.activeMole = Math.floor(Math.random()*4);
    atom.currentMoleTime = 0;
  };
};
```

currentMoleTime 변수는 지정된 구멍이 사용 가능한 상태가 된 후 어느 정도의 시간이 지났는지를 저장한다. 그리고 다음 줄의 코드에서는 새로운 구멍을 사용 가능한 상태로 만들기까지 필요한 시간을 저장한다. 구멍을 계속해서 때리고 싶다면 이 시간을 늘이면 된다. update 함수를 보면 앞서 작성했던 '왼쪽으로 움직이기' 게임의 코드가 제거되었다. 그리고 매개 변수를 통해 update 함수가 마지막으로 호출된 이후 지난 시간(초)을 (0.017같은 부동 소수점 형태로)전달받는다. 이 시간 값은 currentMoleTime 변수에 더해진다. 그리고 그 값이 2초 이상이 되면 새로운 구멍을 만들고 카운터를 0으로 초기화한다.

draw 함수는 게임에서 지금까지 큰 변화는 없었지만 각 구멍의 활성화 상태를 저장할 필요가 있다. 따라서 예제 3.16과 같이 수정되어야 한다.

예제 3.16 구멍의 상태 지정하기

```
game.draw = function() {
  this.drawBackground();
  for (var i = 0; i < game.holes.length; i++){
    if (i === game.activeMole){
      game.holes[i].active = true;
    }
    else{
      game.holes[i].active = false;
    };
    game.holes[i].draw();
  }
};
```

이 함수에서는 구멍의 상태를 변경하는 굵게 표시된 코드만 변경하면 된다. 또한, 구멍의 상태가 이 함수에서 조정되기 때문에 앞의 레시피처럼 각 구멍의 상태를 일일이 관리하지 않아도 된다. 이제 draw 함수에서 구멍의 active 속성 값을 조정하므로 game.makeHoles 함수에서 아래 줄의 코드를 삭제하자.

```
newHole.active = true;
```

그리고 나서 index.html 파일을 브라우저를 통해 열어보면 두더지가 구멍 사이를 왔다갔다 하는 것을 볼 수 있을 것이다.

The Web Game Developer's Cookbook

레시피: 두더지 때려잡기

이제 두더지들이 멋대로 움직이기 시작했다. 마침내 각 구멍의 레이블들(ASDF 글자들)에 해당하는 키를 눌러 두더지를 잡는 기능을 구현할 때가 되었다. 가장 먼저 변경할 부분은 문자 배열인 ['A', 'S', 'D', 'F']를 한 번 이상 참조해야 한다는 것을 인식하는 것에서 시작한다. 예제 3.17을 통해 파일의 시작 부분과 끝 부분을 어떻게 수정해야 하는지 살펴보자.

예제 3.17   game.keys 객체 구현하기

```
//오른쪽의 코드는 삭제한다: atom.input.bind(atom.key.LEFT_ARROW, 'left');
game = Object.create(Game.prototype);
game.keys = ['A', 'S', 'D', 'F'];
for (var i = 0; i < game.keys.length; i++){
  atom.input.bind(atom.key[game.keys[i]], game.keys[i]);
};
...
game.makeHoles(game.keys, 145, atom.height/2 + 85);
game.run();
```

실제로 예제 게임을 구현할 때 사용했던 첫 번째 줄의 코드는 전혀 사용하지 않는다. 이 코드는 왼쪽 화살표 키에 left라는 별칭을 지정할 뿐이므로 그냥 삭제하자. 루프 내에서는 각 문자에 해당하는 키에 별칭을 연결한다. 이 값들은 나중에 keypress 이벤트에서 확인할 수 있다. 또한, 파일의 마지막 부분에서는 game.makeHoles 함수를 호출할 때 첫 번째 매개변수를 game.keys 배열을 전달하도록 수정한다.

이 코드에서 game.keys.i 대신 game.keys[i]를 사용한 이유가 궁금할 것이다. 본디 괄호 문법과 마침표 문법 모두 객체의 속성을 참조할 때 사용할 수 있지만, 여기서는 한 가지를 사용하고 다른 한 가지를 사용해서는 안 되는 이유가 있다. 마침표 문법은 명확하고 간단하여 가능하다면 이 방법을 사용하는 것을 원할 정도로 확실히 그 선호도가 높다. 반면 괄호 문법은 마침표 문법의 문자가 오류를 발생시킬 수 있는 경우에 사용한다. 예를 들어 ["myProperty" + "1"] 처럼 사용하는 경우나, 이번 예제의 경우처럼 속성의 이름 대신 변수의 이름을 사용하는 경우에는 괄호 문법이 더 유리하다.

다음으로 두더지를 때리는 동작을 구현한 로직을 가질 bop 객체를 구현해보자. 예제 3.18 을 update 함수 다음에 작성한다.

예제 3.18 game.bop 객체

```
game.bop = {
  bopped: true,
  total:0,
  draw: function(){
    atom.context.fillStyle = '#000';
    atom.context.font = '130px monospace';
    atom.context.fillText('Score: ' + this.total, 300, 200);
  },
  with_key: function(key){
    if (!!(game.activeMole + 1) === true && key === game.holes[game.activeMole].label){
      this.total = this.total+1;
      game.activeMole = -1;
      this.bopped = true;
    }
    else{
      this.total = this.total-1;
    }
  }
}
```

이 코드는 game.draw 함수 바로 전에 추가하면 된다. 지금 작성하는 코드는 나중에 bopped 속성이 false인 두더지를 그릴 때 두더지를 잡지 못한 것으로 인지하고 점수를 떨어뜨리는 역할을 수행한다. 때문에 bopped 속성의 상태를 true로 설정해 두어야 첫 번째 두더지를 그리자마자 점수가 깎이는 불상사를 막을 수 있다. 다음으로는 잡힌 두더지의 수를 0으로 초기화한다. 그런 다음 draw 함수를 통해 화면에 총점을 그린다. with_key 함수는 우리가 등록한 키가 눌렸을 때 호출되는 함수로, activeMole 변수(이것이 두 번째 상태에 해당한다.)에 저장된 레이블에 해당하는 키가 눌리면 총점이 증가하고, activeMole 변수 값이 −1로 변경되며 bopped 속성이 true가 된다. 잘못된 키를 누르면 총점은 감소한다. 두더지 잡기를 검사하는 코드는 예제 3.19에서 수정된 game.update 메서드를 참고하기 바란다.

참고

with_key 함수 내에서 상태를 검사하는 첫 번째 부분은 별로 직관적이지 않다. 그 이유는 이렇게 해야 game.activeMole 변수의 값이 undefined 일 때, 아랫 부분에 해당하는 코드가 오류 없이 실행되기 때문이다. 이런 기법을 **가드(Guard)**라고 한다. 어딘가에서 기본 값을 설정할 수도 있지만, 이런 상황을 처리하는 간단한 방법이 이미 존재한다. 하지만 약간의 설명이 필요하다.

자바스크립트에서는 if (0) ...와 같이 제어문에서 사용되는 0은 false와 같다. !!(value)는 객체의 '사실성'을 밝히는 종류의 검사를 수행한다. 그렇기 때문에 game.activeMole 변수에 대입할 수 있는 값의 범위(0, 1, 2, 또는 3)에 속하는 값이 game.activeMole 변수에 저장되어 있는지 확인하는 과정에서는 !!(undefined)나 !!(0)이 모두 false를 의미하기 때문에 문제가 발생하게 된다. 그러나 activeMole 변수가 (인덱스가 0인)첫 번째 구멍을 참조하는 경우에는 true로 판단되기를 바랄 것이다. 게다가 두더지를 잡아서 두더지가 사라진 이후에 사용 가능한 구멍이 없는 상태가 되는 경우도 처리해야만 한다. 이런 경우를 위해 임의로 undefined 값을 대입해 버릴 수도 있지만 나중에는 헷갈리게 될 것이다. 따라서 이 경우 두더지의 존재 여부를 검사하기 위한 방법은 1을 더하는 것이다. 0–3 사이의 값을 1–4 사이의 값으로 만들면 이 값들은 모두 true로 처리되며 −1 값(activeMole 객체에서 두더지가 나오기 전 상태)은 0이 되어 false로 처리된다.

또한, activieMole 변수에 undefined 값이 대입되면 NaN(Not a Number) 값을 얻게 되는데, 여기에 1을 더하면 값 전체가 false처럼 취급되어 역시 문제가 된다.

지금까지 설명한 내용들이 값의 존재에 대한 검사, null값에 대한 방어, 그리고 자바스크립트 내에서의 사실성에 대한 내용들이다. 가능한 값의 범위 중 최대 혹은 최소 값을 가진 경우에만 발생하는 여러 가지 상황이 존재하며, 개발 언어는 이런 경우를 모두 처리하기 위해 많은 것들을 고려할 것을 요구한다.

예제 3.19 잡힌 두더지 검사하기

```
game.update = function(dt) {
  atom.currentMoleTime = atom.currentMoleTime + dt;
  if (atom.currentMoleTime > atom.tillNewMole){
    game.activeMole = Math.floor(Math.random()*4);
    atom.currentMoleTime = 0;
    if(game.bop.bopped === false){
      game.bop.total = game.bop.total-1;
    }
    else{
      game.bop.bopped = false;
    }
  };
  for (var i = 0; i < game.keys.length; i++){
    if (atom.input.pressed(game.keys[i])){
      game.bop.with_key(game.keys[i]);
    }
  };
};
```

새로 추가된, 굵게 표시한 코드의 첫 부분은 지정된 시간 안에 두더지를 잡지 못한 경우에 동작하며, 이때는 새로운 두더지를 그려야 하고 점수도 깎이게 된다. else 구문은 두더지를 잡았을 때의 동작으로, bopped 변수가 false로 설정되어 이후에 같은 두더지를 잡게 되었을 때의 상황을 대비한다. for 반복문은 앞서 등록한 키 값들을 반복하면서 눌린 키가 있으면 game.bop.with_key 메서드를 호출한다.

마지막으로 변경할 부분은 draw 함수에서 잡은 두더지 수를 그리는 부분이다. 예제 3.20을 살펴보자.

예제 3.20   수정된 draw 함수

```
game.draw = function() {
  this.drawBackground();
  for (var i = 0; i < game.holes.length; i++){
    if (i === game.activeMole){
      game.holes[i].active = true;
    }
    else{
      game.holes[i].active = false;
    };
    game.holes[i].draw();
  }
  this.bop.draw();
};
```

자, 이제 다 된 것 같다. 모든 것이 예상대로 동작한다면 이제 여러분은 게임을 플레이할 수 있고 그 모습은 그림 3.5와 같을 것이다.

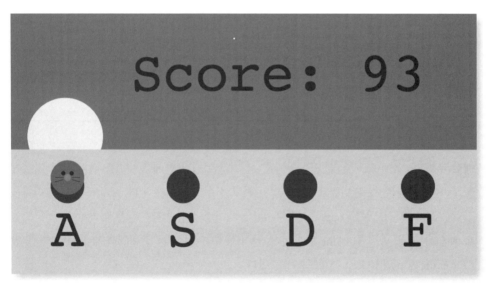

그림 3.5   게임을 플레이하는 모습

이제 완성까지 얼마 남지 않았다. 이번 장을 마치기에 앞서 이 게임을 '파티' 게임에서 '리듬' 게임으로 변신시킬 방법을 생각해보도록 하자.

The **Web Game Developer's** Cookbook

HTML5의 〈audio〉 태그의 절망 속에 뒹굴다

필자는 HTML5과 자바스크립트를 이용하면 오디오를 쉽게 다룰 수 있다고 말하고 싶다. audiocontext.play(noteOrFrequency) 같은 함수를 이용하면 그래픽을 표시하는 만큼이나 음악을 재생하기도 편리하고, 브라우저가 최신 버전이든 아니든, 모바일 환경이든 데스크톱 환경이든, 네이티브 모바일 클라이언트도 합리적인 방법으로 오디오를 지원한다고 말하고 싶다. 또한, 웹은 여러분이 원하는 소리를 여러분의 스피커로 들려줄 수 있는 간단한 방법을 제공하며, 여러분이 직접 작곡하고 비트를 섞어 연주를 한 음악이든 아니든 새로운 환경에서 여러분의 음악적 재능을 시험해볼 수 있을 것이라고도 말하고 싶다. 그리고 이번 장을 위해 여러분이 저작권을 사고, 그래픽을 추가하고, 더 많은 게임 레벨을 추가하여 더욱 정교한 점수 시스템을 구현하면 락 밴드 같은 게임을 만들 수도 있을 것이라 말해주고 싶다.

그러나 이는 사실이 아니다. 브라우저들은 어떤 코덱을 지원할 것인지에 대해 서로 다른 견해를 가지고 있다. 이들 중 대부분은 오픈 소스/클로즈드 소스의 관점이기 때문에 오디오 파일을 재생하기 위해서는 두 가지 버전의 파일(.ogg와 .mp3)이 필요하다. 게다가 (단지 재생만 하는 것이 아니라) 저수준에서 소리를 만들어 내기 위해서라도 이런 합의의 불일치로 인해 괴로워해야만 한다. 모질라는 최근까지 Audio API 확장(Audio API Ex tension)이라고 불리는 기술을 중점적으로 추진했으나, 이제는 더 이상 지원되지 않는다. 크롬은 W3C(http://www.w3.org/TR/webaudio/)에 의해 표준으로 지정된 Web Audio라고 알려진 기술을 도입 중이고 파이어폭스는 나중에 이 기술을 지원하겠다고 발표했지만 이 책을 쓰는 현 시점에는 크롬과 파이어폭스가 모두 지원하는 단일 API는 존재하지 않는다.

여기에 또 다른 문제가 있다. 모바일 기기에서 여러 개의 소리 파일을 로드하다보면 게임 자체에서 충돌이 발생할 수 있다. 그렇다고 어떤 브라우저에서 어떤 포맷이 지원되는지를 알아본다면 이 또한, 매우 실망스러울 것이다. 예제 3.21을 살펴보자.

예제 3.21 브라우저의 미디어 재생 능력

```
<audio id="myAudio"></audio>
<script>
  var myAudio = document.getElementById("myAudio");
  myAudio.canPlayType('audio/ogg; codecs="vorbis"');
</script>
```

기능을 검사하는 것에도 문제가 있다. myAudio 요소 같은 HTMLMediaElement 요소를 canPlayType 함수에 전달하면 true나 false같은 직관적인 결과가 리턴되기를 기대할 것이다. 그러나 실상은 우리가 기대하거나 컴퓨터가 통상적으로 응답하는 범위를 벗어난 세 가지 결과를 보게 되는데, 그 세 가지란 "probably", "maybe" 그리고 " "다.

마지막으로 필자가 말하고 싶은 것은 브라우저에서의 오디오 지원은 점차 좋아질 것이라는 점이다. 이런 바람이 현실화가 되어 주기를 바라지만 아직 그렇다고 말하기는 힘들다. 지난 몇 년 간 여러 가지 의미있는 변화들이 있어왔지만 여전히 난국이다.

> **참고**
>
> 그렇다고 너무 침울해 할 필요는 없다. 필자는 그저 브라우저에서의 오디오 처리에 대한 몇 가지 문제점들을 이야기 하고 싶었을 뿐이며 아직 희망이 있으니 부록 C의 리소스들을 잘 살펴보기 바란다. 몇몇 사람들이 오디오 지원에 관련된 놀라운 작업들을 진행하고 있다. 그러나 크로스 브라우저 이슈가 쉬운 이슈는 아니며, HTML5의 그래픽 기능처럼 완벽하게 지원되지는 않는다.
>
> 고사양의 도구를 사용하면 보통 배경 음악이나 사운드 효과를 로드할 수는 있다. 그러나 많은 경우 이는 오디오가 올바르게 지원되지 않는 경우, 플래시로 대체하는 일이 많음을 기억해야 한다. 또 한 가지 기억해 둘 것은 이런 방법으로는 동적으로 생성된 오디오 문제를 해결할 수는 없다는 점이다.

만일 두더지 잡기 게임의 수준을 넘어 락 밴드 같은 게임을 만들고자 한다면 오디오를 두 가지 방법으로 처리할 수도 있다. 파이어폭스나 크롬이 제공하는 API를 이용하여 각 브라우저를 위한 오디오를 동적으로 생성하거나, 미리 만들어 둔 오디오를 사용하는 방법이다. 후자의 경우 오디오를 직접 만들어서(혹은 누군가 미리 만들어 둔 오디오에 대한 적절한 라이선스를 구입해서) 각각의 오디오를 태깅하고, 적절한 버튼을 클릭하거나 필요한 타이밍에 재생하는 것이다. 확장 가능하며 유지보수가 용이하도록 만들어야 하는 이 책의 예제 코드에는 두 가지 모두 적합하지는 않다.

요약

이번 장에서는 많은 부분들을 다루었다. 최소화된 게임 엔진인 atom.js를 이용하여 여러 가지를 처리하는 방법, 다른 게임 엔진과는 달리 추상화된 지원 없이 캔버스 API를 이용하는 방법, 커피스크립트의 장단점 등을 살펴보았으며, 프로토타입과 생성자를 포함하여 자바스크립트의 객체 모델이 가지는 복잡함에 대해서도 논의했다. 또한, 이러한 복잡함을 Object.create 함수를 통해 정리하는 방법도 알아보았다. 그리고 마지막으로 브라우저에서의 오디오 지원의 현주소에 대한 내용으로 마무리 지었다.

마우스 이벤트 핸들링을 제외하고는 게임 구현의 대부분에 atom.js 라이브러리가 활용되었는데, atom.js 라이브러리에 대해 더 많은 것을 배우고자 한다면 커피스크립트에 대해 더 많이 공부하거나, 기존의 자바스크립트에 새로운 기능을 추가하거나, 혹은 작은 게임 엔진을 만들 수도 있게 될 것이다.

만일 두더지 잡기 게임을 더 개선하고자 한다면 여러 가지를 덧붙일 수 있다. 동시에 여러 두더지를 나타나게 해서 난이도를 높일수도 있고, 새로운 두더지가 나타나는 시간을 조정할 수도 있다. 또는 최고 점수 카운터를 추가할 수도 있고, '다시 도전' 버튼과 함께 '게임 오버' 화면을 추가할 수도 있다. 또는 키보드 대신 마우스로 게임을 플레이할 수 있게 만들 수도 있다. 혹은 플레이어를 조금 더 배려하고자 한다면 CSS를 이용하여 마우스 포인터 대신 두더지를 때릴 망치 이미지를 사용하거나 (두더지가 먹는)벌레 같은 이미지를 사용할 수도 있다.

CHAPTER 4

퍼즐

비주얼드(Bejeweled), 스누드(Snood), 그리고 테트리스 어택(Tetris Attack) 같은 게임에서 플레이어의 목표는 블록을 넣거나, 빼거나, 옮기거나, 바꾸는 등의 간단한 매커니즘을 토대로 같은 색상의 블록을 최대한 빨리 맞추는 것이다. 이런 장르는 캐주얼 웹 게임에 매우 적합한 형태이지만 다른 환경의 게임에서도 곧잘 활용되는 형식이다.

이런 게임의 고유한 특징 중 하나는 상대적으로 구현이 쉽다는 점이다. 하나의 독립된 게임으로서 개발 자체가 간단한 것은 물론, 규모가 큰 게임 속에 포함된 작은 미니게임이나 퍼즐 형태로 활용하는 것도 가능하다. 수퍼 닌텐도 콘솔 시스템용 게임인 루피아 2(Lufia 2)에서는 주변의 색상 블록을 밀어내는 형태의 던전(Dungeon, 옮긴이 게임 상에서 지하 감옥 또는, 동굴 등의 지역을 의미한다.) 퍼즐을 많이 활용했다. 더 친숙한 예를 들자면 젤다의 전설(Legend of Zelda) 시리즈다. 이 게임은 잠긴 문이나 보물 상자를 열 때는 물론이고, 통상적으로 게임을 진행해 나가면서 계속해서 퍼즐을 풀도록 구현되어 있다.

아날로그 세상으로 눈을 돌려보면 15 퍼즐(옮긴이 4 × 4 크기에 1에서 15까지의 숫자를 하나의 빈 칸을 이용해서 순서대로 맞추는 게임. http://en.wikipedia.org/wiki/15_puzzle를 참고하기 바란다.) 이 이런 게임의 좋은 예다. '블록' 활용 방식에 대한 규칙의 복잡도를 점차 높이고, 이기거나 지는 상황과 조건을 추가하면 틱택토(Tic Tac Toe)나 체스(Chess) 같은 게임을 구현하게 되는 것이다(체스의 경우 약간 중세풍의 느낌을 줄 필요가 있다).

이번 장에서는 간단한 객체로 구성된 일반적인 아동용 게임인 메모리(Memory)를 구현할 것이다. 이 게임은 여러 개의 그림 중 동일한 그림 두 개를 차례대로 클릭하여 제거하는 게임이다. 이 게임을 구현하기 위해 자바스크립트 게임 엔진인 easel.js를 사용하기로 한다.

우리는 프로그래밍 과정에서 고수준, 혹은 저수준의 추상화라는 것을 접하게 된다. 이것은 단순히 여러분이 직접 세세한 부분까지 챙기거나(저수준), 아니면 라이브러리나 언어 또는 자바스크립트 게임 엔진이 세세한 부분을 직접 처리하도록 맡기는(고수준) 것을 의미한다. 이 책에서 다루는 엔진들은 고수준의 추상화를 제공하는 경향이 있지만, easel.js의 경우에는 비교적 저수준의 라이브러리로 구현되어 있어 게임 엔진이라기보다는 캔버스를 사용하기 위한 조금 더 편리하고 광범위한 렌더링 API라고 말할 수 있다. 특히 이번 장에서 더욱 유용한 이유는 메모리 게임이 정말 단순하고, 이 저수준 엔진을 이용해서 다른 장에서는 경험해보지 못할 세세한 부분의 구현까지 파고들 수 있기 때문이다.

그러면 예제 4.1을 참고하여 puzzle/initial 디렉터리의 index.html 파일과 같은 소스 코드를 작성해보자. 이 코드는 문서 타입을 정의하고, easel.js 엔진을 로드하며, 이번 장의 게임 구현에 사용할 캔버스 요소를 생성하는 코드를 담고 있다.

```
<!DOCTYPE html>
<html>
  <head>
    <title>레시피: 사각형 그리기</title>
    <script src="easel.js"></script>
</head>
<body>
  <canvas id="myCanvas" width="960" height="400"></canvas>
</body>
</html>
```

이 파일을 파이어폭스나 크롬 브라우저에서 연다면 아직 아무것도 볼 수 없을 것이다. 이
제 화면에 무언가를 그리면서 easel.js 엔진을 천천히 맛보도록 하자.

The Web Game Developer's Cookbook

레시피: easel.js 엔진을 이용한 그리기

전통적으로 프로그램이 동작하는 기본 원리를 이해하기에 가장 좋은 방법은 프로그램의 역량을 보여줄 수 있는 "Hello, World!"류의 코드를 만드는 것이다. easel.js 엔진은 그래픽 렌더링 엔진이므로 임의의 색상으로 사각형을 그리는 간단한 렌더링을 구현해보도록 하자.

먼저, 자바스크립트의 실행을 제어하기 위한 방법이 필요하다. 여기에는 몇 가지 옵션이 존재하며, 앞으로 이 책 전반에 걸쳐 그것을 살펴보게 될 것이다. 단순히 자바스크립트 코드를 <script> 태그로 둘러싸도 된다. 그러나 이 경우에는 문서 상의 다른 요소들이 완전히 로드되기 전에 자바스크립트가 실행될 수 있으므로 스크립트의 실행이 아예 중지될 가능성도 있다는 잠재적인 문제점을 내포한다. 다른 옵션은 예제 4.2와 같은 스크립트를 이용하여 window 객체의 이벤트에 자바스크립트 코드를 연결하는 것이다. 이 방법을 채택하지는 않겠지만 예제를 통해 살펴보도록 하자.

예제 4.2 window 객체에 초기화 함수 연결하기

```
<script>
  function init() {
    //사각형을 그리는 코드를 여기에 작성한다.
  }
  window.onload = init;
</script>
```

이번 장에서는 예제 4.3과 같이 자바스크립트를 body 태그의 onload 특성에 직접 연결하는, 그다지 고급스럽지는 않지만 좀 더 간단한 방법을 이용할 것이다. index.html 파일을 다음과 같이 수정해보자.

예제 4.3   약간 거슬리는 스타일의 자바스크립트 로딩 기법

```
<body>
//위의 태그를 다음과 같이 변경하자
<body onload="init()">
```

웹 순수주의자들은 "거슬리는 자바스크립트"라는 경멸하는 듯한 표현에 기분이 상했을지도 모르겠다. 확장 가능한 웹 기반 코드를 유지하기 위해서는 각각의 코드 조각 특성을 콘텐츠(HTML), 프리젠테이션(CSS), 그리고 동작(자바스크립트)으로 구분짓는 것이 가장 좋으며, 이들을 가능한 분리해야 최대의 유연성과 고급스러움이 살아나는 법이다. 이제 여러분도 그런 코드를 작성해볼 때가 되었다. 만일 이런 코딩 기법에 관심이 있다면 "수수한 (Unobtrusive) 자바스크립트"와 "자바스크립트 패턴"으로 검색해보기 바란다. 자칫 너무 깊이 들어가 버릴 수도 있으므로 언제 고급스러움을 추구할지, 그리고 언제 결과에 집중한 코드를 만들어 낼지를 판단하는 능력을 갖춰두는 것이 좋다. 확장성과 견고함을 위한 코딩은 간혹 YAGNI(You Ain't Gonna Need It) 원칙(옮긴이 당장 필요하지 않은 코드는 미리 만들지 말라는 개발 원칙)과 충돌할 때가 있다. 따라서 지금 당장은 어떤 작업을 수행하는데 있어 서로 다른 방법들이 존재한다는 것만 기억하자. 무엇보다 HTML 스펙에서 제거되지 않고 살아남은 onload(그리고 자바스크립트에서 이벤트를 처리하는 onclick(), onMouseover0 등) 같은 기능들의 대부분은 그에 따른 각자의 역할이 있다. 그러므로 이들에 대해 잘 이해하는 것이 좋다.

지금까지의 이야기는 이쯤에서 정리하고 사각형을 그리는 이야기로 돌아가보자. 뭔가 좀 거슬리는, 당장 필요한 결과를 내기 위해 조잡하게 onload()에 연결된 init() 함수를 구현해야 한다. 이제 새로운 <script> 태그를 easel.js 파일을 로드하는 <script> 태그 아래에 추가하고 페이지가 로드되면 "안녕하세요"라는 경고를 출력하는 간단한 코드를 작성해보자(예제 4.4를 참고하기 바란다).

예제 4.4   init() 함수를 구현할 새로운 스크립트 태그

```
<script src="easel.js"></script>

<script type="text/javascript">
  function init() {
    alert("안녕하세요");
```

107

```
    }
  </script>
```

아직 사각형을 그리기에 앞서 해야 할 일들이 남아있다. 예제 4.5는 조금 전에 만든 init() 함수에 약간의 코드를 더한 것이다. "안녕하세요"라는 메시지를 출력하는 대신에 필요한 작업을 수행할 코드로 대체해보자.

예제 4.5 상세히 구현된 init() 함수

```
<script type="text/javascript">
  var canvas;
  var stage;
  function init() {
    canvas = document.getElementById('myCanvas');
    stage = new Stage(canvas);
    var square = drawSquare();
    stage.addChild(square);
    stage.update();
  }
</script>
```

바뀐 부분이 다소 많지만 한 줄씩 살펴보면서 이해하도록 노력해보자. 먼저 canvas와 stage 변수를 선언하는데, 이 두 변수는 이름에서 알 수 있듯이 HTML의 캔버스 요소와 easel.js 파일에 정의된 Stage라는 객체를 각각 참조하는 변수다. 함수 내부를 보면 canvas 변수는 네이티브 함수인(즉, easel.js가 아니라 브라우저에서 제공하는 함수인) getElementById() 함수를 통해 id가 myCanvas인 캔버스 요소를 참조한다. 다음으로 stage 변수는 새로 생성된 Stage 객체의 인스턴스를 참조하는데, 이 객체는 (캔버스 요소를 참조하는)canvas 변수를 래핑하는 객체다. 다음 줄에서는 square 변수에 아직 구현하지 않은 drawSquare() 메서드의 실행 결과를 대입한다. 우선은 drawSquare() 함수에서 적당한 사각형이 그려진다고 가정하고 다음 줄을 살펴보면, 만들어진 사각형을 addChild() 메서드를 이용하여 stage 변수에 추가한다. 그리고 일단 '추가'되더라도 stage.update() 메서드를 호출하기 전까지는 사각형을 렌더링하지 않는다.

비교적 쉽지 않은가? 자, 이제 drawSquare() 메서드를 구현한 예제 4.6의 코드를 살펴보자. 이 코드는 닫는 </script> 태그 바로 위에 작성한다.

예제 4.6 drawSquare() 메서드

```
function drawSquare() {
  var shape = new Shape();
  var graphics = shape.graphics;
  graphics.setStrokeStyle(5);
  graphics.beginStroke(Graphics.getRGB(20, 20, 20));

  graphics.beginFill(Graphics.getRGB(20, 20, 20));
  graphics.rect(5, 5, 70, 70);

  return shape;
}
```

easel.js라이브러리에 도형을 그리기 위해 정의된 메서드들은 매우 저수준의 API로 구현되어 있지만 그렇다고 해서 사용이 어렵지는 않다. 예제에서는 shape 객체를 직접 처리하는데 graphics.setStrokeStyle() 메서드는 테두리의 두께를 지정하기 위한 것이며, begin-Stroke() 메서드는 색상을 매개 변수로 사용한다. beginFill() 메서드는 도형의 내부를 지정된 색상으로 칠한다. rect() 함수는 사각형의 x와 y 좌표, 너비, 높이를 매개 변수로 전달받는다. 그리고 마지막으로 만들어진 shape 객체를 리턴하여 square 변수에 대입되도록 해init() 함수에서 렌더링할 수 있도록 한다.

지금까지 작업한 index.html 파일을 브라우저에서 열어보면 그림 4.1처럼 회색의 사각형을볼 수 있을 것이다.

회색 사각형은 문제가 없지만 약간의 색상을 더 추가하여 페이지를 열 때마다 매번 색상이바뀌도록 구현해보자. 그러려면 drawSquare() 함수를 조금 수정하여 randomColor() 함수를 추가해야 한다(예제 4.7을 참고하기 바란다).

레시피 1

그림 4.1 회색 사각형을 렌더링한 모습

예제 4.7 페이지가 로드될 때마다 임의의 색상을 적용하도록 수정된 코드

```
function drawSquare() {
  var shape = new Shape();
  var graphics = shape.graphics;
  var color = randomColor();
  graphics.setStrokeStyle(5);
  graphics.beginStroke(Graphics.getRGB(20, 20, 20));
  graphics.beginFill(color);
  graphics.rect(5, 5, 70, 70);
  return shape;
}
function randomColor(){
  var color = Math.floor(Math.random()*255);
  var color2 = Math.floor(Math.random()*255);
  var color3 = Math.floor(Math.random()*255);
  return Graphics.getRGB(color, color2, color3)
}
```

drawSquare() 함수에는 randomColor() 함수를 호출하도록 수정해야 한다. random-Color() 함수는 0부터 255사이의 값을 이용하여 임의의 RGB 색상을 만들어 내는데, 이 값을 리턴하여 graphics.beginFill() 함수에서 사용하도록 한다. Math.floor 함수는 숫자를 반내림하기 때문에 소수점 값 대신 정수 값을 얻게 된다. 이제 페이지를 로드할 때마다 사각형에 매번 다른 색상이 칠해지는 것을 볼 수 있을 것이다(그림 4.2를 참고하기 바란다).

계속 진행하기에 앞서 네이티브 자바스크립트 함수가 무엇이며 easel.js API와 관련된 것은 무엇인지 구분하기가 어렵다고 해서 너무 스트레스를 받을 필요는 없다. 변수와 함수의 이름이 결정되는 방법은 총 세 가지 정도로, 첫째 여러분이 스스로 작명하는 경우다. 이런 경우에는 코드의 어딘가에 그 변수나 함수가 존재한다. 둘째는 네이티브 메서드나 객체인 경우다. 이 경우에는 https://developer.mozilla.org/라는 훌륭한 자료가 존재한다. 셋째로는 여러분이 사용하는 (easel.js 같은) 라이브러리에 정의된 것들이다. 이 경우에는 **라이브러리 이름이 들어간 도움말**이나 **API 등의 문서**, 또는 **예제 코드**에서 손쉽게 변수나 함수의 이름을 발견할 수 있다. 자바스크립트를 다루는 과정에서 여러분이 마주칠 수 있는 여러 가지 형식의 API에 대한 더 자세한 내용은 부록 A "자바스크립트 기초"를 참고하기 바란다.

레시피 1

그림 4.2   회색이 아닌 다른 색이 적용된 사각형

The Web Game Developer's Cookbook

레시피: 두 가지 이상의 객체를 렌더링하기

사각형을 렌더링하는 것은 그저 간단한 일일 뿐 게임을 만드는 일은 아니다. 여러분은 아직 렌더링의 기초 단계에 머물러 있으며, 플레이어에게 뭔가 목표를 심어주기 전에 아직 해야 할 일들이 남아있는 상태다. 우선 이번 레시피에서 구현할 다양한 함수들이 사용하게 될 몇 개의 변수를 선언하면서 코드를 조금 정리해보겠다. 예제 4.8의 굵게 표시된 부분을 살펴보자.

예제 4.8 사각형을 만들기 위한 변수의 선언

```
<script type="text/javascript">
  var canvas;
  var stage;
  var squareSide = 70;
  var squareOutline = 5;
  var max_rgb_color_value = 255;
  var gray = Graphics.getRGB(20, 20, 20);
  function init() {
```

아주 어려운 부분은 없다. 그저 몇 개의 변수에 값을 대입했을 뿐이다. squareSide 변수는 사각형의 길이와 너비를 표현하고, squareOutline 변수는 사각형의 테두리 두께를 의미한다. max_rgb_color_value 변수는 임의의 색상을 만들 때 사용하는 0부터 255 사이 값의 범위를 표현하기 위한 것이며, gray 변수는 easel.js 라이브러리의 Grahics 객체로부터 회색에 대한 색상 객체를 얻을 때 사용할 값을 대입하고 있다. 이 색상은 사각형의 테두리에 사용할 것이다.

다음에는 예제 4.8의 코드에 이어서 init() 함수에 예제 4.9의 코드를 추가하자.

예제 4.9 init() 함수를 위한 변수를 선언한 코드

```
function init() {
  var rows = 5;
  var columns = 6;
  var squarePadding = 10;
  canvas = document.getElementById('myCan
  stage = new Stage(canvas);
  // var square = drawSquare(); 삭제
  // stage.addChild(square); 삭제
  // stage.update(); 삭제
}
```

이 예제 역시 나중에 사용할 변수에 값을 대입하고 있다. rows 변수와 columns 변수는 출력할 사각형의 갯수를 설정하기 위한 것으로, 이 값들을 이용하면 최대 36개의 사각형을 만들 수 있다. squarePadding 변수는 사각형 사이의 공백의 크기를 의미하며 또한, 원래 사각형을 그리던 코드는 제거하면 된다. 비교적 복잡한 내용은 잠시 후에 살펴보기로 하자.

여러분의 코딩 경험의 수준에 따라 직접 숫자를 사용하지 않고 일일이 변수를 선언해서 사용해야 하는 이유가 궁금할 수도 있을 것이다. 이렇게 하는 것은 코드를 잘 정리하기 위함이다. 일이 복잡해지면 어떤 숫자가 무엇을 의미하는지 파악하기가 어려워지기 때문에 이 값들을 변수에 미리 설정해두면 어느 한 곳에서 사용하는 값을 변경해야 할 필요가 있을 때 훨씬 수월하게 처리할 수 있다. 그리고 어떤 변수들은 함수의 바깥에 선언하고, 또 어떤 변수들은 함수의 내부에 선언하는지 그 차이도 궁금할 것이다. 그 이유는 함수의 바깥에 선언된 변수들은 스크립트 내의 모든 함수가 사용할 수 있으며, 함수 내부에 선언된 변수들은 그 함수에서만 사용할 수 있다는 특성을 활용하기 위함이다.

통상 자바스크립트에서, 특히 게임 같은 고성능을 요구하는 경우에 여러분이 감수해야 하는 것은 실행 속도를 최적화하기 위해 코드의 구조가 조금 이상해 질 수도 있다는 점이다.

매우 보편화된 자바스크립트 최적화 기법 중 하나는 개발자의 편의를 도모하는(변수와 함수 이름을 알기 쉽게 표기하고 가독성을 위해 공백을 사용하며 주석 등을 표시하는 등의) 방법으로 코드를 작성하고, 배포할 때는 사람이 읽기엔 힘들지만 브라우저가 더 빨리 다운로드하고 해석할 수 있는 '축소된' 버전을 사용하는 것이다.

다음으로 drawSquare() 함수의 코드를 예제 4.10에 굵게 표시한 부분과 같이 수정하자.

예제 4.10 drawSquare() 함수

```
function drawSquare() {
  var shape = new Shape();
  var graphics = shape.graphics;
  var color = randomColor();
  graphics.setStrokeStyle(squareOutline);
  graphics.beginStroke(gray);
  graphics.beginFill(color);
  graphics.rect(squareOutline, squareOutline, squareSide, squareSide);
  return shape;
}
```

앞서 설정한 변수들을 사용하는 부분 외에는 크게 변경된 부분이 없다.

randomColor 함수 역시 새로운 변수들을 사용하도록 수정한다(예제 4.11을 참고하자).

예제 4.11 randomColor 함수에 추가된 코드

```
function randomColor(){
  var color = Math.floor(Math.random() *max_rgb_color_munber);
  var color2 = Math.floor(Math.random() *max_rgb_color_munber);
  var color3 = Math.floor(Math.random() *max_rgb_color_munber);
  return Graphics.getRGB(color, color2, color3)
}
</script>
```

이번 레시피를 위한 마지막 작업은 init() 함수에 for 반복문을 작성하는 것이다. 예제 4.12
에 굵게 표시된 코드를 init 함수에 추가하도록 하자.

예제 4.12 사각형을 렌더링하는 기능이 완벽하게 구현된 init() 함수

```
function init() {
  var rows = 5;
  var columns = 6;
  var squarePadding = 10;
  canvas = document.getElementById('myCanvas');
  stage = new Stage(canvas);
  for(var i=0;i<rows*columns;i++){
    var square = drawSquare();
    square.x = (squareSide+squarePadding) * (i % columns);
    square.y = (squareSide+squarePadding) * Math.floor(i / columns);
    stage.addChild(square);
    stage.update();
  };
}
```

반복문을 경험해본 적이 없다면 이번 예제에서는 많은 부분들이 변경된 것처럼 보일 것이
다. 첫 번째 줄에서는 변수 i를 정의한다. 이 변수는 반복문이 반복 실행되는 횟수를 저장
하기 위한 것이다. 세미콜론(;) 다음의 i<rows*columns 부분은 i 변수의 값이 전체 사각형
의 갯수보다 작은 경우에만 반복문이 실행되도록 하기 위한 조건이다. 마지막 부분(두 번째
세미콜론 다음)은 반복문의 실행이 한 번 완료될 때마다 실행 횟수를 증가시키는 코드다.

x 좌표는 각 행 별로 사각형의 전체 너비(즉, squareSide 변수 값에 squarePadding 변수 값을
더한 값)으로 설정된다. % 연산자의 용도는 첫 번째 숫자를 두 번째 숫자로 나눈 나머지를
구하기 위한 것이다. y 좌표는 사각형의 전체 높이(역시 squareSide+squarePadding 값이다.)
에 반복문 카운터 변수의 정수값을 열의 수로 나눈 값을 곱하여 대입한다.

지금까지의 변경 사항들이 성공적으로 구현됐다면 페이지를 실행했을 때, 그림 4.3과 같은
화면을 보게 될 것이다.

레시피 **2**

그림 4.3   여러 개의 사각형이 출력된 모습

The Web Game Developer's Cookbook

레시피: 짝 만들기

지금까지 만든 예제에서는 모든 타일이 임의의 색상을 가지고 만들어진다. 따라서 색이 같은 타일을 찾아 선택하는 것이 거의 불가능해 보인다. 때문에 우리는 실제로 사용자의 클릭 동작을 처리하기에 앞서, 같은 색을 가진 타일의 짝을 만들어야만 한다.

조금 더 구체적으로 말하면 한 쌍의 임의의 색상이 임의의 위치에 나타나야 한다. 우선 우리가 만들어 낼 타일의 갯수와 동일한 크기를 가지는 placementArray라는 배열을 만들자. 예제 4.13에서 굵게 표시된 부분의 코드를 추가하면 된다.

예제 4.13 placementArray 배열 만들기

```
...
var gray = Graphics.getRGB(20, 20, 20);
var placementArray = [];

function init() {
  var rows = 5;
  var columns = 6;
  var squarePadding = 10;
  canvas = document.getElementById('myCanvas');
  stage = new Stage(canvas);

  var numberOfTiles = rows*columns;
  setPlacementArray(numberOfTiles);
...
```

이 코드가 하는 일은 빈 배열을 선언하고 원하는 배열을 구성하는 함수를 호출하는 것이다. 또한, numberOfTiles 변수를 추가했는데, 그 이유는 이번 레시피에서 추가한 코드들이 rows*columns 값을 한 번 이상 참조하기 때문이다. 이렇게 하면 바로 앞의 레시피에서 언급했던 장점들과 더불어 매번 다시 계산하는 부하도 줄일 수 있다.

117

다음으로 setPlacementArray() 함수를 추가하자(예제 4.14 참조). 이 함수는 닫는 </script> 태그 바로 위에 작성한다.

예제 4.14 setPlacementArray 함수

```
function setPlacementArray(numberOfTiles){
  for(var i = 0;i< numberOfTiles;i++){
    placementArray.push(i);
  }
}
```

이 함수에서는 numberOfTiles 변수 값만큼의 크기를 갖는 배열을 생성하고 각 원소에 원소의 인덱스 값을 채워넣는다. push() 함수는 단순히 배열의 끝에 각 인덱스 값을 추가할 뿐이다. 즉, [0, 1, 2, 3, . . . , numberOfTiles] 와 같이 생긴 배열이 만들어지는 셈이다.

여기까지 완료했으면 init() 함수에서 만들었던 반복문을 예제 4.15의 굵게 표시한 부분과 같이 살짝 바꿔주어야 한다.

예제 4.15 수정된 init( ) 함수의 반복문

```
for(var i=0;i<numberOfTiles;i++){
  var placement = getRandomPlacement(placementArray);
  if (i % 2 === 0){
    var color = randomColor();
  }
  var square = drawSquare(color);
  square.x = (squareSide + squarePadding) * (placement % columns);
  square.y = (squareSide + squarePadding) * Math.floor(placement / columns);
  stage.addChild(square);
  stage.update();
}
```

이번 예제에서는 반복을 종료하기 위한 조건식에 row * column 값을 사용하는 대신 numberOfTiles 변수 값을 직접 사용하고 있다. 그 외에도 두 가지 변화를 눈여겨보아야 한다. 첫 번째 변화는 사각형의 좌표를 결정할 때 인덱스 값을 의미하는 i 변수가 아니라 placement 변수를 사용한다는 점이다. 두 번째 변화는 randomColor 함수가 만들어 내는

새로운 색상 값을 반복 카운터 값이 짝수가 될 때마다 생성하여 drawSquare() 함수에 전달함으로써, 같은 색상을 가진 한 쌍의 타일을 만들 수 있도록 했다는 점이다.

이제 drawSquare() 함수를 예제 4.16과 같이 수정하여 beginFill() 함수에 전달할 색상을 randomColor() 함수를 직접 호출해서 얻었던 방식에서 매개 변수로 색상을 전달받을 수 있도록 수정하자.

예제 4.16 새로 구현한 drawSquare() 함수

```
function drawSquare(color) {
  var shape = new Shape();
  var graphics = shape.graphics;
//이 줄을 삭제: var color = randomColor();
  graphics.setStrokeStyle(squareOutline);
  graphics.beginStroke(gray);
  graphics.beginFill(color);
  graphics.rect(squareOutline, squareOutline, squareSide, squareSide);
  return shape;
}
```

이제 예제 4.17과 같이 getRandomPlacement() 함수를 구현한다. 이 함수는 닫는 </script> 태그 바로 위에 작성한다.

예제 4.17 getRandomPlacement 함수

```
function getRandomPlacement(placementArray){
  randomNumber = Math.floor(Math.random()*placementArray.length);
  return placementArray.splice(randomNumber, 1)[0];
}
```

이 함수는 아주 간단한 작업을 수행한다. 우선 이 함수는 placementArray 배열에서 임의의 원소를 가져온다. 그런 다음, 이 요소를 배열에서 제거하고 init() 함수의 placement 변수에 대입할 수 있도록 리턴한다. getRandomPlacement() 함수는 반복문 내에서 매번 실행되며, 그때마다 하나씩 원소를 리턴한다.

이제 임의의 위치에 한 쌍의 타일을 그릴 수 있게 되었으므로 해당 페이지를 실행하면 그림 4.4와 같은 화면을 보게 될 것이다.

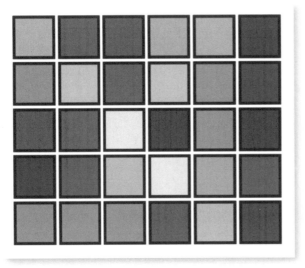

그림 4.4 한 쌍의 색상을 가진 사각형 모음

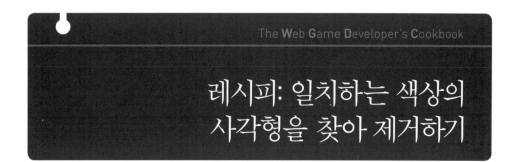

이제, 색상이 일치하는 타일의 쌍을 찾아 제거해야 한다. 그러자면 약간의 준비와 함께 클릭 이벤트를 처리할 새로운 함수를 구현해야 한다. 우선, 예제 4.18에서 변경된 코드를 살펴보자.

예제 4.18 일치하는 사각형을 찾아 제거하기 위한 준비 과정

```
var placementArray = [];
var highlight = Graphics.getRGB(255, 255, 0);
var tileClicked;
function init() {
...
for(var i=0;i<numberOfTiles;i++){
  ...
  var square = drawSquare(color);
  square.color = color;
  square.x = (squareSide+squarePadding) * (placement % columns);
  square.y = (squareSide+squarePadding) * Math.floor(placement/columns);
  stage.addChild(square);
  square.onPress = handleOnPress;
  stage.update();
```

먼저, 하이라이트 부분에 사용할 색상을 설정하고 처음 클릭된 타일을 저장할 용도로 사용할 tileClicked 라는 변수를 선언한다. 참고로 마지막에 굵게 표시한 줄은 화면에 추가된 각 사각형의 클릭 이벤트 핸들러 함수를 지정한다. 이 함수는 잠시 후에 구현하겠지만, 그에 앞서 굵게 표시한 두 번째 줄의 square.color = color; 부분에 주목해보자.

이 기능은 자바스크립트가 가진 기능 중 필자가 가장 좋아하는 기능이다. square같은 자바스크립트 객체에 대하여 짧은 구문을 통해 속성을 정의할 수 있으며, 이때 정의할 수 있는 속성은 숫자, 객체, 심지어 함수 등 모든 것이 될 수도 있다. 많은 개발 언어들은 속성에 값을 대입하거나 가져오는 새로운 함수를 정의해야 하지만 자바스크립트는 그럴 필요가 없어서 좋다. 반면, 그다지 마음에 들지 않는 것은 square 객체에 이미 color라는 속성이 정의되어 있을 경우, 그 속성이 나중에 대입한 속성으로 덮어써질 수 있다는 점이다. 또 한 가지 주의할 점은 객체 자체를 통해 참조하기 때문에 비교적 안전한 방법으로 독립된 이름 공간을 가지고는 있지만, color 속성을 사용 가능한 스코프는 square 객체의 스코프와 동일하다는 점이다.

이제 handleOnPress() 함수를 구현해보자. 예제 4.19의 코드를 닫는 </script> 태그 바로 위에 작성하면 된다.

예제 4.19 handleOnPress 함수

```
function handleOnPress(event){
  var tile = event.target;
  if(!!tileClicked === false){
      tile.graphics.setStrokeStyle(squareOutline).beginStroke(highlight)
➡.rect(squareOutline, squareOutline, squareSide, squareSide);
    tileClicked = tile;
  }else{
    if(tileClicked.color === tile.color && tileClicked !== tile){
      tileClicked.visible = false;
      tile.visible = false;
    }else{
       tileClicked.graphics.setStrokeStyle(squareOutline).beginStroke(gray)
➡.rect(squareOutline, squareOutline, squareSide, squareSide);
    }
    tileClicked = null;
  }
  stage.update();
}
```

이 함수에서 살펴볼 객체는 크게 두 가지다. 방금 클릭된 타일을 표현하는 tile 객체와 tile 객체를 클릭하기 전에 클릭되어 있던 타일을 참조하는 tileClicked 객체가 바로 그것이다. 이미 클릭된 타일의 경우 처음 시작하는 시점에는 이미 클릭된 타일이 없기 때문에 undefined 값을 갖게 될 것이다. 여기서 사용된 조건식이 조금 이상해 보일 수도 있다. if (tileClicked === undefined)처럼 해도 될 것 같아 보이나, 이렇게 하면 tileClicked 변수에 null 값을 대입했을 때 올바른 비교를 할 수 없다. 그렇다면 tileClicked = undefined 처럼 변수에 undefined 값을 대입하면 될 것이라고 생각하겠지만, 이미 정의된 어떤 대상에, 정의되지 않았음을 의미하는 undefined 값을 대입하는 것도 이상할 뿐더러 되려 혼동을 유발할 수 있다. 여기서 필요한 것은 변수에 객체가 대입된(그래서 조건식이 true가 되는) 상황이나 undefined/null이 대입된(조건식이 false가 되는) 상황을 모두 처리할 수 있는 방법이다. !! 연산자는 "!뒤에 '참 또는 거짓'으로 취급할 수 있는 값의 반대되는 값을 달라"는 의미이며 이 연산을 두 번 실행한 결과다. 그리고 그 결과는 !!뒤에 '참 또는 거짓'으로 취급할 수 있는 값이 리턴된다. 이해가 어렵다면 콘솔을 통해 확인해보거나 부록 A를 살펴보기 바란다. 우리의 목표대로라면 이 조건식은 '만일 tileClicked 변수가 undefined거나 nll이라면' 의 의미를 갖는다. 이러한 경우에는 어떻게 될까?

먼저, 타일의 테두리를 하이라이트 색상으로 지정한다. 그런 후 tileClicked 변수에 tile 객체를 대입한다. 따라서 다음에 다른 타일을 클릭하면 이때는 else 구문이 실행되며, else 구문에 사용된 조건식은 두 타일이 같은 색상을 가지고 있는지를 검사한다. 이를 위해 두 타일의 color 속성 값을 비교한다. && 다음의 두 번째 조건은 동일한 타일을 두 번 클릭했는지를 검사하여 그런 경우는 비교에서 제외하기 위한 것이다. 만일 두 타일의 색상이 일치하지 않는다면 앞서 클릭된 타일의 하이라이트 색상의 테두리를 제거한다. 그리고 색상이 일치하든 그렇지 않든 다음에 다시 if (!!tileClicked === false) 식이 실행될 때 true를 리턴하여 이 과정을 처음부터 다시 시작할 수 있도록 tileClicked 변수에 null 값을 대입한다.

이제 index.html 파일을 실행해서 색상이 같은 두 개의 타일을 클릭하면 그림 4.5와 같은 모습을 보게 될 것이다.

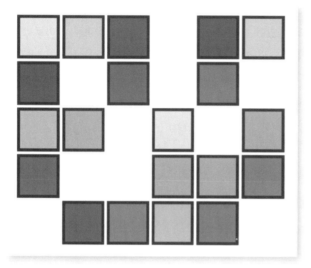

그림 4.5 색상이 같은 타일이 제거된 모습

The Web Game Developer's Cookbook

레시피: 그림을 뒤집거나 숨기기

지금까지 구현한 예제는 잘 동작하고 있다. 이제야 좀 게임 같아졌지만 우리가 만든 메모리 게임은 지나치게 쉽다. 메모리 게임이 재미있는 부분은 색상이 일치하는 것을 찾기 전까지 는 무엇을 해야 할지 모른다는 점이다. 즉, 당장은 이 게임이 제공하고 있지 않지만(그래서 아직은 "메모리"라고 부르기도 무엇하다.) 뭔가를 기억할 것이 있어야 이 게임이 놀랍고 도전할 만한 가치가 있는 것이다. 그럼 이제 그림을 숨기고 클릭했을 때 뒤집어지도록 만들어보자.

먼저, drawSquare() 함수에서 기본 색상을 타일에 정해진 색상이 아닌 회색으로 보여지 도록 바꿔야 한다. 색상은 color 속성에 저장해 두고 예제 4.20과 같이 코드를 수정하도록 하자.

예제 4.20 타일의 원래 색상을 숨기기

```
// var square = drawSquare(color); 줄을 아래와 같이 바꾼다.
var square = drawSquare(gray);
square.color = color;
```

다음으로 highlight 변수는 더 이상 사용하지 않을 것이므로, 예제 4.21과 같이 코드에서 이 변수를 제거하자.

예제 4.21 하이라이트 색상 변수 제거하기

```
var gray = Graphics.getRGB(20, 20, 20);
// var highlight = Graphics.getRGB(255, 255, 0); //이 줄을 삭제한다.
var placementArray = [];
```

마지막으로 할 일은 handleOnPress 함수를 예제 4.22와 같이 수정하는 것이다.

예제 4.22 수정된 handleOnPress 함수

```
function handleOnPress(event){
  var tile = event.target;
  tile.graphics.beginFill(tile.color).rect(squareOutline, squareOutline, squareSide, squa-
reSide);
  if(!!tileClicked === false || tileClicked === tile){
    tileClicked = tile;
  }else{
    if(tileClicked.color === tile.color && tileClicked !== tile){
      tileClicked.visible = false;
      tile.visible = false;
    }else{
      tileClicked.graphics.beginFill(gray).rect(squareOutline, squareOutline, squareSide,
squareSide);
    }
    tileClicked = tile;
  }
  stage.update();
}
```

두 부분의 코드가 삭제, 추가되었기 때문에 새로운 코드를 직접 입력하는 것보다는 원래 코드를 복사하여 붙여넣기하거나, 전부를 다시 작성하는 것이 좋을 수도 있다. 이 코드는 우선적으로 클릭된 타일의 색상을 추출한다. 그런 다음, 첫 타일을 클릭한 것인지 아니면 앞서 클릭된 타일과 동일한 타일을 클릭한 것인지를 검사한다. 만일 둘 중 한 가지 상황이라면 tileClicked 변수를 수정하여 화면을 업데이트 한다.

그 외의 상황이라면 발생 가능한 경우로 두 가지가 더 있다. 첫째로 (else 구문 후의 if 구문)앞서 구현했던 것처럼 색상이 일치한 타일을 찾아 제거하는 것이다. 색상이 '일치하지 않는다면' 앞서 클릭된 타일을 다시 회색으로 만든다. 그리고 어떤 상황이든 관계 없이 tileClicked 변수를 업데이트하여 화면을 수정한다.

모든 것이 정상적으로 동작한다면 일치하는 색상의 타일을 몇 개 제거한 후의 모습은 그림 4.6과 같을 것이다.

그림 4.6 타일이 숨겨진 모습

레시피: 승패 처리하기

The Web Game Developer's Cookbook

이제야 게임이 메모리 게임다워지며 우리가 목적했던 수준에 거의 다다르고 있다. 이제 게임의 승패를 처리하기 위해 우선 새로운 변수를 몇 개 선언하자. 새로 추가할 변수들은 게임이 끝나기까지 남아있는 시간을 추적하거나 남은 일치하는 타일의 수, 플레이어의 상태를 업데이트하는 영역, 그리고 플레이어가 놓친 타일을 저장할 배열 등이다. 예제 4.23을 살펴보자.

예제 4.23 〈script〉 태그에 추가할 새로운 변수들

```
<script>
...
  var timeAllowable;
  var totalMatchesPossible;
  var matchesFound;
  var txt;
  var matchesFoundText;
  var squares;
```

다음으로 init() 함수 내에서 이 변수들의 초기 값을 설정해야 한다. 예제 4.24를 살펴보자.

예제 4.24 init() 함수에서 새로운 변수 값 초기화하기

```
function init() {
...
  matchesFound = 0;
  timeAllowable = 200;
  txt = new Text(timeAllowable, "30px Monospace", "#000");
  txt.textBaseline = "top"; // em 태그의 상단에 맞추어 텍스트를 그린다.
  txt.x = 500;
  txt.y = 0;
  stage.addChild(txt);
```

```
    squares = [];
    totalMatchesPossible = numberOfTiles/2;
    matchesFoundText = new Text("같은 쌍 발견: "+matchesFound+"/"+totalMatchesPossible,
➥"30px Monospace", "#000");
    matchesFoundText.textBaseline = "top"; // em 박스의 상단에 맞추어 텍스트를 출력한다.
    matchesFoundText.x = 500;
    matchesFoundText.y = 40;
    stage.addChild(matchesFoundText);
```

다음으로 Ticker 객체를 이용하여 시간의 흐름을 추적해야 한다. 또한, 예제 4.25의 반복문 안에서 사각형 배열에 각각 사각형을 추가해야 한다. 이 예제는 예제 4.24 바로 다음에 작성하며 square.y 속성에 값을 설정하는 바로 다음 줄에도 굵게 표시된 코드가 있다.

예제 4.25 init 함수의 나머지 코드

```
Ticker.init();
  Ticker.addListener(window);
  Ticker.setPaused(false);

  setPlacementArray(numberOfTiles);

  for(var i=0;i<numberOfTiles;i++){
    var placement = getRandomPlacement(placementArray);
    ...
    square.y = (squareSide+squarePadding) * Math.floor(placement/columns);
    squares.push(square);
    ...
  }
}
```

이제 tick() 함수를 구현해야 한다. 예제 4.26의 코드를 닫는 </script> 태그 바로 위에 작성하자.

예제 4.26 tick() 함수 구현하기

```
function tick() {
  secondsLeft = Math.floor((timeAllowable-Ticker.getTime()/1000));
  txt.text = secondsLeft;
  if (secondsLeft <= 0){
    gameOver(false);
  }
```

```
  stage.update();
}
```

이 함수는 게임을 진행하기까지 남은 시간을 초 단위로 계산하여 해당 정보를 화면에 출력하고, 남은 시간이 0초가 되면 gaemOver() 함수를 호출한다. 이 값이 간혹 0보다 작아지는 경우가 있기 때문에(예를 들면 tick 함수가 페이지가 포커스를 얻지 못한 동안 실행되지 않고 있는 등) secondsLeft === 0 처럼 비교해서는 안되며 이 값이 0보다 작거나 동일한지를 비교해야 한다. 그리고 gameOver() 함수는 예제 4.27과 같이 구현하면 된다. 이 함수는 tick 함수 바로 다음에 작성한다.

예제 4.27 gameOver() 함수

```
function gameOver(win){
  Ticker.setPaused(true);
  for(var i=0;i<squares.length;i++){
    squares[i].graphics.beginFill(squares[i].color).rect(5, 5, 70, 70);
    squares[i].onPress = null;
  }
  var replayParagraph = document.getElementById("replay");
  replayParagraph.innerHTML = "<a href='#' onclick='replay();'>다시 시작할까요?</a>";

  if (win === true){
    matchesFoundText.text = "게임에서 이겼습니다!";
  }else{
    txt.text = secondsLeft + "... 게임이 끝났습니다";
  }
}
```

이제 게임에서 졌을 때를 처리하기 위해 이 함수에 false를 전달한 이유를 보게 될 것이다. 이 매개 변수는 "게임에서 이겼습니다!"와 "게임이 끝났습니다" 메시지 중 어떤 것을 출력할 것인지를 결정한다. 어떤 경우든 게임을 끝내기 전에 찾지 못했던 타일의 쌍들을 보여주고 클릭 핸들러를 사용하지 못하도록 하면 된다(앞서 squares 배열을 추가한 이유는 바로 이 때문이다). 그런 후 ticker 타이머를 중지하고 게임을 다시 시작할 것인지를 묻는 요소를 추가하여 플레이어가 게임을 다시 시작할 수 있도록 한다.

다시 시작하기 옵션을 완벽하게 구현하려면 두 가지 요소가 필요하다. id가 reply로 정의된 div 태그와 이 태그를 클릭했을 때 호출될 replay 함수가 바로 그것이다. 예제 4.28을 살펴보자.

예제 4.28 replay 함수 정의하기

```
    function replay(){
      init();
    }
  </script>
</head>
<body onload="init()">
  <header id="header" class="EaselJS">
    <p id="replay"></p>
  </header>
  <canvas id="myCanvas" width="960" height="400"></canvas>
</body>
```

이번 레시피에서 마지막으로 필요한 변경 사항은 승리 조건을 만드는 것이다. 이 부분은 handleOnPress() 함수에서 처리가 가능하며 플레이어가 마지막으로 남은 타일을 클릭할 때 matchesFound 변수 값을 증가시켜 gameOver(true) 함수를 호출하면 된다.

예제 4.29 플레이어의 승리 처리 하기

```
function handleOnPress(event){
  var tile = event.target;
  tile.graphics.beginFill(tile.color).rect(squareOutline, squareOutline, squareSide,
➡squareSide);
  if(!!tileClicked === false || tileClicked === tile){
    tileClicked = tile;
  }else{
    if(tileClicked.color === tile.color && tileClicked !== tile){
      tileClicked.visible = false;
      tile.visible = false;
      matchesFound++;
      matchesFoundText.text = "타일 쌍 발견: "+matchesFound+"/"+totalMatchesPossible;
      if (matchesFound===totalMatchesPossible){
        gameOver(true);
      }
```

이번 레시피에서는 게임의 승리와 패배를 처리하는 로직을 구현했다. 다음 레시피에서는 약간의 최적화 기법을 소개하겠다.

131

The Web Game Developer's Cookbook

레시피: 캐싱과 성능

여러분은 캐싱(Caching)이라는 기법에 대해 들어보았을 것이다. 그 핵심에는 많은 비용이 필요한 연산을 수행하는 대신 특정 정보에 액세스한다는 기본 아이디어가 바탕이 되고 있다. 캐시는 뭔가 먹을 것이 필요할 때마다 식료품점에 가는 대신 냉장고에 먹을 것을 채워두는 것과 마찬가지라고 생각하면 된다. easel.js는 자체적으로 캐싱 매커니즘을 탑재하고 있어 몇 줄의 코드로 캐싱을 적용할 수 있다. 우선은 캐싱의 장단점에 대해 알아보도록 하자.

먼저, 좋은 점은 잘 만들어 진 캐시는 성능을 대폭 향상시킬 수 있다는 것이다. 게임에서 그래픽을 적용할 때의 예를 들면, 화면 전체가 아니라 화면의 일부만 다시 그리거나 아예 다시 그리는 빈도를 낮추는 것이다. 만약 하나의 요소만 움직이는 정적인 화면을 사용한다면, 그 요소를 지금 있는(그리고 있었던) 부분만 수정하는 것이 더 좋을 것이다. 당연히 그렇지 않을까?

그러나 여기에는 큰 단점이 있다. 첫째로 어느 시점의 캐시를 수정할 것이며, 또 어느 캐시가 소용없게 될 것인지를 생각해야만 한다. 게다가 캐시 무효화(Cache Invalidation)는 비교적 까다로운 작업이며 캐시를 사용하는 시스템은 디버깅하기도 더욱 어렵다. 그 이유는 캐시되는 객체는 캐시에 저장되지 않은 '진짜' 객체와 '캐싱된' 객체 등 두 가지 상태를 가질 수 있기 때문이다. 복잡도의 증가와 더불어 캐시된 객체는 때때로 코드에 의해 명시적으로 무효화되거나 다시 캐싱되지만, 어떤 경우에는 일정 시간이 지난 후 캐시가 만료되기도 한다. 다시 비유를 해보자면 냉장고에 음식이 있어서 식료품점에 뛰어가지 않아도 된다면 좋은 상황인 것이다. 그러나 음식이 상했다는 것을 알게 된다면 그 음식을 먹어서는 안되고 다시 식료품점에 가야만 한다. 반면, 가정부에게 사과를 달라고 했을 때는 사실 그 사과를 어디서 사왔는지, 얼마나 오래된 사과인지 알 수 없으며 심지어 직접 먹어보거나 자세히 살펴보기 전까지는 그 사과가 상한 것인지 알 수도 없다.

일을 더 복잡하게 만드는 것은 브라우저마다 독자적인 캐싱 매커니즘을 탑재하고 있으며, 서로 일관되게 동작하지 않는다는 점이다. 이것은 친구를 집으로 초대했는데 친구가 가게에서 직접 음식을 준비해온 상황과 마찬가지다. 테이블(사용 가능한 메모리)은 어지럽혀질 것이고, 모두가 함께 오늘 먹은 음식에 대해 이야기를 나누기도 부담스러워진다. 이 글을 쓰는 시점에 easel.js 라이브러리의 캐싱 성능 데모 코드는 파이어폭스에서의 경우 캐싱이 켜졌을 때가 더 성능이 좋았고, 크롬에서는 캐싱을 껐을 때가 더 성능이 좋았다. 따라서 파티를 열고 싶으면 누구를 초대할 것이며, 여러분이 음식을 대접하고자 할 때 그들이 어떤 반응을 보이는지를 기억해야 한다.

어떤 플랫폼의 성능은 여러 가지 이유로 인해 다양한 결과가 나올 수 있으므로 가장 좋은 방법은 특정 플랫폼을 지정하고 그 성능을 측정하는 것이다. 보통 jsperf.com같은 도구를 이용하는 방법이 가장 대중적이며, 부록 B와 C에서는 몇 가지 도구를 더 추천하고 있다. 간단히 특정 함수를 테스트하는 경우, 자바스크립트에 대한 벤치마크 결과를 검색해보기만 해도 몇 가지 공용 라이브러리를 발견할 수 있다. 하지만 그중에서도 게임과 관련해서 가장 고민스러운 점은 주로 초당 프레임 수로 측정되는 게임의 프레임률(Frame Rate)일 것이다(일반적으로 초당 16프레임 이상은 되어야 좋은 프레임률로 인식한다).

다소 부담스러운 단점이 있기는 하지만 그것이 당장 성능 향상에 도움이 될 것인지에 대해서는 고민하지 말고, 일단은 easel.js의 캐싱 기능을 메모리 게임에 적용하는 방법을 살펴보도록 하자. 먼저, init() 함수의 반복문에서 사각형을 캐시해야 한다. 예제 4.30을 살펴보자.

예제 4.30 캐시 초기화하기

```
stage.addChild(square);
square.cache(0, 0, squareSide + squarePadding, squareSide + squarePadding);
square.onPress = handleOnPress;
```

다음으로 handleOnPress() 함수에서 캐시를 수정해서 요소의 색상이 변경되면 캐시 또한 이 변경 사항을 반영하도록 해야 한다. 그렇게 하지 않으면 타일을 클릭해도 계속 회색으로 남아있게 된다. source-overlay 매개 변수는 캔버스에서 새로 캐시된 부분을 그 아래에 있던 부분과 혼합하는 여러 가지 방법 중 하나다(예제 4.31 참조).

예제 4.31 캐시 수정하기

```
function handleOnPress(event){
  var tile = event.target;
  tile.graphics.beginFill(tile.color).rect(squareOutline, squareOutline, squareSide,
➥squareSide);
  if(!!tileClicked === false || tileClicked === tile){
    tileClicked = tile;
    tileClicked.updateCache("source-overlay");
  }else{
    if(tileClicked.color === tile.color && tileClicked !== tile){
      tileClicked.visible = false;
      tile.visible = false;
      matchesFound++;
      matchesFoundText.text = "타일 쌍 발견: "+matchesFound+"/"+totalMatchesPossible;
      if (matchesFound===totalMatchesPossible){
        gameOver(true);
      }
    }else{
      tileClicked.graphics.beginFill(gray).rect(squareOutline, squareOutline, squareSide,
➥squareSide);
    }
    tileClicked.updateCache("source-overlay");
    tile.updateCache("source-overlay");
```

마지막으로 변경해야 할 부분은 플레이어가 패배했을 때, 플레이어가 놓친 타일을 보여줄
수 있도록 캐시를 제거하는 작업이다(예제 4.32 참조).

예제 4.32 캐시 제거하기

```
function gameOver(win){
  Ticker.setPaused(true);
  for(var i=0;i<squares.length;i++){
    squares[i].graphics.beginFill(squares[i].color).rect(5, 5, 70, 70);
    squares[i].onPress = null;
    if (win === false){
      squares[i].uncache();
    }
  }
}
```

(안타깝지만) 마지막에 정리를 한다해도 uncache 함수는 게임을 새롭게 준비하면 우리가
원하는대로 동작하지 않는다. 캐시의 ID는 모든 타일에 대해 uncache 메서드를 호출했는
지 여부에 관계없이 다음에 게임을 플레이할 때에도 사용된다. 따라서 사각형을 하나 클릭

하면 현재 여전히 보여지고 있는 사각형과, 그 전에 그 자리에 있던 사각형 둘 모두에 대한 캐시를 업데이트하려고 시도한다. 기존의 사각형이 사용하던 유일한 id가 다시 재사용된다는 점은 매우 특이한 동작이지만, 이 동작 때문에 괜한 고생하지 말고 예제 4.33처럼 '다시 시작' 버튼을 클릭했을 때 페이지를 새로고침하는 간단한 방법을 취하면 된다.

예제 4.33 다시 시작할 때 페이지를 새로고침하도록 수정하기

```
var replayParagraph = document.getElementById("replay");
replayParagraph.innerHTML = "<a href='#' onClick='history.go(0);'>다시 시작할까요?</a>";
```

이렇게 하면 자바스크립트의 새로운 히스토리 API를 이용하여 현재 페이지로 이동하게 된다.

The Web Game Developer's Cookbook

레시피: 똑같은 것 대신 짝을 지정하기

이 메모리 게임을 조금 더 재미있게 만들 수 있는 방법에는 무엇이 있을까? 타일을 조작하기 위한 규칙을 조금 더 복잡하게 만들 수도 있고, 비주얼드(Bejeweled) 같은 게임을 만들 수도 있지만 완전히 다른 게임이 될 가능성도 있다.

사실 반드시 똑같은 것을 맞추게 할 필요는 없고 타일을 쌍을 맞추어 정리해도 된다. 예를 들어 'square'라는 단어가 들어간 그림을 맞추도록 할 수도 있다. 이런 게임은 아이들이 글을 읽는 방법을 배울 수 있는 게임에 효과적이다. 또한, 정의나 동의어 혹은, 다른 언어로 번역해서 활용하는 것도 가능하다.

일본어 히라가나를 배울 수 있는 플래시카드 시스템을 만들어보자. 스크립트를 많이 수정해야 하므로 예제 4.34의 코드를 처음부터 살펴보도록 하자.

예제 4.34 새로 작성한 스크립트

```
<script type="text/javascript">
  var canvas;
  var stage;
  var placementArray = [];
  var tileClicked;
  var timeAllowable;
  var totalMatchesPossible;
  var matchesFound;
  var txt;
  var matchesFoundText;
  var tileHeight = 30;
  var tileWidth = 45;
  var border = 1;
  var globalPadding = 10;
  var margin = 10;
  var padding = 5;
  var numberOfTiles;
  var textTiles;
```

먼저, 위치에 관련된 새로운 변수들을 정의하고 squareSide 처럼 기존의 위치나 크기를 위해 사용하던 변수들을 제거한다. 또한, gray나 max_rgb_color_number 같은 변수도 필요하지 않다. 그 이유는 이제 직접 색상을 지정할 것이기 때문이다. squares라는 객체의 배열 변수 이름도 textiles라는 새로운 이름으로 바꾸었다. 이 변수들이 init 함수를 선언하기 전에 나열한 모든 변수의 목록이며, 나머지 하나의 변수는 예제 4.35에서 선언한다.

이 프로그램에서 가장 중요한 변화는 일본어 문자와 그 문자의 영어식 발음을 저장하는 flashcards 라는 새로운 배열을 정의한 것이다. 일본어 문자는 http://unicode.org/charts/PDF/U3040.pdf에서 찾을 수 있으며, 그와 쌍이 되는 문자셋은 http://unicode.org/charts/에서 대부분 찾을 수 있다. 예제 4.35의 flashcards 배열은 예제 4.34의 코드와 init 함수 사이에 작성하도록 하자.

예제 4.35 플래시카드 배열

```
var flashcards = [
["a", "\u3042"],["i", "\u3044"],["u", "\u3046"],["e", "\u3048"],["o", "\u304A"],
["ka", "\u304B"],["ki", "\u304D"],["ku", "\u304F"],["ke", "\u3051"],["ko", "\u3053"],
["sa", "\u3055"],["shi", "\u3057"],["su", "\u3059"],["se", "\u305B"],["so", "\u305D"],
["ta", "\u305F"],["chi", "\u3061"],["tsu","\u3064"],["te", "\u3066"], ["to", "\u3068"],
["na", "\u306A"],["ni", "\u306B"],["nu", "\u306C"],["ne", "\u306D"],["no","\u306E"],
["ha", "\u306F"],["hi", "\u3072"],["fu", "\u3075"],["he", "\u3078"],["ho", "\u307B"],
["ma", "\u307E"],["mi", "\u307F"],["mu", "\u3080"],["me", "\u3081"],["mo", "\u3082"],
["ya", "\u3084"],["yu", "\u3086"],["yo", "\u3088"],
["ra", "\u3089"],["ri", "\u308A"],["ru", "\u308B"],["re", "\u308C"],["ro", "\u308D"],
["wa", "\u308F"], ["wo", "\u3092"], ["n", "\u3093"]
];
```

init() 함수 역시 이제는 동일한 타일이 아니라 쌍이 되는 타일을 화면에 표시해야 하기 때문에 예전보다 좀 더 복잡해졌다(예제 4.36 참조).

예제 4.36 init() 함수의 처음 부분

```
function init() {
  canvas = document.getElementById('myCanvas');
  stage = new Stage(canvas);
  totalMatchesPossible = flashcards.length;
  var numberOfTiles = totalMatchesPossible * 2;
  matchesFound = 0;
  var columns = 12;
```

137

```
timeAllowable = 500;
txt = new Text(timeAllowable, "30px Monospace", "#000");
txt.textBaseline = "top";
txt.x = 700;
txt.y = 0;
stage.addChild(txt);
textTiles = [];
matchesFoundText = new Text(matchesFound+"/"+totalMatchesPossible, "30px Monospace",
➡"#000");
matchesFoundText.textBaseline = "top";
matchesFoundText.x = 700;
matchesFoundText.y = 40;
stage.addChild(matchesFoundText);
Ticker.init();
Ticker.addListener(window);
Ticker.setPaused(false);
setPlacementArray(numberOfTiles);
```

이렇게 변경한 코드의 상당 부분은 새로운 공간을 가지며 타일을 인덱싱하는 기존의 인터 페이스와도 잘 동작한다. 게임 플레이 시간을 500초나 설정한 이유는 같은 색상을 찾는 것 보다 일본어 문자를 비교하는 것이 훨씬 어렵기 때문이다. 다시 말하지만, squares변수가 textTiles로 변경되었다. 또한, 텍스트가 화면에 맞추어 출력될 수 있도록 크기를 조금 줄여 야 한다. 가장 중요한 변화가 필요한 이유는 요소의 전체 갯수를 알고 있기 때문이다. 또한, 이제는 몇 개의 행이 존재하는지 뿐만 아니라 몇 개의 열이 사용되는지도 고려해야 한다.

다음으로 init() 함수의 for 반복문을 다시 손대야만 한다. 꽤 많은 부분이 바뀐 예제 4.37 을 살펴보자.

예제 4.37 init() 함수의 반복문

```
for(var i=0;i<numberOfTiles;i++){
  var placement = getRandomPlacement(placementArray);
  var pairIndex = Math.floor(i/2);
  text = flashcards[pairIndex][i%2];
  var textTile = drawTextTile(text, pairIndex);
  textTile.x = (tileWidth+margin) * (placement%columns) + globalPadding;
  textTile.y = (tileHeight+margin) * Math.floor(placement/columns) + globalPadding;
  stage.addChild(textTile);
  background = new Shape();
  background.x = textTile.x-padding;
  background.y = textTile.y-padding;
  background.graphics.setStrokeStyle(border).beginStroke("#000").beginFill
➡('#eee').drawRect(0, 0, tileWidth, tileHeight);
```

```
        textTiles.push(background);
        stage.addChildAt(background);
        background.text = textTile;
        background.onPress = handleOnPress;
        stage.update();
    }
} //init 함수를 닫는 괄호를 잊지 말자
```

정말로 많은 부분이 변경되었다. 매번 색상을 변경하여 짝을 맞추던 방식은 이제 사라지고, 명시적으로 pairIndex 변수(일본어와 발음 기호의 쌍에 대한 참조)를 drawTextTile() 함수에 전달한다. 이것을 활용하는 방법은 잠시 후에 살펴보겠지만, 우선 알아둘 것은 반복문 내에서 flashcard 배열을 일차원 배열처럼 사용한다는 점이다. 즉, 높은 인덱스를 2로 나눈후 (소숫점 아래는 버리고)pairIndex 변수 값과 이 인덱스를 2로 나누면 그 나머지가 0또는 1이 되므로 이 값을 통해 텍스트를 가져온다. 즉, 각각의 textTile 객체마다 텍스트의 배경색으로 사용될 색상을 보여주기 위해 background라는 이름으로 새로운 Shape 객체를 생성한다. 마지막으로 easel.js의 addChildAt() 함수를 사용하여 텍스트가 그림 위에 나타날수 있도록 한다. background 변수에는 onPress 핸들러를 대입한 후 전체 스테이지를 업데이트한다.

drawTextTile 함수는 drawSquare 함수보다 조금 더 단순하지만 목적은 동일하다(예제 4.38 참조). drawSquare 함수는 drawTextTile 함수로 교체하면 된다.

예제 4.38 drawTextTile 함수

```
function drawTextTile(text, pairIndex) {
    textTile = new Text(text, "20px Monospace", "#000");
    textTile.pairIndex = pairIndex;
    textTile.textBaseline = "top";
    return textTile;
}
```

이 함수는 플레이어가 발견한 사각형 쌍이나 남은 시간을 출력할 때 사용하던 것과 유사한 코드이므로 이미 익숙할 것이다. 눈에 띄는 차이점은 textTile 변수에 pairIndex 특성을 추가하는 방법이다. 이 방법은 앞서 color 속성을 추가할 때 사용했던 방법이며, 맞춘 쌍을 검사할 때 사용했던 방법과도 유사하다.

예제 4.39의 setPlacementArray() 함수와 getRandomPlacement() 함수는 이전과 동일하
게 동작한다.

예제 4.39 setPlacementArray 함수와 getRandomPlacement 함수

```
function setPlacementArray(numberOfTiles){
  for(var i = 0;i< numberOfTiles;i++){
    placementArray.push(i);
  }
}
function getRandomPlacement(placementArray){
  randomNumber = Math.floor(Math.random()*placementArray.length);
  return placementArray.splice(randomNumber, 1)[0];
}
```

handleOnPress() 함수는 타일을 숨기기 전과 유사하게 동작한다. 그러나 다른 함수들과
마찬가지로 이 함수가 어떻게 구현되었는지를 예제 4.40을 통해 살펴보도록 하자. 굵게 표
시된 코드가 앞서 코드 대비 변경된 부분이다.

예제 4.40 handleOnPress 함수

```
function handleOnPress(event){
  var tile = event.target;
  if(!!tileClicked === false || tileClicked === tile){
    tileClicked = tile;
  }else{
    tileClicked.graphics.beginFill('#eee').drawRect(0, 0, tileWidth, tileHeight);
    tile.graphics.beginFill('#aae').drawRect(0, 0, tileWidth, tileHeight);
    if(tileClicked.text.pairIndex === tile.text.pairIndex && tileClicked.id
➡!= tile.id){
      tileClicked.visible = false;
      tile.visible = false;
      matchesFound++;
      matchesFoundText.text = matchesFound+"/"+totalMatchesPossible;
      if (matchesFound===totalMatchesPossible){
        gameOver(true);
      }
    }
    tileClicked = tile;
  }
  stage.update();
}
```

이제 background (여전히 tile이라고 불리지만) 변수에 색을 채워 어떤 타일의 짝을 찾을 것인지를 표시하고 짝을 찾고 나면 다시 배경색을 제거한다. 짝을 찾는 코드는 이제 color 속성이 아니라 pairIndex 속성 값을 활용한다. 또한, matchesFoundText 변수가 예전에 비해 짧아졌는데, 그 이유는 직전 레시피에서 구현한 것보다 사용 가능한 공간이 줄어들었기 때문이다.

gameOver() 함수의 for 반복문은 더 이상 캐싱을 사용하지 않기 때문에 조금 더 간단해졌다. 함수의 전체 코드는 예제 4.41과 같다.

예제 4.41 gameOver 함수

```
function gameOver(win){
  Ticker.setPaused(true);
  var replayParagraph = document.getElementById("replay");
  replayParagraph.innerHTML = "<a href='#' onClick='replay();'>다시 시작할까요?</a>";
  for(var i=0;i<textTiles.length;i++){
    textTiles[i].onPress = null;
  }
  if (win === true){
    matchesFoundText.text = "게임에서 승리했습니다!"
  }else{
    txt.text = secondsLeft + "... 게임이 끝났습니다";
  }
  stage.update();
}
```

마지막으로 tick()과 replay() 함수는 캐싱을 적용하기 전과 완전히 동일한 코드로 남겨두면 된다(예제 4.42 참조).

예제 4.42 tick 함수와 replay 함수

```
function tick() {
  secondsLeft = Math.floor((timeAllowable-Ticker.getTime()/1000));
  txt.text = secondsLeft;
  if (secondsLeft === 0){
    gameOver(false);
  }
  stage.update();
}
function replay(){
```

141

```
    init();
}
```

휴, 이제 모두 끝났다. 지금까지 작성한 코드가 잘 동작한다면 index.html 파일을 브라우저로 실행했을 경우 그림 4.7과 같은 화면을 보게 될 것이다.

그림 4.7 플래시카드 시스템이 적용된 게임

The **Web Game** Developer's Cookbook

요약

이처럼 간단한 게임을 통해 우리는 easel.js 라이브러리, HTML의 조잡스러운 이벤트 핸들러, 자바스크립트에서 동적으로 특성을 추가하는 방법, 성능과 캐싱 등 여러 가지 것들을 살펴볼 수 있었다. 그 과정에서 우리는 메모리라는 고전 카드 게임과 플래시카드 스타일의 일본어 학습 게임을 구현했다.

이 게임에는 아직 손을 댈 수 있는 부분들이 많다. 게임에 이기거나 질 때마다 타이머를 조정하여 난이도를 조절할 수 있다. 최고 점수나 색상의 범위 또는 일본어 문자를 기록하면서 플레이어를 더욱 어렵게 만들 수도 있다. 플래시카드 시스템의 경우 더 작거나 많은 플래시카드를 만들어 처음에는 이들을 숨겨두고 올바른 정답을 맞추기 위한 힌트만 제공한다거나 국가별 수도 또는 친구와 동료의 생일, 혹은 더 많은 일본어 문자를 외우는 게임에 같은 시스템을 적용할 수도 있다.

또한, 이번 장에서는 easel.js 라이브러리가 제공하는 장점들에 대해 살펴보았다. 더 자세한 내용이 궁금하다면 http://createjs.com/Docs/EaselJS/에서 제공하는 문서를 읽어보기 바란다. 이 책에서 다루지는 않았지만 Bitmap/BitmapAniation 클래스들과 SpringSheets 클래스 등을 살펴볼 수 있다.

이처럼 간단한 게임에는 easel.js라이브러리와 같은 저수준 라이브러리를 사용해도 좋고 여러분이 원한다면 메모리 게임이나 히라가나 학습기를 가지고 캔버스 API를 직접 사용하도록 재구성할 수도 있다. 필요하다면 제3장 "파티"에서 캔버스 API를 직접 사용하던 코드를 참조해도 된다. 적어도 이 저수준 게임 라이브러리마저 감사할만큼 추상화된 유틸리티의 존재에 대해 고마움을 느끼게 될 것이다.

CHAPTER

5

플랫폼 게임

1985년 닌텐토 엔터테인먼트 시스템(NES: Nintendo Entertainment System)에서 출시한 플랫폼 게임의 표본인 수퍼 마리오 브라더스(Super Mario Brothers) 같은 게임에 대해 생각해보자. 이 게임은 수십 년간 장수하며 지금까지도 대규모 게임 회사 및 인디 게임 개발자들에 의해 여전히 발전하고 있는 대표적인 클래식 게임 장르다. 이런 게임들은 다른 플랫폼으로 이식되면서 계속해서 발전하기 때문에 '플랫폼 게임'이라고 불린다. 이런 게임들은 콘솔 뿐만 아니라 웹을 기반으로도 만들어지며 따라서 이런 게임을 웹으로 구현하기에는 HTML5가 가장 적당하다.

The Web Game Developer's Cookbook

melon.js 살펴보기

이번 장의 게임을 구현하기 위해서는 melonJS 라이브러리가 필요하다. 이 게임 엔진은 게임을 개발하는데 필요한 직관적이고 손쉽게 사용할 수 있는 간단한 API를 제공한다. 또한 플랫폼 게임 구현에 적합하도록 측면 뷰(Side View) 타입의 환경에서 점프나 걷는 동작들을 관리할 수 있는 기능을 내장하고 있으며 일반적인 개발 업무를 매우 쉽게 처리할 수 있을 뿐만 아니라, 보다 복잡한 게임 동작을 지원하기 위한 수많은 기능들을 제공한다.

초보 게임 개발자에게 큰 도움이 될 만한 melonJS 라이브러리의 기능 중 하나는 Tiled라고 불리는 타일 맵 편집기와의 통합 기능이다. 타일 맵 편집기는 매우 유용하며 각 수준별 지도를 만들 수 있음은 물론, 어떤 레이어와 객체가 게임에 적용될 것인지를 확인할 수도 있다. 이 책에서 구현하는 다른 게임에서도 지도를 배열 같은 간단한 구조로 구현하고 Tiled는 .tmx 포맷(일종의 XML 형식)으로 생성한다.

예제 프로젝트 파일의 platformers/initial 디렉터리를 살펴보면 tmx 파일을 찾을 수 없을 것이다. 마지막 레시피 디렉터리에서 복사하거나, 아니면 mapeditor.org에서 새로운 파일을 만들고 Tiled 애플리케이션을 다운로드 받은 후 첫 번째 레시피 "Tiled 맵 만들기"를 따라하면 된다.

Tiled를 실행하고 File, New 메뉴를 차례대로 선택한다. 그러면 방향과 맵의 크기, 그리고 타일 크기 등을 입력할 수 있는 대화상자가 나타난다. 그림 5.1을 참조하여 Orientation 항목에는 Orthogonal, Width 항목에는 40 Tiles, Height 항목은 30 Tiles, Width 항목은 16px, 그리고 Height 항목도 16px 등의 값을 입력한다.

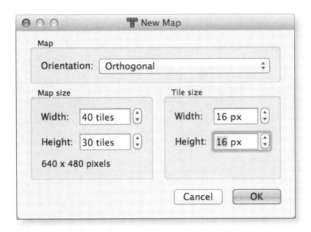

그림 5.1 Tiled 애플리케이션으로 새로운 맵 만들기

화면 오른쪽을 보면 Tile Layer 1이라는 타일 레이어가 존재하는 것을 볼 수 있다. 이 레이어의 이름을 'foreground'로 변경해 두면 나중에 각 레이어가 어떤 것인지를 조금 더 쉽게 알아볼 수 있다.

다음으로, 다른 장에서는 스프라이트시트(Spritesheet)라고도 부르는 타일 셋(Tile Set)을 가져와야 한다. 이 게임에서 스프라이트는 platformers/initial 디렉터리에 저장되어 있는데, 초보자는 이렇게 미리 마련해 두는 것도 좋지만 원한다면 직접 그릴 수도 있다(부록 C "리소스"에서 "아트 만들기/찾기" 섹션을 참고하기 바란다). 어디서 스프라이트들을 가져오든 현재 가장 중요한 것은 스프라이트들이 가로 세로 모두 16픽셀이어야 하며 스프라이트 사이에 어떠한 여백도 없어야 한다는 점이다.

이제 맵을 만들기 위해 Tiled 애플리케이션에서 Map 메뉴의 New Tileset 항목을 선택하자. 그러면 New Tileset 대화상자가 나타날 것이다. 이 대화상자는 그림 5.2와 같이 값을 입력하고 OK 버튼을 클릭하자. 주의할 것은 levelSprites 타일 셋에서 사용할 이미지가 platformers/after_recipe1 디렉터리가 아닌 다른 곳에 있다면 미리 옮겨두어야 한다.

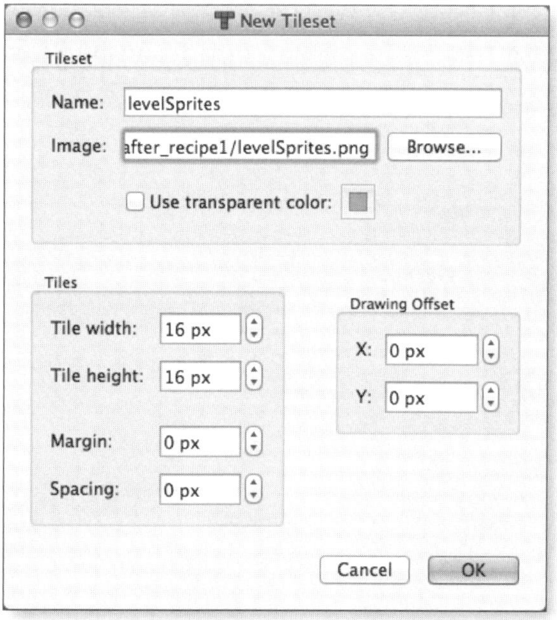

그림 5.2　Tiled 애플리케이션에서 새로운 타일 셋 만들기

이제 맵을 편집할 수 있게 되었다. 여기가 재미있는 부분이다. Tiled 애플리케이션 창의 오른쪽에서 스프라이트를 선택하고 화면 가운데 있는 큰 회색 영역으로 옮기자. 스프라이트에는 땅, 물, 용암, 하늘 그리고 아이템 상자 등이 포함되어 있다. 완성된 모습은 그림 5.3과 같을 것이다. 플레이어를 조금 더 배려한다면 아이템 상자를 용암 위가 아닌 다른 곳으로 옮겨도 좋다.

다음으로, 완성된 맵을 melonJS에서 이해할 수 있는 형식으로 저장해야 한다. Tiled 메뉴에서 Preferences 메뉴를 선택하면 Store Tile Layer Data As 레이블 옆에 5가지 옵션이 마련된 드롭다운 목록이 있다. melonJS는 XML, Base64(uncompressed), 그리고 CSV 포맷을 인식한다. 참고로 Base64 compressed 형식은 인식하지 못한다는 점에 주의하자. Base64 (uncompressed) 포맷은 melonJS가 인식할 수 있는 가장 작은 크기의 파일을 만들어 내므로 가장 적합한 옵션이 될 것이다.

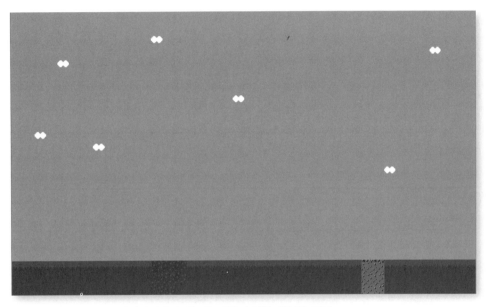

그림 5.3　Tiled 애플리케이션에서 새로운 레벨의 맵을 생성한 화면

CSV 형식으로 저장하면 어느 스프라이트가 어느 곳에 위치하는지를 쉽게 확인할 수 있어 (그리고 맵 파일을 직접 편집할 수 있다.) 어떤 측면에서는 재미있는 선택이 될 수 있다. 맵 데이터의 저장과 관련된 다른 옵션들을 살펴보려면 Export As 메뉴를 살피면 된다. 일반적으로 Tiled 애플리케이션은 tmx 파일 형식으로 맵 데이터를 저장하지만, (예를 들면 json과 같은)다른 형식으로도 저장하여 다른 게임 구현 소프트웨어나 게임 엔진들에서 활용할 수도 있다. 또한, Tiled 애플리케이션은 다른 종류의 맵 파일을 열 수 있다는 점도 알아두면 좋을 것이다.

지금까지 만든 맵을 level1.tmx라는 이름으로 index.html 파일과 같은 디렉터리에 저장하도록 하자.

The Web Game Developer's Cookbook

레시피: 게임 시작하기

이제 맵을 완성했으므로 브라우저에서 실행해보도록 하자. 그러려면 앞서 만든 tmx 파일과 함께 melonJS 엔진이 필요하다. 우선 index.html 파일에 예제 5.1의 코드를 작성해보자.

예제 5.1   자바스크립트 파일을 로드하는 HTML 문서

```
<!DOCTYPE html>
<html>
<head>
  <title>Guy's Adventure</title>
</head>
  <body>
<div id="wrapper" style="width: 640px; text-align: center; margin-left:auto;
➥margin-right:auto;">
    <div id="jsapp">
      <script type="text/javascript" src="melon.js"></script>
      <script type="text/javascript" src="resources.js"></script>
      <script type="text/javascript" src="screens.js"></script>
      <script type="text/javascript" src="main.js"></script>
    </div>
  </div>
</body>
</html>
```

필자는 이 게임을 Guy's Adventure(내 조카딸의 실명이다.)라고 이름 붙였기 때문에 제목도 그렇게 표시되도록 했다. 다음으로 게임 화면을 위해 약간의 스타일 코드를 적용하였다. 자, 이제부터가 중요한 부분이다. 우선 div 태그에 id="jsapp" 특성을 지정하고 그 안에 melonJS 라이브러리, resources.js 파일, main.js 파일, 그리고 screen.js 파일을 로드하는 코드를 집어넣는다. 이 div 요소는 잠시 후에 다시 살펴볼 것이다.

이 파일들은 이 책의 다른 게임들과 마찬가지로 하나의 파일로 만들어도 된다. 즉, 제4장 "퍼즐"에서와 같이 자바스크립트 파일들을 구분하지 말아야 했던 것처럼 같은 일을 다르게 처리함으로써 얻을 수 있는 이점이 무엇인지를 아는 것이 중요하다. 여기서는 제4장과는 반대로 파일들을 모두 별도로 관리하고 있다. 그렇다면 이 파일들에는 어떤 코드들이 들어 있을까?

melon.js 파일은 게임 엔진이 구현된 파일이다. 이번 장에서는 이 게임 엔진의 API를 활용할 것이지만, 게임을 구현하는 동안 http://www.melonjs.org/docs/index.html의 문서를 참고하는 것도 좋을 것이다. 참고로 부록 C "리소스"에서는 모든 게임 엔진 프로젝트에 대해 소개하고 있다. 호기심이 왕성한 독자라면 엔진 자체는 변경하지 않겠지만, 이 책에서 사용된 다른 게임 엔진들과 마찬가지로 이 엔진 역시 오픈 소스다. 즉, 필요한 기능이 없거나 버그를 수정하고 싶다면 여러분이 직접 구현하여 다른 사람들을 위해 게임 엔진을 더욱 개선하는데 도움을 줄 수 있다.

resources.js 파일은 이미지, 오디오, 그리고 (Tiled 애플리케이션으로 만든)레벨 파일 등 필요한 정보를 저장하는 파일이다. 현재 이 파일의 구조는 매우 간단하다. 당장 필요한 것은 예제 5.2처럼 게임 개발에 필요한 레벨과 스프라이트에 대한 리소스를 추가하면 된다. 이 코드는 resources.js라는 이름으로 저장하자.

예제 5.2 Resources.js 파일의 코드

```
var resources = [{
  name: "levelSprites",
  type: "image",
  src: "levelSprites.png"
},
{
  name: "level1",
  type: "tmx",
  src: "level1.tmx"
}];
```

콤마를 잘 살필 것

자바스크립트에서 배열과 객체를 다루는데 있어 콤마를 사용할 때 주의를 기울여야 한다. 가장 마지막 요소 뒤에 콤마를 사용하면 특정 브라우저에서만 버그가 발생한다. 어떤 브라우저를 사용하든지 요소 사이에 콤마를 남겨놓는 것은 그다지 좋은 선택이 아니다.

screen.js 파일 역시 간단하다. "screens"라는 이름은 플레이, 메뉴, 그리고 게임 종료 등 게임의 주요 상태들과 매핑되는 정보가 있기 때문이다. 지금 필요한 것은 me.ScreenObject 객체를 상속한 새로운 PlayScreen 객체를 만드는 것이며, 이 화면에 처음 들어온 상태에서는 레벨1이 시작되면 된다. 예제 5.3의 코드를 작성하고 screens.js라는 이름으로 저장하자.

예제 5.3 screens.js 파일에 PlayScreen 추가하기

```
var PlayScreen = me.ScreenObject.extend({
  onResetEvent: function() {
    me.levelDirector.loadLevel("level1");
  }
});
```

'me'는 Melon Engine을 줄인 것으로 melonJS 라이브러리가 제공하는 객체의 네임스페이스다. 우리가 작성하고 사용할 대부분의 코드에서는 levelDirector라는 객체를 사용하지 않지만 그럼에도 불구하고 네임스페이스를 이용하는 것은, 그것이 유일한 객체를 구별해 낼 수 있는 가장 좋은 방법이기 때문이다. 또한, var 키워드를 이용해서 변수를 선언할 때도 도움이 된다. 자바스크립트에서는 var 키워드 없이 변수를 선언하면 'global' 네임스페이스에 변수가 생성되며, 이런 변수들은 어디서든지 참조할 수 있게 된다.

이제 코드로 돌아가보자. 예제 5.4에서 작성한 main.js 파일은 게임을 위한 좀 더 복잡한 로직을 가지고 있다. 우선 jsApp이라는 변수를 선언한다. 그런 다음 객체 패턴을 이용하여 두 개의 함수를 생성한다. onload 함수는 window 객체가 로드될 때 실행된다. 이 함수 내

에서는 id가 jsapp인 div 요소를 이번 게임에서 다루게 될 캔버스 요소로 만든다. 이 코드는 너비와 높이, 더블 버퍼링 사용 여부, 그리고 스케일 등 4개의 매개 변수를 사용한다. 우리가 16 × 16 크기의 스프라이트를 사용하고 있기 때문에 이번 게임은 melonJS 엔진의 기본 비율보다 큰 2.0 스케일이 지정되어 있다. 또한, 기본 비율보다 큰 스케일을 사용하기 때문에 더블 버퍼링도 true로 지정해야 한다.

다음으로 me.loader.onload 함수에는 loaded 함수를 onload 함수가 완료될 때 호출될 콜백 함수로 지정한다. bind(this) 코드는 콜백 함수가 jsApp의 컨텍스트에서 실행되도록 보장한다. preload 함수는 이미지와 레벨 맵등을 resources.js 파일로부터 미리 로드해두는 역할을 담당한다.

loaded 콜백 함수는 screens.js 파일에서 내장된 PLAY 상태(game.set 함수로 지정한)를 표현하는 PlayScreen 객체와 관련이 있다. 그리고 state.change 함수를 이용하여 게임의 상태를 PLAY 상태로 변경한다. 마지막으로 window.onReady() 함수는 window 객체가 로드될 때 jsApp.onload() 함수를 호출한다.

예제 5.4 애플리케이션과 게임 로딩을 초기화하기

```
var jsApp = {
  onload: function() {
    if (!me.video.init('jsapp', 320, 240, true, 2.0)) {
      alert("이 브라우저에서는 HTML5 캔버스가 지원되지 않습니다.");
      return;
    }
    me.loader.onload = this.loaded.bind(this);
    me.loader.preload(resources);
    me.state.change(me.state.LOADING);
  },
  loaded: function() {
    me.state.set(me.state.PLAY, new PlayScreen());
    me.state.change(me.state.PLAY);
  }
};
window.onReady(function() {
  jsApp.onload();
});
```

이제 index.html 파일을 브라우저에서 실행하면 그림 5.4와 같은 화면을 보게 될 것이다.

153

이 화면은 앞서 만든 맵의 일부이며 아직 완성된 게임이 아니다. 그렇다면 이제 무엇을 해야 할까? 다음 레시피에서 그 답을 찾아보자.

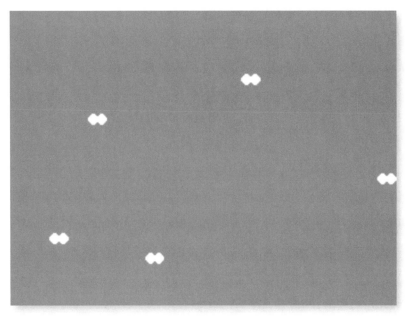

그림 5.4 브라우저에서 로드된 맵

The Web Game Developer's Cookbook

레시피: 캐릭터 추가하기

이제 게임에 캐릭터를 도입해보자. 이 캐릭터의 이름은 Guy이며 이 게임에서 모험에 도전하는 유일한 캐릭터다. 먼저, 시작 위치를 지정하기 위해 Tiled 애플리케이션을 다시 실행하고, 객체를 위한 레이어를 새로 추가해야 한다. Layer ▶ Add Object Layer 메뉴를 차례대로 선택하자. 화면 오른쪽의 Layers 패널에서(이 패널이 보이지 않는다면 View ▶ Layers 메뉴를 선택하자) 새로 추가된 레이어의 이름을 변경하고, 앞서 마찬가지로 Map ▶ Add Tileset 메뉴를 선택하여 player.png라는 이름으로 파일을 추가하자.

이제 주인공 Guy를 안전해 보이는 어딘가에 위치하도록 해야 한다. 그러기 위해서는 Insert Object 아이콘(그림 5.5 참고)을 클릭하거나, 단축키 O를 누른 뒤 캐릭터를 놓을 곳을 클릭하면 된다. foreground 스프라이트와 달리 캐릭터를 실제로 볼 수 없다는 점에 유의하자. 그런 다음, 회색 상자가 추가되면 이 상자를 마우스 오른쪽 버튼으로 클릭하고 Object Properties 메뉴를 선택한 후, 대화상자가 나타나면 Name 필드에 player라는 값을 지정하자. 또한, 대화상자의 하단에 두 개의 새로운 속성을 추가해야 한다. 추가할 두 속성의 이름은 각각 image와 spritewidth여야 하며, 값은 각각 player와 16이어야 한다(그림 5.6 참고).

그림 5.5 Add Object 버튼

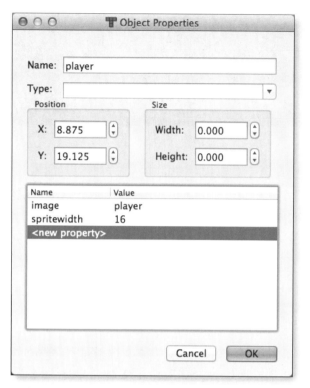

그림 5.6   Player 객체의 속성 대화상자

지금 게임을 로드해봤자 별로 얻을 것이 없을 것이다. 또한, 주인공 Guy를 게임에 적용하려면 아직 해야 할 일들이 더 남아있다. 우선 resources.js 파일에 주인공으로 사용할 이미지를 예제 5.5와 같이 추가한다. 콤마에 유의하며 코드를 작성해보기 바란다.

예제 5.5   resources.js 파일에 주인공 캐릭터 이미지 추가하기

```
{
  name: "player",
  type: "image",
  src: "player.png"
}
```

이제 캐릭터를 main.js에 작성한 loaded 함수에서 melonJS의 엔티티 풀(Entity Pool)에 등록해야 한다. 예제 5.6을 살펴보자.

예제 5.6 main.js에서 엔티티 풀에 캐릭터 등록하기

```
me.entityPool.add("player", PlayerEntity);
```

그리고 이 튜토리얼에서 사용할 마지막 파일은 entities.js 파일로 만들어야 한다. 게임 개발에서는 중요한 객체를 엔티티(Entity)라고 부르는 것이 일반적인데, 엔티티는 적이나 플레이어, 혹은 무기 등이 될 수도 있다. 전통적인 객체 지향 프로그래밍과 달리 엔티티 기반 시스템은 주로 계층의 제한이 비교적 덜하다. 이런 패러다임은 익숙해지기 어려울 수도 있으니 제10장 "RTS"에서 자세히 살펴보기로 하자. 어쨌든 엔티티는 이동 능력이나 서로 부딪혔을 때, 어떤 일이 일어날 것인지를 서술하는 논리적 단위라고 생각하면 된다. 게다가 엔티티들은 '코드 상의' 객체라고만 생각하지 말고 '게임 내에서의' 객체로 생각하는 것이 좋다. 따라서 '플레이어 엔티티'라는 말은 플레이어를 나타나는 일련의 코드와 실제 게임에 존재하는 '어떤 것'을 동시에 의미하는 것이다.

index.html 파일에서 다른 자바스크립트 파일들을 로드하는 부분에 entities.js 파일을 로드하는 코드도 추가하자. 예제 5.7을 참고하기 바란다.

예제 5.7 index.html 파일에서 entities.js 파일 로드하기

```
<script type="text/javascript" src="entities.js"></script>
```

예제 5.8의 코드는 매우 직관적이다. entities.js 파일을 생성했고, ObjectEntity 객체를 상속하는 PlayerEntity 객체를 초기화하며, 캐릭터 주변에 따라다닐 뷰 포트(Viewport)를 지정한다. 그런 후 플레이어가 움직일 때 애니메이션의 업데이트를 처리할 update 함수를 지정한다.

예제 5.8 PlayerEntity 객체 구현하기

```
var PlayerEntity = me.ObjectEntity.extend({
  init: function(x, y, settings) {
    this.parent(x, y, settings);
    me.game.viewport.follow(this.pos, me.game.viewport.AXIS.BOTH);
  },
```

```
update: function() {
  this.updateMovement();
  if (this.vel.x!=0 || this.vel.y!=0) {
    this.parent(this);
    return true;
  }
  return false;
}
});
```

이제 게임을 로드하면 뭔가 조금은 기운이 날 것도 같은 화면을 보게 되겠지만 그러기엔
주인공이 너무 극단적이다. 우리가 Tiled에서 지정한 위치에 나타나지만(이건 그나마 괜찮
다.) 곧바로 화면 아래로 떨어져 버린다. 무슨 일이 일어난 것일까? 가만히 생각해보니 주인
공이 밟고 설 땅을 만들어 준 적이 없었다.

The **Web Game** Developer's Cookbook

레시피: 충돌 맵 만들기

이제 새로운 타일 레이어를 추가하자. 앞서와 마찬가지로 (그림 5.2 참조)Layer ▶ Add Tile Layer 메뉴를 선택한다. 그리고 이 레이어의 이름을 collision이라고 지정하자. 어떤 타일 레이어들은 멋대로 이름을 지어도 무방하지만 사실, melonJS 라이브러리는 레이어 이름에 'collision'이라는 단어가 없으면 충돌 레이어로 인식하지 않는다. 이제 Map ▶ New Tileset 메뉴를 선택하고 collision.png 파일을 가져온 다음, 앞서와 마찬가지로 마진은 사용하지 않고 크기는 16 × 16 타일로 지정한다. 다음으로 오른쪽 화면에서 타일 셋의 첫 번째 타일을 마우스 오른쪽 버튼으로 클릭하자(타일셋 영역이 보이지 않는다면 View ▶ Tilesets 메뉴를 선택한다). 타일셋을 클릭하려면 충돌 타일셋을 먼저 선택해야 한다. 그리고 타일셋 속성 대화상자에 'type' 속성을 추가하고 값은 'solid'라고 지정하자.

충돌 타일 레이어에는 땅을 "solid"라는 타일로 그릴 것이다. 방금 전에 추가한 충돌 타일이 검은색 타일이기 때문에 그림 5.7과 비슷한 화면을 보게 될 것이다. 충돌 레이어를 가장 위에 두었기 때문에 타일이 보이겠지만 화면 오른쪽에서 순서를 바꾸거나, 필터를 지정하거나, 투명도를 조절하여 맵의 형상을 조정할 수도 있다.

159

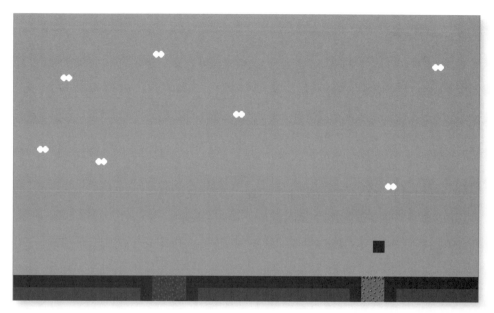

그림 5.7 충돌 레이어에 타일을 올려둔 모습

index.html 파일을 저장하고 다시 로드하면 땅 위에 Guy가 서 있는 것을 보게 될 것이다. 이것만으로도 매우 성공적이다. '그저 가만히 서 있기만 하는' 게임은 먼 미래에 크게 성공할지도 모르지만 정말로 그럴지 조금은 의심스럽기도 하다. 이번엔 이 게임의 이상을 고수하면서 주인공에게 약간의 어드벤처 능력을 부여해보자.

The **Web Game Developer's Cookbook**

레시피: 걷기와 점프하기

걷기와 점프를 가능하게 하려면 두 가지를 변경해야 한다. 먼저 jump, left, 그리고 right 버튼을 키보드의 키와 연결해야 한다. 그러기 위해 screens.js 파일의 코드를 변경하면 아마도 예제 5.9와 같은 코드를 작성하게 될 것이다.

예제 5.9 이동을 위한 키 연결하기

```
var PlayScreen = me.ScreenObject.extend({
  onResetEvent: function() {
    me.levelDirector.loadLevel("level1");
    me.input.bindKey(me.input.KEY.LEFT, "left");
    me.input.bindKey(me.input.KEY.RIGHT, "right");
    me.input.bindKey(me.input.KEY.SPACE, "jump");
  }
});
```

그런 후 entities.js 파일에서 PlayerEntity 객체의 init와 update 함수 역시 변경해야 한다. init 함수에서는 기본적인 걷기 및 점프 동작의 속도를 설정해야 하며 update 함수에서는 입력에 따라 이동하면서의 충돌 여부도 검사해야 한다. 예제 5.10을 살펴보자.

예제 5.10 플레이어의 이동 처리하기

```
init: function(x, y, settings) {
  this.parent(x, y, settings);
  me.game.viewport.follow(this.pos, me.game.viewport.AXIS.BOTH);
  this.setVelocity(3, 12);
},
update: function() {
  if (me.input.isKeyPressed('left')) { this.doWalk(true); }
  else if (me.input.isKeyPressed('right')) { this.doWalk(false); }
  else { this.vel.x = 0; };
```

```
if (me.input.isKeyPressed('jump')) { this.doJump(); }
me.game.collide(this);
this.updateMovement();
if (this.vel.x!=0 || this.vel.y!=0) {
  this.parent(this);
  return true;
}
return false;
}
```

melonJS 라이브러리는 편의를 위해 요긴하게 사용할 수 있는 doJump()와 doWalk() 함수를 제공한다. 비록 더 힘들지는 몰라도 직접 손으로 만드는 것이 더욱 낫다는 것을 염두에 둔다면 게임에 다른 캐릭터를 추가할 수도 있을 것이다. 소닉 더 헷지호그(Sonic the Hedgehog)가 좋은 예다. 완전히 느린 캐릭터부터 엄청나게 빠른 캐릭터까지 다양하게 제공되어 큰 인기를 얻은 게임이다. 사실 3차원 공간의 움직임을 완벽하게 구현한 HTML5 게임 엔진도 존재한다.

index.html 파일을 브라우저에서 로드하면 화살표키와 스페이스 바로 Guy를 조종할 수 있음을 알게 될 것이다. 지금까지 잘 해주었다. 또한, Guy의 발이 걸을 때 움직이는 것도 볼 수 있을 것이다. melonJS 라이브러리가 알아서 처리해준 덕분이다. 여러분이 한 일은 두 개의 스프라이트를 가진 player.png 스프라이트시트를 로드했을 뿐인데 나머지를 알아서 다 처리해주다니 정말 환상적인 엔진이다!

자, 다음으로 할 일은 무엇일까? 여러분의 노력에도 불구하고 Guy는 가끔 구멍에 빠지기도 할 것이다. 그렇게 되면 그때마다 플레이어가 브라우저를 새로고침해야 할까? 그렇진 않을 것이다. 이제 뭔가 잘못됐을 때 게임을 재설정할 수 있도록 만들어보자.

The Web Game Developer's Cookbook

레시피: 제목 화면 만들기

우선, 게임을 시작하거나 Guy가 구멍에 빠졌을 때 플레이어에게 보여줄 TitleScreen 객체를 만들어야 한다. screens.js 파일의 하단에 예제 5.11의 코드를 추가하도록 하자.

예제 5.11 TitleScreen 객체를 구현한 코드

```javascript
var TitleScreen = me.ScreenObject.extend({
  init: function() {
    this.parent(true);
    me.input.bindKey(me.input.KEY.SPACE, "jump", true);
  },
  onResetEvent: function() {
    if (this.title == null) {
      this.title = me.loader.getImage("titleScreen");
    }
  },
  update: function() {
    if (me.input.isKeyPressed('jump')) {
      me.state.change(me.state.PLAY);
    }
    return true;
  },
  draw: function(context){
    context.drawImage(this.title, 50, 50);
  }
});
```

예제 5.11의 코드가 수행하는 일에 대해 살펴보자. 먼저, me.ScreenObject 객체를 상속하는 TitleScreen 변수를 만든다. 그런 후 init 함수에서 this.parent(true) 함수를 호출하여 TitleScreen 객체가 보여지게 하고, update와 draw 함수가 동작하는지 확인한다. 또한, 스페이스 바를 점프를 위한 키로 연결한다.

163

onResetEvent 함수에서는 titleScreen 이미지가 아직 로드되지 않았다면 로드하도록 한다. update 함수는 플레이어가 스페이스 바를 누를 때까지 기다렸다가 키가 눌리면 게임 상태로 전환한다.

draw 함수는 (첫 번째 매개 변수로 전달된)이미지를 지정된 위치(두 번째와 세 번째 매개 변수)에 그린다. 이 책의 다른 장에서 다루었던 캔버스 기반의 엔진을 사용한 게임을 살펴보지 않았다면 draw 함수의 context 변수가 무엇이며, 어떤 것을 참조하는지 이해하기 어려웠을 것이다. 이것은 캔버스의 렌더링 컨텍스트다. melonJS 라이브러리가 여러분을 대신해 선언해둔 것이며 이 경우에는 2차원 캔버스가 생성된다. 그러나 이 API가 canvas. getContext('2d')로 선언되어 있기 때문이며 webgl(3d) 컨텍스트를 초기화하는데도 사용할 수 있다.

마지막으로 jump 키를 두 번 연결하는 것은 말이 되지 않으므로, screens.js 파일의 PlayScreen 객체에서 me.input.bindKey(me, input.KEY.SPACE, "jump", true); 줄을 제거하자.

이제 예제 5.12와 같이 화면 이미지를 resources.js 파일에서 로드하도록 한다.

예제 5.12   화면 이미지를 리소스로 로드하기

```
{ name: "titleScreen", type: "image",
  src: "titleScreen.png"
}
```

다음으로 main.js 파일의 loaded 함수에서 세 부분을 수정해야 한다. 먼저, TitleScreen 객체를 미리 정의된 MENU 상태에 연결해야 한다. 그런 후 게임의 처음 로드 상태를 PLAY 상태에서 MENU 상태로 변경한다. 마지막으로 화면 간의 전환 효과를 정의한다. 수정된 코드는 예제 5.13과 같다.

예제 5.13   MENU 상태 처리하기

```
loaded: function() {
  me.entityPool.add("player", PlayerEntity);
  me.state.set(me.state.PLAY, new PlayScreen());
```

```
    me.state.set(me.state.MENU, new TitleScreen());
    me.state.transition("fade", "#2FA2C2", 250);
    me.state.change(me.state.MENU);
}
```

이제 거의 마무리 단계다. 게임을 시작하면 제목 화면이 나타나는데, 구멍에 빠졌을 때 자동으로 이 화면이 나타나는 작업을 아직 해내지 못했다. 이것이 가능하려면 entities.js 파일의 PlayerEntity 객체를 조금 수정해야 한다.

PlayerEntity 객체의 update 함수 다음에 예제 5.14처럼 gameOver 함수를 추가하자. 이 함수는 파일의 가장 마지막 부분에 추가하면 된다. gameOver 함수 바로 위의 닫는 중괄호 다음에 콤마를 추가하는 것을 잊지말자. 새로 중괄호를 추가할 필요는 없고 그냥 콤마만 추가하면 된다.

예제 5.14   entities.js 파일에 추가한 gameOver 함수

```
    }, // 여기에 콤마를 추가해야 한다.
    gameOver: function() {
      me.state.change(me.state.MENU);
    }
}); // 여기가 파일의 끝이다(괄호는 새로 추가한 것이 아니다).
```

이제 gameOver 함수가 호출될 조건을 예제 5.15와 같이 구현해야 한다. 이 작업의 난이도는 맵의 구성 방식에 영향을 받지만, 기본적으로 "구멍에 빠졌을 때"라는 조건은 단지 Guy의 y 축 좌표 값만 체크하면 알 수 있다. 캐릭터가 너무 낮은 위치에 있으면 게임이 끝난 것으로 처리하면 된다. 이 조건은 updateMovement 함수 바로 다음에 추가하도록 하자.

예제 5.15   구멍에 빠졌을 때 게임 종료 처리하기

```
this.updateMovement();
if (this.bottom > 490){ this.gameOver(); }
```

165

이제 플레이어는 게임이 종료되면 제목 화면을 보게 될 것이다. 이로써 플레이어에게 게임이 종료될 때마다 페이지를 새로고침하는 것보다 훨씬 나은 사용자 경험을 제공하게 되었다. 그러나 괜찮게는 구현되었지만 여전히 문제는 남아있다. 지금 현재 Guy의 유일한 '모험'이라는 것이 기껏해야 '구멍에 빠지지 않도록 애쓰는' 모험이라는 점이다. 어떻게 하면 이 친구에게 조금 더 모험다운 모험을 하게 할 수 있을까?

레시피: 수집 아이템 추가하기

모든 플랫폼 게임들이 사랑하는 요소가 있다. 바로 캐릭터가 달리고 점프하면서 모으고 옮길 수 있는, 주인공 만큼이나 큰 물건들이다.

우선, Tiled 애플리케이션에서 맵을 수정하는 것부터 시작해보자. 새로운 Object Layer를 추가하고(Layer ▶ Add Object Layer 메뉴를 선택한다.) 이름을 coin이라고 지정하자. 레이어를 추가했으면 새로운 타일셋을 추가하고(Map ▶ New Tileset 메뉴를 선택한다.) 타일셋에도 coin이라는 이름을 지정하자. 잘 기억이 나지 않는다면 그림 5.5를 다시 참고한다.

화면에 코인을 추가했으면 오른쪽 버튼으로 클릭하여 (Object Properties 메뉴를 선택하고)이름을 coin으로 지정한 후, image 특성 값을 coin으로, spritewidth 속성 값을 16으로 지정하여 추가한다. 일단 객체를 하나 만들면 오른쪽 버튼으로 클릭하여 복제한 후 선택 도구를 이용하여 다른 위치로 이동할 수 있다. 복제 기능을 이용하면 원본 바로 위에 복사본이 만들어지므로, 하나를 움직이기 전까지는 두 개가 겹쳐져 있는지 미처 알아채지 못할 수도 있다.

이제 어느 정도의 코드를 추가할 차례다. 우선, 예제 5.16과 같이 main.js 파일의 loaded 함수를 수정하여 엔티티 풀에 동전을 추가하도록 수정하자. 이 코드는 PlayerEntity 바로 다음에 추가하면 된다.

예제 5.16 엔티티 풀에 동전 객체 추가하기

```
me.entityPool.add("player", PlayerEntity);
me.entityPool.add("coin", CoinEntity);
```

다음으로 예제 5.17처럼 resources.js 파일에 동전 이미지 스프라이트를 추가하자.

예제 5.17 resources.js 파일에 동전 스프라이트 추가하기

```
}, // 주의: 앞서 정의한 객체 다음에 콤마를 반드시 추가해야 한다.
{ name: "coin",
  type: "image",
  src: "coin.png"
}
```

이제 예제 5.18에서와 같이 entities.js 파일의 끝에 CoinEntity 객체를 구현한다.

예제 5.18 CoinEntity 객체를 구현한 코드

```
var CoinEntity = me.CollectableEntity.extend({
  init: function(x, y, settings) {
    this.parent(x, y, settings);
  },
  onCollision : function (res, obj) {
    this.collidable = false;
    me.game.remove(this);
  }
});
```

우선, 이 예제는 (ObjectEntity를 상속해서 구현된) CollectableEntity 객체를 상속한 CoinEntity 객체를 정의한다. 그런 후 부모 객체의 생성자를 호출하여 부모 객체가 가진 메서드를 사용할 수 있도록 만든다. 마지막으로 동전과 충돌했을 때 그 동전을 수집하는 로직을 추가하여 한 동전이 두 번씩 수집되는 경우가 발생하지 않도록 한다.

index.html 파일을 로드하면 게임이 어느 정도 구현되었는지 확인할 수 있다. Guy는 이제 동전을 수집해서 더 큰 모험을 해낼 비용을 마련할 수 있게 되었으므로, Guy의 생활이 조금 더 나아질 것으로 보인다. 이제 몇 가지 충돌 요소를 더 추가해보자.

레시피: 적들의 출현

먼저, Tiled 애플리케이션에서 새로운 객체 레이어를 추가(Layer ▶ Add Objct Layer 메뉴 선택)한 후 EnemyEntities 라고 이름을 지정하자. 그리고 맵에 새로운 객체를 추가하고(새로운 타일셋이 필요하지는 않다.) 오른쪽 버튼으로 클릭하여 EnemyEntity라고 이름을 지정하자. 여기에도 꼼수가 적용된다. 적들의 X와 Y 좌표를 보다 정확하게 선언할 수도 있겠지만 너비와 높이도 지정해야 한다. 이 숫자들은 적들이 모두 16픽셀 크기임을 가정하고 계산된 것이며, 따라서 적들의 X와 Y 좌표가 모두 정수여서 격자 내에 위치할 수 있다는 것을 의미한다. 높이는 적이 16픽셀 크기라고 가정하면 1이 되어야 한다. 이렇게 했을 때 좋은 점은 너비를 지정하는 것이 스프라이트의 너비를 지정하는 것이 아니라, 적이 앞이나 뒤로 움직이는 가로 방향의 이동폭을 지정한다는 점이다.

다음으로 예제 5.19와 같이 main.js 파일의 엔티티 풀에 적을 추가해야 한다. 이 코드는 CoinEntity 코드 바로 다음에 작성하면 된다.

예제 5.19　엔티티 풀에 EnemyEntity 객체 추가하기

```
me.entityPool.add("coin", CoinEntity);
me.entityPool.add("EnemyEntity", EnemyEntity);
```

그런 후, resources.js 파일에 예제 5.20처럼 badGuy 객체를 등록하자. 다시 말하지만 콤마의 사용에 주의하기 바란다.

예제 5.20　resources.js 파일에 적 이미지 추가하기

```
{ name: "badGuy",
  type: "image",
```

```
    src: "badGuy.png"
  }
```

지금까지의 작업으로 미루어 EnemyEntity 객체를 entities.js 파일에 작성해야 한다는 점은 이제 잘 알 것이다. 이 객체는 꽤 복잡한 엔티티지만 코드의 전체적인 구조는 비슷하다. 가장 큰 차이점은 EnemyEntity 객체의 경우 Tiled 애플리케이션이 아니라 melonJS 라이브러리가 직접 처리할(예제 5.21 참고) 속성(설정)을 정의하는 것이다. 또한, settings.width처럼 속성에 접근하는 방법에 대해서도 유의하기 바란다. 그리고 마지막으로 알아두어야 할 것은 Guy가 적과 부딪힌 상황을 처리할 새로운 게임 종료 조건이 추가된다는 점이다. 예제 5.21의 코드를 entities.js 파일의 하단에 추가하자.

예제 5.21 EnemyEntity 객체 구현하기

```
var EnemyEntity = me.ObjectEntity.extend({
  init: function(x, y, settings) {
    settings.image = "badguy";
    settings.spritewidth = 16;
    this.parent(x, y, settings);
    this.startX = x;
    this.endX = x + settings.width - settings.spritewidth;
    this.pos.x = this.endX;
    this.walkLeft = true;
    this.setVelocity(2);
    this.collidable = true;
  },
  onCollision: function(res, obj) {
    obj.gameOver();
  },
  update: function() {
    if (!this.visible){
      return false;
    }
    if (this.alive) {
      if (this.walkLeft && this.pos.x <= this.startX) {
        this.walkLeft = false;
      }
      else if (!this.walkLeft && this.pos.x >= this.endX){
        this.walkLeft = true;
      }
      this.doWalk(this.walkLeft);
    }
    else { this.vel.x = 0; }
    this.updateMovement();
    if (this.vel.x!=0 || this.vel.y!=0) {
```

```
        this.parent(this);
        return true;
    }
    return false;
  }
});
```

Guy가 감당해야 할 것들이 많아졌는데 여러분이 조금 더 가학적(?)일 경우, 맵을 용암과 적들로 가득 채워버린다면 더더욱 힘든 시간을 보내게 될 것이다. 이제 Guy가 계속해서 적들을 이길 수 있도록 만들어보자.

The Web Game Developer's Cookbook

레시피: 파워업 하기

Guy가 닿을 수 없는 곳에 동전을 배치했는가? 그렇다면 날개 달린 부츠를 신고 더 높이 점프할 수 있도록 만들어보자. Tiled 애플리케이션에서 boots라는 이름으로 새로운 객체 레이어를 추가한다. 그런 후 동전과 마찬가지 방법으로 객체를 추가하고 이름을 boots로 지정한 후 image 속성에 boots 값을, spritewidth 속성에 16 값을 지정하자. 그리고 예제 5.22와 같이 resources.js 파일에 부츠를 등록하자. 배열 내의 각 객체 사이에 콤마에 주의 하기 바란다.

예제 5.22 부츠 이미지를 추가하는 코드

```
{
  name: "boots",
  type: "image",
  src: "boots.png"
}
```

다음으로 예제 5.23과 같이 main.js 파일의 엔티티 풀에 부츠 객체를 추가하자.

예제 5.23 엔티티 풀에 부츠 객체를 추가하는 코드

```
me.entityPool.add("EnemyEntity", EnemyEntity);
me.entityPool.add("boots", BootsEntity);
```

그런 후 예제 5.24와 같이 entity.js 파일에 BootsEntity 객체를 작성하자.

예제 5.24   BootsEntity 객체를 구현한 코드

```
var BootsEntity = me.CollectableEntity.extend({
  init: function(x, y, settings) {
    this.parent(x, y, settings);
  },
  onCollision : function (res, obj) {
    this.collidable = false;
    me.game.remove(this);
    obj.gravity = obj.gravity/4;
  }
});
```

지금까지의 작업은 앞서 CoinEntity 객체를 처리할 때와 거의 똑같지만 한 가지 다른 점이 있다. 마지막 줄의 코드가 파워업을 실행하는 부분으로 플레이어가 부츠를 얻게 되면 Guy 의 중력은 1/4이 된다. 때문에 하늘에 매달린 동전도 문제없이 얻을 수 있을 것이다.

이제 게임의 구현이 완료되었다. 이번엔 마지막 레시피를 통해 이 게임의 전체적인 외관을 향상시킬 수 있는 방법을 찾아보자.

The Web Game Developer's Cookbook

레시피: 패배, 승리, 그리고 정보 표시

사람들은 때로는 약간 헷갈리는 것을 좋아하기도 한다. 이런 사람들에게는 퍼즐이 재미있게 느껴질 수도 있다. 그러나 "점프를 하려면 어떤 버튼을 눌러야 하지?"와 "내가 이겼나?"와 같은 헷갈림은 퍼즐을 너무나도 재미없게 만드는 요소들이다. 그렇다, 여러분은 어떤 버튼을 눌러야 점프를 하는지를 맞추는 퍼즐 게임을 만들 수도 있다. 아마도 기가막힌 작품이 될지도 모른다. 그러나 이번 장에서 그렇게 용감하거나 획기적인 도전을 하지는 않을 것이다. 우리는 말이 안되는 플랫폼 게임을 만들고자 하는 것은 아니므로 가능한 한 플레이어에게 게임을 명확히 표현해야만 한다.

이제 index.html 파일에 메시지를 출력할 컨테이너를 추가하자. 예제 5.25의 코드를 jsapp 태그의 닫는 </div> 태그 바로 다음에 작성해보자.

예제 5.25   메시지와 사용법을 출력할 컨테이너 추가하기

```
    </div>
    <div id="info" style="text-align:left; margin-top:20px;">
      <div>
        <div style ="font-size: 14px; font-family: Courier New">
          <div id="game_state"></div>
          <div id="instructions"></div>
        </div>
      </div>
    </div>
```

screens.js 파일에서는 예제 5.26의 굵게 표시된 코드를 PlayScreen 객체의 onResetEvent 함수에 추가하자.

예제 5.26 플레이어에게 이동 방법을 설명하기

```
me.input.bindKey(me.input.KEY.RIGHT, "right");
document.getElementById('game_state').innerHTML = "모든 동전을 모으세요!";
document.getElementById('instructions').innerHTML = "화살표키는 이동, 스페이스키는 점프.";
```

그런 다음, 같은 파일에서 TitleScreen 객체의 onResetEvent 함수에는 예제 5.27과 같이 안내 문구를 삭제하는 코드를 추가하자.

예제 5.27 오래된 안내 문구를 삭제하는 코드

```
this.title = me.loader.getImage("titleScreen");
document.getElementById('game_state').innerHTML = "";
document.getElementById('instructions').innerHTML = "";
```

그런 다음 entities.js 파일에 예제 5.28의 코드로 구현된 gameOver 함수를 추가하자.

예제 5.28 게임 종료 상태 구현하기

```
gameOver: function() {
  me.state.change(me.state.MENU);
  document.getElementById('game_state').innerHTML = "게임 종료!";
  document.getElementById('instructions').innerHTML = "";
},
```

gameOver 함수의 기능만 구현했더니 게임 자체가 Guy에게 다소 절망적인 것 같다. 주인공은 게임에서 질 수도 있지만 이길 수도 있어야 한다. 그러므로 예제 5.29와 같이 gameOver 함수 다음에 주인공이 승리한 상태를 추가하도록 하자. gameOver 함수 다음의 콤마에 대해 다시 한 번 주의한다.

예제 5.29 게임에서 승리한 상태 구현하기

```
}, // 이것은 gameOver 함수의 마지막 닫는 중괄호다. 여기에 콤마가 필요하다.
youWin: function() {
  me.state.change(me.state.MENU);
```

```
    document.getElementById('game_state').innerHTML = "게임에서 승리했습니다!";
    document.getElementById('instructions').innerHTML = "";
}
```

이제 각 레벨의 모든 동전을 모으면 게임에서 승리하게 된다. 그렇다면 모든 동전을 모았는지는 어떻게 알 수 있을까? 이를 위해 예제 5.30과 같이 main.js 파일에 구현한 jsApp 객체의 onload 함수에 coins와 totalCoins 변수를 추가하자.

예제 5.30   필요한 변수 추가하기

```
me.gamestat.add("coins", 0);
me.gamestat.add("totalCoins", 2);
```

여기서 totalCoins 변수의 값은 Tiled 애플리케이션에서 제작한 레벨에 몇 개의 동전이 있는가에 따라 달라질 수 있음을 알아두자.

다음으로 예제 5.31의 코드와 같이 screen.js 파일의 PlayScreen 객체에 onDestroyEvent 함수를 추가한다. 이 함수는 수집한 동전의 갯수를 초기화하는 함수다. 함수의 위치는 onResetEvent 함수 전에 추가하며, 마찬가지로 콤마 사용에 주의하도록 하자.

예제 5.31   게임 종료 시 동전의 갯수 초기화하기

```
onDestroyEvent: function() {
  me.gamestat.reset("coins");
},
```

다음으로 entities.js 파일에 예제 5.32의 굵게 표시된 코드를 추가하여 CoinEntity 객체를 구현해야 한다. 이 객체는 동전을 모을 때마다 그 값을 증가시키고 모든 동전을 수집했는지를 검사한다. 만일 모든 동전을 모았다면 플레이어는 "게임에 승리했습니다!"라는 메시지를 보게 된다.

예제 5.32 동전을 모두 모았을 경우의 승리 처리

```
var CoinEntity = me.CollectableEntity.extend({
  init: function(x, y, settings) {
    this.parent(x, y, settings);
  },
  onCollision : function (res, obj) {
    me.gamestat.updateValue("coins", 1);
    this.collidable = false;
    me.game.remove(this);
    if(me.gamestat.getItemValue("coins") === me.gamestat.getItemValue("totalCoins")){
      obj.youWin();
    }
  }
});
```

게임의 승패를 처리하는 데 있어 단순한 텍스트를 출력하는 것보다 더 나은 방법들도 물론 존재한다. 예를 들어 각 경우에 따라 별도의 화면을 구현할 수도 있다.

요약

이번 장에서 melonJS 엔진 및 Tiled 애플리케이션과 함께 플랫폼 게임의 구현을 즐겁게 살펴보았기를 바란다. 이번 장에서는 이들 도구들을 이용해서 파워업, 적들의 처리, 동전 등은 물론, 짧은 시간 내에 게임의 승패를 결정하는 등 여러 가지 게임의 기본적인 요소들을 구현해보았다. 그러나 이번에 구현한 게임을 확장하는 방법이 몇 가지 있는데, 예를 들어 불덩어리라던가 적이나 플레이어의 체력, 적의 인공지능, 주인공이 죽거나 점프할 때의 애니메이션, 더 많은 레벨, 타이머의 카운트다운, 저장하기 및 최고 점수 등등 많은 부분을 개선할 수 있다. 또한, melonJS 엔진은 타이머, 오디오, 시간차 스크롤, 헤드 업 디스플레이, 비트맵 글꼴 렌더링 등 다양한 기능들을 제공하고 있다.

이번 장에서는 플레이어에게 정보를 표시하기 위해 표준 자바스크립트 메서드를 활용했다. 우리는 웹 상에서 동작하는 게임을 만들고 있기 때문에 표준 DOM 조작, 다른 사이트로부터 콘텐츠 가져오기, 플레이어를 다른 URL로 이동시키는 등의 기법들의 활용이 가능할 뿐만 아니라, 이런 기법들을 통해 플레이어에게 비교적 손쉽게 인상적인 느낌을 전할 수 있음을 잊지 말기 바란다.

CHAPTER 6

대전 게임

대전 게임은 대화형 게임이나 슈팅 게임에 비해 비교적 새로운 장르이지만 스트리트 파이터(Street Fighter)와 같은 장수 게임이 등장하면서 더 이상은 금세 질리는 장르로 치부할 수만은 없게 되었다. 여러분이 프로 레이싱 트랙에 있든, 아니면 거실에 있든, 30초 동안 상대방을 차고 주먹과 파이어볼을 날리는 것은 강렬한 경험을 제공한다. 이런 경험을 위해 이번 장에서는 game.js 엔진을 이용하여 우리의 첫 번째 2인 플레이어 게임을 구현해볼 것이다.

레시피: game.js 살펴보기

The Web Game Developer's Cookbook

game.js 파일은 파이썬(Python) 언어의 게임 개발 라이브러리인 pygame 라이브러리를 바탕으로 하고 있다. 이 엔진을 다뤄본 경험이 있다면 상당 수의 메서드와 클래스들이 익숙하겠지만, 어느 한 가지를 알고 있다고 해서 다른 모든 것에 대해서도 전문가라고 말하기는 다소 어려울 것이다. 비록 자바스크립트가 파이썬의 차이가 크지 않고 문법이 조금 다른 정도로 느끼고 있다 하더라도 두 언어 중 하나 또는 둘 모두를 처음 다루는 초보자에게는 그런 작은 차이도 크게 느껴지는 법이다. 게다가 환경 자체가 상당히 달라서 pygame의 목표가 주요 플랫폼(Windows, OSX, 그리고 리눅스 등)에서 네이티브 애플리케이션처럼 동작하는 게임을 만드는 것이라면, 이 책에서 다루는 game.js는 웹 브라우저를 대상 플랫폼으로 삼고 있다.

이번 장에서는 간단한 2인 플레이어용 대전 게임을 구현한다. 우선, 예제 6.1의 index.html 파일을 살펴보자.

예제 6.1 index.html 파일의 소스 코드

```
<!DOCTYPE html>
<html>
  <head>
    <title>Fighting</title>
    <script src="yabble.js"></script>
    <script src="game.js"></script>
    <script>
      require.setModuleRoot('./');
      require.run('main')
    </script>
  </head>
  <body>
    <div id="gjs-loader">
      로딩 중...
    </div>
```

```
    <canvas id="gjs-canvas"></canvas>
  </body>
</html>
```

이제 이 정도 코드는 익숙하리라 믿는다. 아래쪽을 보면 다른 엔진과는 달리 canvas 요소를 명시적으로 선언하고 있으며 gjs-canvas라는 id 특성 값을 지정하고 있음을 볼 수 있다. 그 위의 div 태그에는 로딩 중이라는 텍스트를 id 특성 값이 gjs-loader로 지정된 div 태그로 감싸고 있다. 이 텍스트는 게임이 완전히 로드되기 전까지 보여질 텍스트로 이 부분은 이미지나 플레이어가 얼마나 더 기다려야 하는지를 쉽게 알 수 있는 진행 막대를 가진 로딩 화면 등으로 얼마든지 바꿀 수 있다. 사전에 미리 로드해야 할 파일들이 많은 일부 엔진들은 미리 만들어진 진행 막대를 제공하기도 한다. 두 번째 <script> 태그를 살펴보면 여기에는 main.js 파일을 '모듈'로서 로드하기 위한 두 줄의 스크립트가 작성되어 있다. 모듈 패턴에 대해서는 지난 장에서 살펴보았지만 여기서는 첫 번째 <script> 태그에서 로드하는 yabble.js 파일이 전혀 새로운 수준의 모듈화를 구현하고 있다. 지금까지 살펴 본 게임 엔진들은 게임이 실행되는 동안 콘솔을 통해 엔진 자체의 네임스페이스에 존재하는 객체들로 접근할 수 있었다. 예를 들면 제5장에서 사용한 "melon 엔진"의 "me" 변수가 바로 그런 것이다. 이렇게 하면 개발자가 임의로 엔진의 함수나 변수를 덮어쓰는 것을 방지할 수 있다는 장점이 있으나, 반면에 디버깅을 할 때는 코드 상에 디버깅을 위한(예를 들면 console.log(...)와 같은) 코드를 추가하는 것이 아니라 프로그램이 실행되는 동안 콘솔에 원하는 객체를 입력해서 살펴봐야 한다는 단점이 존재한다.

다음으로 기본적인 자바스크립트 파일을 살펴보도록 하자. 예제 6.2의 코드는 main.js 파일의 코드로, 이 책에서 구현하는 대부분의 게임들은 game.js 파일이 주 자바스크립트 파일이다. 그러나 game.js라는 이름을 엔진이 사용 중이므로 이번에는 혼란을 피하기 위해 main.js라는 이름을 사용하기로 하자.

예제 6.2 main.js 파일의 코드

```
var gamejs = require('gamejs');
function main() {
  var display = gamejs.display.setMode([1200, 600]);
  var sprites = gamejs.image.load('sprites.png');
  display.blit(sprites);
```

```
};
gamejs.preload(['sprites.png']);
gamejs.ready(main);
```

첫 번째 줄에서는 index.html 파일에 로드한 game.js 라이브러리를 참조할 gamejs 변수를 선언한다. main 함수는 캔버스 요소의 너비와 높이를 지정하고 스프라이트 파일을 로드한다. 이 main 함수는 마지막 줄의 코드를 해석하기 전까지는 실행되지 않으므로, 따라서 함수가 실행되기 전에 게임 엔진이 스프라이트 파일을 미리 로드하고 Blit(Block image transfer)처리를 하는 셈이다. 그 이유는 이미지를 로드하는 것은 시간이 소요되는 작업이기 때문에 이렇게 하면 이미지가 필요할 때마다 로드하면서 페이지가 멈추거나, 느려지거나, 예측하지 못한 상태가 되는 것을 방지할 수 있다. index.html 파일을 브라우저에서 실행해보면 그림 6.1과 같은 화면을 보게 될 것이다(옮긴이 이번 장의 예제는 HTML 파일을 더블 클릭하거나 브라우저로 드래그해서 열면 제대로 실행되지 않으며, 로컬에 웹 서버를 설치한 후 HTTP 프로토콜을 통해 페이지를 요청해야 올바르게 보여진다).

그림 6.1 스프라이트가 렌더링된 모습

game.js와 기타 게임 엔진들을 다루다보면 **block image transfer**의 줄임말인 **blit**라는 단어를 간혹 보게 될 것이다. 이 용어는 game.js에서는 (이미지 정보를 가지고 있는)어느 표면을 다른 표면에 적용한다는 의미다. 이것은 이미지를 '렌더링'하거나 '보여주는' 것과는 다른 것인데 그 이유는 모든 표면은 보여질 필요가 있을 때 생성되기 때문이다. 만일 웹에 대한 배경 지식이 풍부하며 CSS의 z-index 속성에 익숙하다면, blit를 이보다 더 강력한 기능이라고 생각하면 된다. 즉, 어떤 요소를 다른 요소의 위에 올려놓고 픽셀의 색상 값에 대해 수학적 계산을 할 수 있다.

> HTML5 캔버스의 영역을 벗어나면 **blitting**은 여러 가지 의미로 사용되지만, 이 책에서의 blitting은 주로 캔버스의 문맥에서 여러 가지 옵션을 통해 이미지를 '재구성'하는 것이라고 이해하면 된다. 보다 자세한 내용은 http://dev.w3.org/html5/2dcontext/#compositing 을 참고하기 바란다.

스프라이트가 잘 표시되었다면 다행이지만 첫 번째 레시피를 마치기에 앞서 main.js 파일에 스프라이트를 조금 더 크게 보이기 위한 코드를 예제 6.3과 같이 추가해보자.

예제 6.3   스프라이트를 더 크게 보이게 하기 위한 코드

```
var gamejs = require('gamejs');
var screenWidth = 1200;
var screenHeight = 600;
var scale = 8;
var spriteSheetWidth = 64;
var spriteSheetHeight = 16;

function main() {
 var display = gamejs.display.setMode([screenWidth, screenHeight]);
  var sprites = gamejs.image.load('sprites.png');
  sprites = gamejs.transform.scale(sprites, [spriteSheetWidth*scale,
➥spriteSheetHeight*scale]);
  display.blit(sprites);
};
gamejs.preload(['sprites.png']);
gamejs.ready(main);
```

두 번 이상 사용될 값들을 준비하기 위해 하드코딩된 숫자 값들을 변수로 선언하자. 유일하게 새로 추가된 기능은 main 함수의 세 번째 줄의 코드로 구현되어 있다. 이 코드는 단순히 이미지의 크기를 8배로 키우는 것으로, 키운 후의 모습은 그림 6.2와 같을 것이다.

그림 6.2   크기를 키운 스프라이트

The Web Game Developer's Cookbook

레시피: 스프라이트시트로 개별 스프라이트에 액세스하기

이번 레시피에서는 개별 스프라이트에 액세스하는 방법을 알아본다. 먼저, 작업을 조금 더 쉽게 할 수 있도록 일부 변수의 값을 예제 6.4처럼 변경해보자.

예제 6.4   변수 수정하기

```
var gamejs = require('gamejs');
var screenWidth = 1200;
var screenHeight = 600;
var scale = 8;
var spriteSize = 16;
var numSprites = 4;
```

다음으로 예제 6.5에서는 크기 조정을 직접 처리하지 않고 이를 수행할 함수를 작성한다. 이 코드는 예제 6.4의 변수 바로 다음에 작성한다.

예제 6.5   스케일을 조정하는 함수

```
function scaleUp(image){
  return gamejs.transform.scale(image, [spriteSize*scale, spriteSize*scale]);
};
```

스프라이트를 직접 참조하기 위해 마지막으로 변경해야 할 부분은 main 함수다. 이 함수를 예제 6.6과 같이 변경한다.

예제 6.6 개별 스프라이트를 렌더링하도록 수정된 main 함수

```
function main() {
  var display = gamejs.display.setMode([screenWidth, screenHeight]);
  var sprites = gamejs.image.load('sprites.png');
  var surfaceCache = [];
  for (var i = 0; i < numSprites; i++){
    var surface = new gamejs.Surface([spriteSize, spriteSize]);
    var rect = new gamejs.Rect(spriteSize*i, 0, spriteSize, spriteSize);
    var imgSize = new gamejs.Rect(0, 0, spriteSize, spriteSize);
    surface.blit(sprites, imgSize, rect);
    surfaceCache.push(surface);
  };
  for (var i=0; i < surfaceCache.length; i++) {
    var sprite = scaleUp(surfaceCache[i]);
    display.blit(sprite, [i*spriteSize*scale, spriteSize*i*scale]);
  };
};
```

먼저, surfaceCache라는 이름의 빈 배열을 하나 선언한다. 그런 다음 두 개의 반복문을 실행하는데, 결국 이 반복문을 통해 각 스프라이트를 대각선으로 출력하게 된다. 그러려면 반복문 두 개를 실행할 수 밖에 없지만 이 두 반복문은 완전히 다른 함수를 실행하므로 첫 번째 반복문은 새로운 surface, rect 및 imgSize 변수를 만들어 스프라이트를 준비한다. rect 변수를 비롯해 모두 스프라이트의 크기에 관련된 것들이며, sprites 변수에 담긴 스프라이트가 surface 변수에 적용될 때의 오프셋을 제어하기 위한 특별 임무를 가지고 있다. 첫 번째 반복문의 마지막 단계는 surface 변수를 surfaceCache 배열의 아이템으로 추가하는 것이다. 두 번째 반복문은 이미지의 크기를 조정하고 이것들을 대각선으로 표시한다.

초보자들을 위한 팁: 만일 자신이 작성한 코드의 반복문이나 일련의 코드의 목적을 쉽게 판단할 수 있다면 그것들을 또 대부분 쉽게 함수로 분리해 낼 수 있을 것이다. 그러나 프로젝트의 초반에는 구조를 만들기까지 조금 기다리는 것이 좋을 때도 있다. 구조를 개선하고 리팩토링하기 위한 적절한 타이밍을 아는 것이야 말로 최고의 기술이며 완전히 익히기까지 시간이 걸리는 기술 중 하나다. 중요한 프로젝트이거나 혹은 장기 프로젝트인 경우, 언제 리팩토링을 진행할 것인지에 대해 고민할 때는 '항상'이라는 답이나 '전혀'라는 답 모두 좋은 답변이 될 수 없음을 명심하자.

185

지금까지 작성한 코드가 잘 동작한다면 브라우저를 통해 index.html 파일을 실행했을 때 그림 6.3과 같은 화면을 보게 될 것이다.

그림 6.3 각각의 스프라이트를 대각선으로 그린 모습

The Web Game Developer's Cookbook

레시피: 두 플레이어의 입력을 처리하기

지금까지 만든 게임에는 아무런 상호 동작이 없다. 이 레시피에서는 Player 객체를 이용해서 키가 눌렸을 때 스프라이트를 변경하는 작업을 처리한다. 우선, 예제 6.7의 코드를 main.js 파일에 작성해보자. scaleUp 함수 바로 다음에 작성하면 된다.

예제 6.7 Player 객체

```
function Player(placement, sprite){
  this.placement = placement;
  this.sprite = sprite;
};
Player.prototype.draw = function(display) {
  sprite = scaleUp(this.sprite);
  display.blit(sprite, [spriteSize+this.placement, spriteSize]);
};
```

이 예제에서는 두 개의 함수를 작성한다. 첫 번째 함수는 생성자 함수로서 첫 글자가 대문자로 작성되어 있다. 이 함수는 나중에 new Player 연산자가 호출될 때 새로운 Player 객체를 생성한다. draw 메서드는 예제 6.6의 두 번째 for 반복문이 처리했던 일을 조금 더 의미를 가진 채 실행할 수 있도록 만들어 둔 함수다.

객체를 상속할 때는 규칙을 지키자

생성자 함수의 이름을 소문자로 작성한다고 해서 브라우저가 문제삼지는 않는다. 그러나 생성자에 대한 대문자 규칙을 지키는 것은 여러분 자신을 포함해서 이후에 코드를 보게 될 다른 개발자들에게는 매우 중요하다. 이런 함수들은 특별한 목적을 가지고 있기 때문이다. 또한, new 키워드를 사용하지 않고 생성자 함수를 호출할 수도 있지만, 그렇게 되면 예상치 못한 결과를 얻게 될 것이다(특히 위험한 점은 이렇게 하면 인스턴스가 글로벌 컨텍스트에 생성된다는 점이다). 이런 이유로 몇몇 사람들은 객체의 인스턴스를 생성하는 메서드를 만드는 것을 선호하기도 한다.

이제 main 함수의 크기가 너무 커졌으므로 예제 6.8부터 예제 6.11까지의 코드와 같이 4가지 형태로 분리하기로 하자. 이 예제들에 없는 코드는 main 함수에 있어서는 안된다. 또한 예제 6.8을 진행하면서 main 함수 내에서 두 번째 반복문을 제거해야 한다는 것도 잊지 말자.

예제 6.8 스프라이트에 별칭 부여하기

```
function main() {
  var display = gamejs.display.setMode([screenWidth, screenHeight]);
  var sprites = gamejs.image.load('sprites.png');
  var surfaceCache = [];
  for (var i = 0; i < numSprites; i++){
    var surface = new gamejs.Surface([spriteSize, spriteSize]);
    var rect = new gamejs.Rect(spriteSize*i, 0, spriteSize, spriteSize);
    var imgSize = new gamejs.Rect(0, 0, spriteSize, spriteSize);
    surface.blit(sprites, imgSize, rect);
    surfaceCache.push(surface);
  };
// 이 줄은 삭제한다. for (var i=0; i < surfaceCache.length; i++) {
// 이 줄은 삭제한다.   var sprite = scaleUp(surfaceCache[i]);
// 이 줄은 삭제한다.   display.blit(sprite, [i*spriteSize*scale, spriteSize*i*scale]);
// 이 줄은 삭제한다.   };
  var rock = surfaceCache[0];
  var paper = surfaceCache[1];
  var scissors = surfaceCache[2];
  var person = surfaceCache[3];
```

굵게 표시된 코드는 새로 추가된 코드다. 여기서 하는 작업은 surfaceCache 변수에 저장된 각각의 스프라이트에 별칭을 붙이는 것이다. 예제 6.9는 여전히 main 함수 안에 존재한다. 예제 6.9의 코드를 예제 6.8의 코드 바로 다음에 추가하자.

예제 6.9 키 입력 처리하기

```
function handleEvent(event) {
  if(gamejs.event.KEY_DOWN){
    if(event.key === gamejs.event.K_UP){
      player2.sprite = person;
    }else if(event.key === gamejs.event.K_DOWN){
      player2.sprite = paper;
    }else if(event.key === gamejs.event.K_RIGHT){
      player2.sprite = scissors;
    }else if(event.key === gamejs.event.K_LEFT){
      player2.sprite = rock;
    }else if(event.key === gamejs.event.K_w){
      player1.sprite = person;
    }else if(event.key === gamejs.event.K_a){
      player1.sprite = rock;
    }else if(event.key === gamejs.event.K_s){
      player1.sprite = paper;
    }else if(event.key === gamejs.event.K_d){
      player1.sprite = scissors;
    }
  }
};
```

이 코드는 새로운 코드지만 매우 직관적이다. 이 함수가 호출되고 키가 눌리면(이 함수는 1초에 여러 번 호출될 수 있으므로 잡아낼 수 있다), 어떤 키를 입력했는가에 따라 플레이어 스프라이트(아직 렌더링되지는 않았지만)가 특정 모양으로 바뀔 것이다. 예제 6.10은 main 함수의 코드 중 나머지 부분을 처리한 코드로 예제 6.9 바로 다음에 작성하자.

예제 6.10 gameTick 함수

```
function gameTick(msDuration) {
  gamejs.event.get().forEach(function(event) {
    handleEvent(event);
  });
```

```
   display.clear();
   player1.draw(display);
   player2.draw(display);
 };
```

gameTick 함수는 엔진에 따라 여러 가지 이름을 붙일 수도 있지만, 가장 중요한 것은 간단한 게임의 경우 입력을 수집하고 객체와 화면을 수정하는 기능을 처리할 수 있다는 점이다. 여기서 제외된 기능들은 필요한 리소스의 로드, 객체의 정의, 유틸리티 함수의 초기화 등이다. 두 번째로 기억해야 할 중요한 점은 마지막 실행 시점 이후로 흐른 시간을 밀리 초 단위로 개 변수로 전달한다는 점이다. 이렇게 정의된 gameTick 함수는 키 입력을 처리하고 그에 따라 플레이어 스프라이트를 처리한다. 마지막으로 예제 6.11은 main 함수의 마지막 줄의 코드를 보여준다. 이 코드는 예제 6.10의 바로 다음 줄과 gamejs.preload(['sprites. png']); 줄 사이에 작성하면 된다.

예제 6.11 main 함수의 마지막 코드

```
   var player1 = new Player(0, person);
   var player2 = new Player(200, person);
   gamejs.time.fpsCallback(gameTick, this, 60);
 }; //main 함수가 여기서 종료된다.
```

이 마지막 코드에서는 플레이어 객체를 생성한다. 첫 번째 매개 변수는 플레이어의 x 좌표며 두 번째는 플레이어에 사용할 스프라이트의 종류다. 마지막 한 줄은 gameTick 함수를 호출하여 게임이 무한 루프를 시작하게 한다. 60이라는 값은 반복문이 초당 60 FPS(Frames Per Second)로 실행되도록 한다.

이 코드들을 모두 작성하고 브라우저를 통해 index.html 파일을 열면 그림 6.4와 같은 화면을 보게 될 것이다. 그리고 예제 6.9에서 나열한 키를 누르면 스프라이트가 변경되는 것도 볼 수 있을 것이다.

그림 6.4 스프라이트가 바뀌는 모습

현 시점에서 우리가 가지고 있는 것은 키보드 인터페이스로 구현된 전통적인 가위 바위 보 게임이다. 이 장의 나머지 레시피를 통해 우리는 이 게임을 보다 표준에 가까운 대전 게임으로 탈바꿈시킬 것이다. 물론, 여전히 게임은 가위 바위 보 게임이겠지만 말이다.

The Web Game Developer's Cookbook

레시피: 형태를 변경하고 움직이기

이번 레시피에서는 플레이어가 스프라이트를 변형하는 것뿐만 아니라 화면을 가로질러 이동할 수 있도록 구현할 것이다. 그러려면 다소 진부한 스프라이트 대신 플레이어가 취할 수 있는 새로운 형태의 개념이 필요하다. 또한, 인터페이스를 조금 변경하여 오른쪽과 왼쪽 화살표 키는 방향을 바꾸고, 위와 아래 화살표 키는 형태를 변형할 수 있도록 구현해볼 것이다.

먼저, 이번 레시피에서는 약간의 텍스트를 렌더링할 것이므로 game.js 엔진에서 글꼴 모듈을 로드해야 한다. 글꼴 모듈을 로드하는 방법은 main.js 상단에 예제 6.12의 굵게 표시된 코드를 작성하면 된다.

예제 6.12 글꼴 모듈 로드하기

```
var gamejs = require('gamejs');
var font = require('gamejs/font');
```

다음으로 Player 생성자 함수를 예제 6.13과 같이 수정하자. 이제 플레이어는 스프라이트가 아니라 형태를 기반으로 생성된다.

예제 6.13 스프라이트가 아닌 형태를 바탕으로 한 Player 객체

```
function Player(placement, form, forms){
  this.placement = placement;
  this.form = form;
  this.forms = forms;
};
```

그런 후 예제 6.13의 Player 생성자 다음에 예제 6.14에서 처럼 두 개의 함수를 추가하자. 이 두 함수는 각 형태 별로 순환할 수 있도록 구현한 함수들이다.

예제 6.14 형태 변환 함수

```
Player.prototype.nextForm = function() {
  this.form = this.forms[this.form["next"]];
};
Player.prototype.previousForm = function() {
  this.form = this.forms[this.form["previous"]];
};
```

그 다음 Player 객체의 draw 함수를 예제 6.15와 같이 변경하여 스프라이트 대신 형태 이미지를 사용할 수 있게 한다.

예제 6.15 draw 함수 수정하기

```
Player.prototype.draw = function(display) {
  sprite = scaleUp(this.form.image);
  display.blit(sprite, [spriteSize+this.placement, spriteSize]);
};
```

다음으로 예제 6.16과 같이 main 함수 내에서 사용하던 스프라이트의 별칭을 형태 객체로 변경해주어야 한다.

예제 6.16 스프라이트 별칭 대신 형태 객체 사용하기

```
// 아래 4줄의 코드는 삭제한다.
// var rock = surfaceCache[0];
// var paper = surfaceCache[1];
// var scissors = surfaceCache[2];
// var person = surfaceCache[3];

var forms = {
  rock:
   {image: surfaceCache[0],
    next: 'paper',
    previous: 'scissors'},
```

193

```
  paper:
    {image: surfaceCache[1],
    next: 'scissors',
    previous: 'rock'},
  scissors:
    {image: surfaceCache[2],
    next: 'rock',
    previous: 'paper'},
  person:
    {image: surfaceCache[3],
    next: 'rock',
    previous: 'scissors'}
};
```

그런 다음 handleEvent 함수를 예제 6.17과 같이 변경한다. 그러면 위와 아래 화살표 키를 이용하여 형태를 변경할 수 있고 왼쪽과 오른쪽 화살표 키를 이용하여 플레이어를 이동할 수도 있게 된다. 키는 동일하게 사용되지만 굵게 표시된 줄의 코드는 해당 키를 눌렀을 때의 동작을 변경하는데 영향을 주는 코드들이다.

예제 6.17   새로운 키 입력 처리

```
function handleEvent(event) {
  if(gamejs.event.KEY_DOWN){
    if(event.key === gamejs.event.K_UP){
      player2.previousForm();
    }else if(event.key === gamejs.event.K_DOWN){
      player2.nextForm();
    }else if(event.key === gamejs.event.K_RIGHT){
      player2.placement = player2.placement + 25;
    }else if(event.key === gamejs.event.K_LEFT){
      player2.placement = player2.placement - 25;
    }else if(event.key === gamejs.event.K_w){
      player1.previousForm();
    }else if(event.key === gamejs.event.K_a){
      player1.placement = player1.placement - 25;
    }else if(event.key === gamejs.event.K_s){
      player1.nextForm();
    }else if(event.key === gamejs.event.K_d){
      player1.placement = player1.placement + 25;
    }
  }
};
```

이제 gameTick 함수가 화면에 제목 텍스트를 출력하도록 만들어야 한다. 예제 6.18에서 굵게 표시된 코드를 추가하자.

예제 6.18 게임에 텍스트 렌더링하기

```
function gameTick(msDuration) {
  gamejs.event.get().forEach(function(event) {
    handleEvent(event);
  });
  display.clear();
  var defaultFont = new font.Font("40px Arial");
  var textSurface = defaultFont.render("가위 바위 보", "#000000");
  display.blit(textSurface, [0, 160]);
  player1.draw(display);
  player2.draw(display);
};
```

gameTick 함수의 이전에 main 함수의 끝 부분 가까이에서는 예제 6.19에서처럼 플레이어 객체의 인스턴스를 생성하고 x 좌표 오프셋을 전달한 후 forms 변수를 Player 생성자의 매개 변수로 전달한다. 마지막 중괄호 "}"가 추가된 이유는 main 함수가 여기서 끝나는 것을 보여주기 위해서다.

예제 6.19 새로운 Player 객체의 생성자 호출하기

```
  var player1 = new Player(0, forms['person'], forms);
  var player2 = new Player(1000, forms['person'], forms);
  gamejs.time.fpsCallback(gameTick, this, 60);
};
```

그림 6.5는 플레이어를 서로 마주보도록 이동시키고 왼쪽의 플레이어는 '보'를 내민 상태로 변경한 모습이다.

그림 6.5   대전 중인 모습

레시피: 동시 입력 처리하기

게임이 구체화되어 감에 따라 여러분은 벌써 체력 막대나 특수 동작 등을 추가하고 싶어 안달이 났을 것이다. 하지만 대전 게임의 재미 요소들을 구현하기에 앞서 먼저 정리해야 할 중요한 것들이 있다. 현재로서는 한 플레이어를 움직이면 다른 플레이어는 그 움직임이 차단된다. 물론, 일부 게임에서는 이것도 기능이 될 수 있다. 예를 들면 두 명이 즐기는 게임에서 한 플레이어가 다른 플레이어에게 얼음 공격을 한 경우가 되겠다. 이런 경우라 하더라도 우리가 구현한 입력 처리가 적절하게 구현된 것은 아니라고 볼 수 있다. 이번 레시피에서는 플레이어를 수정해서 (시간이 좀 필요하긴 하지만) 입력을 구분하게 만들 것이다(가능한 빨리 그렇게 해야 한다).

처음으로 바꾸어야 할 부분은 Player 객체 내의 레지스트리에 입력된 키를 저장하는 것이다. Player 객체의 생성자를 예제 6.20과 같이 수정하여 필요한 데이터를 저장할 새로운 속성을 추가하자.

예제 6.20 Player 객체에 키 입력을 저장할 레지스트리를 추가하기

```
function Player(placement, form, forms){
  this.placement = placement;
  this.form = form;
  this.forms = forms;
  this.up = false;
  this.down = false;
  this.left = false;
  this.right = false;
  this.canChange = true;
};
```

굵게 표시한 새로 추가된 코드는 위, 아래, 왼쪽 혹은 오른쪽 키가 눌렸는지를 판단하기

위한 값을 저장한다. canChange 변수는 나머지 변수들과는 달리 플레이어가 형태를 변경할 수 있는지 여부를 저장한다. 이 변수 덕분에 형태를 변경하는 키를 눌렀을 때, 바로 전레시피에서 확인했던 형태들을 끝없이 반복하는 것을 방지할 수 있다.

함수의 크기를 작게 유지하기 위해 previousForm 함수와 nextForm 함수를 changeForm 함수로 통합하는 것도 가능하다. 이 경우 매개 변수로 next나 previous라는 문자열을 전달받으면 된다. 이번엔 두 함수는 삭제하고 changeForm이라는 함수를 예제 6.21과 같이 구현해보자.

예제 6.21 이전/다음 형태 함수를 하나로 합치기

```
Player.prototype.changeForm = function(next_or_previous) {
  this.form = this.forms[this.form[next_or_previous]];
};
```

다음으로 Player 객체의 up/down/left/right/canChange 변수 값을 읽어 적절한 기능을 실행하는 update 함수를 구현해야 한다. 코드는 예제 6.22와 같으며 예제 6.21 바로 다음에 작성한다.

예제 6.22 Player 객체의 update 함수

```
Player.prototype.update = function(msDuration) {
  if(this.up){
    if (this.canChange) {
      this.changeForm('previous');
      this.canChange = false;
    }
  }
  if(this.down){
    if (this.canChange) {
      this.changeForm('next');
      this.canChange = false;
    }
  };
  if(this.left){
    this.placement = this.placement - 14;
  }else if(this.right){
    this.placement = this.placement + 14;
  }
};
```

이번 레시피에서는 두 곳의 중요한 부분을 수정하며, 그 중 첫 번째는 변경폭이 상당히 크다. 지금 구현되어 있는 (main 함수 안에 구현된) handleEvent 함수를 예제 6.23과 같이 수정하여, 입력된 값을 draw 함수에 전달하는 것이 아니라 플레이어 객체에 불리언 값으로 저장하도록 해야 한다.

예제 6.23 Player 객체에 입력을 기록하기

```
function handleEvent(event) {
  if(event.type === gamejs.event.KEY_DOWN){
    if(event.key === gamejs.event.K_UP){
      player2.up = true;
    }else if(event.key === gamejs.event.K_DOWN){
      player2.down = true;
    }else if(event.key === gamejs.event.K_RIGHT){
      player2.right = true;
      player2.left = false;
    }else if(event.key === gamejs.event.K_LEFT){
      player2.left = true;
      player2.right = false;
    }else if(event.key === gamejs.event.K_w){
      player1.up = true;
    }else if(event.key === gamejs.event.K_a){
      player1.left = true;
      player1.right = false;
    }else if(event.key === gamejs.event.K_s){
      player1.down = true;
    }else if(event.key === gamejs.event.K_d){
      player1.right = true;
      player1.left = false;
    }
  }else if(event.type === gamejs.event.KEY_UP){
    if(event.key === gamejs.event.K_UP){
      player2.up = false;
      player2.canChange = true;
    }else if(event.key === gamejs.event.K_DOWN){
      player2.down = false;
      player2.canChange = true;
    }else if(event.key === gamejs.event.K_RIGHT){
      player2.right = false;
    }else if(event.key === gamejs.event.K_LEFT){
      player2.left = false;
    }else if(event.key === gamejs.event.K_w){
      player1.up = false;
      player1.canChange = true;
    }else if(event.key === gamejs.event.K_a){
      player1.left = false;
    }else if(event.key === gamejs.event.K_s){
      player1.down = false;
      player1.canChange = true;
```

```
    }else if(event.key === gamejs.event.K_d){
      player1.right = false;
    }
  }
};
```

여기서 가장 중요한 점은 이벤트 핸들러가 key up과 key down 이벤트를 처리한다는 점이다. 일반적으로 key down 이벤트가 발생하면 변수 값을 true로 설정하고 key up 이벤트가 발생하면 false로 설정하면 된다. 왼쪽과 오른쪽 키는 서로 반대의 속성 값을 조정한다. key up과 key down 이벤트는 모두 canChange 속성 값을 true로 지정하여 형태를 변경하는 키가 동작할 수 있도록 해야 하며, 그 이유는 이렇게 해야 update 함수가 실행된 후에 canChange 변수를 false로 설정하면 변경 동작이 키 입력 당 한 번만 실행할 수 있기 때문이다.

이번 레시피의 마지막 변경은 예제 6.24와 같다. 여기서는 gameTick 함수에서 각 플레이어의 draw 함수를 호출하기 전에 update 함수를 호출해주면 된다.

예제 6.24 각 플레이어의 update 함수 호출하기

```
player1.update();
player2.update();
player1.draw(display);
player2.draw(display);
```

레시피: 비트마스크 구현하기

이번 레시피에서는 플레이어의 특성 중 일부를 처리하기 위해 단순한 true나 false 값을 저장하는 것이 아니라 비트마스크(Bitmask)를 이용한다. 비트 연산자나 마스크에 익숙하지 않다면 이번 레시피는 다소 어렵게 느껴질 수 있으니 코드 수정을 시작하기에 앞서 숫자에 대한 이야기를 조금 해보자. 전통적인 컴퓨터 공학에 대한 지식을 갖춘(예전에 교육을 받았든, 아니면 독학을 했든) 독자라면 비트 연산이 그다지 새롭지는 않을 것이다. 그러나 이번 레시피에 사용된 기법을 이해하기 위한 가장 기본적인 내용이므로 자유롭게 건너뛰거나 나중에 이해가 되지 않는 부분이 있다면 다시 살펴봐도 좋다.

전통적인 컴퓨터 아키텍처에서 숫자(와 나머지 모든 정보)란 일련의 0과 1로 표현된다. 십진법(또는 기수 10) 시스템(모든 비트의 값이 0에서 9사이의 값을 갖는다.)으로도 표현할 수 있는 모든 숫자는 이진법(또는 기수 2) 시스템(매 비트의 값이 0 또는 1 값만 갖는다.) 으로도 표현할 수 있다. 각 숫자를 10이 아닌 2의 배수로만 표현할 수 있기 때문에 이진법으로 표현한 숫자는 십진법으로 표현한 숫자보다 훨씬 길다. 다음의 표 6.1에서는 이진법 숫자와 십진법 숫자를 비교한다.

표 6.1 이진법과 십진법의 비교

	이진법	십진법
작은 숫자	0, 1, 10, 11, 100, 101, 110, 111, 1000, 1001, 1010	0, 1, 2, 3, 4, 5, 6, 7, 8, 9, 10
큰 숫자	10000001	129

자, 이것이 이진법으로 숫자를 표현하는 방법이다. 그렇다면 이것이 우리가 하려는 일과 무슨 관계가 있는 것일까? 여러분이 true나 false로 표현할 수 있는 4개의 값을 관리해야 한

다고 생각해보자. 아마도 가장 먼저 드는 생각은 이 값을 저장할 각각의 변수(var1, var2, var3 및 var4 등)를 선언하는 방법일 것이다. 그런 다음, 이 변수에 대입 연산자 "="를 이용하여 true나 false 값을 대입하고 또, 변수에 대입된 값이 true인지 false인지를 확인하기 위해 비교 연산자 "==="를 사용할 것이다. 4개의 불리언 값을 4개의 비트로 취급하고 여기에 각각 1을 true로, 0을 false로 처리하는 것과 크게 다르지 않다. 예를 들어 만일 변수의 값들이 true, false, false 및 true로 설정되어 있다면 이것은 이진법으로 1001(십진법에서는 9)로 표현할 수 있다.

그러면 이제 남겨진 문제는 각 비트의 값을 읽거나 설정하는 방법이다. 간접적으로는 =과 === 연산자의 도움을 받아야 하지만 비트를 다루는데 있어서 적절한 방법은 아니다. 그 대신 이러한 연산자들을 위해 불리언 연산을 사용할 것이다. 표 6.2의 예제를 살펴보자.

표 6.2 이번 레시피에서 필요한 불리언 연산

동작	변수 기반 접근법	비트 연산 접근법
true로 설정하기	var1 = true	mask |= var1
false로 설정하기	var1 = false	mask &= ~var1
true/false 여부 확인하기	if (var1) { }	if (var1 & mask) { }

이런 비트 연산 접근법이 제대로 동작하려면 마스크를 true/false(0과 1) 값을 가진 정수로 수정해야 한다. var1은 2 또는 그 배수의 숫자가 될 수 있다. 따라서 첫 번째 비트(가장 오른쪽의 비트)를 플레이어의 "left" 변수로 표현하기로 결정했다면 var1 변수의 값을 1로 (2^0) 지정하면 된다. 그 다음 비트는 아마도 2^1 (2), 그 다음은 2^2 (4) 등이 될 것이다.

> **참고**
>
> 만일 비트 연산자를 처음 접한다면 이것이 정말 가치가 있는 것인지에 대해 여전히 궁금할 것이다. 하지만 그것은 여러분의 목적에 달려있다. 이번 예제의 경우는 코드의 명확성을 포기하는 대신 성능의 향상을 도모하는 경우다. 프로그램은 공간과 시간의 제약을 받

으므로, 비트 연산은 양쪽 모두에 장점이 있다. 공간(메모리)의 경우 불리언 변수를 저장하는 것보다 정수의 비트에 저장하는 것이 효율적이며, 시간의 경우는 변수를 선언하지 않고 비트를 비교하는 것이 변수를 선언하고 그 값을 검사하는 것보다 빠르다.

자바스크립트의 다른 것들과 마찬가지로 성능은 브라우저의 버전에 따라 다를 수 있다. 어떤 방법이 빠른지 확신할 수 없다면 여러분이 주로 사용하는 브라우저에서 테스트해보기 바란다.

이제 코드로 옮겨가 작업을 시작해보자. 처음 수정할 내용은 편의를 위해 마스크의 각 비트 값을 저장할 변수를 추가하는 것이다. 예제 6.25의 굵게 표시된 코드를 추가하자. 여기에서는 변수를 선언할 때 콤마를 사용하는 새로운 문법을 사용한다. 이 역시 모두 var 키워드를 이용해 선언한 것과 동일한 효과를 가진다.

예제 6.25 편의를 위해 추가한 변수들

```
var screenWidth = 1200;
var screenHeight = 600;
var scale = 8;
var spriteSize = 16;
var numSprites = 4;
var up = 1, down = 2, left = 4, right = 8, canChange = 16;
```

다음으로 Player 객체에 정의된 몇 가지 변수를 제거하고 mask 변수를 추가한다. 이 코드는 예제 6.26과 같다. mask 값을 16으로 설정한 이유는, 이 값이 앞서 추가한 변수들을 모두 true로 설정했을 때 변수 값의 총 합과 동일해야 하기 때문이다. canChange 변수에 16이라는 값이 설정된 것도 이 때문이다. 만일 어떤 변수도 true 값을 갖지 않는다면 마스크 값은 0이 될 수 있다. 아래와 왼쪽을 표현한 값이 true라면 그 값은 6이 될 것이다.

예제 6.26 mask 변수의 선언

```
function Player(placement, form, forms){
  this.placement = placement;
  this.form = form;
```

```
  this.forms = forms;
  this.mask = 16;
};
```

다음으로 mask 변수를 이용한 값의 검사 및 업데이트를 실행하도록 Player 객체의 update 메서드를 수정해보자. update 메서드의 코드를 예제 6.27과 같이 수정한다.

예제 6.27   비트 연산을 사용하는 update 메서드

```
Player.prototype.update = function() {
  if(this.mask & up){
    if (this.mask & canChange) {
      this.changeForm('previous');
      this.mask &= ~canChange;
    }
  }
  if(this.mask & down){
    if (this.mask & canChange) {
      this.changeForm('next');
      this.mask &= ~canChange;
    }
  };
  if(this.mask & left){
    this.placement = this.placement - 14;
  }else if(this.mask & right){
    this.placement = this.placement + 14;
  }
};
```

마지막으로 바꿀 내용은 handleEvent 함수 역시 마스크를 사용하도록 수정하는 것이다. 예제 6.28의 코드를 살펴보자.

예제 6.28   마스크를 이용한 이벤트 처리

```
function handleEvent(event) {
  if(event.type === gamejs.event.KEY_DOWN){
    if(event.key === gamejs.event.K_UP){
      player2.mask |= up;
    }else if(event.key === gamejs.event.K_DOWN){
      player2.mask |= down;
    }else if(event.key === gamejs.event.K_LEFT){
      player2.mask |= left;
```

```
      player2.mask &= ~right;
    }else if(event.key === gamejs.event.K_RIGHT){
      player2.mask |= right;
      player2.mask &= ~left;
    }else if(event.key === gamejs.event.K_w){
      player1.mask |= up;
    }else if(event.key === gamejs.event.K_s){
      player1.mask |= down;
    }else if(event.key === gamejs.event.K_a){
      player1.mask |= left;
      player1.mask &= ~right;
    }else if(event.key === gamejs.event.K_d){
      player1.mask |= right;
      player1.mask &= ~left;
    }
  } else if(event.type === gamejs.event.KEY_UP){
    if(event.key === gamejs.event.K_UP){
      player2.mask &= ~up;
      player2.mask |= canChange;
    }else if(event.key === gamejs.event.K_DOWN){
      player2.mask &= ~down;
      player2.mask |= canChange;
    }else if(event.key === gamejs.event.K_RIGHT){
      player2.mask &= ~right;
    }else if(event.key === gamejs.event.K_LEFT){
      player2.mask &= ~left;
    }else if(event.key === gamejs.event.K_w){
      player1.mask &= ~up;
      player1.mask |= canChange;
    }else if(event.key === gamejs.event.K_a){
      player1.mask &= ~left;
    }else if(event.key === gamejs.event.K_s){
      player1.mask &= ~down;
      player1.mask |= canChange;
    }else if(event.key === gamejs.event.K_d){
      player1.mask &= ~right;
    }
  }
};
```

이번 레시피를 완료한 후의 게임의 상태는 이전과 완전히 동일해야 한다.

The Web Game Developer's Cookbook

레시피: 마스크의 충돌

아직도 마스크를 사용하는 장점을 모르겠다면 이번 레시피가 그에 대한 해답을 줄 수 있을 것이다. 일부 엔진들은 객체 주변에 사각형이나 타원형의 영역이 겹치는 부분을 토대로 객체 사이의 충돌을 감지하는 기능을 제공한다. game.js이 특별한 이유는 객체와 관련된 스프라이트의 색상 값을 토대로 충돌을 감지하는 마스크 라이브러리를 제공하기 때문이다. 흥미로운 점은 game.js 엔진은 이런 픽셀 정보들을 충돌 정보에 필요한 1과 0으로 구성된 정수가 아니라, true와 false 값으로 저장한다는 점이다.

충돌을 올바르게 검사하려면 두 가지를 변경해야 한다. 우선, 이미지들의 크기를 강제로 크게 하면 흐릿해지는 경우도 있어서 그 결과 충돌 검사에 사용할 색상 값들이 모호해지므로 각 스프라이트로 사용할 이미지들의 크기를 더욱 큰 것으로 준비해야 한다. 그러자면 이미지를 다시 만들어 더 작은 픽셀 안에 더 많은 색상을 꼼꼼히 채워 넣거나 크기를 늘여야 한다. 또한, 게임을 작게 유지하기로 결정할 수도 있다. 지금까지처럼 이미지를 크게 늘여서 사용하려면 이미지를 늘인 다음 테두리를 정리해야만 한다. 만일 Gimp(http://www.gimp.org)를 사용하고 있다면 색상 사이의 경계를 마술봉(Magic Wand)이라는 도구를 이용해 정리할 수 있다. 편의상 fighting/after_recipe7 폴더에 sprites.png 파일을 크기를 다시 조정한 sprites_big.png 파일로 저장해 두었다.

이미지의 크기를 조정했으면 scaleUp 함수에서 더 이상 크기에 대한 변수를 사용할 필요가 없다. 만일 스프라이트의 비율을 유지한 채 크기만 8배 크게 만들었다면 spriteSize 변수의 값을 16에서 128로 변경하면 된다. 예제 6.29를 살펴보자.

예제 6.29 스프라이트의 크기 변경하기

```
var screenWidth = 1200;
var screenHeight = 600;
var spriteSize = 128;
var numSprites = 4;
```

또한, Player 객체의 draw 메서드에서도 더 이상 크기 조정이 필요하지 않기 때문에 코드를 간소화할 수 있다. 새로운 draw 메서드의 코드는 예제 6.30과 같다.

예제 6.30 크기 조정 기능을 제거한 draw 메서드

```
Player.prototype.draw = function(display) {
  display.blit(this.form.image, [this.placement, 0]);
};
```

그 뒤, load와 reload 함수에 전달하는 스프라이트의 이름을 위한 매개 변수를 교체해야 한다. 이 경우에는 예제 6.31과 같이 sprites_big.png로 바꾼다.

예제 6.31 새로운 스프라이트 이름을 사용하도록 변경한 코드

```
function main() {
  var display = gamejs.display.setMode([screenWidth, screenHeight]);
//스프라이트를 교체한다.
//var sprites = gamejs.image.load('sprites.png');
  var sprites = gamejs.image.load('sprites_big.png');
...
//스프라이트를 교체한다.
//gamejs.preload(['sprites.png']);
gamejs.preload(['sprites_big.png']);
gamejs.ready(main);
```

다음으로 스프라이트를 저장할 maskCache 배열을 만들어야 한다. 우선 예제 6.32처럼 마스크 라이브러리리를 파일의 윗 부분에 추가하자. 기본적으로 game.js 파일에 대한 참조는 모든 기능을 로드하지는 않으므로, 글꼴 유틸리티처럼 명시적으로 추가해주어야 한다.

예제 6.32 마스크 유틸리티 추가하기

```
var gamejs = require('gamejs');
var font = require('gamejs/font');
var mask = require('gamejs/mask');
```

유틸리티 참조를 추가했으면 maskCache 배열을 main 함수 내에 추가하고, maskCache 요소를 form 변수의 속성으로 추가하여 나중에 Player 객체의 속성이 될 수 있도록 준비해야 한다. 작성된 코드는 예제 6.33과 같다. 여기서 중요한 것은 플레이어와 관련이 없는 마스크 변수를 참조하기 위해 mask.fromSurface 함수를 사용한다는 점이다.

예제 6.33 maskCache 배열 만들기

```
function main() {
  var display = gamejs.display.setMode([screenWidth, screenHeight]);
  var sprites = gamejs.image.load('sprites_big.png');
  var surfaceCache = [];
  var maskCache = [];
  for (var i = 0; i < numSprites; i++){
    var surface = new gamejs.Surface([spriteSize, spriteSize]);

    var rect = new gamejs.Rect(spriteSize*i, 0, spriteSize, spriteSize);
    var imgSize = new gamejs.Rect(0, 0, spriteSize, spriteSize);
    surface.blit(sprites, imgSize, rect);
    surfaceCache.push(surface);

    var maskCacheElement = mask.fromSurface(surface);
    maskCache.push(maskCacheElement);
  };

  var forms = {
    rock:
      {image: surfaceCache[0],
       mask: maskCache[0],
       next: 'paper',
       previous: 'scissors'},
    paper:
      {image: surfaceCache[1],
       mask: maskCache[1],
       next: 'scissors',
       previous: 'rock'},
    scissors:
      {image: surfaceCache[2],
       mask: maskCache[2],
       next: 'rock',
       previous: 'paper'},
```

```
person:
  {image: surfaceCache[3],
  mask: maskCache[3],
  next: 'rock',
  previous: 'scissors'}
};
```

마스크가 동작하도록 하기 위해 마지막으로 변경할 내용은 예제 6.34의 코드를 gameTick 함수의 마지막 코드 바로 전에 추가하는 것이다. 이 코드는 충돌을 검사해 발견이 되면 그 내용을 콘솔에 출력한다.

예제 6.34 gameTick 함수에 추가된 충돌 검사 코드

```
player1.draw(display);
player2.draw(display);
var hasMaskOverlap = player1.form.mask.overlap(player2.form.mask, [player1.placement -
➥player2.placement, 0]);
if (hasMaskOverlap) {
  console.log(hasMaskOverlap);
}
```

이제 충돌 검사 기능의 구현을 마쳤으므로 이를 활용할 기능을 구현한다. 다음 레시피에서 그 내용을 살펴보도록 하자.

The Web Game Developer's Cookbook

레시피: 충돌에 따른 피해 적용하기

이제 플레이어를 움직이고, 형태를 변경하고, 다른 플레이어를 공격하는 기능까지 구현했다. 이번 레시피에서는 지금까지 만든 이 게임을 지능적인 대전 게임으로 만들어 볼 것이다.

그 시작으로 새로운 변수를 추가한다. 이 변수들은 파일 상단에 mask 변수 바로 다음에 예제 6.35와 같이 추가하면 된다.

예제 6.35   새로 추가할 변수들

```
var up = 1, down = 2, left = 4, right = 8, canChange = 16;
var forms = [];
var timeBetweenHits = 300;
var timeSinceHit = 0;
var activeGame = true;
var defaultFont = new font.Font("40px Arial");
```

그런 다음 Player 생성자 함수를 예제 6.36과 같이 수정하자. 이제는 플레이어의 형태를 플레이어 객체 외부에서 관리하므로 체력 검사 및 공격 등의 형태를 기초로 한 작업을 그 형태 자체가 아니라 formIndex 매개 변수를 이용하여 수행해야 한다.

예제 6.36   Player 객체에 더 많은 정보를 저장하기

```
function Player(placement, formIndex){
  this.placement = placement;
  this.form = forms[formIndex];
  this.mask = 16;
  this.hit = false;
  this.health = 30;
};
```

formIndex 변수를 토대로 forms 배열을 문자 기반 키 배열이 아닌 숫자 기반 키 배열로 사용하게 되었다고 생각할 수도 있다. 전투 동작을 간소화하기 위해 이렇게 바꾸었지만, 그렇게 함으로써 얻은 장점은 changeForm 함수의 코드가 예제 6.37처럼 단 한 줄로 줄어들었다는 점이다.

예제 6.37 수정된 changeForm 함수

```
Player.prototype.changeForm = function(index) {
  this.form = forms[index];
};
```

다음으로 registerHit 함수를 추가해야 한다. 예제 6.38의 코드를 참고하여 함수를 작성하자. 이 함수는 changeForm 함수 바로 다음에 추가하면 된다. 이 함수를 추가하면 플레이어 형태의 인덱스를 토대로 어떤 플레이어가 공격을 할 것인지를 결정할 수 있다. 바위는 가위를 이기고, 가위는 보를 이기며, 보는 바위를 이긴다. 그리고 이 세 가지 형태는 사람 형태를 이길 수 있으며, 심지어 사람 형태로도 상대방을 공격할 수 있다(이 경우 양쪽 모두 체력이 소모된다).

예제 6.38 공격 처리하기

```
Player.registerHit = function(player1, player2){
  player1Index = player1.form.index;
  player2Index = player2.form.index;
  if(player1Index === 0){
    if (player2Index === 1) {
      player1.hit = true;
    }else if (player2Index === 2) {
      player2.hit = true;
    };
  }else if (player1Index === 1){
    if (player2Index === 0) {
      player2.hit = true;
    }else if (player2Index === 2) {
      player1.hit = true;
    };
  }else if (player1Index === 2){
    if (player2Index === 0) {
      player1.hit = true;
    }else if (player2Index === 1) {
      player2.hit = true;
```

211

```
    };
  }else{
    player1.hit = true;
  }
  if(player2Index === 3){
    player2.hit = true;
  }
  if(player2Index !== player1Index || player1Index === 3){
    timeSinceHit = 0;
  };
};
```

참고

마스크의 공격 여부 값이 불리언 값이기 때문에 이것도 마스크로 처리할 수 있다. hit 변수 값은 false로 초기화되므로 기본 마스크 값인 16에 아무런 영향을 주지 않는다. 단지 값을 검사하고 설정하는 부분을 = 연산자와 === 연산자 대신 비트 연산자를 사용하도록 수정하면 된다.

또 다른 중요한 사항은 정수로 표현할 수 있는 불리언 값의 갯수에 제한이 있다는 점이다. 파이어폭스와 크롬 브라우저의 최신 버전에서는 최대 32개의 비트를 사용할 수 있다. 이것보다 많은 값을 저장할 일은 없겠지만 가끔은 불필요하면서 아키텍처의 한계에 부딪히는 일을 하는 것도 좋다. 그런 것이 성향을 만들어내는 것이다.

다음으로 예제 6.39의 update 함수를 살펴보자. 이번에는 세 곳을 변경해야 한다. 한 가지는 현재 형태를 표현하는 숫자 값을 전달하여 형태를 바꾸는 것이며, 두 번째는 함수의 끝에 플레이어의 체력을 업데이트하는 것이다. 마지막으로는 플레이어의 위치를 검사하여 화면의 경계 바깥으로 사라지지 않도록 한다.

예제 6.39 Player 객체의 update 함수

```
Player.prototype.update = function(msDuration) {
  if(this.mask & up){
    if (this.mask & canChange) {
      this.changeForm((this.form.index+3-1)%3);
      this.mask &= ~canChange;
    }
```

```
    }
    if(this.mask & down){
      if (this.mask & canChange) {
        this.changeForm((this.form.index+1)%3);
        this.mask &= ~canChange;
      }
    };
    if(this.mask & left){
      if(this.placement > 0){
        this.placement = this.placement - 14;
      }
    }else if(this.mask & right){
      if(this.placement < 1000){
        this.placement = this.placement + 14;
      }
    }
    if(this.hit===true){
      this.health = this.health -3;
      this.hit = false;
    };
  };
```

draw 함수에서도 플레이어의 위치를 약간 내려 화면 상단에 게임 제목을 표시할 수 있는
공간을 마련할 수 있도록 예제 6.40과 같이 약간의 변경을 가해야 한다.

예제 6.40 플레이어의 위치 변경

```
Player.prototype.draw = function(display) {
  // display.blit(this.form.image, [this.placement, 0]);
  display.blit(this.form.image, [this.placement, 80]);
};
```

플레이어가 취할 수 있는 형태를 정의하는 부분은 본래 구현했던 (숫자 인덱스 기반의) 배열
을 예제 6.41과 같이 변경하도록 하자.

예제 6.41 일반 배열로 변경한 forms 배열

```
//굵게 표시되지 않은 코드는 참고를 위해 표시한 것이다.
    var maskCacheElement = mask.fromSurface(surface);
    maskCache.push(maskCacheElement);
  };
  forms = [
```

213

```
{index: 0,
  image: surfaceCache[0],
  mask: maskCache[0]},
{index: 1,
  image: surfaceCache[1],
  mask: maskCache[1]},
{index: 2,
  image: surfaceCache[2],
  mask: maskCache[2]},
{index: 3,
  image: surfaceCache[3],
  mask: maskCache[3]}
];
```

gameTick 함수는 상당히 많은 변경이 필요하다. 예제 6.42에서는 전체 코드를 확인해볼 수 있으나 물론, 굵게 표시된 코드만 보는 것도 나쁘지는 않다. activeGame 변수는 게임의 종료 여부를 판단하며 게임이 종료되었으면 gameTick 함수의 코드를 실행하지 않도록 변경된다. 굵게 표시한 코드들의 두 번째 블록을 보면, 마지막 공격 이후 시간이 충분히 지났는가를 판단하고 공격이 있었다면 registerHit 함수를 호출한다. Player 객체의 update 함수에는 밀리 초가 매개 변수로 전달되며 더 많은 텍스트가 출력된다. 마지막으로 플레이어의 체력이 0이 되면 게임이 종료되고 activeGame 변수가 false값으로 설정되어 패배한 플레이어에게는 '패배' 메시지가 나타나게 된다.

예제 6.42 수정된 gameTick 함수

```
function gameTick(msDuration) {
  if(activeGame){
    gamejs.event.get().forEach(function(event) {
      handleEvent(event);
    });
    display.clear();
    if(timeSinceHit > timeBetweenHits){
      var hasMaskOverlap = player1.form.mask.overlap(player2.form.mask, [player1.
➥placement - player2.placement, 0])
      if (hasMaskOverlap) {
        Player.registerHit(player1, player2);
      };
    }else{
      timeSinceHit +=msDuration;
    };
    player1.update(msDuration);
    player2.update(msDuration);
```

```
display.blit(defaultFont.render("가위 바위 보", "#000000"), [300, 0]);
display.blit(defaultFont.render("Player 1: ", "#000000"), [0, 240]);
display.blit(defaultFont.render(player1.health, "#000000"), [170, 240]);
display.blit(defaultFont.render("Controls: W A S D", "#000000"), [0, 280]);
display.blit(defaultFont.render("Player 2: ", "#000000"), [600, 240]);
display.blit(defaultFont.render(player2.health, "#000000"), [770, 240]);
display.blit(defaultFont.render("Controls: \u2191 \u2193 \u2190 \u2192", "#000000"),
➡[600, 280]);

player1.draw(display);
player2.draw(display);
if(player1.health === 0 || player2.health === 0){
  activeGame = false;
  if (player1.health === 0){
    display.blit(defaultFont.render("Player 1 Defeated", "#000000"), [0, 320]);
  }
  if (player2.health === 0){
    display.blit(defaultFont.render("Player 2 Defeated", "#000000"), [600, 320]);
  }
};
};
};
```

이번 레시피의 마지막 수정 사항은 플레이어가 생성될 때 형태 객체 대신 숫자로 된 형태 ID를 전달하는 것이다. 변경된 코드는 예제 6.43과 같다.

예제 6.43 3번 형태(사람 형태)를 가진 Player 객체 만들기

```
var player1 = new Player(0, 3);
var player2 = new Player(1000, 3);
gamejs.time.fpsCallback(gameTick, this, 60);
```

모든 것이 계획대로 진행됐다면 이제 2인 플레이용 대전 게임을 완성한 것이다. 이 게임은 가위 바위 보라는 매우 대중적인 게임 콘셉트를 가지고 있기 때문에 많은 사람들이 쉽게 이해할 수 있다. index.html 파일을 브라우저를 통해 실행하고 게임을 즐겨보자. 게임이 종료되면 그림 6.6과 같은 화면을 보게 될 것이다.

그림 6.6 게임이 종료된 화면의 모습

The Web Game Developer's Cookbook

요약

game.js 엔진을 이용한 2차원 대전 게임을 완성한 것을 축하한다. 이번 장에서는 스프라이트시트, 비트마스크, 동시적 입력 처리, 그리고 픽셀 기반 충돌 등을 다루었다. 또한, game.js 라이브러리의 여러 가지 장점들도 다루어 보았다. 더 자세한 내용을 알고 싶다면 A* pathfinding 라이브러러에 대해 검색해보거나 진정으로 도전을 원한다면 이 게임을 파이썬과 pygame 라이브러리를 이용한 네이티브 데스크톱 플랫폼으로 '포팅'하는 것도 고려하기 바란다.

이번 게임을 통해 다루었던 다른 것들을 되짚으면 많은 가능성들이 존재한다. 대부분 게임 플레이에 필요한 그리기 기능만을 경험했던 캔버스에 성능 향상을 원할 수도 있다. 가위바위 보 대신 사람 형태를 개선하여 주먹과 발차기, 그리고 파이어볼 같은 특수 공격이 가능한 게임으로 바꾸고 싶을 수도 있고, 혹은 공격 막기와 점프 기능을 원할지도 모르겠다. UI 측면에서는 '체력 막대'를 단순한 숫자로 표현하는 것보다 더 재미있고 대중적인 형태로 바꾸거나, 플레이하는 동안 빨리 진행하라는 의미로 '타이머'를 추가할 수도 있을 것이다.

7

슈팅 게임

핀볼 게임에서 영감을 얻었을 수도 있는 슈팅 게임은 '무언가를 이용해서 무언가를 쏘아 맞춘다'는 유사한 매커니즘을 채택하고 있다. 그러나 핀볼 게임은 여러 가지 아트워크로 캐비넷의 내외부를 감싸고 있음에도 불구하고 그 내부 동작이 고스란히 노출된다. 핀볼 게임을 '범퍼'에 '공을 쏘아대는' 것으로 말할 수 있다면 비디오 게임 장르로서의 슈팅 게임은 '미사일'을 '적 비행기를 향해 발사'하는 것과 유사하다. 특징의 차이가 미묘하기는 하지만 이러한 추상화는 뭔가 독특한 것을 만들 수 있는 자유를 준다. 예를 들어 적은 숫자이고 여러분의 무기는 수학 함수가 될 수도 있는 것이다.

The Web Game Developer's Cookbook

렌더링에 대한 배경 지식

gameQuery 엔진은 두 가지 관점에서 지금까지 우리가 다루었던 게임 엔진과 차이를 보인다. 첫 번째는 DOM 요소를 탐색하고 조작하기 위해 jQuery 라이브러리의 기능을 활용한다는 점이다. 그리고 두 번째 차이점은 첫 번째 차이점의 연장선 상에 있는 것인데, gameQuery 엔진은 캔버스 요소에 의존하지 않고 DOM 요소를 직접 렌더링한다는 점이다.

이는 게임 개발자에게 게임 엔진 내부는 물론, 외부로 노출되는 인터페이스에 대한 힌트가 될 수 있다. 그 이유는 캔버스는 오로지 픽셀만 처리할 수 있기 때문이다. 캔버스에게는 도형과 직선, 이미지를 렌더링 할 수 있으며 캔버스는 여러분이 지시한 내용을 충실히 이행했다가 잊어버린다. 캔버스는 자신이 무슨 작업을 했는지 기억할 메모리 따위는 가지고 있지 않다. 캔버스의 일부를 다시 그리거나 캐시할 수는 있지만, canvas DOM 요소를 탐색해보면 캔버스가 자기 자신에 대해서는 아무것도 알지 못한다는 것을 발견할 수 있을 것이다. 캔버스의 문맥은 모두 자바스크립트로 래핑되어 있다. 일반적인 HTML 페이지(또는 DOM 기반 게임)에서는 모든 요소가 자신들의 위치와 배경색 같은 스타일 정보를 알고 있으며 어떤 콘텐츠를 가지고 있는지, 텍스트인지 아니면 중첩된 다른 요소인지 등을 모두 알 수 있다. 절대 좌표를 기반으로 한 위치 처리까지 더해지면 이런 요소들에게 어디로 이동할지, 그리고 렌더링할 때 어디에 위치해야 할지도 결정할 수 있다.

그렇다면 캔버스는 현대 게임들이 동작할 수 있는 플랫폼이라고 할 수 없는가?

웹 상에서 게임을 구현하는 방법은 여러 가지가 있다. 그중에서도 캔버스를 기초로 한 렌더링은 현재로서는 매우 대중적인 접근법이지만, 여러분의 게임이 어떤 것을 렌더링해야 하는지에 따라(그리고 어떤 브라우저 렌더링 해야 하는지에 따라) 캔버스의 3D (WebGL) 컨텍스트, 캔버스의 2D 컨텍스트, DOM, CSS3, 그리고 SVG 중 어떤 렌더링 옵션을 선택할 것인지를 결정해야 한다. 또한, 이들 기술을 서로 조합할 수도 있음을 염두에 두어야 한다. 이들의 장단점을 잘 파악하는 것도 중요하지만(표 7.1 참조), 새로운 브라우저 버전이 출시되면 각 기술들의 성능을 다시 한 번 테스트해야 한다는 것도 잊지 말기를 바란다. 대개 이런 정보들은 매우 빨리 바뀐다.

표 7.1 게임에 적용할 수 있는 렌더링 옵션

렌더링 타입	장점	단점
캔버스 2D	간단한 가로 세로 좌표 상의 픽셀 수준 인터페이스. 많은 요소를 렌더링할 때 DOM 렌더링보다 빠름.	렌더링한 요소의 관리는 개발자의 몫임.
캔버스 3D	3차원을 지원하며 three.js 라이브러리를 통해 보다 간단한(하지만 아주 간단하지는 않은) WebGL 인터페이스를 활용할 수 있음.	복잡하다. 카메라와 셰이더, 폴리곤, 텍스쳐 등과 수학 및 물리학에 대해 알고 있어야 한다.
SVG (Scalable Vector Graphics)	줌 인, 줌 아웃 시에 (지도 같은) 픽셀 노출 현상이 없으며 활용도가 좋음. 자바스크립트(Raphael.js)를 활용 하여 이미지를 프로그래밍적으로 생성하거나 svg-edit이나 Inkscape같은 이미지 에디터를 사용할 수 있음. 렌더링 과정과 무관하게 스프라이트에 대해 일관된 인터페이스를 제공함.	여러 객체를 동적으로 생성/소멸할 때 성능이 좋지 않음(절대로 총알이 무수히 쏟아지는 스타일의 슈팅 게임을 만들지 말 것). IE9 이전 버전을 지원하지 않음 (Raphael 라이브러리를 이용하여 VML 파일을 생성할 수 있음)
DOM (Document Object Model)	전통적인 자바스크립트 API와 jQuery 같은 프레임워크를 이용하여 DOM 요소를 쉽게 참조하고 수정할 수 있음. 보다 더 동적이기는 하지만 게임 객체가 HTML 페이지의 다른 요소들과 유사하기 때문에 한 가지 인터페이스만 이해하면 됨. z-index 속성을 사용하면 캔버스보다 쉽게 요소들을 겹칠 수 있음.	여러 개의 요소를 처리할 때 성능이 SVG와 비슷함. 레이아웃의 복잡도와 크로스 브라우저 이슈가 있음. CSS를 재 설정하지 않으면 기본 스타일링(예를 들면 패딩이나 마진)이 적용됨.
CSS (Cascading Style Sheets)	일반적으로 간단한 변경 사항을 렌더링할 때 자바스크립트보다 빠름. 자바스크립트에 비해 상대적으로 적은 API와 선언적 스타일 인터페이스. 그릴 것이 변경되면 브라우저가 알아서 스타일을 선택하므로 명시적으로 프레임률 같은 것을 관리할 필요가 없음(적어도 CSS3 변형 API가 하드웨어 가속과 GPU 오프로드를 지원한다면). 렌더링은 자바스크립트 게임 외부에서 처리 가능.	시각적 효과가 제한되어 있어 게임의 방대한 전환 효과는 여전히 자바스크립트에 의해 처리됨(엄청나게 많은 라디오 버튼을 사용하거나 게임 상태를 매번 코드로 기술할 필요는 없음). 기본 스타일링과 크로스 브라우저 이슈가 여전히 존재함. 클래스와 ID의 적절한 관리 및 SASS나 LESS 같은 프레임워크를 통해 네임스페이스와 변수를 관리하지 않으면 코드 재사용이 어려움.

언제 어떤 기술을 사용해야 할지에 대해서는 많은 논란이 있다. 똑똑한 사람은 어떤 것이 최선인지에 대해 논쟁을 벌이지 않는다. 그들은 각각의 기술을 이용해 무언가를 만들고 데이터를 수집한다.

브라우저 렌더링 기법에 관련된 것이라면 파스칼 레티그(Pascal Rettig)의 "퀸투스(Quintus)" 게임 엔진 같은 프로젝트에서 이런 시도들에 대한 예제를 발견할 수 있다. 이 게임 엔진은 DOM, 캔버스 그리고 SVG를 위한 렌더링 API를 제공하며 임의의 DOM 객체를 SVG 이미지로 만들어 캔버스 요소에 렌더링하도록 폴 바카우스(Paul Bakaus)가 만든 "domvas"를 위한 API도 지원한다.

The Web Game Developer's Cookbook

레시피: gameQuery 엔진 살펴보기

잠시 샛길로 빠진 것 같아 미안하다. 여러분은 이번 장에서 브라우저 렌더링에 대한 것을 배우고자 했던 것은 아닐텐데 말이다. 여러분은 게임을 만들기 위해 이 책을 보고 있다. 그렇다면 이제 게임으로 돌아가 gameQuery 엔진에 대해 살펴보자. 우리는 횡스크롤 슈팅 게임을 만들 것이다. 다만 비행선이나 미사일 대신 숫자와 함수들을 사용할 예정이며, 예제 7.1은 HTML 파일에 필요한 것들을 추가한 코드다.

예제 7.1 시작을 위한 HTML 파일의 코드

```
<html>
  <head>
    <title>Shooter</title>
  </head>
  <body>
    <div id="playground" style="width: 700px; height: 250px; background: black;"></div>
    <script type="text/javascript" src="jquery.js"></script>
    <script type="text/javascript" src="jquery.gamequery.js"></script>
    <script type="text/javascript" src="game.js"></script>
  </body>
</html>
```

이제 이 코드에는 익숙할 것이다. 이것은 스크립트 파일을 로드하고 제목을 추가하는 코드다. 그러나 body 태그 제일 위의 <div> 태그는 무엇일까? 이 div요소에는 playground라는 ID가 지정되어 있으며 모든 DOM 요소의 위쪽에 위치한다. 앞서 여러분은 canvas 요소가 게임 컨테이너 역할을 하는 경우를 본 적이 있다. 캔버스 기반의 렌더링과 마찬가지로 복잡한 작업은 모두 HTML이 아니라 자바스크립트를 통해 구현된다. 예제 7.2의 코드를 game.js라는 파일에 작성하자.

223

예제 7.2 게임의 배경 설정하기

```
var PLAYGROUND_WIDTH = 700;
var PLAYGROUND_HEIGHT = 250;
var REFRESH_RATE = 15;
var farParallaxSpeed = 1;
var closeParallaxSpeed = 3;

var background1 = new $.gQ.Animation({imageURL: "background1.png"});
var background2 = new $.gQ.Animation({imageURL: "background2.png"});
var background3 = new $.gQ.Animation({imageURL: "background3.png"});
var background4 = new $.gQ.Animation({imageURL: "background4.png"});

$("#playground").playground({height: PLAYGROUND_HEIGHT, width: PLAYGROUND_WIDTH,
➡keyTracker: true});

$.playground().addGroup("background", {width: PLAYGROUND_WIDTH, height: PLAYGROUND_
HEIGHT})
 .addSprite("background1", {animation: background1, width: PLAYGROUND_WIDTH, height:
➡PLAYGROUND_HEIGHT})
 .addSprite("background2", {animation: background2, width: PLAYGROUND_WIDTH, height:
➡PLAYGROUND_HEIGHT, posx: PLAYGROUND_WIDTH})
 .addSprite("background3", {animation: background3, width: PLAYGROUND_WIDTH, height:
➡PLAYGROUND_HEIGHT})
 .addSprite("background4", {animation: background4, width: PLAYGROUND_WIDTH, height:
➡PLAYGROUND_HEIGHT, posx: PLAYGROUND_WIDTH})

$.playground().registerCallback(function(){
  $("#background1").x(($("#background1").x() - farParallaxSpeed - PLAYGROUND_WIDTH) %
➡(-2 * PLAYGROUND_WIDTH) + PLAYGROUND_WIDTH);
  $("#background2").x(($("#background2").x() - farParallaxSpeed - PLAYGROUND_WIDTH) %
➡(-2 * PLAYGROUND_WIDTH) + PLAYGROUND_WIDTH);
  $("#background3").x(($("#background3").x() - closeParallaxSpeed - PLAYGROUND_WIDTH) %
➡(-2 * PLAYGROUND_WIDTH) + PLAYGROUND_WIDTH);
  $("#background4").x(($("#background4").x() - closeParallaxSpeed - PLAYGROUND_WIDTH) %
➡(-2 * PLAYGROUND_WIDTH) + PLAYGROUND_WIDTH);
}, REFRESH_RATE);

$.playground().startGame();
```

이 코드는 먼저 "playgroud" 요소의 너비와 높이를 배경 이미지의 크기에 맞게 설정한다. 그런 후 게임 루프마다 새로 고칠 간격을 밀리 초 단위로 설정한다. farParallaxSpeed 변수와 closeParallaxSpeed 변수는 배경이 얼마나 빨리 스크롤될 것인지를 지정한다. 그 다음은 '애니메이션' 될 배경들을 변수에 대입한다. 그러나 아직은 그것을 구현할 단계는 아니다. 만일 배경을 스크롤하는 것이 아니라 애니메이션을 추가하고 싶다면, 이 변수 선언부에 애니메이션을 기술하여 추가하면 된다.

224

그 뒤를 이어 id가 playground인 요소를 플레이그라운드로 초기화한다. 플레이그라운드 가 초기화되면 addGroup과 addSprite 메서드를 이용하여 새로운 레이어와 스프라이트를 추가한다.

다음 코드 블록에서는 registerCallback 함수를 이용하여 배경의 스크롤 위치를 수정한다. 이 함수는 REFRESH_RETE 변수에 저장된 매 15초마다 호출된다. 프레임률을 결정하는 방법은 먼저 프레임 당 밀리 초를 1000으로 나누면 프레임 당 0.015초라는 결과가 나온다. 이 값을 1로 나누면 프레임률이 초당 66.667 프레임이라는 값을 얻게 된다.

gameQuery는 플레이그라운드 인터페이스를 위해 jQuery의 getter 및 setter 스타일 과 동일한 규칙을 사용한다. 바로 이것이 플레이그라운드라는 이름의 함수가 두 개나 존 재하는 이유다. 이 경우 jQuery처럼(예를 들면 jQuery의 text() 함수처럼) 매개 변수가 없 는 함수가 getter(옮긴이 값을 가져오는 함수)이며 매개 변수가 있는 playground({height: PLAYGROUND_HEIGHT, width: PLAYGROUND_WIDTH, keyTracker: true})가 set- ter(옮긴이 값을 대입하는 함수)다.

마지막으로 할 일은 playground 객체의 startGame 함수를 호출하는 것이다. 이 함수는 HTML 파일을 로드하면 그림 7.1처럼 우주 공간에 수학 함수 기호들을 노출하게 된다. 이때 조금 더 큰(가까운) 기호는 빨리 움직이고 작은(더 멀리 있는) 기호는 조금 더 느리게 움직이는 것을 볼 수 있을 것이다.

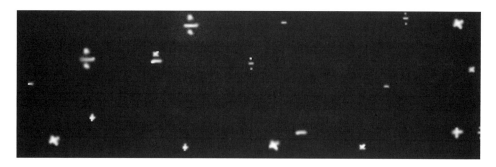

그림 7.1 수학 기호들로 구성된 우주 공간

The Web Game Developer's Cookbook

레시피: 적 추가하기

스크롤되는 배경은 우주 슈팅 게임 종류에는 적합하지만 일반적인 상황에서 대부분의 플레이어들은 이것만으로는 재미를 느낄 수 없다. 따라서 '적'을 추가하여 조금 더 흥미진진한 게임을 만들어야 한다. 예제 7.3에 굵게 표시한 코드를 통해 적을 위한 생성자 함수와 새로운 몇 가지 변수를 추가하자. 이 코드는 game.js 파일의 상단에 위치해야 한다.

예제 7.3 Enemy 객체 생성자와 새로운 변수들

```
var closeParallaxSpeed = 3;
var enemyHeight = 30;
var enemyWidth = 60;
var enemySpawnRate = 1000;
function Enemy(node, value){
  this.value = value;
  this.speed = 5;
  this.node = node;
  this.update = function(){
    this.node.x(-this.speed, true);
  };
};
```

예제 7.2에서 추가했던 코드 바로 다음에 enemyHeight 변수와 enemyWidth 변수를 추가했다. enemySpawnRate 변수는 새로운 적이 출현하기까지 소요될 시간을 밀리 초 단위로 설정하는 변수다. 그런 다음 Enemy 객체의 생성자 함수를 작성했다. value 속성은 슈팅 게임에 필요한 '점수'나 '남은 도전 기회' 등을 의미한다. speed 변수는 적이 움직이는 속도를 위한 변수다. node 속성은 enemy 변수에 대한 DOM 정보를 가진 (jQuery 객체로 래핑된)div 요소를 저장한다. update 함수는 speed 변수 값을 뺀다(그래서 노드를 왼쪽으로 움직이게 한다). 또한, gameQuery 엔진이 정의한 x 등의 위치 함수에 두 번째 매개 변수를 true

로 지정하지 않고 사용하면 함수가 완전히 다른 형식으로 동작한다는 점에 주의해야 한다. 자세한 내용은 gamequeryjs.com/documentation/api 의 문서를 살펴보기 바란다.

다음으로 배경 이미지 위에 적을 위한 두 번째 레이어를 추가해야 한다. 그러려면 예제 7.4 의 굵게 표시된 코드를 추가하자.

예제 7.4 추가 레이어 작성하기

```
.addSprite("background4", {animation: background4, width: PLAYGROUND_WIDTH, height:
➥PLAYGROUND_HEIGHT, posx: PLAYGROUND_WIDTH})
.end()
.addGroup("enemies", {width: PLAYGROUND_WIDTH, height: PLAYGROUND_HEIGHT})

$.playground().registerCallback(function(){
...
  $("#background4").x(($("#background4").x() - closeParallaxSpeed - PLAYGROUND_WIDTH) %
➥(-2 * PLAYGROUND_WIDTH) + PLAYGROUND_WIDTH);
  $(".enemy").each(function(){
    this.enemy.update();
    if(($(this).x()+ enemyWidth) < 0){
      $(this).remove();
    }
  });
}, REFRESH_RATE);
```

첫 번째로 굵게 표시된 코드에서는 'enemies'라는 이름의 그룹(레이어)을 playground 객체에 추가한다. end 함수는 이 레이어가 background 레이어가 아니라 playground 기본 레이어에 추가된 것인지를 확인하는 메서드다. 말 그대로 내부에 스프라이트를 가지고 있는 div 요소를 추가하는 것이다. background 레이어와 달리 이 레이어에는 적 스프라이트를 동적으로 추가할 것이기 때문에 지금 추가로 해야 하는 작업은 없다. 굵게 표시된 다른 코드(게임 루프 내에 존재하는 코드들)에서는 update 함수를 통해 적들의 위치를 지정한다. 그런 다음 화면의 왼쪽으로 사라졌는지를 검사하고 사라진 적들은 DOM 객체를 제거한다.

addGroup 메서드와 addSprite 메서드가 사용된 섹션에 걸쳐 호출하는 방식 자체가 궁금할 수도 있다. 이 패턴은 jQuery의 '메서드 체인' 방식인데, 함수의 리턴 값이 jQuery 객체여서 이 리턴 값에 대해 jQuery가 제공하는 다른 메서드를 계속해서 호출할 수 있게 된다. 이것은 마치 3 + 2 + 6처럼 한 줄에서 여러 번 덧셈을 수행할 수 있는 것과 비슷하다.

주의할 것은 리턴 값으로 jQuery 객체를 돌려받는다 하더라도 정확히 같은 객체가 아닐 수도 있다는 점이다. 객체 탐색을 find나 addGroup 함수로 끝냈다면 원래 객체를 다시 참조하기 위해서 end 함수를 먼저 호출해야 한다.

왜 이런 식으로 동작하는 걸까? DOM 요소를 추적하는 것은 높은 비용이 소모되는 작업이며, 그렇다고 나중에 다시 사용할 결과를 저장하는 변수를 만들자니 코드가 지저분해진다. 그래서 이처럼 같은 jQuery 객체를 다양한 관점에서 수정하는 방법이 편리하며, 또 빠르다.

jQuery의 객체 탐색에 대한 자세한 내용은 http://api.jquery.com/category/traversing/을 참고하기 바란다.

이제 적을 추가할 다른 콜백 함수를 등록해야 한다. 필요한 코드는 예제 7.5와 같다. 이 코드를 예제 7.4 바로 다음에 작성하자.

예제 7.5   적을 동적으로 추가하기

```
$.playground().registerCallback(function(){
  var enemyValue = Math.ceil(Math.random()*21) - 11;
  var name = "enemy_"+(new Date).getTime();
  $("#enemies").addSprite(name, {animation: '', posx: PLAYGROUND_WIDTH, posy: Math.
➥random()*PLAYGROUND_HEIGHT*0.9,width: enemyWidth, height: enemyHeight});
  var enemyElement = $("#"+name);
  enemyElement.addClass("enemy");
  enemyElement[0].enemy = new Enemy(enemyElement, enemyValue);
  enemyElement.text(enemyValue);
}, enemySpawnRate);
```

이번 예제에서는 첫 번째와 마지막 줄이 중요하다. 두 번째 반복문은 enemySpawnRate 변수에 지정된 매 1,000 밀리 초마다 적을 추가한다. 이처럼 게임 루프를 독립적으로 쉽게 설정할 수 있는 것이 이 엔진의 강력한 기능이라는 점을 간과해서는 안된다.

이 루프의 몸체를 보면 우선, enemyValue 변수는 –10과 10사이의 값이 대입된다. 그런 다음, enemy 객체의 name 속성으로 사용할 값을, 1970년부터 흐른 시간을 밀리 초로 환산한 숫자를 이용하여 유일한 값으로 만들어 대입한다(아무렇게나 정한 값처럼 보일지 모르지만 1970년 1월 1일부터 흐른 시간을 밀리 초로 환산한 'UNIX 시간'이 얼마나 중요한가에 대해서는 따질 이유가 없다).

다음으로 enemies 레이어에 적 스프라이트를 추가한다. 첫 번째 매개 변수에는 요소의 id 특성에 사용될 name 변수 값을 전달한다. 이미지를 사용하는 것이 아니기 때문에 애니메이션을 사용하지 않기 위해 빈 문자열을 대입했다. 적이 보이기 시작하는 x 좌표는 화면의 오른쪽 끝이며 높이는 y 축에서 임의의 위치 값을 갖게 된다(이때 계산식에 0.9를 사용했기 때문에 적이 너무 낮은 위치나 너무 높은 위치에 만들어져 화면에서 보이지 않게 되는 경우를 방지할 수 있다). 그리고 width와 height에 enemyWidth와 enemyHeight 변수 값을 각각 대입한다.

그 후에 enemy 클래스를 지정한다. jQuery 셀렉터는 항상 배열과 유사한 객체를 리턴하기 때문에 enemy 특성을 추가하려면 [0]과 같은 방법으로 첫 번째 요소를 선택해서 지정해야 한다. 이 특성에 새로운 Enemy 객체 인스턴스를 대입하며, 이때 node 변수에는 jQuery가 선택한 노드가 대입되고 value 변수에는 앞서 생성한 임의의 값이 대입된다. 여기서 한 작업들은 캔버스 기반 엔진을 사용할 때에 비해 다소 어지러울 것이다. 모든 위치 정보를 자바스크립트 객체에 담는 것이 아니라 DOM 객체에 떠넘기고 자바스크립트 객체를 통해 참조하고 있다. 관점에 따라 이 방법은 더 편리할 수도 있고 더 불편할 수도 있지만 어떻게 보여지든지 알아둘 가치는 충분하다.

이번 예제의 마지막 부분을 보면 jQuery의 text 함수를 이용하여 적의 값을 텍스트 노드에 대입하고 있다. 여기에 스타일을 적용하려면 두 가지를 더 수정해야 한다. 먼저, game.css 파일을 만들고 예제 7.6의 코드를 작성해야 한다. 두 번째로는 index.html 파일의 <head> 섹션에 <link rel="stylesheet" type="text/css" href="game.css"> 코드를 추가한다.

예제 7.6   적 우주선에 스타일 적용하기

```
.enemy{
  color:red;
  background-color: black;
  font-size:22px;
  border:1px solid red;
  text-align:center;
}
```

모든 것이 계획대로 진행되었다면 그림 7.2와 같은 화면을 보게 될 것이다.

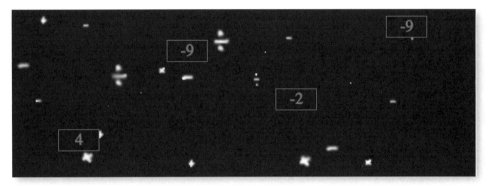

그림 7.2   숫자로 표시된 적의 모습

레시피: 플레이어의 우주선 만들기

이제 적을 만들었으므로 이들을 처리할 방법이 필요할 것이다. 적들을 물리치기 위해 예제 7.7의 코드를 이용하여 플레이어 변수를 정의해보자. 이 코드는 Enemy 함수 바로 아래 줄 부터 작성하면 된다.

예제 7.7 Ship 변수 구현하기

```
var playerHeight = 60;
var playerWidth = 120;

function Player(){
  this.value = 10;
  this.number = 1;
};
```

이 코드에서는 크게 특별할 것이 없다. 그저 높이와 너비, 그리고 Player 생성자 함수에서 사용할 기본 값들을 정의한 것뿐이다.

이 너비와 높이 속성은 Player 생성자 함수 내부에서 정의해도 되지만, 이 변수들은 앞으로 변경되지 않을 것이기 때문에 외부에 남겨두어도 무방하다. 그렇게 하면 나중에 이 변수 값을 찾기 위해 객체의 코드를 찾아 헤멜 필요가 없다. 코드 아키텍처를 수립해 가면서 객체가 얼마나 복잡해질 것인지, 그리고 어떤 값을 어느 범위까지 노출할 것인지를 선택하게 된다. 때로는 정보를 깊숙히 숨겨야 할 필요도 있으며, 때로는 객체를 탐색하는 비싼 비용을 지불하지 않고도 사용할 수 있는 상수로 해결해야만 할 필요가 있을 수도 있다.

다음으로 playground 객체에 레이어와 스프라이트를 추가해야 한다. 예제 7.8에 굵게 표시된 코드를 살펴보자.

예제 7.8 Playground 객체에 플레이어 추가하기

```
.addGroup("enemies", {width: PLAYGROUND_WIDTH, height: PLAYGROUND_HEIGHT})
.end()
.addGroup("player", {posx: 0, posy: PLAYGROUND_HEIGHT/2, width: playerWidth, height:
➥playerHeight})
.addSprite("playerBody",{animation: '', posx: 0, posy: 0, width: playerWidth, height:
➥playerHeight})

$("#player")[0].player = new Player();
$("#playerBody").html("<span class='value'>"+$("#player")[0].player.value+"</span>
➥<br /><span class='number'>"+$("#player")[0].player.number+"</span>");

$.playground().registerCallback(function(){
```

먼저, end 함수를 호출하여 player 레이어를 추가할 때 enemies 레이어에 중첩되어 생성되지 않도록 해야 한다. 플레이어 레이어를 추가할 때는 처음 가로 위치는 화면의 왼쪽, 세로 위치는 중간쯤에 위치하도록 설정하였다. 그런 후 스프라이트를 추가하고, 적과 마찬가지로 스프라이트나 애니메이션을 사용하지 않을 것이므로 애니메이션 값으로 빈 문자열을 대입하였다.

아마도 플레이어 레이어가 적 레이어에 비해 조금 더 구체적이라는 것을 눈치챘을지도 모르겠다. 이 장의 나머지 부분에서는 몇 가지 예외적인 경우를 제외하면 대부분 playerBody 요소보다는 player 요소를 다루는 경우가 더 많을 것이다.

다음으로 새로운 플레이어 객체의 인스턴스를 생성하고, 이것을 jQuery의 "#player" 셀렉터가 리턴하는 요소들 중 첫 번째 요소의 player 속성에 대입한다. 마지막으로 수정할 부분은 playerBody 요소에 스타일을 적용하기 위한 HTML 코드와 그 안에 나타날 텍스트들이다. 여기서도 크게 놀라운 것은 없다. 또한, game.css 파일에 약간의 스타일 정보를 추가해야 한다. 예제 7.9를 살펴보자.

예제 7.9 플레이어의 우주선에 적용될 스타일

```
.enemy{
  color:red;
  background-color: black;
  font-size:24px;
  border:1px solid red;
  text-align:center;
}
#player{
  color:white;
  background-color:black;
  font-size:24px;
  border: 1px solid white;
  text-align:center;
}
```

이제 게임을 시작하면 움직이지 않는 '우주선'을 보게 될 것이다. 이 문제는 예제 7.10에 굵게 표시한 코드로 해결할 수 있다. 이 예제는 입력을 처리하는 것이므로 재빠르게 처리될 수 있어야 한다. 이 코드가 자주 호출될 수 있도록 REFRESH_RATE 변수를 사용하는 콜백 함수의 맨 아래쪽에 작성하자.

예제 7.10 우주선을 움직이게 하는 코드

```
$.playground().registerCallback(function(){
...
  if(jQuery.gameQuery.keyTracker[37]){
    var nextpos = $("#player").x()-5;
    if(nextpos > 0){
      $("#player").x(nextpos);
    }
  }
  if(jQuery.gameQuery.keyTracker[39]){
    var nextpos = $("#player").x()+5;
    if(nextpos < PLAYGROUND_WIDTH - playerWidth){
      $("#player").x(nextpos);
    }
  }
  if(jQuery.gameQuery.keyTracker[38]){
    var nextpos = $("#player").y()-5;
    if(nextpos > 0){
      $("#player").y(nextpos);
    }
  }
  if(jQuery.gameQuery.keyTracker[40]){
    var nextpos = $("#player").y()+5;
```

```
    if(nextpos < PLAYGROUND_HEIGHT - playerHeight){
      $("#player").y(nextpos);
    }
  }
}, REFRESH_RATE);
```

이 코드는 주 게임 루프 맨 아래 부분에 추가되었다. gameQuery 엔진은 다른 게임 엔진과 달리 키 매핑을 매끄럽게 지원하지 않으므로 각 키에 해당하는 숫자를 우리가 직접 알아내야 한다. 37~40 사이의 숫자는 화살표 키에 해당하며, 키의 순서는 코드 상에서 입력된 키를 검사하는 순서대로 왼쪽, 오른쪽, 위쪽 그리고 아래쪽에 각각 대응한다. 해당 코드 블록은 우주선이 화면 바깥으로 빠져나가지 못하도록 구현되어 있다. 키보드의 각 키에 대응하는 전체 숫자 값이 궁금하다면 "자바스크립트 키 코드" 등으로 검색해보기 바란다. 이 책을 쓰는 현재 가장 참고가 되는 사이트는 https://developer.mozilla.org/en-US/docs/DOM/KeyboardEvent#Key_location_constants다.

이 코드를 모두 작성했다면 그림 7.3과 같이 우주선을 마음대로 움직일 수 있게 될 것이다.

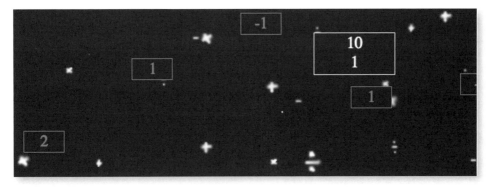

그림 7.3   움직이는 우주선

234

레시피: 적과의 충돌

이제 플레이어의 우주선과 적들이 모두 갖춰졌으므로 이 둘 간의 첫 번째 상호 작용으로써 둘이 충돌했을 때의 결과를 처리해보자. 적들을 수집 가능한 객체로 간주하고 플레이어의 우주선과 적이 충돌했을 때 점수가 추가되도록 구현하는 것을 고려할 수도 있다. 그러나 우리는 이들은 적으로 만들었으므로 적과 부딪히면 플레이어의 우주선이 피해를 입거나 부서지도록 만들 것이다. 이것이야말로 제법 철학적인 접근이다. 나중에는 적들에게 총알을 쏘아댈 것이므로 너무 가까워질 필요는 없다. (메인 루프 내에 구현한)적의 update 루프를 예제 7.11과 같이 수정하여 충돌을 처리해보자.

예제 7.11 충돌의 처리

```
$(".enemy").each(function(){
  this.enemy.update();
  if(($(this).x()+ enemyWidth) < 0){
    $(this).remove();
  } else {
    var collided = $(this).collision("#playerBody,."+$.gQ.groupCssClass);
    if(collided.length > 0){
      $("#player")[0].player.value += $(this)[0].enemy.value;
      $("#player")[0].player.number = $(this)[0].enemy.value;
      $("#player .value").html($("#player")[0].player.value);
      $("#player .number").html($("#player")[0].player.number);
      $(this).remove();
    }
  }
});
```

이제 적 우주선을 만나면 세 가지 경우가 발생한다. 첫째로 플레이어의 value 속성 값에 적의 value 속성 값이 더해져 HTML 코드가 업데이트 된다. 이것은 플레이어의 점수라고 생각해도 무방하다. 둘째로 적의 number 속성이 플레이어의 number 속성에 대입되어 HTML 코드가 업데이트된다. 이것은 플레이어가 보유한 실탄의 갯수가 되고 마지막으로 적 우주선이 제거된다.

235

이제 우주선과 무기를 갖추었다. 남은 것은 이제 무기를 발사하는 능력을 구현하는 것이다. 먼저, 미사일의 속도를 위한 글로벌 변수를 예제 7.12에 굵게 표시한 코드와 같이 추가하자.

예제 7.12 미사일의 속도를 위한 변수

```
function Player(){
  this.speed = 5;
  this.value = 10;
  this.number = 1;
};

var missileSpeed = 10;
```

그런 다음 예제 7.13과 같이 레이어 초기화 코드에 새로운 레이어를 추가하자.

예제 7.13 미사일 레이어 추가하기

```
.addSprite("playerBody",{animation: '', posx: 0, posy: 0, width: playerWidth, height:
➥playerHeight})
.end()
.addGroup("playerMissileLayer",{width: PLAYGROUND_WIDTH, height: PLAYGROUND_HEIGHT}).
end()
```

실제로 미사일을 추가하는 코드는 예제 7.15다. 지금은 예제 7.14의 코드를 적 우주선의 충돌 처리 코드에 추가하자. 이 코드는 적과의 충돌을 처리하는 로직 바로 다음과 (REFRESH_RATE로 끝나는)콜백 함수의 키 처리 코드 바로 앞 사이에 위치한다.

예제 7.14 미사일 충돌 감지하기

```
$(".enemy").each(function(){
  ...
});
$(".playerMissiles").each(function(){
  var posx = $(this).x();
  if(posx > PLAYGROUND_WIDTH){
    $(this).remove();
  }else{
    $(this).x(missileSpeed, true);
    var collided = $(this).collision(".enemy,."+$.gQ.groupCssClass);
    if(collided.length > 0){
      collided.each(function(){
        var possible_value = $(this)[0].enemy.value + $('#player')[0].player.number;
        if(possible_value < 10000 && possible_value > -10000){
          var thisEnemy = $(this)[0].enemy;
          thisEnemy.value = possible_value;
          $(thisEnemy.node[0]).text(thisEnemy.value)
        };
      })
      $(this).remove();
    };
  };
});
```

우선, 미사일이 적 우주선을 폭발시킬지 아니면 화면 오른쪽으로 사라진 것인지를 결정해야 한다. 만약 사라진 것이라면 화면에서 제거해야만 한다. 그렇지 않고 미사일이 아직 화면 상에 존재한다면 조금씩 오른쪽으로 움직이도록 해야 한다. 그런 다음 적 우주선에 충돌한 미사일이 있는지 확인한다. 충돌한 미사일들이 있으면 루프를 실행하면서 미사일의 값을 적 우주선의 값에 더하는데, 이때 한 가지 조건이 있다. 우주선의 값이 -10000부터 10000사이라면 이 값을 변경시키지 않는다. 마지막으로 충돌한 미사일을 제거한다.

그 다음으로 실제로 미사일을 만들어 내는 코드가 필요하다(이 코드는 스페이스 바를 누르면 실행된다). 이 코드는 주 update 루프 내에 작성해도 되지만 그것보다는 발사 버튼에 더 빨리 반응해야 한다. 게다가 정말 필요한 것이 아닌 무언가가 루프 내에 존재한다면 그것이 게임을 느리게 만드는 것을 원치 않을 것이다. 예제 7.15는 이번에 작성할 코드를 보여준다. 이 코드는 파일의 하단에 있는 startGame 함수 바로 위에 작성한다.

예제 7.15   미사일을 생성하는 코드

```
$(document).keydown(function(e){
  if(e.keyCode === 32){
      var playerposx = $("#player").x();
      var playerposy = $("#player").y();
      var name = "playerMissile_"+(new Date()).getTime();
      $("#playerMissileLayer").addSprite(name, {posx: playerposx + playerWidth, posy:
➡playerposy, width: playerWidth/2,height: playerHeight/2});
      $("#"+name).addClass("playerMissiles. player");
      $("#"+name).html("<div>"+$("#player")[0].player.number+"</div>");
  }
});


$.playground().startGame();
```

이 코드는 (gameQuery가 아닌)jQuery의 keydown 이벤트를 이용하여 스페이스 키(키 코드
32)가 눌렸는지를 검사한다. 그리고 나중에 사용하기 위해 우주선의 위치를 저장한 후, (앞
서 사용했던 (new Date()).getTime() 함수를 통해)name 속성의 값을 만들어 내며 이 값이 스
프라이트의 ID가 된다. 너비와 높이는 플레이어 우주선의 절반 정도 크기로 지정하고, 위
치는 우주선의 오른쪽에 맞춘다. 그리고 나서 예제 7.14의 코드에서 충돌을 테스트할 때
필요한 playerMissiles 클래스를 설정한다. 마지막 라인은 HTML 코드를 추가하는 것이다.
여러분이 기대한 것과 같이 이제 미사일에 대한 스타일링 코드가 필요하다. 예제 7.16의 코
드를 game.css 파일 하단에 작성하자. 숫자들이 실제로는 장전되어 발사될 미사일이므로
number 클래스도 마찬가지로 같이 작성하자.

예제 7.16   미사일에 적용될 스타일 코드

```
.playerMissiles{
  text-align:center;
  border: solid 1px green;
  font-size:24px;
  color:green;
  background-color:black;
}
.number{
  color:green;
}
```

The Web Game Developer's Cookbook

레시피: 파워업

덧셈과 뺄셈 기호들이 왔다 갔다 하는 것에 그다지 흥미를 느끼지 못했을 것이다. 뭐, 괜찮다. 이번 레시피에서는 적 우주선에 무기를 발사할 때 일어나는 일들을 엄청 복잡하게 만들 것이다.

예제 7.17처럼 missileSpeed 변수 아래에 다시 새로운 변수들을 추가하는 것부터 시작해 보자.

예제 7.17   기호 배열을 위한 변수들

```
var missileSpeed = 10;
var symbols = ["+", "-", "*", "/", "%", "|", "&", "<<", ">>"];
var symbolIndex = 0;
```

이 기호들이 자바스크립트에서 (그리고 다른 많은 프로그래밍 언어에서) '덧셈', '뺄셈', '곱셈', '나눗셈', '나머지'(나눈 나머지를 취하는 연산자), '바이너리 OR', '바이너리 AND', '왼쪽 비트 쉬프트', 그리고 '오른쪽 비트 쉬프트' 연산자로 사용되는 기호임을 눈치챘을 것이다. 우리의 계획은 덧셈 기호만이 아니라 이 모든 기호들을 사용해서 '공격'하는 것이다. 다음으로 playerBody 요소의 HTML 코드를 예제 7.18의 코드로 변경해야 한다. 굵게 표시된 코드가 새로 추가된 코드다.

예제 7.18   playerBody 요소에 기호 표시기 추가하기

```
$("#player")[0].player = new Player();
$("#playerBody").html("<span class='value'>"+$("#player")[0].player.value+"</span>
➥<br />(<span class='symbol'>"+symbols[symbolIndex]+"</span>) <span class='number'>
➥"+$("#player")[0].player.number+"</span>");
```

239

여기서는 괄호 사이에 기호를 끼워넣는다. 그 다음으로는 미사일 충돌 검사 로직을 구현한 코드를 수정해서 덧셈 기호만이 아닌, 기호로 수록된 모든 수학 기호에 대해 충돌을 검사하도록 해야 한다. 예제 7.19를 살펴보자.

예제 7.19 보다 똑똑해진 미사일 충돌 검사 로직

```
$(".playerMissiles").each(function(){
  var posx = $(this).x();
...
    collided.each(function(){
      var possible_value = Math.round(eval($(this)[0].enemy.value + " " + symbols
➡[symbolIndex] + " " + $('#player')[0].player.number));
      if(possible_value < 10000 && possible_value > -10000){
...
  };
});
```

실제로 변경된 코드는 단 한 줄 뿐이다. 이제는 possible_value 변수 값을 Math.round 함수로 감싸 나눗셈의 결과로 인해 지나치게 작은 수가 간헐적으로 사용되어 플레이어가 혼동을 느끼는 상황이 발생하지 않도록 했다. 게다가 줄 전체를 하나의 문자열로서 '평가'할 수 있게 되었다. eval 함수의 역할은 매개 변수로 전달된 문자열을 평가하여 이것을 유효한 자바스크립트 코드처럼 해석하려 시도한다. 각각의 기호를 생성하는 함수를 구현하고 피연산자를 전달하려면 여러모로 수고스럽겠지만 이런 목적을 보다 쉽게 달성하기 위해 eval 함수를 이용한 트릭을 사용한 것이다.

EVAL 함수를 절대로 사용하지 말 것!

… 그렇지 않으면 옛말이 틀리지 않았음을 알게 될 것이다. 여기에는 몇 가지 이유가 있다. 아키텍처적으로 eval 함수의 사용은 수많은 변수와 문자열을 결합하여 사용하게 되며, 이 경우 디버깅과 유지보수가 어려워진다. 또한, 성능의 관점에서도 좋지 않은데 그 이유는 브라우저 최적화 뿐만 아니라 성능에 좋지 않은 영향을 미치는 자바스크립트 해석기를 호출하기 때문이다.

> 가장 무서운 점은 eval 함수로 인해 발생할 수 있는 보안 이슈다. 우리가 늘 걱정하는 것
> 이 무엇인가? 대부분 크로스 사이트 스크립팅(XSS) 공격일 것이다. 이 공격은 주로 URL,
> 폼 입력, 또는 기타 자유로운 형태로 서버에 전달되는 텍스트들을 이용하여 eval 함수에
> 전달될 다른 코드 조각을 만들어 내는 비교적 쉬운 공격이다.

좋다. 필자는 죄가 없다. 만일 eval 함수를 사용하기가 꺼려진다면 예제 7.20의 코드로 대
체하면 된다. functionEval 함수를 파일의 꼭대기(symbolIndex 변수를 선언한 바로 다음)에
추가하고 예제 7.19에서 possible_value 변수에 eval 함수를 실행한 결과를 대입하는 코드
를 변경하면 된다.

예제 7.20   eval 함수 제거하기

```
var symbols = ["+", "-", "*", "/", "%", "|", "&", "<<", ">>"];
var symbolIndex = 0;

function functionEval(enemyValue, symbol, missileValue){
  switch(symbol){
    case "+":
      return enemyValue + missileValue;
    case "-":
      return enemyValue - missileValue;
    case "*":
      return enemyValue * missileValue;
    case "/":
      return enemyValue / missileValue;
    case "%":
      return enemyValue % missileValue;
    case "|":
      return enemyValue | missileValue;
    case "&":
      return enemyValue & missileValue;
    case "<<":
      return enemyValue << missileValue;
    case ">>":
      return enemyValue >> missileValue;
  };
};
...
var possible_value = Math.round(functionEval($(this)[0].enemy.value,
symbols[symbolIndex],
➡$('#player')[0].player.number));
```

이제 마지막 코드를 추가하자. 예제 7.21의 코드는 사용 가능한 값들을 순환하는 코드다.

예제 7.21   함수를 순환하는 코드

```
$(document).keydown(function(e){
  if(e.keyCode === 32){
      var playerposx = $("#player").x();
      var playerposy = $("#player").y();
      var name = "playerMissile_"+(new Date()).getTime();
      $("#playerMissileLayer").addSprite(name, {posx: playerposx + playerWidth, posy:
➥playerposy, width: playerWidth/2,height: playerHeight/2});
      $("#"+name).addClass("playerMissiles");
      $("#"+name).html("<div>"+$("#player")[0].player.number+"</div>");
  } else if(e.keyCode === 70){
    symbolIndex = (symbolIndex+1)%symbols.length;
    $("#player .symbol").text(symbols[symbolIndex]);
  };
});
```

이 코드는 'f' 키를 누르면 실행된다. 이 함수는 symbolIndex 변수에 1을 더하고 그 값이 최대 값에 다다르면 나머지 연산자에 의해 0으로 되돌아가게 만든다(이 함수가 어떻게 동작하는지 이해가 되지 않는다면 게임을 잠시 해보면 알게 될 것이다). 그런 다음, 플레이어 기호를 표시하는 HTML 코드를 수정하여 현재 선택된 기호가 나타나도록 한다.

모든 구현을 마치고 게임을 실행한 모습은 그림 7.4와 같을 것이다.

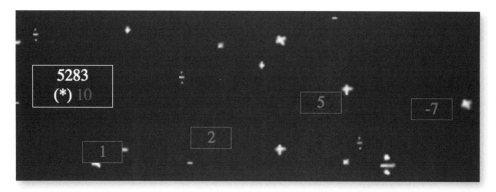

그림 7.4   완성된 게임

요약

이번 장에서는 DOM 렌더링 기반의 게임 엔진인 gameQuery 엔진을 이용하여 슈팅 게임을 만들어 보았다. 게임을 구현하는 동안 브라우저에서 사용 가능한 여러 가지 형태의 렌더링 기법(3D 캔버스, 2D 캔버스, SVG, DOM 그리고 CSS3)에 대해 살펴보았으며, 왜 모든 사람들이 eval 함수를 그렇게도 싫어하는지 그 이유들(보안, 성능 그리고 아키텍처)도 살펴보았다.

대부분의 슈팅 게임들은 뺄셈을 활용한다. 적에게 무기를 발사하여 적이 맞으면 그들의 체력 값을 0이나 그 이하가 될 때까지 빼다가 마지막에는 사라지거나 폭발하게 된다. 또는 적이 주인공을 쏴도 마찬가지 효과가 발생한다. 이번 장에서 구현한 게임은 지금까지의 것보다는 조금 더 유연한 구조였으며, 특히 2진법 연산자에 익숙하지 않았던 독자에게는 연습에 도움이 되었을 것이다.

gameQuery 엔진에 대해 조금 더 이야기하자면, 이 엔진은 아직 논의하지 못했던 사운드 래퍼 API, 애니메이션, 타일 맵, 그리고 크기 조정이나 회전 같은 스프라이트 조작 등 여러 가지 기능을 제공한다.

이 게임에는 분명 여러분이 더욱 발전시킬 수 있는 부분이 몇 가지 있다. x와 y 속성을 뒤집고 일부 이미지를 90도 회전하면 한 시간만에 상하 스크롤링 게임으로 바꿀 수도 있다. 목적을 달성하며 승리/패배 상태나 레벨을 추가할 수도 있다. 그렇게 하다보면 일을 진척시켜감에 따라 스스로 기술을 갈고 닦으며 더 큰 관심과 열정을 갖게 될 것이다. 간혹 점수도 목표로서 좋은 요소가 될 수 있다. 또는 모든 무기를 곧바로 사용 가능한 것이 아니라 일부는 사용 해제를 하도록 만들 수도 있고, 무기가 서로 다른 속도로 여러 궤적으로 날아가도록 할 수도 있다. 그것은 적들도 마찬가지다. 크고 무식한 보스 캐릭터를 등장시켜도 된다. 현재의 형태는 전체적으로 전혀 꾸밈이 없는 캐비넷에 담긴 핀볼 게임처럼 지극히 추상적인 형태일 뿐이다.

CHAPTER 8

FPS

현대의 3D 게임을 구현하는 폴리건과 다중 카메라 앵글이 알려지기 전까지는 둠(Doom)과 같은 레이캐스팅(Raycasting, 광선 투사법)을 사용하는 게임이나, 이번 장에서 우리가 구현해볼 게임들이 사실감있는 3D 경험을 제공했었다. 이 일인칭 시점 게임은 우리가 창조한 세상을 플레이어가 제어할 병사나 첩보원 또는, 시체로부터 도망가는 누군가의 눈으로 바라볼 수 있는 환경으로 초대하는 것이 가능하다. 이처럼 어깨에 카메라를 올려놓고 촬영하는 듯한 각도의 카메라와 이번 장에서 배울 기법들을 활용하면 레이싱 게임이나 일인칭 RPG등을 구현할 때 필요로 하는 시점의 처리가 가능하다.

The Web Game Developer's Cookbook

레시피: 죠스 엔진을 이용한 게임 개발 시작하기

앞서 제7장에서는 배경 이미지의 스크롤에 시간차를 두는 3D 기법을 도입했었다. 이 기법은 2D 게임, 특히 플랫폼 게임에서 세상이 더 넓어 보이게 하는 효과에 빈번히 사용된다. 이번 장에서는 레이캐스팅(Raycasting, 광선 투사법)이라고 불리는 또 다른 3D 효과를 흉내내는 기법을 사용한다. 훨씬 더 복잡한 3D 렌더링 기법인 레이트레이싱(Raytracing, 광선 추적법)과 혼동하지 말기를 바란다. 이 게임에 대한 자세한 내용은 잠시 후에 살펴보겠지만, 간략히 말하자면 레이캐스트를 사용한다는 것은, 먼저 2차원 방식으로 지도를 펼친 후 여러분의 시점에서 광선을 벽에 '쏘아' 거리를 측정하고, 그것을 토대로 하여 적당한 크기로 렌더링하는 것을 의미한다.

> **참고**
>
> 3D 효과 중에 잘 알려진 다른 기법으로 **등각투영법(Isometric Projection)**이라는 것이 있다. 중학교 미술시간으로 되돌아가(또는 그때로 앞서가)보자. 3차원으로 정육면체를 그릴 때 바깥쪽으로 기울여서 바라보는 시점을 꼭대기로 이동한 것처럼 그려본 경험이 있었던 것을 기억하는가? 이것이 바로 **등각투영법**과 같다. 이 기법은 제10장 "RTS"에서 활용할 예정이다.
>
> 많은 게임들이 이런 식으로 렌더링을 수행한다. 일찍이 **큐버트(Q*bert)**라는 아타리(Atari)용 게임이 있었고, **마블 매드니스(Marble Madness)**, **스네이크 래틀앤 롤(Snake Rattle'n Roll)**, 그리고 NES 용 **솔스티스(Solstice)**도 그런 게임이었다. 플레이스테이션(PlayStation)용 **파이널 판타지 택틱스(Final Fantasy Tactics)**와 MMO 시뮬레이션 게

> 임인 **하보 호텔(Habbo Hotel)** 같은 게임은 더욱 진보된 기법들로 화려한 그래픽을 자랑한다.
>
> 이런 게임들에 적용된 등각투영법을 아직도 깨닫지 못하겠다면 '위쪽' 화살표를 누를 경우 실제로는 '위와 오른쪽'(또는 '위와 왼쪽'도 괜찮으려나?)으로 움직이고, '오른쪽' 화살표를 누르면 '오른쪽 아래로' 움직이는 어떤 것을 기억해 낸다면 이 기법을 규정지을 수 있을 것이다. 물체의 이동에 있어 어딘가를 가리키고 클릭하는 형식의 인터페이스가 아니라 방향을 입력하여 제어하는 방식과 함께 이 기법을 사용하기로 결심했다면 단단한 주의가 필요하다.

여기까지 오는 동안 다른 장에서는 여러 가지 작업을 게임 엔진에 의존해왔다. 그러나 대부분의 게임 엔진은 레이캐스트 기법을 구현하고 있지 않기 때문에 그 기능은 직접 구현해야 한다.

그런 이유로 아마 게임 엔진을 반드시 사용해야 하는지 궁금할 것이다. 맨땅에서 게임 엔진을 개발하는 것이 얼마나 복잡한 것인지 알고 있음에도 불구하고, 이번 장에서만큼은 필자도 답변의 자유를 누리고자 한다. "그렇다, 여러분에게는 게임 엔진이 필요하다." 코드를 정리하고, 게임 루프를 관리하며, 스프라이트를 미리 로드하고, 입력을 받아들이는 것이 대수롭지 않아 보일 수도 있지만, 일반적으로 말하자면 간결함에 초점을 맞추는 것은 아키텍처적으로 고려할 가치가 있다. 한편 외부 라이브러리에 대한 의존성도 낮추고 싶은 경우에는 한 가지 목적으로 만들어진 도구를 사용하거나 코드를 최적화해야 한다.

그러면 죠스 엔진은 여러분에게 어떤 도움을 줄 수 있을까? 개발을 시작하기 위해 먼저 예제 8.1의 코드를 가진 기본 HTML 파일을 만들어보자.

예제 8.1 기본 HTML 파일

```html
<html>
  <head>
    <title>FPS</title>
    <link rel="stylesheet" type="text/css" href="game.css" />
  </head>
  <body>
    <canvas id="canvas"></canvas>
```

```
    <script type="text/javascript" src="jaws.js"></script>
    <script type="text/javascript" src="game.js"></script>
    <script>
      jaws.start(Game);
    </script>
  </body>
</html>
```

뭔가 색다를 것은 없는 코드다. 그저 스타일 시트를 로드해 id 특성 값이 canvas인 canvas 요소를 페이지에 추가하고, 게임 엔진과 자바스크립트 파일을 로드한 후 죠스 엔진을 시작한다. 이때 Game 객체를 매개 변수로 전달한다. 이번엔 jaws.start(Game) 구문이 정확히 어떤 일을 하는지 알아보기 위해 game.js 파일에 예제 8.2의 코드를 작성하자.

예제 8.2 game.js 파일의 코드

```
var Game = function(){
  this.setup = function() {
    alert("시작합니다!");
  };
}
```

잠시 후면 죠스 엔진에서 정의할 draw와 update 함수를 사용하겠지만, 지금 당장은 간단히 죠스 엔진으로 게임을 초기화하는 부분을 알아두기만 하자. 계속 진행하기에 앞서 예제 8.3의 코드를 가진 CSS 파일도 생성하자.

예제 8.3 game.css 파일의 코드

```
#canvas{
  position:absolute;
  width:600px;
  height:300px;
  z-index:-1;
}
```

지금까지의 작업을 모두 마쳤다면 그림 8.1처럼 죠스 엔진의 로딩 화면과 함께 경고창을 보게 될 것이다. 여기서 알아둘 것이 두 가지가 있는데 첫째, 죠스 엔진은 페이지에 있는 첫 번째 캔버스 요소를 사용한다. 따라서 명시적으로 어떤 메서드를 호출하거나 캔버스 요소의 ID를 전달할 필요는 없다. 둘째, 이 엔진은 start 함수를 통해서 자동으로 setup 함수를 실행한다.

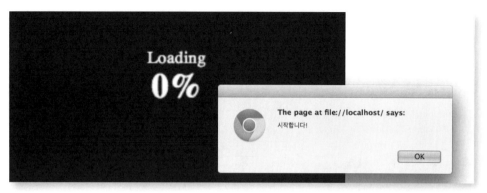

그림 8.1 죠스 엔진을 로딩하는 화면

The Web Game Developer's Cookbook

레시피: 2D 지도 만들기

레이캐스트를 시도하려면 우선, 2차원 지도 영역을 만들어야 한다. 우선 game.js 파일의
코드를 예제 8.4와 같이 수정하자.

예제 8.4: 지도 추가하기

```
var Game = function(){
  var map = [ [1,1,1,1,1,1,1,1,1,1,1,1,1,1,1,1],
      [1,-1,-1,-1,-1,-1,-1,-1,-1,-1,-1,-1,-1,-1,-1,1],
      [1,-1,-1,-1,-1,-1,-1,0,-1,2,3,1,-1,-1,-1,1],
      [1,1,-1,-1,-1,-1,-1,-1,-1,-1,-1,-1,-1,-1,-1,1],
      [1,-1,-1,-1,-1,-1,-1,-1,-1,-1,-1,-1,-1,-1,-1,1],
      [1,-1,-1,-1,-1,-1,-1,-1,-1,-1,-1,-1,-1,-1,-1,1],
      [1,-1,-1,-1,-1,-1,-1,-1,-1,-1,-1,-1,-1,-1,-1,1],
      [1,-1,3,-1,-1,-1,-1,-1,-1,-1,-1,-1,-1,-1,-1,1],
      [1,-1,-1,-1,-1,-1,-1,-1,-1,-1,-1,2,-1,-1,-1,1],
      [1,-1,-1,1,-1,-1,-1,-1,-1,3,-1,-1,-1,-1,-1,1],
      [1,-1,-1,-1,-1,-1,-1,-1,-1,-1,-1,-1,-1,-1,-1,1],
      [1,-1,-1,-1,-1,-1,-1,-1,-1,-1,-1,-1,-1,-1,-1,1],
      [1,-1,-1,-1,-1,-1,1,-1,-1,2,-1,-1,-1,-1,-1,1],
      [1,-1,-1,-1,-1,-1,-1,-1,-1,-1,-1,-1,-1,-1,-1,1],
      [1,-1,-1,-1,-1,-1,-1,-1,-1,-1,-1,-1,-1,-1,-1,1],
      [1,1,1,1,1,1,1,1,1,1,1,1,1,1,1,1]]);
  var minimap = {
    init: function(){
      this.element = document.getElementById('minimap');
      this.context = this.element.getContext("2d");
      this.element.width = 300;
      this.element.height = 300;
      this.width = this.element.width;
      this.height = this.element.height;
      this.cellsAcross = map[0].length;
      this.cellsDown = map.length;
      this.cellWidth = this.width/this.cellsAcross;
      this.cellHeight = this.height/this.cellsDown;
      this.colors = ["#ffff00", "#ff00ff", "#00ffff", "#0000ff"];
      this.draw = function(){
        for(var y = 0; y < this.cellsDown; y++){
          for(var x = 0; x < this.cellsAcross; x++){
```

```
        var cell = map[y][x];
        if (cell===-1){
          this.context.fillStyle = "#ffffff"
        }else{
          this.context.fillStyle = this.colors[map[y][x]];
        };
        this.context.fillRect(this.cellWidth*x, this.cellHeight*y, this.cellWidth,
➡this.cellHeight);
      };
    };
  };
  }
};
this.draw = function(){
  minimap.draw();
};
this.setup = function() {
  minimap.init();
};
}
```

이 예제에서는 map이라는 2차원 배열을 추가했다. –1은 빈 공간을 의미하며 0부터 3사이
의 값은 각자 다른 형식의 벽을 의미한다. setup 함수에서는 alert 함수를 삭제하고 mini
map 객체의 init 함수를 호출하여 초기화한다. 죠스 엔진이 반복해서 호출해 줄 draw 함
수에서는 minimap 객체의 draw 함수를 호출한다.

아마 지도가 제대로 로드되는지를 확인할 방법이 없다거나, 대체 어떤 데이터를 가지고
있는 것인지를 알아볼 방법이 없다는 것이 다소 우려될 것이다. 만일 캡슐화된 객체의 내
부 동작을 콘솔을 통해 확인해보고 싶다면 var 키워드를 잠시 지운 후 이 객체가 어떤 일
을 수행하는지 확인하면 된다. 라이브러리에서 코드를 가져다 쓰기도 하는 복잡한 프로그
램에서는 간혹 이상한 결과를 보게 될 수도 있지만, 변수 이름을 잘 지정해서 이름의 충
돌이 없다면 console.log(변수)를 입력하여 변수의 값을 출력해보는 것보다는 훨씬 빠르
게 객체의 동작을 파악할 수 있는 방법이다. 변수의 이름이 유일해야 한다면 var map =
[[...], [...], ...]; THE_MAP = map;처럼 다른(그리고 유일한) 글로벌 변수에 대입하는 것
도 한 방법이다.

그런 다음 THE_MAP 변수를 콘솔에서 참조하고, 다 살펴본 후에는 삭제하면 된다.

251

이제 minimap 객체에 대해 살펴보도록 하자. 이 객체는 2차원 지도를 저장하는 캔버스 요소를 격리한다. init 함수는 "this.변수명" 형태로 선언된 변수들이 외부에서도 참조될 수 있도록 초기화한다. 먼저, 캔버스 요소와 그 컨텍스트 객체를 가져온다. 그리고 캔버스 객체의 너비와 높이를 명시적으로 지정한다. 캔버스 컨텍스트 객체의 높이와 너비는 CSS에 정의한 캔버스 요소의 높이와 너비를 상속받는다고 생각할지도 모르겠다. 그러나 실제로는 그렇지 않기 때문에 크기를 명시적으로 지정해야 한다. 그런 다음에는 편의를 위해 짧은 이름의 속성들에 변수 값들을 대입한다. 그리고 x 축과 y 축 칸의 숫자를 찾아 이를 이용하여 각 칸의 크기를 결정한다. 또한, draw 함수 직전의 마지막 줄에서는 서로 다른 타입의 벽에 사용할 색상 담긴 배열을 선언한다.

draw 함수에서는 바깥쪽의 map 배열(y 축)의 원소들을 순환함과 동시에 그 하위 배열(x 축)을 다시 한 번 순환하여 빈 공간이면 흰색 칸을, 그렇지 않으면 지도의 현재 위치에 해당하는 값을 색상 배열에서 찾아 그 색상을 칠한다. fillRect 함수에 전달되는 매개 변수는 x 좌표(왼쪽으로부터의 거리), y 좌표(위쪽으로부터의 거리), 너비, 그리고 높이 등이다.

이제 지금까지 작성한 자바스크립트 코드가 동작할 수 있도록 HTML과 CSS코드를 따라 변경해야 할 차례다. 우선 예제 8.5에 굵게 표시된 코드를 추가하자.

예제 8.5 index.html 파일에 minimap 객체 추가하기

```
<canvas id="canvas"></canvas>
<canvas id="minimap"></canvas>
<script type="text/javascript" src="jaws.js"></script>
```

마지막으로 예제 8.6에 추가된 코드들은 새로 추가한 캔버스 요소에 적용될 스타일을 위한 코드다. 이 코드를 game.css 파일에 추가하자.

예제 8.6 minimap 요소를 위한 스타일 코드

```
...
#minimap{
  border:1px solid black;
  position:absolute;
  top:350px;
  width:300px;
```

```
    height:300px;
 }
```

이번 예제에서는 각 요소에 절대 좌표를 적용했기 때문에 top 특성을 통해 요소가 페이지의 어느 위치에 나타날 것인지를 지정하게 되며, width와 height 특성은 예상한 대로 동작한다. 그러나 기억해야 할 것은 앞서 지적했듯이 이 값들이 이 캔버스 요소에서 파생된 컨텍스트 객체의 width와 height 속성 값으로 사용되지는 않는다는 점이다.

지금까지의 예제가 올바르게 동작한다면 index.html 파일을 브라우저를 통해 실행했을 때 그림 8.2와 같은 모습을 보게 될 것이다.

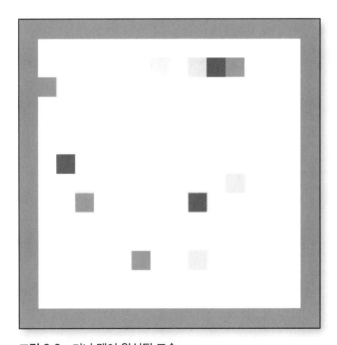

그림 8.2 미니 맵이 완성된 모습

레시피: 플레이어 추가하기

이제 2차원 지도를 구현했다. 다음으로 해야 할 일은 이 지도를 돌아다닐 객체다. 화면에 플레이어 객체를 추가하려면 game.js 파일을 예제 8.7처럼 수정해야 한다.

예제 8.7   미니 맵에 플레이어 추가하기

```
var Game = function(){
  var player = {
    init: function(){
      this.x = 10;
      this.y = 6;
      this.draw = function(){
        var playerXOnMinimap = this.x * minimap.cellWidth;
        var playerYOnMinimap = this.y * minimap.cellHeight;
        minimap.context.fillStyle = "#000000";
        minimap.context.beginPath();
        minimap.context.arc(minimap.cellWidth*this.x, minimap.cellHeight*this.y, minimap.
➥cellWidth/2, 0, 2*Math.PI, true);
        minimap.context.fill();
      };
    }
  }
  var map = [[1,1,1,1,1,1,1,1,1,1,1,1,1,1,1,1],
  ...
  var minimap = {
...
  };
  this.draw = function(){
    minimap.draw();
    player.draw();
  };
  this.setup = function() {
    minimap.init();
    player.init();
  };
}
```

굵게 표시되지 않은 코드는 무시해도 좋다. 이번 코드에서 중요한 부분은 세 곳이다. 아래쪽부터 시작해보면 player 객체를 minimap 객체와 동일한 방식으로 초기화하며, player. draw 함수가 무한으로 반복 호출되는 draw 함수 내에서 실행할 수 있도록 등록한다. 상단의 player 객체를 보면 플레이어가 시작할 좌표를 정의하고 미니 맵의 변수 몇 가지를 사용하여 플레이어의 위치에 검은색 원을 그린다.

다음으로 플레이어의 움직임을 만든다. 아마도 여러분은 위나 아래로 움직이면 y 축의 위치가 변하고 오른쪽과 왼쪽으로 움직이면 x 축의 위치가 변할거라 기대하고 있을 것이다. 하지만 원근감에 대한 것은 잠시 접어두고 움직임에 대해 조금 다른 방향으로 접근해야만 한다. 즉, 이번 게임에서는 어떤 키는 플레이어가 방향을 전환하도록 하고 또 다른 키들은 앞이나 뒤로 움직이도록 해야 한다.

이제 예제 8.8의 코드와 같이 update 함수를 구현하자. 이 함수는 draw 함수와 함께 죠스엔진의 무한 루프 내에서 계속 호출된다. update 함수는 draw 함수 바로 다음에 작성하자.

예제 8.8 입력 값 등록하기

```
this.update = function(){
  if(jaws.pressed("left")) { player.direction = -1 };
  if(jaws.pressed("right")) { player.direction = 1 };
  if(jaws.pressed("up")) { player.speed = 1 };
  if(jaws.pressed("down")) { player.speed = -1 };

  if(jaws.on_keyup(["left", "right"], function(){
    player.direction = 0;
  }));
  if(jaws.on_keyup(["up", "down"], function(){
    player.speed = 0;
  }));
  player.move();
};
} //여기가 파일의 끝임.
```

이 예제에서는 플레이어가 방향을 전환하거나 움직이는 동작을 수행할지에 대한 여부를 등록하고 그런 다음, move 함수를 호출하여 그 결과를 적용한다. move 함수를 추가한 것 외에도 이 파일의 시작 부분에 또 다른 변경이 필요하므로 예제 8.9의 굵게 표시된 코드를 살펴보자.

예제 8.9   플레이어 이동하기

```
var Game = function(){
  var player = {
    init: function(){
      this.x = 10;
      this.y = 6;
      this.direction = 0;
      this.angle = 0;
      this.speed = 0;
      this.movementSpeed = 0.1;
      this.turnSpeed = 4 * Math.PI / 180;
      this.move = function(){
        var moveStep = this.speed * this.movementSpeed;
        this.angle += this.direction * this.turnSpeed;
        var newX = this.x + Math.cos(this.angle) * moveStep;
        var newY = this.y + Math.sin(this.angle) * moveStep;
        if (!containsBlock(newX, newY)){
          this.x = newX;
          this.y = newY;
        };
      };
      this.draw = function(){
        var playerXOnMinimap = this.x * minimap.cellWidth;
        var playerYOnMinimap = this.y * minimap.cellHeight;
        minimap.context.fillStyle = "#000000";
        minimap.context.beginPath();
        minimap.context.arc(minimap.cellWidth*this.x, minimap.cellHeight*this.y, minimap.
➥cellWidth/2, 0, 2*Math.PI, true);
        minimap.context.fill();
        var projectedX = this.x + Math.cos(this.angle);
        var projectedY = this.y + Math.sin(this.angle);
        minimap.context.fillRect(minimap.cellWidth*projectedX - minimap.cellWidth/4,
➥minimap.cellHeight*projectedY - minimap.cellHeight/4, minimap.cellWidth/2,
➥minimap.cellHeight/2);
      };
    }
  };
  function containsBlock(x,y) {
    return (map[Math.floor(y)][Math.floor(x)] !== -1);
  };
```

우선 direction 변수 값을 0으로 설정한다. 이 변수는 플레이어의 방향을 바꾸지 않을 것임을 의미한다. angle 변수 값을 0으로 설정한다는 것은 오른쪽을 바라보고 있다는 것이고, speed 변수 값을 0으로 설정한다는 것은 앞이나 뒤로 움직이지 않는다는 뜻이다. movementSpeed 변수는 얼마나 빠른 속도로 움직이는가를 설정하는 변수이며, turnSpeed 변수는 얼마나 빠른 속도로 회전하여 방향을 전환할 것인지를 설정하는 변수다. 이 예제에서 Math.PI를 이용한 색다른 수식은 (전체 원 360도 중)4도를 .0698 라디언(Pi의 두 배는 360도와 같다.)으로 변환한 것이다. 원을 그리기 위해 도(옮긴이 각도의 단위)를 라디언으로 변환하려는 목적으로 Pi 값을 참조한 것과 같이 라디언을 도로 변환하려면 사인이나 코사인 같은 삼각함수를 사용해야 한다.

> **주의**
>
> **삼각법 이해하기**
>
> 삼각법에 대해 잘 모른다고 해서 걱정할 필요는 없다. 이번 장에서 하는 작업들은 각도와 삼각형의 면이 잘 맞는지를 알아보려는 용도로 사용하는 정도다. 물론, 어느 정도 설명은 있겠지만 오늘 하루 소스 코드를 그저 복사만 했더라도 게임을 만들수는 있다. 우리 주변에는 항상 배울 것이 널려 있으므로 잠깐 방황했다거나 어느 특정 분야에 조금 더 노력이 필요하다고 해서 너무 우울해 할 필요는 없다.

move 메서드는 이 게임에서 삼각법을 사용하는 첫 번째 함수다. 이 함수의 목적은 플레이어의 x와 y 좌표를 수정하는 것이다. 먼저, 플레이어가 이동할 거리를 의미하는 moveStep 변수 값을 구한다. 그러나 이 값만으로는 x와 y 좌표를 구하기에는 충분치 않다. 다음으로, 방향을 전환 중이라면 플레이어가 바라보는 각도를 조정한다. 그렇게 하면 플레이어가 어느 방향으로 얼마나 이동하고자 하는지를 알 수 있게 된다. 삼각 함수(사인, 코사인, 그리고 탄젠트)를 이용하면 삼각형의 변의 비율을 알 수 있게 된다. 플레이어가 바라보는 방향은 이 삼각형의 빗변(삼각형에서 가장 긴 변)이며 x 축은 인접한 변이고, y 축은 대변이다. 따라서 x 좌표는 코사인 함수를 이용하여 빗변(moveStep)에 대한 인접한 변의 비율을 얻을 수 있다. 여기에 빗변의 길이를 곱하면 x 축으로 이동할 거리를 구하게 되는 것이다. 여기에 현재 x 좌표를 더하면 플레이어가 이동할 최종 목적지의 좌표인 newX 값을 구할 수 있게 된다.

새로운 y 좌표를 구하기 위해서는 앞서 설명한 것과 유사한 방법을 사용하지만 빗변에 대한 대변(y 축)의 길이를 구하기 위해 사인 함수를 사용해야 한다. 앞서와 마찬가지로 이 비율에 빗변의 길이를 곱하면 플레이어가 이동해야 할 거리를 알 수 있다. 그런 후 현재의 좌표를 더하면 newY 값을 구할 수 있게 된다.

플레이어가 벽 안으로 들어가는 것을 방지하기 위해서는 지금까지 구한 값들을 contains-Block 함수에 전달해야 한다. 이 함수는 플레이어가 벽이 차지하고 있는 공간으로 들어가는지 여부를 검사하는 함수다. floor 함수를 사용하는 것은 각각의 칸 내부(즉, 5부터 5.999 사이의 x 위치와 4부터 4.999까지의 y 위치)의 어느 위치를 수정하는 것을 막기 위한 방법 중 하나로, 블록이 비어 있다면 플레이어의 위치가 수정된다.

draw 함수에서는 플레이어가 바라보는 방향에 대한 표시를 추가한다. move 함수와 마찬 가지로 삼각 함수를 사용하지만 플레이어가 실제로 그 위치로 이동할 수 있는지에 대해서는 고려하지 않아도 되므로 그냥 넘어가겠다. fillRect 함수에는 상당히 작은 크기의 사각형을 지정하며, 그러기 위해서 세 번째와 네 번째 매개 변수에 cellWidth변수와 cellHeight 변수를 2로 나눈 값을 전달한다. 처음 두 매개 변수를 4로 나눈 것은 방향 지시기가 플레이어 원의 주변에 고르게 분포되도록 하기 위한 것이다.

The Web Game Developer's Cookbook

레시피: 레이캐스팅 평면도

이제 기본적인 형태의 지도를 갖추었으므로 레이캐스팅을 구현해보자. 아직은 모의 3D 기능을 구현하지는 않을 것이긴 하지만 그래도 게임의 복잡한 부분을 구현할 raycaster 객체를 미리 만들어 둘 수는 있다.

우선, setup 함수와 draw 함수를 예제 8.10과 같이 수정하자. 이 예제의 draw 함수와 player 또는 minimap 객체의 draw 함수를 혼동해서는 안된다. 예제에서 수정하는 draw 함수는 나머지 두 개의 draw 함수에 실행을 위임하는 메인 함수다.

예제 8.10 레이캐스트 객체 초기화하기

```
this.draw = function(){
  minimap.draw();
  player.draw();
  raycaster.castRays();
};
this.setup = function() {
  minimap.init();
  player.init();
  raycaster.init();
};
```

그다지 새로운 코드는 없다. raycaster 객체는 setup 함수에서 초기화하고 draw 함수에서 castRays 함수를 호출하는 것뿐이다. 그러면 raycaster 객체를 만들어보자. 앞서 예제에서 호출한 두 개의 메서드는 물론, 예제 8.11에 굵게 표시된 코드까지 모두 작성해야 한다. 이 코드는 (1번 줄의)Game 함수가 시작되는 바로 다음 줄에 작성해야 한다.

259

예제 8.11 raycaster 객체

```
var Game = function(){
  var raycaster = {
    init: function(){
      var numberOfRays = 300;
      var angleBetweenRays = .2 * Math.PI /180;
      this.castRays = function() {
        for (var i=0;i<numberOfRays;i++) {
          var rayNumber = -numberOfRays/2 + i;
          var rayAngle = angleBetweenRays * rayNumber + player.angle;
          this.castRay(rayAngle);
        }
      }
    }
  }
  var player = {
```

raycaster 객체의 코드 중 마지막 줄에서 호출하는 함수(castRay 함수)는 아직 구현하지 않았다. 이 함수는 다음 예제에서 다룰 것이다. 우리는 이 게임의 다른 객체들과 마찬가지로 모든 메서드를 init 함수 내에 구현하였고, 플레이어로부터 일정한 각도 내에 300개의 광선을 발사할 것이다. 시야를 충분히 확보하기 위해서 angleBetweenRays 변수에는 .2도에 Pi를 곱한 결과를 180으로 나누어 구해진 라디언 값을 대입한다.

castRays 함수에서는 300번의 루프를 돌면서 각도를 계산하여 castRay 함수에 전달한다. 광선을 양쪽으로 쏘아야 하기 때문에 루프 카운트에서 numberOfRays 변수를 2로 나눈 값을 뺀 다음 이 값을 rayNumber 변수에 대입한다. 그런 다음 rayNumber 변수 값을 angleBetweenRays 변수에 곱하여 중앙으로부터 (양 또는 음의)각도를 구한다. 여기에 player.angle 변수 값을 더하여 각각의 rayAngle 변수 값을 계산한 뒤 이 값을 castRay 함수에 전달한다. 이 함수를 구현한 코드는 예제 8.12에 굵게 표시된 코드다.

예제 8.12 광선을 발사하는 함수

```
var raycaster = {
  init: function(){
    this.castRays = function() {
...
    }
    this.castRay = function(rayAngle){
      var twoPi = Math.PI * 2;
      rayAngle %= twoPi;
```

```
    if (rayAngle < 0) rayAngle += twoPi;
    var right = (rayAngle > twoPi * 0.75 || rayAngle < twoPi * 0.25);
    var up = rayAngle > Math.PI;
    var slope = Math.tan(rayAngle);
    var distance = 0;
    var xHit = 0;
    var yHit = 0;
    var wallX;
    var wallY;
    var dX = right ? 1 : -1;
    var dY = dX * slope;
    var x = right ? Math.ceil(player.x) : Math.floor(player.x);
    var y = player.y + (x - player.x) * slope;
    while (x >= 0 && x < minimap.cellsAcross && y >= 0 && y < minimap.cellsDown) {
      wallX = Math.floor(x + (right ? 0 : -1));
      wallY = Math.floor(y);
      if (map[wallY][wallX] > -1) {
        var distanceX = x - player.x;
        var distanceY = y - player.y;
        distance = Math.sqrt(distanceX*distanceX + distanceY*distanceY);
        xHit = x;
        yHit = y;
        break;
      }
      x += dX;
      y += dY;
    }
    slope = 1/slope;
    dY = up ? -1 : 1;
    dX = dY * slope;
    y = up ? Math.floor(player.y) : Math.ceil(player.y);
    x = player.x + (y - player.y) * slope;
    while (x >= 0 && x < minimap.cellsAcross && y >= 0 && y < minimap.cellsDown) {
      wallY = Math.floor(y + (up ? -1 : 0));
      wallX = Math.floor(x);
      if (map[wallY][wallX] > -1) {
        var distanceX = x - player.x;
        var distanceY = y - player.y;
        var blockDistance = Math.sqrt(distanceX*distanceX + distanceY*distanceY);
        if (!distance || blockDistance < distance) {
          distance = blockDistance;
          xHit = x;
          yHit = y;
        }
        break;
      }
      x += dX;
      y += dY;
    }
    this.draw(xHit, yHit);
  };
  this.draw = function(rayX, rayY){
    minimap.context.beginPath();
```

261

```
    minimap.context.moveTo(minimap.cellWidth*player.x, minimap.cellHeight*player.y);
    minimap.context.lineTo(rayX * minimap.cellWidth, rayY * minimap.cellHeight);
    minimap.context.closePath();
    minimap.context.stroke();
    }
  }
};
```

이렇게 코드가 긴 함수를 보게 되면 이 함수가 무엇을 리턴하는지, 어디서 호출하는지 또는 어떤 파급 효과(변수들)가 발생하는지를 재빨리 훑어보는 게 도움이 된다. 가장 마지막에 선언된 draw 함수를 보면, 이 함수가 하는 가장 중요한 일은 광선이 닿은 블록의 지도상의 좌표인 xHit 변수와 yHit 변수 값을 찾는 것이라는 점을 알 수 있을 것이다. 그런 다음, 이 좌표들을 draw 함수에 전달한다. 이런 목적으로 코드를 살필 것을 염두에 두고 함수의 코드를 들여다보자.

앞으로 한동안은 360도에 해당하는 라디언 값(Math.PI * 2)을 다룰 것이므로 이 값을 twoPi라는 변수에 대입하였다. 그런 후 전달된 각도 값을 twoPi 변수로 나눈 나머지를 얻는다. 따라서 이 값은 360도(에 해당하는 라디언 값)보다 큰 값이 될 수는 없다. 만일 이 값이 0보다 작으면 다시 여기에 twoPi 값을 더한다. 따라서 이 값은 음수 값이 될 수도 없다. 그런 다음에는 어떤 사분면에 광선이 쏘여질 것인지를 결정한다. 쉽게 말해 오른쪽 위에 광선을 쏘면 그 반대 방향은 왼쪽 아래가 된다.

다음으로 각도의 기울기를 slope 변수에 담는다. 탄젠트 함수를 사용하면 대변(y)의 길이와 인접한 변(x)의 길이의 비율을 알 수 있다. 이 값에 dX(x의 방향)를 곱하면 y의 방향인 dY를 알게 된다. 이 두 값이 필요한 이유는 가장 가까운 공간이 비어있는 경우 새로운 블록을 찾기 위해 어느 쪽으로 이동해야 할지를 알아야 하기 때문이다.

slope 변수 값을 설정한 후에는 몇 개의 변수에다 추측에 근거한 값을 대입한다. 플레이어로부터 최종 블록까지의 거리를 나타내는 distance 변수는 0으로 설정한다. xHit 변수와 yHit 변수는 광선과 충돌이 발생한 블록 사이의 특정 지점을 저장한다. 또한, wallX 변수와 wallY 변수는 광선이 닿은 블록의 위치를 보다 보편적인 지도상의 좌표 형식으로 저장한다. dX 변수는 광선의 방향에 따라 한 단위 오른쪽(+1)이나 한 단위 왼쪽(–1)으로 움직이기 위한 단위를 표현한다. dY는 y의 방향이며 x의 방향(dX)에 비례하고, 광선이 쏘아지는 지도 상의 현재 칸 위치를 저장하는 slope.x와 y 값에 의해 결정된다.

while 루프 내에서는 광선이 닿은 지점을 탐색하며 이 지점을 찾으면 break 키워드를 이용해서 루프를 빠져나간다. 조건식에는 지도의 끝에 다다른 경우에도 루프를 종료하도록 작성되어 있다. 루프 내에서는 wallX와 wallY 변수에 현재 탐색 중인 칸의 위치를 저장한다. 또한, if 구문은 그 칸에 블록이 있는지를 검사한다. 만약 블록이 있다면 광선이 닿은 지점을 찾은 것이므로 distanceX와 distanceY 변수 값에 플레이어로부터의 거리를 저장한다. 그러면 그 거리에 피타고라스의 정리를 적용하여 플레이어로부터의 직선 거리를 얻을 수 있게 된다. 그 후 가장 중요한 변수(바로 이 변수가 draw 함수에 필요한 변수다.)인 xHit와 yHit 변수 값을 수정하여 충돌이 발생한 정확한 지점을 저정한다. 그런 다음 while 루프를 빠져나오면 된다.

광선이 닿은 지점이 없으면 광선을 쏠 위치인 x와 y를 조금 증가시킨 후 다시 시도하면 된다. 만약 아주 큰 크기의 지도를 만들고 싶다면 가시거리에 제한을 두는 것이 좋을 것이다. 지도의 끝에 다다를 때까지 광선이 닿는 지점이 없다면 그 과정을 처리하느라 다른 광선의 처리가 지연될 수 있다.

그 이후의 코드들은 기본적으로 앞의 것들과 거의 동일한 작업들이지만 이번에는 수직 방향으로 진행된다. 한 가지 차이점은 수평 거리가 더 큰지를 확인하고 만약 그렇다면 거리 값을 교체하는 추가적인 조건 검사가 한 가지 더 있다는 점이다. 그 외에 나머지는 기본적으로 동일하지만 아주 조금씩 이동한다. 이 두 코드를 함축하여 하나의 함수로 구현하는 것도 리팩토링의 좋은 대상이 될 것처럼 보이나, 이 섹션에는 너무 많은 변수들이 공유되고 있을 뿐만 아니라 두 코드 사이에는 여기저기 작은 차이점들이 존재하기 때문에 하나로 합치기가 쉽지는 않을 것이다.

마지막으로 draw 함수가 호출된다. 여기서는 플레이어로부터 광선이 충돌한 블록까지 점을 찍는다. lineTo 함수는 그리는 함수이며 moveTo는 연필을 들어 원하는 위치까지 (플레이어를)이동하게 하는 동작과 유사하다는 것을 잊지 말기 바란다.

그런 후 299개의 나머지 광선을 draw 루프 내에서 쏘아보면 그림 8.3과 같이 더욱 개선된 미니 맵을 볼 수 있게 될 것이다.

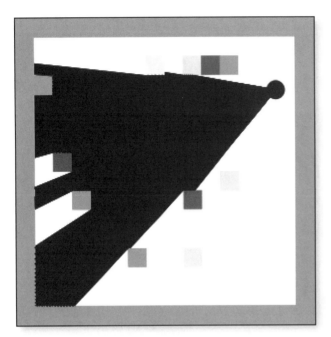

그림 8.3   2차원에서 광선을 투시한 모습

여기서 잠시 멈추고 (기하학을 도입해) 발사 기능을 추가하여 당구 게임을 만들거나 혹은 아
타리 용 탱크 슈팅 게임인 **컴뱃**(Combat) 같은 게임을 만들고 끝낼 수도 있다. 그러나 다음
레시피를 마치면 닌텐도64의 골든 아이(Golden Eye)같은 더욱 고수준의 슈팅 게임과 유사
한 결과물을 만들어 낼 수 있다.

레시피: 레이캐스팅을 활용한 가상 3D

The Web Game Developer's Cookbook

조금 전 마무리한 레시피를 통해 가상의 3D를 만들기 위해 필요한 대부분의 것들을 다루었지만 정작 메인 캔버스에는 아직 아무것도 렌더링하지 않았다. 우선, draw와 setup 함수를 예제 8.13과 같이 수정해보자.

예제 8.13 draw와 setup 함수 수정하기

```
this.draw = function(){
  minimap.draw();
  player.draw();
  canvas.blank();
  raycaster.castRays();
};
this.setup = function() {
  minimap.init();
  player.init();
  raycaster.init();
  canvas.init();
};
```

여기서는 두 개의 주요 함수를 호출한다. 현재 우리는 지금까지의 다른 객체들과 동일하게 초기화되는 캔버스 객체를 가지고 있다. 이 객체는 setup 함수가 canvas.init() 함수를 호출하여 초기화하는데, 이 함수는 게임이 시작될 때 한 번만 실행된다. 1초에 수 차례 호출되는 draw 함수에서는 blank 함수를 호출하여 땅과 하늘을 그린다. 잠시 후에 캔버스 객체를 추가하겠지만 그전에 앞서 raycaster 객체를 좀 더 수정해야 한다. 예제 8.14의 굵게 표시한 코드를 살펴보자.

예제 8.14 raycaster 객체 수정하기

```
var raycaster = {
  init: function(){
    this.castRays = function() {
...
      for (var i=0;i<numberOfRays;i++) {
...
        this.castRay(rayAngle, i); // this.castRay(rayAngle); 코드를 대체하여 작성할 것
      }
    }
    this.castRay = function(rayAngle, i) { // this.castRay = function(rayAngle); 부분을
➡대체하여 작성한다.
...
      this.draw(xHit, yHit, distance, i, rayAngle); // this.draw(xHit, yHit) 코드를 대체
➡하여 작성할 것
    };
    // 다음 줄은 this.draw = funtion(rayX, rayY) { 줄을 대체하여 작성할 것
    this.draw = function(rayX, rayY, distance, i, rayAngle){
...
      var adjustedDistance = Math.cos(rayAngle - player.angle) * distance;
      var wallHalfHeight = canvas.height / adjustedDistance / 2;
      var wallTop = Math.max(0, canvas.halfHeight - wallHalfHeight);
      var wallBottom = Math.min(canvas.height, canvas.halfHeight + wallHalfHeight);
      canvas.drawSliver(i, wallTop, wallBottom, "#000")
    }
  }
};
```

우리의 렌더링 요구사항을 만족하려면 전달해야 할 데이터가 몇 가지 더 있다. 처음 4줄의 굵게 표시된 코드에서는 광선이 닿은 곳까지의 거리와 광선의 각도 뿐만 아니라 rayNumber, i 등의 변수 값도 필요하다는 것을 알 수 있다.

다음으로 draw 함수에서는 canvas.drawSliver 함수를 호출한다. 이 함수는 잠시 후에 살펴보기로 하고 지금은 이 함수에 전달하는 매개 변수가 x 축 위치, i, 벽의 위에서 아래까지의 y 축 위치, 검은색으로 하드코딩된 색상 값 등을 전달한다는 것만 알아두자. 마지막 4줄의 굵게 표시된 코드는 이 변수들의 값을 구하는 코드다.

가장 먼저 adjustedDistance 변수 값은 플레이어로부터 광선이 닿은 곳까지의 거리에, 플레이어의 각도에서 광선의 방향을 뺀 값의 코사인 값을 곱하여 구한다. rayAngle 변수는 이미 플레이어의 각도를 고려하여 계산된 값임을 기억하자. 따라서 이 값을 빼면 각도를 독립적으로 취급할 수 있으며, 이 값은 기본적으로 플레이어의 각도가 0일때와 동일하

다. 그 결과로 구해진 각도의 코사인 값은 광선이 닿은 벽까지 거리의 절반을 광선이 실제로 닿은 곳까지의 거리로 나눈 값으로, 두 거리의 비율을 표현한다. 이 각도의 코사인 값에 distance 변수 값을 곱하면 플레이어의 가시 범위 중간에 있는 광선이 닿은 곳까지에 대한 가상의 거리를 얻게 된다.

이 작업을 수행하는 이유는 기술적으로 측면의 벽이 더 멀리 보이는 '물고기의 눈' 효과를 내기 위한 것이다. 이 효과는 가운데 있는 벽이 더 커보이고 그 좌우의 벽은 조금 더 작아 보이게 한다. 실제 생활에서는 어떠한가? 30미터 쯤 떨어진 벽을 곧바로 쳐다보면 좌우의 벽이 조금 더 멀리 보이는 것 같은 느낌이 드는가? 설마, 그럴까? 이것이 바로 삼각법을 활용하여 우리가 구현한 기능이다.

이렇게 거리를 구했으면 이 값을 이용하여 벽의 높이의 절반에 해당하는 값을 구한다. 그리고 이 값을 다시 이용하여 벽의 위와 아래 위치를 구할 수도 있다. 여기서 사용한 min과 max 함수는 이 값들이 캔버스의 영역을 벗어나지 않도록 하기 위해 사용한 것이다. 또한, 이 raycaster 객체가 마지막으로 수행하는 일은 캔버스의 drawSliver 함수를 호출하는 것이다.

캔버스 객체를 추가한 후 물고기의 눈 효과가 실제로 동작하는 모습을 보고 싶다면

```
var wallHalfHeight = canvas.height / adjustedDistance / 2;
```

위의 코드를 다음과 같이 변경하면 된다.

```
var wallHalfHeight = canvas.height / distance / 2;
```

지금까지 아직 만들지도 않은 캔버스 요소의 함수를 3번이나 호출했다. 캔버스를 추가하려면 예제 8.15의 코드를 minimap 객체 바로 다음과 draw 함수 바로 위 사이에 작성한다.

예제 8.15 캔버스 객체 추가하기

```
var canvas = {
```

```
init: function(){
  this.element = document.getElementById('canvas');
  this.context = this.element.getContext("2d");
  this.width = this.element.width;
  this.height = this.element.height;
  this.halfHeight = this.height/2;
  this.ground = '#DFD3C3';
  this.sky = '#418DFB';
  this.blank = function(){
    this.context.clearRect(0, 0, this.width, this.height);
    this.context.fillStyle = this.sky;
    this.context.fillRect(0, 0, this.width, this.halfHeight);
    this.context.fillStyle = this.ground;
    this.context.fillRect(0, this.halfHeight, this.width, this.height);
  }
  this.drawSliver = function(sliver, wallTop, wallBottom, color){
    this.context.beginPath();
    this.context.strokeStyle = color;
    this.context.moveTo(sliver + .5, wallTop);
    this.context.lineTo(sliver + .5, wallBottom);
    this.context.closePath();
    this.context.stroke();
  }
}
};
```

다른 객체들과 마찬가지로 이 객체 역시 코드를 init 함수로 감싸고 있다. 여기서는 캔버스 요소를 설정하고 컨텍스트를 리턴하며 차원에 관련된 변수 값과 하늘(파란색)과 땅(모래색)을 표현할 색상 값을 설정한다.

blank 함수는 캔버스의 내용을 모두 지운 후 하늘과 땅을 그린다. draw 함수는 개별 광선을 처리하는 drawSliver 함수를 호출하는 castRays 함수를 호출하기 전에, blank 함수를 먼저 호출한다. drawSliver 함수에서는 캔버스가 제공하는 그리기 함수들을 사용한다. 다소 익숙하지 않아 보이는 한 가지는 선을 그릴 때 0.5 정도의 오프셋을 설정하는 부분일 것이다. 왜 그러는지 궁금하다면 " + .5"를 지우고 실행해보기 바란다. 아마도 하늘과 땅에 사용한 색상들이 벽에 칠해질 것이다.

모든 코드가 정상적으로 동작한다면 우리는 마침내 플레이어의 관점에서 그림 8.4와 같은 결과를 보게 될 것이다.

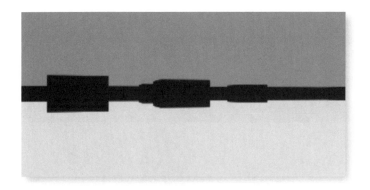

그림 8.4 레이캐스팅이 동작하는 모습

The Web Game Developer's Cookbook

레시피: 카메라 추가하기

지금까지 구현한 raycaster 객체 덕분에 이제는 우리가 만들 수 있는 게임의 종류가 더 많아졌다. 그중의 상당 부분은 표준 슈팅 게임에 해당한다. 이번 레시피에서는 무기를 처리하는 대신 캔버스가 제공하는 기능 중 여러분이 아직 알지 못하는 기능을 소개하고자 한다. 즉, 플레이어에게 총 대신 카메라를 장착시킬 것이다. 이 작업은 선행 작업이 완성되지 않고서는 불가능하다. 예를 들어 닌텐도64 용 포켓몬 스냅(Pokemon Snap)과 파일럿 윙즈(Pilot Wings) 게임은 모두 이미지를 활용하는 방법을 사용한다.

먼저, HTML 파일을 예제 8.16과 같이 수정해보자.

예제 8.16 카메라가 추가된 HTML 파일

```
...
<img id="camera" src="camera.png">
<div id="screenshot-wrapper"><canvas id="screenshot"></canvas></div>
<script type="text/javascript" src="jquery.js"></script>
<script type="text/javascript" src="filtrr2.js"></script>
<script type="text/javascript" src="jaws.js"></script>
<script type="text/javascript" src="game.js"></script>
<script>
  jaws.start(Game);
</script>
...
```

우선, 카메라를 위한 이미지를 하나 추가했다. 그리고 카메라가 촬영한 이미지를 표시할 새로운 canvas 태그와 그 래퍼를 추가한다. 그런 후 filtrr라는 자바스크립트 라이브러리와 이 라이브러리가 의존성을 가지고 있는 jQuery 라이브러리를 추가한다.

그 다음으로 새로 추가한 요소들의 스타일링을 위해 예제 8.17의 코드를 game.css 파일에
추가하자.

예제 8.17   카메라 요소의 스타일

```
#screenshot-wrapper{
  position:absolute;
  left:700px;
  border:1px solid black;
}
#camera{
  width:100px;
  position:absolute;
  left:505px;
  top:180px;
}
```

그다지 특별한 것이 없는 코드다. 다음으로 game.js 파일을 수정해보자. 예제 8.18의 굵게
표시된 코드를 참고하여 update와 setup 함수를 수정하면 된다.

예제 8.18   game.js 파일에서 카메라를 실행하는 코드

```
this.setup = function() {
  camera.init();
...
};
this.update = function(){
...
  if(jaws.on_keyup(["up", "down"], function(){
    player.speed = 0;
  }));
  if(jaws.pressed("space")) {
    camera.takePicture();
  };
  player.move();
};
```

다른 객체들과 마찬가지로 이 객체 역시 setup 함수 내에서 init 함수를 호출하여 초기
화한다. update 함수에서는 다른 키에 대한 처리를 완료한 후 스페이스 바를 눌렀을 때
camera.takePicture 함수를 호출하는 코드를 추가한다.

271

이제 남은 것은 예제 8.19의 camera 객체를 추가하는 것이다. 이 함수는 게임의 주 draw 함수 바로 위에 작성하도록 한다.

예제 8.19 camera 객체를 구현한 코드

```javascript
var camera = {
  init: function(){
    this.context = document.getElementById('screenshot').getContext('2d');
    var filtered = false;
    var f;
    $("#screenshot").on("click", function() {
      if(filtered){
        filtered = false;
        f.reset().render();
      } else{
        filtered = true;
        f = Filtrr2("#screenshot", function() {
          this.expose(50)
          .render();
        }, {store: false});
      };
    });
    this.takePicture = function(){
      var image = new Image();
      image.src = canvas.element.toDataURL('image/png');
      image.onload = function() {
        camera.context.drawImage(image,0,0);
      }
      filtered = false;
    }
  }
};
this.draw = function() {
```

init 함수 내에서 가장 먼저 하는 작업은 screenshot 요소의 캔버스의 컨텍스트를 설정하는 일이다. 그런 후 변수 f에 filtrr 라이브러리를 활용하는 코드에서 사용할 객체를 대입하고 filtered 변수에 false를 대입한다. 그 이유는 아직 사용할 필터가 없기 때문이다. 그 다음, click 함수를 screenshot 요소에 연결하여 이 요소를 클릭하면 필터를 적용하거나 제거할 수 있도록 한다. 또한, if/else 구문 모두 객체의 render 함수를 호출해주어야 한다. render 함수를 호출하기 전에 reset 함수를 호출하면 필터가 모두 제거된다. 다른 부분에서는 객체를 조금 더 밝게 보이게 하는 expose 필터를 적용한다.

filtrr 라이브러리는 설정하고 사용하기가 조금 난해하지만 일단 쓰게 되면 이미지에 다양한 필터를 적용할 수 있다. `this.expose(50);` 외에도 사용 가능한 필터는 다음과 같다.

```
this.adjust(10, 25, 50)
this.brighten(50)
this.alpha(50)
this.saturate(50)
this.invert()
this.posterize(10)
this.gamma(50)
this.contrast(50)
this.sepia()
this.subtract(10, 25, 50)
this.fill(100, 25, 50)
this.blur('simple')
this.blur('gaussian')
this.sharpen()
```

마지막으로 스페이스 키를 누를 때마다 호출될 takePicture 함수를 정의한다. 이 함수에서는 새로운 이미지 요소를 만든 다음, 이미지의 경로를 캔버스 요소의 인코딩된 URI로 지정한 후, 스크린샷이 로드되면 그 이미지를 캔버스에 그린다. 이미지 인코딩과 캔버스 요소의 데이터 URI에 대한 자세한 내용은 이 책의 범위를 벗어나지만 기억해두면 좋은 기법이다. 구글 검색을 통해서도 데이터 URI에 대해 더 알아볼 수 있다. 만일 가볍고 공격적인 도구를 사용하는 것을 좋아한다면 사생활 보호 기능을 가진 해커를 위한 검색 엔진 http://duckduckgo.com을 방문해보기 바란다.

HUD(Head-up-display) 카메라를 추가한 것 외에도 이번 레시피에서 진행했던 작업은 캔버스에 그려진 이미지의 스냅샷을 찍어 이것을 데이터 URI에 저장하고, 캔버스에 표시하며, 그 표시된 이미지를 조작하는 기능을 구현한 것이다. 그 결과는 그림 8.5와 같다.

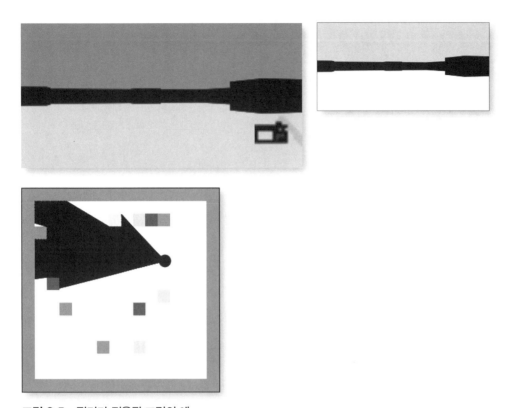

그림 8.5 필터가 적용된 그림의 예

이번 레시피를 마무리하기에 앞서 몇 가지 중요한 것들을 정리해보자. 우선 조금 전 구현한 스크린 샷 기능은 스페이스 바를 누른 상태로 움직이면 마치 비디오 카메라처럼 보일 수 있다는 점이다. 둘째로 toDataURL 함수는 이 책에서 사용한 방법 외에 다른 방법으로도 사용할 수 있다. 스크린샷을 로컬 저장소나 서버에 저장하여 포토 앨범을 구현할 수도 있다. 또는, window.open(canvas.element.toDataURL('image/png')); 처럼 코드를 작성하면 이미지를 새 창으로 보여줄 수도 있다. 그러면 전체 이미지가 인코딩된 값이 브라우저의 주소 표시줄에 나타날 것이다. 이 URL을 복사하여 누군가에게 보내면 그 사람도 현재 캔버스의 상태를 볼 수 있게 된다. 마지막으로 알아둘 것은 카메라는 스크린샷에 찍히지 않았다는 점이다. 그 이유는 카메라는 캔버스 위에 올려진 DOM 요소이기 때문이다. 즉, 복사될 캔버스의 영역에 포함되어 있지 않다는 뜻이다.

레시피: 세상을 더욱 멋진 곳으로 만들기

지금까지 구현한 raycaster 객체는 제법 그럴듯하게 동작하는 듯하다. 그리고 여러분은 자신이 바라보는 가상의 세계에서 마음에 드는 부분의 사진을 찍을 수 있는 기능도 가지게 되었다. 이것도 어느 정도 호감이 가는 기능들이다. 그런데, 여러분은 각 블록을 구분하기 위한 목적으로 블록의 타입을 추가했었다. 그렇지만 지금 당장은 모든 블록이 검은색으로 표시되고 있다.

블록을 구분할 수 있도록 하기 위해서는 (palette라는)새로운 객체를 게임에 구현해야 한다. setup 함수를 예제 8.20과 같이 수정해보자.

예제 8.20 palette 객체를 초기화하는 setup 함수

```
this.setup = function() {
...
  palette.init();
};
```

다음으로 palette 객체를 예제 8.21과 같이 구현해보자. 이 코드는 camera 객체와 draw 함수의 사이에 작성한다.

예제 8.21 palette 객체

```
var palette = {
  init: function(){
    this.ground = '#DFD3C3';
    this.sky = '#418DFB';
```

275

```
    this.shades = 300;
    var initialWallColors = [[85, 68, 102],
                             [255, 53, 91],
                             [255, 201, 52],
                             [118, 204, 159]];
    this.walls = [];
    for(var i = 0; i < initialWallColors.length; i++){
      this.walls[i] = [];
      for(var j = 0; j < this.shades; j++){
        var red = Math.round(initialWallColors[i][0] * j / this.shades);
        var green = Math.round(initialWallColors[i][1] * j / this.shades);
        var blue =  Math.round(initialWallColors[i][2] * j / this.shades);
        var color = "rgb("+red+","+green+","+blue+")";
        this.walls[i].push(color);
      };
    };
  }
}
```

먼저, 이전까지는 canvas 요소에서 처리하던 하늘과 땅의 색상을 선언한다. 이제는 색상을 저장하기 위한 객체를 구현했으므로 이 값들은 이 객체로 옮겨지는 것이 맞다. 이에 따라 canvas 객체에 대해 변경할 코드는 예제 8.22와 같다.

예제 8.21을 마저 살펴보며 shades 속성은 각 벽이 가져야 할 그림자의 갯수를 참조한다. initialWallColors 변수는 가장 밝은 색상이 어떤 색인지를 기술하기 위한 변수다. 이 색상은 가장 가까운 벽에 적용될 색상이다. 그 다음, 각 벽의 종류에 따라 적용될 그림자의 배열과 walls 배열을 조작한다. 배열의 첫 번째 요소에는 검은색이 적용될 것이며 마지막 요소에는 아마도 initialWallColors 변수의 색상이 적용될 것이다.

자바스크립트와 CSS에서 색상을 표현하는 방법은 여러 가지가 있음에도 RGB 형식을 선택한 이유는 RGB의 개별 색상 값들을 조작하기가 쉽기 때문이다. 또한, #ff23e9 같은 형식의 16진수가 아니라 10진수로 인코딩 되어 있다는 점도 도움이 된다. 이 두 값을 상호 변환시키는 방법은 있지만 이 형식을 사용함으로써 상당한 양의 코드를 절약할 수 있다.

예제 8.22 수정된 canvas 객체

```
var canvas = {
  init: function(){
...
    // this.ground = '#DFD3C3'; // 이 줄은 삭제한다.
    // this.sky = '#418DFB'; // 이 줄도 삭제한다.
    this.blank = function(){
      this.context.clearRect(0, 0, this.width, this.height);
      this.context.fillStyle = palette.sky;
       this.context.fillRect(0, 0, this.width, this.halfHeight);
      this.context.fillStyle = palette.ground;
      this.context.fillRect(0, this.halfHeight, this.width, this.height);
    }
...
  }
};
```

다음으로 raycaster 객체의 castRay 함수를 예제 8.23의 굵게 표시한 코드를 참조하여 수정해야 한다.

예제 8.23 수정된 castRay 함수

```
this.castRay = function(rayAngle, i){
...
  var wallType;
  while (x >= 0 && x < minimap.cellsAcross && y >= 0 && y < minimap.cellsDown) {
...
    if (map[wallY][wallX] > -1) {
...
      wallType = map[wallY][wallX];
      break;
    }
...
  }
...
  while (x >= 0 && x < minimap.cellsAcross && y >= 0 && y < minimap.cellsDown) {
...
    if (map[wallY][wallX] > -1) {
...
      if (!distance || blockDistance < distance) {
...
        wallType = map[wallY][wallX];
      }
      break;
    }
```

```
...
  }
  this.draw(xHit, yHit, distance, i, rayAngle, wallType);  // wallType 변수도 함께 전달한다.
};
```

이번 예제에서의 변경 사항은 raycaster.draw 함수에 wallType 변수를 전달하여 광선이
어떤 종류의 벽에 닿았는지를 처리하기 위한 것이다. 이번 레시피의 마지막 수정 사항으로
예제 8.24의 코드를 참고하여 draw 함수를 수정해보자.

예제 8.24   색상과 그림자 처리하기

```
this.draw = function(rayX, rayY, distance, i, rayAngle, wallType){
  minimap.context.beginPath();
  minimap.context.moveTo(minimap.cellWidth*player.x, minimap.cellHeight*player.y);
  minimap.context.lineTo(rayX * minimap.cellWidth, rayY * minimap.cellHeight);
  minimap.context.closePath();
  minimap.context.stroke();
  var adjustedDistance = Math.cos(rayAngle - player.angle) * distance;
  var wallHalfHeight = canvas.height / adjustedDistance / 2;
  var wallTop = Math.max(0, canvas.halfHeight - wallHalfHeight);
  var wallBottom = Math.min(canvas.height, canvas.halfHeight + wallHalfHeight);
  var percentageDistance = adjustedDistance / Math.sqrt(minimap.cellsAcross * minimap.
➡cellsAcross + minimap.cellsDown * minimap.cellsDown);
  var brightness = 1 - percentageDistance;
  var shade = Math.floor(palette.shades * brightness);
  var color = palette.walls[wallType][shade];
  canvas.drawSliver(i, wallTop, wallBottom, color)
}
```

첫 번째 줄을 보면 함수에 전달될 매개 변수에 wallType 변수가 추가되었다. 이 값을 다차
원 배열인 palette.walls 배열의 첫 번째 원소의 인덱스로 사용하면 된다. 또한, 그림자 값
을 구하려면 조금 더 복잡한 작업을 해야 한다. 여기서는 피타고라스의 정리를 이용하여
광선이 적용될 수 있는 최대의 거리(화면의 어느 한 모서리에서 대각선 반대 방향의 모서리)를
결정한다. 그런 후 adjustedDistance 변수 값으로 나누어 광선이 벽에 닿기 전까지 화면에
서 얼마나 많은 영역을 차지할 것인지를 결정한 후 어느 정도의 거리까지 비쳐질 것인지를
비교한다.

피타고라스의 정리란 (한 각이 90도인)직각삼각형에서 빗변을 한 변으로 하는 정사각형의 넓이는 다른 두 변을 각각 한 변으로 하는 정사각형의 넓이의 합과 같다는 것이다. 이것을 수식으로 표현하면 다음과 같다.

```
h = Math.sqrt(sideOne * sideOne + sideTwo * sideTwo);
```

이 퍼센트율은 brightness 변수의 값과는 정반대의 값을 가지므로 광선이 짧아지면 brightness 변수는 1(100%)에 가까워진다. shade 변수 값은 이 brightness 변수의 값에 가능한 그림자의 값을 곱한 다음 절삭한 값을 대입한다. 그런 후 앞서 생성했던 palette.walls 테이블에서 색상을 찾는다. 마지막으로 이 색상을 캔버스 객체에 전달하면 우리가 원하는 결과를 얻게 된다. 그리고 모든 코드가 정상적으로 동작한다면 그 결과는 그림 8.6과 같을 것이다.

사전에 검색용 테이블을 만들어 두는 것은 너무 많은 연산 때문에 그리기 루프의 동작이 느려질 것이 우려될 때 최적화 기법으로 사용하는 방법 중 하나다. 사전에 미리 알 수 있는 것들이 있다면 이것들은 루프 내에서 반복되기 전에 한 번만 실행되도록 처리할 수 있는 대상이다.

또한, 어느 한 브라우저에서 최적화 기법이 될 수 있는 방법이 다른 브라우저에서는 오히려 성능을 저하시킬 수 있음을 항상 염두에 두고 대상 브라우저에 대한 테스트를 게을리 하지 말기 바란다.

그림 8.6 그림자와 색상이 적용된 모습

레시피: 친구나 적을 추가하기

The Web Game Developer's Cookbook

아직까지 이 게임의 캐릭터는 혼자서 큰 사각형 내부를 돌아다니며 사진이나 찍고 있다. 그렇다면 제3장에서 만났던 공룡을 주인공의 친구로 소환해주자.

우선, 공룡 이미지를 미리 로드할 수 있도록 HTML 파일을 예제 8.25처럼 약간 수정한다.

예제 8.25 공룡 이미지를 미리 로드하기

```
...
<script>
  jaws.assets.add(["dino.png"])
  jaws.start(Game);
</script>

...
```

여러분도 예상하겠지만 다음에 해야 할 일은 예제 8.26과 같이 setup 함수 내에서 dino 객체를 초기화하는 일이다.

예제 8.26 공룡 객체를 초기화하는 코드

```
this.setup = function() {
...
  dino.init();
};
```

dino 객체를 구현하기에 앞서 다른 곳을 조금 더 수정해야 한다. 우선 raycaster 객체가 공룡을 처리할 수 있도록 예제 8.27과 같이 수정하자.

예제 8.27 raycaster 객체 수정하기

```
var twoPi = Math.PI * 2;
var raycaster = {
  init: function(){
    this.maxDistance = Math.sqrt(minimap.cellsAcross * minimap.cellsAcross + minimap.
➥cellsDown * minimap.cellsDown);
    var numberOfRays = 300;
    var angleBetweenRays = .2 * Math.PI /180;
    this.castRays = function() {
      foregroundSlivers = [];
      backgroundSlivers = [];
      minimap.rays = [];
      dino.show = false;
      for (var i=0;i<numberOfRays;i++) {
        var rayNumber = -numberOfRays/2 + i;
        var rayAngle = angleBetweenRays * rayNumber + player.angle;
        this.castRay(rayAngle, i);
      }
    }
    this.castRay = function(rayAngle, i){
    rayAngle %= twoPi;
    if (rayAngle < 0) rayAngle += twoPi;
      var right = (rayAngle > twoPi * 0.75 || rayAngle < twoPi * 0.25);
      var up = rayAngle > Math.PI;
      var slope = Math.tan(rayAngle);
      var distance = 0;
      var xHit = 0;
      var yHit = 0;
      var wallX;
      var wallY;
      var dX = right ? 1 : -1;
      var dY = dX * slope;
      var x = right ? Math.ceil(player.x) : Math.floor(player.x);
      var y = player.y + (x - player.x) * slope;
      var wallType;
      while (x >= 0 && x < minimap.cellsAcross && y >= 0 && y < minimap.cellsDown) {
        wallX = Math.floor(x + (right ? 0 : -1));
        wallY = Math.floor(y);
        if (map[wallY][wallX] > -1) {
          var distanceX = x - player.x;
          var distanceY = y - player.y;
          distance = Math.sqrt(distanceX*distanceX + distanceY*distanceY);
          xHit = x;
          yHit = y;
          wallType = map[wallY][wallX];
          break;
        } else{
          if(dino.x === wallX && dino.y === wallY){
            dino.show = true;
          };
        }
        x += dX;
```

```
      y += dY;
    }
    slope = 1/slope;
    dY = up ? -1 : 1;
    dX = dY * slope;
    y = up ? Math.floor(player.y) : Math.ceil(player.y);
    x = player.x + (y - player.y) * slope;
    while (x >= 0 && x < minimap.cellsAcross && y >= 0 && y < minimap.cellsDown) {
      wallY = Math.floor(y + (up ? -1 : 0));
      wallX = Math.floor(x);
      if (map[wallY][wallX] > -1) {
        var distanceX = x - player.x;
        var distanceY = y - player.y;
        var blockDistance = Math.sqrt(distanceX*distanceX + distanceY*distanceY);
        if (!distance || blockDistance < distance) {
          distance = blockDistance;
          xHit = x;
          yHit = y;
          wallType = map[wallY][wallX];
        }
        break;
      }else{
        if(dino.x === wallX && dino.y === wallY){
          dino.show = true;
        };
      };
      x += dX;
      y += dY;
    }
    if(dino.show === true){
      var dinoDistanceX = dino.x + .5 - player.x;
      var dinoDistanceY = dino.y + .5 - player.y;
      dino.angle = Math.atan(dinoDistanceY/dinoDistanceX) - player.angle;
      dino.distance = Math.sqrt(dinoDistanceX*dinoDistanceX + dinoDistanceY *
➥dinoDistanceY);
    };
    minimap.rays.push([xHit, yHit]);
    var adjustedDistance = Math.cos(rayAngle - player.angle) * distance;
    var wallHalfHeight = canvas.height / adjustedDistance / 2;
    var wallTop = Math.max(0, canvas.halfHeight - wallHalfHeight);
    var wallBottom = Math.min(canvas.height, canvas.halfHeight + wallHalfHeight);
    var percentageDistance = adjustedDistance / this.maxDistance;
    var brightness = 1 - percentageDistance;
    var shade = Math.floor(palette.shades * brightness);
    var color = palette.walls[wallType][shade];
    if(adjustedDistance < dino.distance){
      foregroundSlivers.push([i, wallTop, wallBottom, color]);
    }else{
      backgroundSlivers.push([i, wallTop, wallBottom, color]);
    };
  }
 }
};
```

twoPi 변수는 나중에도 재사용하기 위해 raycaster 객체의 바깥으로 선언을 옮겨두었다.

raycaster에 대해 설명하자면 변경된 부분들을 충분히 보여주기 위해 전체 코드를 나열하였다. 추가된 내용을 설명하기 위해 굵게 표시된 코드를 위주로 살펴보자. 먼저, maxDistance 변수는 플레이어가 볼 수 있는 최대 거리(즉, 한 쪽 모서리에서 대각선으로 반대 방향의 모서리까지)를 저장하기 위한 변수다.

castRays 함수를 호출할 때마다 우리는 세 개의 새로운 배열을 선언하여 렌더링할 항목들을 추적한다. 나중에 보게 되겠지만 이제는 draw 함수를 직접 호출하는 경우보다는 어떤 것을 렌더링 할 것인지를 정의할 때만 raycaster 객체를 참조하게 된다. 또한, 원하는 시점에 dino 객체가 렌더링 될 수 있도록 dino.show 속성은 우선 false로 설정하고 있다.

이제 x 축과 y 축으로 광선을 쏠 때 공룡에 닿았는지를 검사하는 코드들이 추가되어야 한다. 그러다가 어딘가에서 공룡이 발견되면 show 속성 값을 true로 바꾸면 된다.

그 다음으로 굵게 표시된 코드 블록에서는 일단 광선을 쏘고나면 공룡이 보여져야 하는지를 검사한다. 만일 공룡이 보여져야 한다면 (공룡을 블록의 중앙으로 이동하기 위해)거리의 계산을 위해 공룡의 x와 y 축 위치에 0.5를 더한 후 다시 플레이어의 x와 y 위치를 뺀다. 그런 다음, Math.atan(아크탄젠트) 함수를 이용하여 삼각형의 인접변의 반대의 변의 비율에서 각도를 얻어낸다. 아크탄젠트 함수는 탄젠트 함수와 반대 역할을 하는 함수로 탄젠트 함수를 이용해서 각도에 대한 변의 비율을 알 수 있는 것과는 달리 여기서는 반대로 작용했다. 플레이어의 거리를 구할 때처럼 플레이어의 각도를 빼서 공룡과 플레이어 사이의 절대 각도가 아니라 상대적인 거리를 구한다. 참고로 플레이어로부터 공룡사이의 직선 거리를 얻으려면 피타고리스 정리(빗변을 마주한 정사각형의 넓이는 나머지 두 변을 마주한 정사각형의 넓이의 합과 같다.)를 다시 활용해야 한다.

다음으로 광선이 닿은 지점을 표현하는 x와 y 좌표의 배열을 minimap 객체의 ray 배열에 추가한다. 그 전에는 이 지점에서 draw 함수를 호출했었다. 그러나 지금은 함수를 정의하고 호출하는 코드가 삭제되었다. 이제는 직접 그리는 것보다는 배열을 조작하기 때문에 이런 장애물은 삭제하는 것이 타당하다.

또한, minimap 객체에서 광선을 렌더링하는 함수 호출이 제거되었음에 주목해야 한다. 이 과정은 이제 광선을 저장하기 위해 만든 배열을 통해 이루어진다. 거기다 percentage

Distance 변수도 앞서 설정한 maxDistance 변수를 사용하도록 변경되었다.

이 함수에서 마지막으로 변경된 부분은 canvas.drawSliver 함수를 직접 호출하지 않고 공룡보다 플레이어에게 더 가깝거나 멀리 렌더링되어야 할 건물들을 찾아 추가한다는 것이다. 건물이 가까이 있으면 foregroundSlivers 배열에 추가하고 멀리 있으면 background Slivers 배열에 추가한다. 이 배열들은 castRays 함수를 호출할 때마다 매번 초기화된다.

이제 raycaster 객체는 무엇을 렌더링할 것인지만 책임지면 된다. 즉, draw 함수를 반복해서 호출하는 책임은 이 객체가 가져가는 것이다. 다음으로 예제 8.28과 같이 update 함수가 castRays 함수를 호출하도록 수정한다.

예제 8.28 castRays 함수를 호출하는 update 함수

```
this.update = function(){
  raycaster.castRays();
  ...
};
```

이로서 draw 함수는 castRays 함수를 실행할 책임은 없어졌지만 블록과 공룡을 렌더링하고자 생성한 배열에 있어서는 반복문을 실행해야만 한다. 따라서 주 draw 함수에 예제 8.29의 굵게 표시된 부분의 코드를 추가하자.

예제 8.29 수정된 main 함수

```
this.draw = function(){
  minimap.draw();
  player.draw();
  canvas.blank();
  for(var i = 0; i < backgroundSlivers.length; i++){
    canvas.drawSliver.apply(canvas, backgroundSlivers[i]);
  };
  if (dino.show){
    dino.draw();
  };
  for(var i = 0; i < foregroundSlivers.length; i++){
    canvas.drawSliver.apply(canvas, foregroundSlivers[i]);
  };
};
```

여기에서는 세 가지 새로운 작업을 시작하며 특히 그 순서가 중요하다. 우선, 멀리 있는 건물들을 렌더링하고 그런 다음, 배경 위에 공룡을 렌더링한다. 마지막으로 공룡 앞에 있는 건물들을 렌더링한다. apply 함수를 이용하여 drawSliver 함수를 호출할 때는 첫 번째 매개 변수로 this(예제에서는 canvas 객체)를 전달해야 하며 두 번째 매개 변수에는 배열 변수를 전달해야 한다.

이제 곧 dino 객체를 구현해야 한다. 그에 앞서 예제 8.30과 같이 minimap 객체의 draw 함수를 수정해보자.

예제 8.30 minimap 객체의 draw 함수 수정하기

```
var minimap = {
  init: function() {
...
    this.draw = function(){
...
      for(var i = 0; i < this.rays.length; i++){
        this.drawRay(this.rays[i][0], this.rays[i][1])
      }
    };
    this.drawRay = function(xHit, yHit){
      this.context.beginPath();
      this.context.moveTo(this.cellWidth*player.x, this.cellHeight*player.y);
      this.context.lineTo(xHit * this.cellWidth, yHit * this.cellHeight);
      this.context.closePath();
      this.context.stroke();
    };
  }
};
```

minimap 객체의 나머지 코드는 이전과 동일하다. 차이점이라면 이제는 rays 배열을 순화하면서 xHit와 yHit 변수를 drawRay 함수에 전달한다는 점이다. drawRay 함수는 기존과 동일하게 동작하며, 코드 자체는 raycaster 객체의 draw 함수에 구현했던 것들을 그대로 가져온 후 몇 개의 새로운 변수를 추가했을 뿐이다.

마지막으로 draw 함수의 위와 paletter 객체의 아래 사이에 예제 8.31과 같이 dino 객체를 구현하자.

예제 8.31   dino 객체

```
var dino = {
  init: function(){
    this.sprite = new jaws.Sprite({image: "dino.png", x: 0, y: canvas.height/2,
➡anchor: "center"});
    this.x = 12;
    this.y = 4;
    this.show = false;
    this.distance = 10000;
    this.draw = function(){
      this.scale = raycaster.maxDistance / dino.distance / 2;
      this.sprite.scaleTo(this.scale);
      this.angle %= twoPi;
      if (this.angle < 0) this.angle += twoPi;
      this.angleInDegrees = this.angle * 180 / Math.PI;
      var potentialWidth = 300*.2;
      var halfAngularWidth = potentialWidth/2;
      this.adjustedAngle = this.angleInDegrees + halfAngularWidth;
      if(this.adjustedAngle > 180 || this.adjustedAngle < -180){
        this.adjustedAngle %= 180;
      };
      this.sprite.x = this.adjustedAngle/potentialWidth*canvas.width;
      this.sprite.draw();
    };
  }
};
```

우선, dino 객체에 죠스 엔진을 위한 스프라이트를 생성한다. 공룡을 표시할 때는 스프라이트의 x 속성에 대해서만 고려하면 된다. 스프라이트를 가운데로 고정시키고 y 속성에 캔버스의 높이의 절반에 해당하는 값을 대입하면 공룡이 y 축으로 가운데에 위치하게 된다.

그 다음으로 공룡이 어디쯤에 나타날 것인지를 결정하는 x와 y 속성 값을 설정한다. 이때 이 게임에서 0-15사이의 값을 가지는 블록 수준도 고려해야 한다. 이 값은 캔버스의 어느 지점에 스프라이트가 나타날 것인지를 의미하는 스프라이트의 x 및 y 속성과는 다른 값이다. 이어서 show 속성에 false 값을 대입하여 공룡이 당장은 보이지 않도록 한다. distance 속성은 기본적으로 높은 값이 대입되어 있어 공룡이 나타날 때까지 foregroundSlivers 배열의 건물들이 먼저 렌더링 될 것이다.

dino.draw 함수는 공룡 스프라이트의 크기를 조정하는 작업부터 시작한다. 이 크기는 최대 가능 거리(한 모서리에서 대각선으로 반대쪽에 위치한 모서리까지의 거리)를 플레이어와 공룡 사이의 거리로 나눈 값이다. 이때 dino.distance 변수 값으로 나누는 것이 중요한 이유는 그렇게 해야 플레이어와의 거리가 가까울수록 공룡이 커보이기 때문이다. 마지막에 2로 나눈 것은 어찌보면 대충 정한 값이지만 공룡이 지정된 칸에 나타나도록 하는 적당한 값이다. 다음으로 죠스 엔진의 scaleTo 함수를 이용하여 공룡의 크기를 변경한다. 그런 후 각도가 양의 값을 가지는지, 그리고 너무 큰 값을 갖지는 않았는지를 확인한다.

그리고 나면 angle 변수 값을 도로 환산하여 angleInDegrees 변수에 대입한다. 이렇게 하는 이유는 우리가 사용한 건물의 너비가 0.2도이기 때문이다. 여기에 광선의 갯수인 300을 곱하면 플레이어의 '시야각'인 60이라는 값을 얻게 된다. 이 값을 potentialWidth 변수에 대입한 다음, 다시 이 값을 2로 나누어 캔버스의 절반에 해당하는 만큼의 각도 값을 얻어 halfAngularWidth 변수에 대입한다. 이 값을 angleInDegrees 변수 값에 더한 값을 adjustedAngle 변수에 대입한다. 이 변수는 0부터 60사이의 값으로 스프라이트가 나타나야 할 지점을 의미한다. adjustedAngle 변수가 적절한 각도를 가지고 있는지를 검사한 후 potentialWidth(60) 변수 값으로 나누고 다시 canvas.width(300) 값을 곱한다. 그러면 스프라이트의 x 좌표에는 0부터 300 사이의 값이 대입되게 된다.

마지막으로 죠스 엔진의 sprite.draw 함수를 이용하여 스프라이트를 렌더링한다. 이제 색상이 입혀진 건물 벽 뿐만 아니라 공룡의 사진도 찍을 수 있게 되었다. 재미삼아 예제 8.32의 코드를 이용하여 카메라에 세피아 필터(옮긴이 오래된 사진처럼 보이게 해주는 필터)를 지정해보자.

예제 8.32   세피아 필터

```
var camera = {
...
//이 코드를
//this.expose(50)
//아래와 같이 바꾼다.
  this.sepia()
  .render();
...
}
```

이제 그림 8.7처럼 오래된 공룡 사진을 찍을 수 있게 되었다.

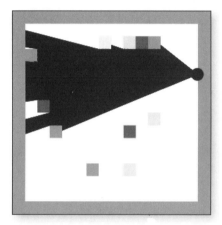

그림 8.7　오래된 공룡 사진

The Web Game Developer's Cookbook

요약

레이캐스팅이나 기하학에 대한 경험이 없는 상태이거나 캔버스 조작 및 dataUri 저장이나 로드에 대해 익숙하지 않은 상태에서 이번 장을 시작한 독자들이 있을 것이다. 최악의 경우는 여러분이 이 모든 기술에 익숙한 경우이겠지만 이제 우리는 일인칭 슈팅, 레일 슈팅(Rail Shooter, 지정된 길을 따라가며 적을 물리치는 슈팅 게임), 공포, 레이싱 게임 및 미스트(Myst) 같은 탐험 게임 등 다양한 장르의 게임을 구현하는데 필요한 기본적인 엔진을 갖게 되었다.

대부분 우리는 죠스 엔진의 게임 루프와 입력 처리, 그리고 스프라이트 관리 기능들을 활용하였지만 이 게임 엔진을 다른 용도로 활용하는 것에 관심이 있다면 그 또한 충분히 강력한 기능을 발휘해줄 것이다. 횡스크롤, 타일 맵, 그리고 (캔버스의 일정 영역만을 보거나 플레이어 주변의 영역만을 보여주기 위한)뷰 포트 등을 손쉽게 지원할 수 있다.

이 게임의 발전 방향을 생각해보면 다양한 옵션을 선택할 수도 있다. 미처 구현하지 못한 기능 위주로 생각해보면 수그리기, 점프, 옆걸음질 등이 흥미로운 시도가 될 수 있다. 건물 벽에 색상보다는 텍스쳐를 추가하는 것도 재미있을 것이다. 유적지의 사진을 찍는 것을 좋아한다면 털복숭이 맘모스를 추가해서 동물원을 만들어버릴 수도 있겠다. 또는 맵을 충분히 크게 만들어서 가상의 야생동물들과 숨바꼭질(Hide and Seek)을 하는 게임도 괜찮을 것 같다. 랜덤하게 만들어지는 맵에 타이머를 추가하여 야생동물이 어딘가에 나타나도록 하는 것이다. 게다가 게임 레벨 개념을 추가할 수도 있다. 또한, 제2장에서 구현했던 게임에서 타임머신 스위치 카드를 뒤집으면 이 게임을 플레이할 수 있도록 하는 것도 가능하다.

본질적으로는 FPS 개념이 적절한 결론이 될 수 있어서 체력, 파워업 아이템, 무기 및 플레이어를 쫓아다니며 뭔가를 던지는 적 등을 추가하는 것도 좋을 것이다. 물론, 여러분도 적을 향해 뭔가를 던질 수도 있다. 결론적으로 말하면 마인크래프트와 미스트 게임은 모두 둠을 흉내낸 게임이라고 할 수 있다. 새로운 가능성을 탐험하는 것을 두려워하지 말기를 바란다.

CHAPTER 9

RPG

게임 플레이 중의 전투는 크게 두 가지로 구분할 수 있는데 콘텐츠 탐험과 도전이 그것이다. 월드 오프 워크래프트(World of Warcraft, 이하 WoW)와 퐁(Pong) 게임을 비교해보자. WoW에서 는 새로운 콘텐츠가 끊임없이 만들어진다. 퐁은 컴퓨터나 친구와의 대결이 전부다. 현대 게임에서 는 콘텐츠 탐험과 도전이 결합되는 경향을 보이기도 하며 이런 탐험을 관리하는 데는 RPG만큼 영 향력이 큰 장르도 없다. 밀도있는 콘텐츠를 제공하는 NES의 드래곤 워리어(Dragon Warrior)는 대화, 쇼핑, 인벤토리, 그리고 전투에 있어 콘텐츠 관리를 위한 인터페이스에 대해 수요를 창출했 으며, 이런 세상을 탐험하기 위해서는 시간이 많이 필요했기 때문에 투박한 비밀번호 시스템보다 는 카트리지에 편리하게 게임을 저장할 수 있도록 발전했다. 풍부한 콘텐츠를 제공하는 모든 게임 은 전통적인 RPG 게임의 형태를 가진다.

The Web Game Developer's Cookbook

레시피: enchant.js 엔진을 이용한 게임 개발 시작하기

시간이 흐름에 따라 액션 RPG와 턴 기반(Turn-based) RPG의 구분이 점차 흐릿해지고 있지만, 비디오 게임 RPG의 초창기에는 이 두 가지 장르는 서로 확연히 구분할 수 있는 것이었다. 액션 RPG는 세계를 탐험하는 화면과 같은 화면에서 전투가 벌어진다. 이런 특징을 가진 젤다의 전설(The Legend of Zelda)같은 게임은 파이널 판타지(Final Fantasy)나 드래곤 워리어(Dragon Warrior)같은 턴 기반(혹은 메뉴 기반) RPG와 명확히 비교된다. 우리는 이미 이전의 내용에서 액션 RPG에 필요한 것(충돌 탐지)을 살펴보았으므로 이번 장에서는 메뉴 기반의 전투 시스템을 비롯해 인벤토리, 쇼핑 인터페이스, 레벨 시스템 및 게임의 저장 기능 등을 구현할 것이다.

그러면 예제 9.1의 코드를 index.html 파일에 작성하는 것부터 시작해보자.

예제 9.1   index.html 파일

```
<!DOCTYPE html>
<html>
  <head>
    <meta charset="utf-8">
    <title>RPG</title>
    <script type="text/javascript" src="enchant.js"></script>
    <script type="text/javascript" src="game.js"></script>
    <link rel="stylesheet" type="text/css" href="game.css">
  </head>
  <body>
  </body>
</html>
```

이젠 이 코드가 너무나 익숙할 것이다. 자바스크립트 파일과 스타일 시트 파일을 로드하고 페이지의 제목을 설정한다. 그리고 네 번째 줄에서는 다소 새로운 내용을 발견했을 것이다. 이것은 페이지의 인코딩을 지정하는 코드로 대부분의 경우 (다른 레시피에서 그랬듯이)이 부분을 생략해도 아무런 문제가 없으며 경고조차 나타나지 않는다.

다음으로 예제 9.2의 코드를 이용해서 game.css 파일을 생성하자.

예제 9.2 game.css 파일의 코드

```css
body {
  margin: 0;
}
```

이번 레시피에서 마지막으로 할 일은 예제 9.3의 자바스크립트 코드를 game.js 파일에 작성하는 것이다.

예제 9.3 game.js 파일

```javascript
enchant();
window.onload = function(){
  var game = new Game(300, 300);
  game.fps = 15;
  game.onload = function(){
    alert("안녕하세요");
  };
  game.start();
};
```

첫 번째 줄의 코드는 Game 클래스같은 enchant.js 라이브러리의 핵심 클래스들을 사용 가능하게 한다. window.onload 함수 블록은 window 객체의 로드가 완료되면 실행된다. 그러면 이 함수가 실행되기 전에 body 요소가 먼저 로드되는데 이것이 중요한 이유는, 새로운 Game 객체를 생성하면 body 요소 아래에 중첩된 div 태그가 만들어지기 때문이다. Game 객체의 생성자에는 높이와 너비 값을 전달한다. 그 다음에는 초당 프레임 수(FPS: Frames per Second)를 설정한다. game.onload 함수의 코드는 game.start 함수를 호출하면

293

실행된다. index.html 파일을 브라우저를 통해 실행하면 "안녕하세요"라는 경고 창이 나타나는 것을 볼 수 있을 것이다.

enchant.js 라이브러리에 대해 알아둘 사항들이 두 가지 있다. 첫 번째는 window.onload 함수 안에서 게임 객체를 생성하지 않으면 브라우저 콘솔에 enchant.js 라이브러리가 내보내는 오류 메시지가 나타난다. 이 메시지를 보면 어디가 잘못됐는가를 쉽게 알 수 있다. 이를 통해 이 엔진이 다른 엔진에 비해 훨씬 견고하게 만들어졌음을 알 수 있다.

두 번째로 알아둘 것은 이 엔진이 아직 완전한 것은 아니지만 게임을 구현하기 위해 필요한 여러 개의 canvas 객체와 DOM 요소들을 만들어 사용한다는 점이다. 우리는 아직 이 정도로 복잡한 접근법을 보지 못했다.

자, 이제 다음 레시피로 건너가 지도를 만들어보자.

레시피: 지도 만들기

The Web Game Developer's Cookbook

지도(큰 2차원 배열)를 구성하는 코드는 상당한 양이므로 독립된 자바스크립트 파일에 작성하도록 하자. index.html 파일에 예제 9.4에 굵게 표시된 코드를 먼저 작성한다.

예제 9.4   지도 파일 로드하기

```
<script type="text/javascript" src="enchant.js"></script>
<script type="text/javascript" src="map.js"></script>
<script type="text/javascript" src="game.js"></script>
<link rel="stylesheet" type="text/css" href="game.css">
```

그리고 배경 및 전경 지도에 사용할 2차원 배열을 가진 map.js 파일을 만들어야 한다. 이 파일에 예제 9.5의 코드를 작성하자.

예제 9.5   map.js 파일의 코드

```
var mapData = [[1, 1, 1, 1, 1, 1, 1, 1, 1, 1, 1, 1, 1, 1, 1, 1, 1, 1, 1, 1, 1, 1, 1,
  1, 1],
  [1, 1, 1, 1, 1, 1, 1, 1, 1, 1, 1, 1, 1, 1, 1, 1, 1, 1, 1, 1, 1, 1, 1, 1, 1, 1],
  [1, 1, 1, 1, 1, 1, 1, 1, 1, 1, 1, 1, 1, 1, 1, 1, 1, 1, 1, 1, 1, 1, 1, 1, 1, 1],
  [1, 1, 1, 1, 1, 1, 1, 1, 1, 1, 1, 1, 1, 1, 1, 1, 1, 1, 1, 1, 1, 1, 1, 1, 1, 1],
  [1, 1, 1, 1, 1, 1, 1, 1, 1, 1, 1, 1, 1, 1, 1, 1, 1, 1, 1, 1, 1, 1, 1, 1, 1, 1],
  [1, 1, 1, 1, 1, 1, 1, 1, 1, 1, 1, 1, 1, 1, 1, 1, 1, 1, 1, 1, 1, 1, 1, 1, 1, 1],
  [1, 1, 1, 1, 1, 1, 1, 1, 1, 1, 1, 1, 1, 1, 1, 1, 1, 1, 1, 1, 1, 1, 1, 1, 1, 1],
  [1, 1, 1, 1, 1, 1, 1, 1, 1, 1, 1, 1, 1, 1, 1, 1, 1, 1, 1, 1, 1, 1, 1, 1, 1, 1],
  [1, 1, 1, 1, 1, 1, 1, 1, 1, 1, 1, 1, 1, 1, 1, 1, 1, 1, 1, 1, 1, 1, 1, 1, 1, 1],
  [1, 1, 1, 1, 1, 1, 1, 1, 1, 1, 1, 1, 1, 1, 1, 1, 1, 1, 1, 1, 1, 1, 1, 1, 1, 1],
  [1, 1, 1, 1, 1, 1, 1, 1, 1, 1, 1, 1, 1, 1, 1, 1, 1, 1, 1, 1, 1, 1, 1, 1, 1, 1],
  [1, 1, 1, 1, 1, 1, 1, 1, 1, 1, 1, 1, 1, 1, 1, 1, 1, 1, 1, 1, 1, 1, 1, 1, 1, 1],
  [1, 1, 1, 1, 1, 1, 1, 1, 1, 1, 1, 1, 1, 1, 1, 1, 1, 1, 1, 1, 1, 1, 1, 1, 1, 1],
  [1, 1, 1, 1, 1, 1, 1, 1, 1, 1, 1, 1, 1, 1, 1, 1, 1, 1, 1, 1, 1, 1, 1, 1, 1, 1],
  [1, 1, 1, 1, 1, 1, 1, 1, 1, 1, 1, 1, 1, 1, 1, 1, 1, 1, 1, 1, 1, 1, 1, 1, 1, 1],
  [1, 1, 1, 1, 1, 1, 1, 1, 1, 1, 1, 1, 1, 1, 1, 1, 1, 1, 1, 1, 1, 1, 1, 1, 1, 1],
```

```
    [1, 1, 1, 1, 1, 1, 1, 1, 1, 1, 1, 1, 1, 1, 1, 1, 1, 1, 1, 1, 1, 1, 1, 1, 1],
    [1, 1, 1, 1, 1, 1, 1, 1, 1, 1, 1, 1, 1, 1, 1, 1, 1, 1, 1, 1, 1, 1, 1, 1, 1],
    [0, 0, 0, 0, 0, 0, 0, 0, 0, 0, 0, 0, 0, 0, 0, 0, 0, 0, 0, 0, 0, 0, 0, 0, 0]];

var foregroundData = [[-1,-1, -1,  -1,  -1,  -1,  -1,  -1,  -1,  -1,  -1,  -1,  3, 3, 3, 3, -1, -1,
 -1,  -1,  -1,  -1,  -1,  -1,  -1, -1],
  [3,   3,  -1,  -1,  -1,  -1,  -1,  -1,  -1,  -1,  -1,  -1,  3, 3, 3, 3, -1, -1, -1, -1, -1, -1, -1,
 -1,  -1, -1],
  [-1,  3,  -1,  -1,  -1,  -1,  -1,  -1,  -1,  -1,  -1,  -1,  3, 3, 3, 3, -1, -1, -1, -1, -1, -1, -1,
 -1, -1, -1],
  [3,  -1,  -1,  3,  3,  3, -1, -1, -1, -1, -1, -1,  3,  3,  3,  3,  3,  3,  3,  3,  3,  3,
 3,  3,  3, 13],
  [-1,-1, -1,  3,  -1,  3, -1, -1, -1,  3, -1, -1, 3, 3, 3, 3, -1, -1, -1, -1, -1, -1, -1,
 -1,  3, 13],
  [-1,-1, -1, -1, -1, -1, -1, -1, -1, -1, -1, -1, 3, 3, 3, 3, -1, -1, -1, -1, -1, -1, -1,
 -1,  3, 13],
  [-1,-1, -1, -1, -1, -1, -1, -1, -1, -1, -1, -1, 3, 3, 3, 3, -1, -1, -1, -1, -1, -1, -1,
 -1,  3, 13],
  [-1,-1, -1, -1, -1, -1, -1, -1, -1, -1, -1, -1, 3, 3, 3, 3, -1, -1, -1, -1, -1, -1, -1,
 -1,  3, 13],
  [-1,-1, -1, -1, -1, -1, -1, -1, -1, -1, -1, -1, 3, 3, 3, 3, -1, -1, -1, -1, -1, -1, -1,
 -1,  3, 13],
  [-1,-1, -1, -1, -1, -1, -1, -1, -1, -1, -1, -1, 3, 3, 3, 3, -1, -1, -1, -1, -1, -1, -1,
 -1,  3, 13],
  [-1,-1, -1, -1, -1, -1, -1, -1, -1, -1, -1, -1, 3, 3, 3, 3, -1, -1, -1, -1, -1, -1, -1,
 -1,  3, 13],
  [-1,-1, -1,  3, -1, -1, -1, -1, -1, -1, -1, -1, 3, 3, 3, 3, -1, -1, -1, -1, -1, -1, -1,
 -1,  3, 13],
  [-1,-1, -1, -1, -1, -1, -1, -1, -1, -1, -1, -1, 3, 3, 3, 3, -1, -1, -1, -1, -1, -1, -1,
 -1,  3, 13],
  [-1,-1, -1, -1, -1, -1, -1, -1, -1, -1, -1, -1, 3, 3, 3, 3, -1, -1, -1, -1, -1, -1, -1,
 -1,  3, 13],
  [-1,-1, -1, -1, -1, -1, -1, -1, -1, -1, -1, -1, 3, 3, 3, 3, -1, -1, -1, -1, -1, -1, -1,
 -1,  3, 13],
  [-1,-1, -1, -1, -1, -1, -1, -1, -1, -1, -1, -1, 3, 3, 3, 3, -1, -1, -1, -1, -1, -1, -1,
 -1,  3, 13],
  [-1,-1, -1, -1, -1, -1, -1, -1, -1, -1, -1, -1, 3, 3, 3, 3, -1, -1, -1, -1, -1, -1, -1,
 -1,  3, 13],
  [14,14, 14, 14, 14, 14, 14, 14, 14, 14, 14, 14, 14, 14, 14, 14, 14, 14, 14, 14, 14, 14,
 14, 14, 14, 14]];
```

이 파일에는 mapData 변수와 foregroundData 변수를 선언하였다. 이 데이터를 가진 지
도를 로드하려면 game.js 파일에 예제 9.6에 굵게 표시된 코드를 추가로 작성해야 한다.

예제 9.6   지도 로드하기

```
enchant();
window.onload = function(){
  var game = new Game(300, 300);
  game.fps = 15;
  game.spriteWidth = 16;
  game.spriteHeight = 16;
  game.preload('sprites.png');
  var map = new Map(game.spriteWidth, game.spriteHeight);
  var foregroundMap = new Map(game.spriteWidth, game.spriteHeight);
  var setMaps = function(){
    map.image = game.assets['sprites.png'];
    map.loadData(mapData);
    foregroundMap.image = game.assets['sprites.png'];
    foregroundMap.loadData(foregroundData);
  };
  var setStage = function(){
    var stage = new Group();
    stage.addChild(map);
    stage.addChild(foregroundMap);
    game.rootScene.addChild(stage);
  };
  game.onload = function(){
    setMaps();
    setStage();
  };
  game.start();
};
```

먼저, game 객체에 스프라이트의 크기를 담을 새로운 속성을 정의한다. 그런 다음 스프라이트 이미지를 미리 로드한다. 그리고 스프라이트의 지정된 너비와 높이를 이용해 지도와 전경 지도 객체를 생성한다. 또한, game.onload 함수에서 호출할 두 가지 함수를 구현한다. 첫 번째 함수인 setMaps 함수에서는 지도에서 사용할 이미지로 sprites.png 파일을 지정하고 map.js 파일에서 필요한 데이터를 로드한다. setStage 함수는 stage 변수에 새로운 enchant.js 객체인 Group 객체를 생성하여 대입한다. 이 객체는 이 '장면(Scene)'에 필요한 모든 객체들을 저장하는 객체다. 그런 후, addChild 함수를 이용하여 스테이지에 지도를 추가한다. 마지막으로 지도에 대한 항공뷰를 만들 때 사용하기 위해 stage 변수에 담긴 객체들을 game 객체의 rootScene 변수에 저장한다. 이곳에 저장된 데이터는 향후 전투와 쇼핑에도 사용한다.

아마도 DOM과 캔버스 요소로 어떻게 이런 것들을 표현할 수 있을지 궁금할 것이다. 지금 DOM 객체를 탐색해보면 각자 캔버스 요소를 가지고 있는 두 개의 새로운 div 태그를 보게 될 것이다. 이 태그들은 우리가 만든 지도 객체에 각각 대응하지만 stage 객체는 그저 DOM에 반영되지 않고 메모리 상에만 존재하는 요소의 컬렉션이다.

예제 9.6의 코드가 올바르게 동작한다면 index.html 파일을 브라우저로 실행했을 때 그림 9.1과 같은 화면을 보게 될 것이다.

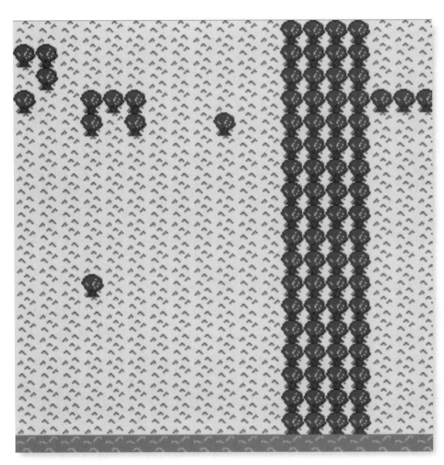

그림 9.1   전경과 배경 이미지가 로드된 모습

나무 이미지의 일부 영역이 투명하기 때문에 그 아래의 잔디 이미지가 보인다는 것도 알아 두자.

The **W**eb **G**ame **D**eveloper's **C**ookbook

레시피: 플레이어 추가하기

이제 지도를 펼쳤으므로 이 위를 돌아다닐 플레이어를 추가해보자. 그러기 위해서는 새로운 div 요소를 절대 좌표로 화면에 추가해야 한다. 어떤 작업을 해야 하는지는 예제 9.7의 수정된 game.js 파일의 코드를 참고하자.

예제 9.7 플레이어의 이동 기능이 추가된 game.js 파일의 코드

```
enchant();
window.onload = function(){
  var game = new Game(300, 300);
  game.spriteSheetWidth = 256;
  game.spriteSheetHeight = 16;
...
  var setStage = function(){
    var stage = new Group();
    stage.addChild(map);
    stage.addChild(player);
    stage.addChild(foregroundMap);
    game.rootScene.addChild(stage);
  };
  var player = new Sprite(game.spriteWidth, game.spriteHeight);
  var setPlayer = function(){
    player.spriteOffset = 5;
    player.startingX = 6;
    player.startingY = 14;
    player.x = player.startingX * game.spriteWidth;
    player.y = player.startingY * game.spriteHeight;
    player.direction = 0;
    player.walk = 0;
    player.frame = player.spriteOffset + player.direction;
    player.image = new Surface(game.spriteSheetWidth, game.spriteSheetHeight);
    player.image.draw(game.assets['sprites.png']);
  };
  player.move = function(){
    this.frame = this.spriteOffset + this.direction * 2 + this.walk;
    if (this.isMoving) {
      this.moveBy(this.xMovement, this.yMovement);
      if (!(game.frame % 2)) {
```

299

```
      this.walk++;
      this.walk %= 2;
    }
    if ((this.xMovement && this.x % 16 === 0) || (this.yMovement && this.y % 16 ===
➥0)) {
      this.isMoving = false;
      this.walk = 1;
    }
  } else {
    this.xMovement = 0;
    this.yMovement = 0;
    if (game.input.up) {
      this.direction = 1;
      this.yMovement = -4;
    } else if (game.input.right) {
      this.direction = 2;
      this.xMovement = 4;
    } else if (game.input.left) {
      this.direction = 3;
      this.xMovement = -4;
    } else if (game.input.down) {
      this.direction = 0;
      this.yMovement = 4;
    }
    if (this.xMovement || this.yMovement) {
      var x = this.x + (this.xMovement ? this.xMovement / Math.abs(this.xMovement) *
➥16 : 0);
      var y = this.y + (this.yMovement ? this.yMovement / Math.abs(this.yMovement) *
➥16 : 0);
      if (0 <= x && x < map.width && 0 <= y && y < map.height) {
        this.isMoving = true;
        this.move();
      }
    }
  }
};
game.focusViewport = function(){
  var x = Math.min((game.width  - 16) / 2 - player.x, 0);
  var y = Math.min((game.height - 16) / 2 - player.y, 0);
  x = Math.max(game.width,  x + map.width)  - map.width;
  y = Math.max(game.height, y + map.height) - map.height;
  game.rootScene.firstChild.x = x;
  game.rootScene.firstChild.y = y;
};
game.onload = function(){
  setMaps();
  setPlayer();
  setStage();
  player.on('enterframe', function() {
    player.move();
  });
  game.rootScene.on('enterframe', function(e) {
    game.focusViewport();
```

```
    });
  };
  game.start();
};
```

굵게 표시한 코드만 살펴보면 가장 먼저 스프라이트시트의 크기를 설정하는데, 그 이유는 이 크기가 나중에 player 객체의 surface 속성을 선언할 때 필요하기 때문이다. 그런 후 setStage 함수에서는 player 변수(div 요소로 표현하고 있음을 기억하자)를 stage 객체에 추가 한다. player 변수는 16×16 크기의 새로운 스프라이트로 선언한다.

그 다음에는 플레이어와 관련된 세 개의 함수를 정의한다. 예제의 아래쪽으로 내려가 (game.onload 함수 내부에) 이 함수들이 호출되는 부분을 살펴보자. 먼저, setPlayer 함수 는 player.spriteOffset 속성에 플레이어 스프라이트의 스프라이트시트 상의 위치를 대입한 다(png 파일을 열어보면 스프라이트들이 일렬로 늘어서 있음을 알 수 있을 것이다). startingX와 startingY 변수는 플레이어가 처음 나타날 지도의 칸을 저장할 변수다. 이 값들은 16(스프 라이트의 너비)의 배수다. direction 변수는 플레이어가 바라보는 방향을 표현하는 숫자다. walk 변수는 0 또는 1의 값을 가지며 player 객체가 사각형 사이를 이동하고 있는지 아닌 지를 표현한다. 프레임은 우리가 렌더링하고자 하는 개별적인 스프라이트이며 spriteOffset 변수에 direction 값을 더한 위치에 나타난다. setPlayer 함수에서 할 일은 새로운 Surface 객체를 생성하고 player.image 변수에 대입한 후 draw 함수를 통해 스프라이트를 그린다. frame 속성은 그려질 스프라이트를 결정한다.

플레이어 객체에 새로운 변수가 몇 가지 추가되었기 때문에 어떤 속성과 함수가 enchant. js 파일과 관련이 있는지(frame과 image 변수), 그리고 어떤 변수가 우리가 직접 정의한 것인지(나머지 변수들), 그리고 어떤 것들이 표준 자바스크립트 요소인지(예를 들면 length 속성)를 파악하기가 쉽지 않을 것이다.

이를 파악하려면 enchant.js 파일의 문서(http://wise9.github.com/enchant.js/doc/ core/en/index.html)를 가까운 곳에 두어야 한다. 모질라 개발자 네트워크(Mozilla De veloper Network) 문서는 자바스크립트 네이티브 요소들을 파악하기에는 더없이 훌륭한 자료다. 여러분이 직접 정의한 속성을 구분하려면 코드에 주석을 남기거나 이 속성들을 캡슐화하는 새로운 객체를 정의하는 것이 좋다.

다음으로 player.on("enterframe") 함수를 통해 player.move 함수를 호출한다. 따라서 이 함수는 플레이어가 새로운 프레임에 들어갈 때마다 호출된다. 결국 이 함수는 플레이어 객체를 매번 다시 그리기 위한 루프라고 생각하면 된다. player.move 함수는 단 몇 가지 속성만을 사용하지만 개념적으로는 가장 중요한 것으로, 플레이어가 보여질 프레임과 위치를 결정한다.

그러면 player.move 함수를 정의하는 부분을 살펴보자. 프레임을 결정할 때 direction 속성 값에 2를 곱하는 이유는 방향 별로 두 개의 프레임이 존재하기 때문이다. walk 변수는 스프라이트를 옮길 때마다 0 또는 1 값이 반복된다. 그리고 플레이어의 isMoving 속성 값을 검사한다. 처음 실행할 때는 (isMoving 속성 값이 undefiend이기 때문에) else 구문이 실행될 것이므로 이 부분을 먼저 살펴보자.

먼저 xMovement와 yMovement 변수를 0으로 초기화한다. 그런 후 입력이 있었는지를 검사하여 방향과 x 및 y 축의 이동 거리를 설정한다. 이 값은 빠르기와 같아서 이 값을 조정하면 플레이어가 더 빨리 움직이거나 느리게 움직이는 것을 볼 수 있을 것이다. 다음으로 움직임이 있었다면 x나 y 변수에 현재 플레이어의 위치와 스프라이트의 너비(양수인 경우는 16, 0일 때는 0, 음수일 때는 –16)를 더한 값이 대입될 것이다. 마지막 조건문은 예정된 움직임이 지도의 범위를 벗어나지 않는지를 검사하는 구문이다. 만일 지도의 범위를 벗어나지 않으면 isMoving 변수 값을 true로 설정하고 move 함수를 다시 반복 호출한다.

이제 스프라이트의 프레임을 다시 수정해야 한다. isMoving 변수 값이 true이므로 enchant.js 엔진의 moveBy 함수를 호출하여 프레임을 xMovement와 yMovement 값만큼 이동한다. 프레임이 짝수이면 walk 변수 값은 0으로 대입한다. 그 다음의 조건문은 사각형의 정가운데에 있으며 그곳에서 움직이기 시작한 것인지를 검사한다. 만일 그렇다면 walk 변수에 1을 대입하는데 그것보다 더 중요한 것은 isMoving 변수 값에 false를 대입한다는 점이다. 스프라이트가 새로고침 되어 이 함수가 다음에 다시 호출될 때는 else 구문을 따라 사용자의 입력을 살펴본 후 이 과정을 다시 실행하게 될 것이다.

이 책의 다른 장에서 화면상의 스프라이트의 x와 y 위치를 쉽게 수정하는 보다 간단한 메서드를 본 적이 있겠지만 이 함수는 사각형 사이를 이동하는 전통적인 RPG의 걷기 패턴을 구현한 것이다.

focusViewport 함수는 장면이 업데이트 될 때마다 호출되며 화면의 x와 y 위치를 설정하므로 플레이어가 항상 화면 가운데에 위치하게 된다.

> **참고**
>
> 뷰포트(Viewport)에 대해 논의할 때는 몇 가지 개념을 구분해야 한다. 우리가 여기서 말하는 "뷰포트"란 플레이어 주변의 카메라를 의미한다. 간혹 게임 엔진은 우리가 구현한 것과 같이 특정 객체에 뷰포트(혹은 카메라)를 고정하는 고수준의 기능을 제공한다.
>
> 모바일 기기의 렌더링을 제어할 때는 뷰포트 메타 태그 확장이 도움이 된다. 게임의 경우 확대를 비활성화하는 것은 괜찮지만 시력이 완벽한 사람만을 위한 것이 아니라면 사람들이 뭔가를 읽거나, 링크를 클릭하거나. 그림을 상세히 봐야 할 경우에는 확대 기능을 비활성화 하지 말아야 한다. 이 메타 확장 기능은 다음과 같이 사용할 수 있다.
>
> ```
> <meta name="viewport" content=width=device-width,user-scalable=no">
> ```
>
> 모바일 사파리(아이폰 브라우저)는 두 개의 추가 메타 태그 확장을 제공하는데 apple-mobile-web-app-status-bar-style과 apple-mobile-web-app-capable 확장이 그것이다. 첫 번째 확장 기능은 상태 막대의 스타일을 제어하기 위한 것이다. 두 번째 확장 기능은 모바일 사파리 브라우저를 전체 화면 모드로 실행한다.
>
> 모바일 환경이 아니라면 HTML5의 전체 화면 API를 이용하여 브라우저 창 안에 전체 화면을 구성할 수 있다. 이 기능을 이용하면 운영체제의 도구 막대부터 브라우저 창의 URL 막대 등 모든 것이 사라진다. 이 기능은 현재 (인터넷 익스플로러를 제외한) 모든 데스크톱 브라우저에서 지원되지만 (파이어폭스 모바일을 제외한) 모바일 브라우저에서는 거의 지원되지 않는다. 한 가지 단점은 사용자의 동작에 의해 발생시켜야 하며 이때 사용자에게 전체 화면 모드로 실행할 것인지를 묻는다는 점이다. 이는 전형적인 웹앱에서는 썩 좋은 사용자 경험이라고 할 수 없지만 게이머들은 "전체 화면을 허용하시겠습니까?"라는 질문에는 대부분 긍정적으로 응답한다.

모든 코드가 정상적으로 동작한다면 index.html 파일을 브라우저에 실행했을 때 그림 9.2 처럼 캐릭터가 화면에 나타나게 될 것이다. 캐릭터를 움직이게 하려면 화살표키를 이용하면 된다.

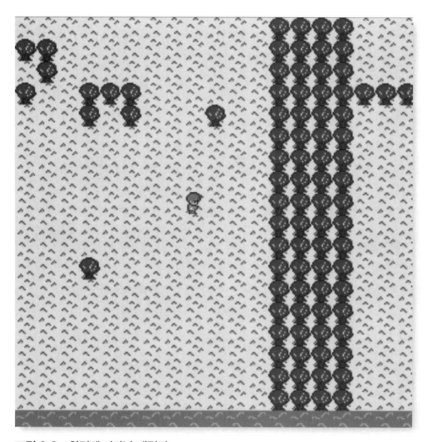

그림 9.2 화면에 나타난 캐릭터

크롬 브라우저에서의 문제

크롬 브라우저에서는 지금까지 작성한 코드가 제대로 동작하지 않는다. 파이어폭스와 사파리에서는 잘 동작하지만(옮긴이 각자의 환경에 따라 조금씩 다를 수도 있겠지만 이 글을을 번역하는 시점에 역자는 OS X 10.8.3 마운틴라이언을 사용 중이며 사파리 브라우저도 크롬 브라우저와 마찬가지로 완벽히 동작하지 않는 것을 경험했다. 참고로 Windows 8의 IE10에서는 정상적으로 동작한다.) 크롬은 캐릭터의 스프라이트가 어떻게 변경되어야 하는지를 제대로 파악하지 못한다. 그래서 걷는 애니메이션이 제대로 적용되지 않으며, 더 좋지 않은 것은 플레이어가 화면의 왼쪽 위 ¼ 지점에서만 보인다는 점이다. 크롬이 거의 문제가 없는 브라우저긴 하지만 여기서 발생하는 문제는 우리가 구현한 기능을 성능 가속기가 최적화하는 과정에서 발생하는 것으로 보인다.

레시피: 충돌 레이어 추가하기

현재 우리가 추가한 캐릭터는 나무를 통과해서 걷는다. game.js 파일을 수정해서 이 문제를 해결해보자. 예제 9.8에서는 setMaps 함수를 수정하여 foregroundMap 배열에 나타난 스프라이트의 타입을 토대로 충돌 레이어를 구성한다.

예제 9.8   지도에 충돌 데이터 추가하기

```
var setMaps = function(){
  map.image = game.assets['sprites.png'];
  map.loadData(mapData);
  foregroundMap.image = game.assets['sprites.png'];
  foregroundMap.loadData(foregroundData);
  var collisionData = [];
  for(var i = 0; i< foregroundData.length; i++){
    collisionData.push([]);
    for(var j = 0; j< foregroundData[0].length; j++){
      var collision = foregroundData[i][j] %13 > 1 ? 1 : 0;
      collisionData[i][j] = collision;
    }
  }
  map.collisionData = collisionData;
};
```

이 예제에서는 2차원 배열을 생성하고 전경 지도에서 스프라이트 종류가 -1(공백), 0(수풀), 1(물) 그리고 13(지금까지 걸을 수 있었던 나무)인 것들을 제외한 나머지 스프라이트 종류들의 값을 0으로 채운다. 나머지는 모두 1로 채워지며 여기는 걸을 수 없는 부분임을 의미한다.

map 객체에 충돌 데이터를 기록한 속성을 만들었으므로 이제 실제로 충돌 탐지 기능을 구현해야 한다. 예제 9.9에서 굵게 표시한 코드를 player.move 함수에 작성하자.

예제 9.9 충돌 검사하기

```
player.move = function(){
  this.frame = this.spriteOffset + this.direction * 2 + this.walk;
  if (this.isMoving) {
...
  } else {
...
    if (this.xMovement || this.yMovement) {
      var x = this.x + (this.xMovement ? this.xMovement / Math.abs(this.xMovement) *
➥16 : 0);
      var y = this.y + (this.yMovement ? this.yMovement / Math.abs(this.yMovement) *
➥16 : 0);
      if (0 <= x && x < map.width && 0 <= y && y < map.height && !map.hitTest(x, y)) {
        this.isMoving = true;
        this.move();
      }
    }
  }
};
```

hitTest 함수와 collisionData 속성은 모두 enchant.js 엔진이 제공하는 함수다. 이제 우리의 주인공은 (화면 오른쪽에 늘어선)나무들을 통과할 수 없게 되었다. 그러나 여전히 물 위를 걸을 수는 있다. 눈치채지 못했겠지만 물은 두 개의 레이어로 구성되어 있는데, 배경 레이어는 스프라이트 전체를 사용하지만 전경 레이어는 위쪽 절반이 투명하다. 이렇게 하면 플레이어가 물을 헤치며 걷는 것처럼 보이게 할 수 있다.

307

The Web Game Developer's Cookbook

레시피: 상태 화면

이제 캐릭터를 단순히 나무 주위를 어슬렁 거리는 것 이상의 어떤 것으로 대우해주기 위해 뭔가 자랑할 만한 능력을 부여해보자. 먼저, 현재 플레이어의 상태를 표시할 때 사용할 키를 선정해야 할 것이다. 그런 다음 새로운 키 입력을 처리할 이벤트 리스너(Event Listener)도 구현해야 한다. 키 입력에 대한 연결은 예제 9.10의 굵게 표시된 코드와 같이 game.js 파일의 상단에 추가한다.

예제 9.10   스페이스 바 입력을 a키에 연결하기

```
enchant();
window.onload = function(){
  var game = new Game(300, 300);
  game.keybind(32, 'a');
```

언뜻 보면 'a' 키를 연결한 것처럼 보인다. 그러나 실제로는 키코드 32에 해당하는 스페이스 바를 연결한 것이다. enchant.js 엔진은 특정 키를 내부적으로 'buttons'라고 정의한 어떤 것에 연결한다. 기본적으로 화살표 키들이 'buttons'에 연결되어 있으며 'a button'과 'b button'은 연결되어 있지 않은 상태다. 죠스나 다른 (작은)게임 엔진들처럼 각 키에 대한 상수를 제공하지 않는 것이 다소 독단적으로 보일 수도 있다. 그러나 이는 enchant 라이브러리가 기본적으로 키보드가 제공되지 않는 모바일 환경을 고려하고 있기 때문이다. 때문에 UI 확장 기능을 통해 가상의 방향 키와 아날로그 패드를 제공한다. 모바일 환경에서는 화면에 키보드 보다는 클릭이나 터치가 가능한 가상의 방향 패드와 버튼을 화면에 추가하는 것이 더 합리적이다.

다른 입력 방식을 고려하고 있다면 게임패드 API를 살펴볼 것을 권한다. 이 API는 컨트롤러의 버튼 입력 이벤트를 컴퓨터와 연결해준다. 콘솔 게임 팬들에게는 마우스/터치/키보드보다는 훨씬 나은 변화로 느껴질 것이다.

다음으로 "a button"에 대한 이벤트 리스너를 작성하여 키가 입력되면 상태를 표시하도록 하자. game.js 파일 하단에 game.onload 함수에 예제 9.11에 굵게 표시한 코드를 추가하자.

예제 9.11 "a button"에 대한 이벤트 리스너 함수

```
game.onload = function(){
  setMaps();
  setPlayer();
  setStage();
  player.on('enterframe', function() {
    player.move();
    if (game.input.a) {
      player.displayStatus();
    };
  });
...
```

이 코드를 통해 우리가 해야 할 다음 작업이 displayStatus 함수를 구현하는 것이라는 점을 명확히 알 수 있다. 그러나 우리가 표시할 것은 플레이어의 특성이다. 그렇다면 물리적으로 객체를 그려야 하는 이슈가 있다. 예제 9.12의 코드를 살펴보자.

예제 9.12 무엇을 어떻게 표시할지 정의하기

```
var setStage = function(){
...
  stage.addChild(foregroundMap);
  stage.addChild(player.statusLabel);
  game.rootScene.addChild(stage);
};
var player = new Sprite(game.spriteWidth, game.spriteHeight);
var setPlayer = function(){
```

```
...
  player.name = "Roger";
  player.characterClass = "Rogue";
  player.exp = 0;
  player.level = 1;
  player.gp = 100;
  player.hp = 10;
  player.maxHp = 10;
  player.mp = 0;
  player.maxMp = 0;
  player.statusLabel = new Label("");
  player.statusLabel.width = game.width;
  player.statusLabel.y = undefined;
  player.statusLabel.x = undefined;
  player.statusLabel.color = '#fff';
  player.statusLabel.backgroundColor = '#000';
};
player.displayStatus = function(){
  player.statusLabel.text =
    "--" + player.name + " the " + player.characterClass +
    "<br />--HP: "+player.hp + "/" + player.maxHp +
    "<br />--MP: "+player.mp + "/" + player.maxMp +
    "<br />--Exp: "+player.exp +
    "<br />--Level: " + player.level +
    "<br />--GP: " + player.gp;
};
```

수정된 setStage 함수에서는 player.displayStatus 함수를 호출할 때 텍스트를 출력할 레이블들을 추가한다. 또한, 출력할 텍스트가 없으면 레이블 자체를 숨기며 레이블을 보이거나 숨기기 위해 명시적으로 요소를 제거하고 추가하지는 않는다.

그 다음, setPlayer 함수에서는 보유한 금화(Gold Pieces)의 줄임말인 gp라거나 타격 점수(Hit Point)의 줄임말인 hp 등, 전형적인 RPG의 특성 값들을 초기화한다. 한 가지 특이한 것은 characterClass 변수다. 이 변수는 원래 'class'라고 표기했어야 하지만 'class'가 자바스크립트의 예약어이므로 어쩔 수 없이 그 이름을 사용할 수 없게 되었다(옮긴이 대부분의 RPG게임에서는 캐릭터들의 종류에 따라 구사할 수 있는 능력이 다르다. 이런 캐릭터의 종류를 클래스라고 부른다).

그 다음에는 상태 레이블의 특성을 지정한다. 먼저, 빈 문자열로 초기화한다. 따라서 어떤 텍스트로 채워지기 전까지는 화면에 나타나지 않음을 기억하자. width 속성에는 game 객체의 width 속성 값을 대입했다. x와 y 속성에 undefined 값을 대입하는 것은 조금 이상해 보일 수도 있으나 그렇게 하는 이유는 이 속성들의 기본 값이 0이며 이 값이 0이면 캐릭터가 어디에 있든 지도에서 왼쪽 위 모서리에 레이블이 표시되기 때문이다. 따라서 이 값들을 undefined로 설정하면 항상 레이블이 어디에 나타날 것인지를 지정해주어야 원하는 결과를 얻을 수 있다. 이렇게 하면 코드가 간단해질 뿐 아니라 적어도 이 게임에서는 그 속성 값을 신뢰할 수가 있다.

색상을 설정하고 난 후에는 displayStatus 함수를 구현한다. 이 함수는 단순히 레이블에 플레이어의 상태를 나타내는 문자열을 연결하여 출력하는 역할을 담당한다. HTML은 레이블 내부에서 해석되므로 몇 개의
 태그로 간단하게 출력 형식을 정하였다.

이로서 이번 레시피도 거의 마무리 단계에 다다랐지만 지금으로서는 다시(text 속성에 빈 문자열을 대입해서) 레이블을 보이지 않게 할 방법이 없다. 이 기능을 구현하기 위해 이동 키를 누르는 순간 레이블이 사라지도록 만들어보자. 그러려면 player.move 함수에서 입력을 처리하는 코드를 예제 9.13에 굵게 표시된 코드처럼 수정해야 한다.

예제 9.13 상태 메시지를 제거하도록 수정된 입력 처리 함수

```
if (game.input.up) {
  this.direction = 1;
  this.yMovement = -4;
  player.statusLabel.text = "";
} else if (game.input.right) {
  this.direction = 2;
  this.xMovement = 4;
  player.statusLabel.text = "";
} else if (game.input.left) {
  this.direction = 3;
  this.xMovement = -4;
  player.statusLabel.text = "";
} else if (game.input.down) {
  this.direction = 0;
  this.yMovement = 4;
  player.statusLabel.text = "";
}
```

이렇게 하면 그림 9.3처럼 상태 메시지가 나타난 후 이동을 시작하면 다시 사라지게 된다.

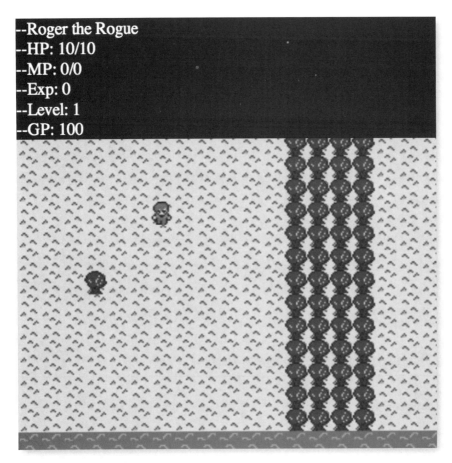

그림 9.3 상태 메시지

레시피: NPC와 대화하기

플레이 대상이 아닌 캐릭터(NPC, Non-playable Characters)는 게임 세계에 존재하는 플레이가 불가능한 게임 캐릭터다. 이들 중 일부는 상점 주인이기도 하고 일부는 도움이 되는 조언을 주기도 한다. 또한, 일부는 도시의 이름을 알려주는 등 특징에 따라 서로 다른 역할을 담당한다. 이들은 실세계에서 고민거리나 유머, 공허함, 그리고 기분전환 등을 하는 것과 같은 역할을 담당한다. 이제 "안녕하세요."라고 인사하는 NPC를 우리 게임에 추가해보자.

플레이어가 누군가와 대화를 할 수 있도록 하려면 가장 먼저 해야 할 일은 플레이어 앞에 무엇이 있는지를 알아내는 것이다. 그러려면 player.move 함수 다음에 예제 9.14에 작성한 세 개의 새로운 함수를 추가해야 한다.

예제 9.14 플레이어 앞에 있는 스프라이트를 알아내는 코드

```
player.square = function(){
  return {x: Math.floor(this.x /game.spriteWidth), y: Math.floor(this.y/game.spriteHeight)}
}
player.facingSquare = function(){
  var playerSquare = player.square();
  var facingSquare;
  if(player.direction === 0){
    facingSquare = {x: playerSquare.x, y: playerSquare.y + 1}
  }else if (player.direction === 1) {
    facingSquare = {x: playerSquare.x, y: playerSquare.y - 1}
  }else if (player.direction === 2) {
    facingSquare = {x: playerSquare.x + 1, y: playerSquare.y}
  }else if (player.direction === 3) {
    facingSquare = {x: playerSquare.x - 1, y: playerSquare.y}
  }
  if ((facingSquare.x < 0 || facingSquare.x >= map.width/16) || (facingSquare.y < 0 ||
➡facingSquare.y >= map.height/16)) {
    return null;
  } else {
    return facingSquare;
  }
```

```
  }
player.facing = function(){
  var facingSquare = player.facingSquare();
  if (!facingSquare){
    return null;
  }else{
    return foregroundData[facingSquare.y][facingSquare.x];
  }
}
```

첫 번째 facingSquare 함수는 플레이어 바로 앞에 있는 사각형을 표현한 객체를 리턴하며 플레이어가 지도의 테두리를 바라보고 있으면 null을 리턴한다. 세 번째 함수인 facing 함수 역시 플레이어가 지도 테두리를 바라보고 있으면 null을 리턴한다. 그렇지 않으면 foregroundData 배열에서 스프라이트의 번호를 리턴한다.

예제 9.14에서 작성한 코드 바로 다음에 NPC와 대화하기 위한 객체를 추가하자. 예제 9.15 의 코드를 살펴보자.

예제 9.15   NPC와 대화를 하기 위한 객체들

```
var npc = {
  say: function(message){
    player.statusLabel.height = 12;
    player.statusLabel.text = message;
  }
}
var greeter = {
  action: function(){
    npc.say("안녕하세요.");
  }
};
var spriteRoles = [,,greeter,,,,,,,,,,,,,]
```

먼저, npc 객체 자체는 say라는 하나의 메서드만 가지고 있으며 이 메서드는 message 매 개 변수에 전달된 값을 레이블에 출력한다. 그 다음의 greeter 객체는 npc의 say 함수를 이용하여 "안녕하세요."라고 말하는 역할을 담당하는 객체다. 마지막으로 spriteRoles 배열 은 sprites.png 파일의 모든 스프라이트에 대한 객체의 타입을 추적하기 위한 배열이다. 예 제에서는 greeter 객체를 인덱스 2 위치에 추가하였으므로 spriteRoles[2] 구문은 greeter 객체를 리턴하게 된다. 각 콤마 사이의 값들을 0이나 undefiend, 혹은 null 등 어떤 것

으로든 표현할 수 있지만, 암묵적으로는 아무것도 지정하지 않은 인덱스에 접근할 때는 undefined 값이 리턴되는 것이 우리의 목적에 맞게 동작하는 것이라고 할 수 있다.

마지막 큰 변경 사항은 game.onload 함수의 내부 코드를 수정하는 것이다. A 버튼을 누르면 단순히 displayStatus 함수를 호출하는 대신 플레이어와 대화할 누군가를 찾아야 한다. 수정된 game.onload 함수의 코드는 예제 9.16과 같으며 굵게 표시된 코드들이 추가해야 할 코드들이다.

예제 9.16 상태를 표시할지 스프라이트의 동작을 실행할지 결정하는 코드

```
game.onload = function(){
  setMaps();
  setPlayer();
  setStage();
  player.on('enterframe', function() {
    player.move();
    if (game.input.a) {
      var playerFacing = player.facing();
      if(!playerFacing || !spriteRoles[playerFacing]){
        player.displayStatus();
      }else{
        spriteRoles[playerFacing].action();
      };
    };
  });
  game.rootScene.on('enterframe', function(e) {
    game.focusViewport();
  });
};
```

이 함수에서는 플레이어가 A 버튼(스페이스 바)을 누를 때까지 기다린다. 플레이어가 어떤 스프라이트가 있는 사각형을 마주하고 있으면 spriteRoles 배열에서 스프라이트의 숫자에 대응하는 인덱스에 저장된 객체를 가져온다. (인덱스 2에 있는 greeter 같은)어떤 객체를 얻게 되면 이 스프라이트 객체의 동작을 실행한다. 예제의 경우 최종적인 효과는 statusLabel 변수에 "안녕하세요."라는 메시지가 출력되는 것이다.

이제 남은 변경 사항을 위해서는 map.js 파일의 foregroundData 배열의 어딘가에 2에 해당하는 스프라이트가 필요하다. 그런 다음에야 스프라이트와 대화를 할 수 있게 되며 그 스프라이트는 "안녕하세요."라고 말을 할 것이다. 이 기법은 나무에도 적용될 수 있다. greeter 객체와 동일한 방법으로 나무 객체를 추가한 후 spriteRoles 배열에 2대신 3의 값을 추가하면 된다.

315

레시피: 인벤토리 만들기

이제 주인공에게 소지할 수 있는 아이템 몇 개를 지급해보자. 우선, 이번에는 예제 9.17에 굵게 표시된 것과 같이 새로운 스프라이트시트를 사용하게 된다.

예제 9.17   아이템을 위한 새로운 스프라이트시트

```
window.onload = function() {
...
  game.spritesSheetHeight = 16;
  game.itemSpriteSheetWidth = 64;
  game.preload(['sprites.png', 'items.png']);
```

새로 추가된 스프라이트시트는 4개의 아이템만 가지고 있으므로 (16의 네 배인)64 픽셀의 너비를 가진다. 다음 줄에서는 이 이미지를 주 스프라이트시트와 함께 미리 로드하도록 한다.

그 다음, 상태 레이블을 보이고 숨기는데 있어 새로운 기법을 적용해보자. 이전에는 텍스트를 추가하면 보이고 텍스트를 삭제하면 숨겨졌다. 하지만 이번에는 조금 더 포괄적인 방법이 필요하다. 예제 9.18에서는 displayStatus 함수를 수정하고 그 바로 아래에 clearStatus라는 함수를 추가하였다.

예제 9.18   상태 표시를 토글하기

```
player.displayStatus = function(){
  player.statusLabel.text =
  "--" + player.name + " the " + player.characterClass +
  "<br />--HP: "+player.hp + "/" + player.maxHp +
  "<br />--MP: "+player.mp + "/" + player.maxMp +
```

```
   "<br />--Exp: "+player.exp +
   "<br />--Level: " + player.level +
   "<br />--GP: " + player.gp +
   "<br /><br />--Inventory:";
   player.statusLabel.height = 170;
   player.showInventory();
};
player.clearStatus = function(){
   player.statusLabel.text = "";
   player.statusLabel.height = 0;
   player.hideInventory();
};
```

displayStatus 함수의 상당 부분은 이전과 동일하다. 차이점은 showInventory 함수를 추가로 호출한다는 점과 statusLabel 객체의 높이를 명시적으로 지정한다는 점이다. clearStatus 함수에서는 상태 레이블에 빈 문자열을 지정하고 높이를 0으로 설정한 후 hideInventory 함수를 호출한다.

hideInventory 함수와 showInventory 함수는 잠시 후에 구현하겠지만 먼저 새로운 clear-Status 함수에서 레이블을 숨기는 오래된 코드를 변경해보자. 이 코드는 이동 키를 누르면 호출된다. 예제 9.19에 굵게 표시한 코드는 수정된 입력 처리 코드를 보여준다.

예제 9.19 화살표 키를 눌렀을 때 clearStatus 함수 호출하기

```
if (game.input.up) {
   this.direction = 1;
   this.yMovement = -4;
   player.clearStatus();
} else if (game.input.right) {
   this.direction = 2;
   this.xMovement = 4;
   player.clearStatus();
} else if (game.input.left) {
   this.direction = 3;
   this.xMovement = -4;
   player.clearStatus();
} else if (game.input.down) {
   this.direction = 0;
   this.yMovement = 4;
   player.clearStatus();
}
```

317

코드를 수정했으면 인벤토리를 상태 화면에 보이기 위한 코드 블록을 추가해야 한다. player.facing 함수 바로 아래에 예제 9.20의 코드를 작성하자.

예제 9.20   인벤토리를 보이거나 숨기기

```
player.facing = function() {
...
}
player.visibleItems = [];
player.itemSurface = new Surface(game.itemSpriteSheetWidth, game.spriteSheetHeight);
player.inventory = [0, 1, 2, 3];
player.hideInventory = function(){
  for(var i = 0; i < player.visibleItems.length; i++){
    player.visibleItems[i].remove();
  }
  player.visibleItems = [];
};
player.showInventory = function(){
  if(player.visibleItems.length === 0){

    player.itemSurface.draw(game.assets['items.png']);
    for (var i = 0; i < player.inventory.length; i++){
      var item = new Sprite(game.spriteWidth, game.spriteHeight);
      item.y = 130;
      item.x = 30 + 70*i;
      item.frame = player.inventory[i];
      item.scaleX = 2;
      item.scaleY = 2;
      item.image = player.itemSurface;
      player.visibleItems.push(item);
      game.rootScene.addChild(item);
    }
  }
};
```

먼저, 보여질 아이템을 저장할 새로운 배열을 초기화한다. 이 배열을 참조하고 있기 때문에 나중에 언제든지 삭제할 수 있다. 그런 다음 스프라이트가 스프라이트시트로 동작하는 자원을 알 수 있게 하기 위해 새로운 Surface 객체를 초기화한다. 이때 기존에 사용하던 크기가 큰 sprites.png 파일이 아니라 크기가 작은 스프라이트 파일을 참조한다는 것에 주의하자.

참고

게임 엔진들은 각자 나름의 용어를 사용한다. 이번 레시피에서 사용하는 엔진이 'Surface'라고 부르는 것이 다른 엔진에서는 '스프라이트시트'라고 부르는 것일 수도 있다. 새로운 게임 엔진을 사용하게 되면 어떤 객체가 어떤 일을 하는지를 보고 그 의미를 파악하는 것이 가장 좋다. 게임 엔진의 문서를 참고하거나 객체의 이름을 입력한 후(예를 들면 item-Surface) 마침표를 입력해보자. 파이어폭스와 크롬 브라우저에서는 해당 객체에 정의된 함수와 다른 속성들을 보여줄 것이다.

다음으로 플레이어가 가진 객체들의 배열을 선언한다. 기본적으로 지금은 모든 아이템을 가지고 있는 상태로 만들었다. 그런 다음 hideInventory 함수를 작성한다. 이 함수는 방향키가 입력되면 호출되는 clearStatus 함수에 의해 호출되며 보여질 아이템 배열을 순환하면서 (DOM에서)모두 삭제한다. 그런 뒤 visibleItems 배열 자체를 비운다.

showInventory 함수는 visibleItems 배열이 비어있는지를 먼저 확인한다. 스페이스 바를 눌렀을 때 많아봐야 4개의 아이템 정도가 표시되긴 하지만 그래도 이 부분을 우선적으로 검사한다. 다음으로 스프라이트시트에서 뭔가를 '그리는' 것보다는 무엇을 그릴지 고르는 역할을 하는 Surface 객체를 그린다. 그런 후 플레이어의 인벤토리 안에 있는 각 아이템들에 해당하는 새로운 스프라이트 객체를 생성하고 위치, 프레임, 크기 등을 정해준다. 이때 항상 올바른 스프라이트시트를 사용한다고 가정하는데, 그 이유는 나중에 삭제할 수 있어야 하며 visibleItems 배열에 추가하기 때문이다. 마지막으로 만들어진 아이템을 rootScene 배열에 추가한 다음 화면에 나타나도록 한다.

이제 index.html 파일을 브라우저에서 실행하고 스페이스 바를 누르면 그림 9.4와 같은 화면을 보게 될 것이다.

The Web Game Developer's Cookbook

레시피: 상점 만들기

이건 칼인가? 그리고 용의 발톱도? 우와! 주인공이 어떤 일을 하지 않고도 파워를 향상시
킬 수 있는 것들이 너무나도 많다. 이번 레시피에서는 주인공이 용의 발톱을 얻을 수 있도
록 상점을 만들어보자.

가장 먼저 할 일은 map.js 파일에서 foregroundData 배열 어딘가의 "–1"을 "4"로 바꾸는
것이다. 그러면 화면 어딘가에 행운의 고양이 스프라이트가 나타난다. 이 고양이에게 '말을
걸면' 인벤토리를 볼 수 있게 된다. 이를 구현하려면 spriteRoles 배열을 조정하고 다른 일
을 할 새로운 객체를 추가해야 한다. 우선은 이 고양이가 "어이!"라고 말하도록 만들어보
자. 아마도 물건 파는 고양이가 하는 말처럼 보일 것이다. 이 기능을 구현하려면 예제 9.21
의 코드를 작성해야 한다.

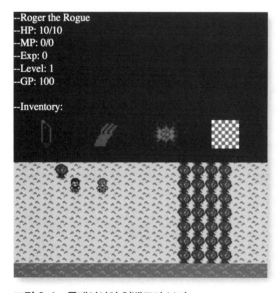

그림 9.4 플레이어의 인벤토리 보기

예제 9.21 말하는 고양이 만들기

```
var greeter = {
  action: function(){
    npc.say("안녕하세요.");
  }
};
var cat = {
  action: function(){
    npc.say("어이!");
  }
};
var spriteRoles = [,,greeter,,cat,,,,,,,,,,]
```

이 고양이가 상인 역할을 하도록 구현하기에 앞서 플레이어의 인벤토리를 비워두자. 예제 9.22의 코드를 작성하면 된다.

예제 9.22 플레이어의 인벤토리를 삭제하기

```
//아래 코드를 찾는다.
//player.inventory = [0, 1, 2, 3];
//그리고 아래와 같이 변경한다.
player.inventory = [];
```

그리고 예제 9.23에 굵게 표시한 코드를 통해 보다 상세한 게임 아이템을 정의할 수 있다.

예제 9.23 더 구체적인 게임 아이템들을 정의하는 코드

```
enchant();
window.onload = function() {
...
  game.preload(['sprites.png', 'items.png']);
  game.items = [{price: 1000, description: "무기", id: 0},
               {price: 5000, description: "용의 발톱", id: 1},
               {price: 5000, description: "얼음 마법", id: 2},
               {price: 60, description: "체스 판", id: 3}]
```

다음으로 shop 객체 내부에서 showInventory 함수를 재사용할 것이므로 인벤토리 레이어의 수직 위치를 조정해야 할 것이다. 먼저, displayStatus 함수를 예제 9.24에 굵게 표시한

321

코드처럼 수정하자.

예제 9.24 displayStatus 함수 호출 수정하기

```
player.displayStatus = function() {
...
  player.showInventory(0);
};
```

이제 이 함수에 값을 전달하므로 인벤토리 레이어를 더 낮은 곳에 나타나게 할 수도 있다. 여기서는 어디에 나타나도 무방하기 때문에 우선은 0 값을 전달하였다. 다음으로 예제 9.25의 굵게 표시된 코드를 참고하여 showInventory 함수를 수정하도록 하자.

예제 9.25 수정된 showInventory 함수

```
player.showInventory = function(yOffset){
  if(player.visibleItems.length === 0){
    player.itemSurface.draw(game.assets['items.png']);
    for (var i = 0; i < player.inventory.length; i++){
      var item = new Sprite(game.spriteWidth, game.spriteHeight);
      item.y = 130 + yOffset;
      item.x = 30 + 70*i;
...
      game.currentScene.addChild(item);
    }
  }
};
```

그런 다음 rootScene 객체를 currentScene 객체로 변경해야 다른 장면에서도 이 함수를 호출할 수 있게 된다. 그러자면 game 객체의 pushScene 함수를 사용하면 된다. 예제 9.26에 굵게 표시된 코드는 고양이가 말을 거는 대신 상점을 차리도록 만든다.

예제 9.26 상점을 열기 위한 pushScene 함수

```
var greeter = {
 action: function(){
   npc.say("안녕하세요.");
 }
```

```
};
var shopScene = new Scene();
var cat = {
  action: function(){
    game.pushScene(shopScene);
  }
};
```

이제 고양이에게 말을 걸어보면 이 장면에는 아무것도 없기 때문에 마치 게임이 멈춘 것처럼 보인다. 화살표 키를 눌러도 이 동작은 player 스프라이트의 enterframe 이벤트에 연결되어 있기 때문에 동작하지 않는다. 이 스프라이트가 화면 상에 존재하는 것처럼 보이지만, 사실은 더 이상 존재하지 않는 rootScene 객체에 연결되어 있기 때문이다. 플레이어 스프라이트가 업데이트되지 않으므로 입력을 처리하는 player.on('enterframe', function() { } 블록 내의 코드가 전혀 실행되지 않는 것이다.

이번엔 상점이 보이도록 하기 위해서 game.onload 함수에 예제 9.27의 코드를 추가해야 한다.

예제 9.27 상점 시작하기

```
game.onload = function(){
  setMaps();
  setPlayer();
  setStage();
  setShopping();
  player.on('enterframe', function() {
...
  });

  game.rootScene.on('enterframe', function(e) {
    game.focusViewport();
  });
};
```

다음으로 이 함수를 정의해야 한다. 이 함수는 이번 레시피의 남은 부분을 모두 처리하므로 예제 9.28부터 예제 9.33까지 나누어 설명할 것이다. 이 예제들은 모두 하나의 코드로 연결되어야 한다.

예제 9.28은 setShopping 함수의 처음 부분을 보여주며 고양이를 확인하고 나면 시작된다 (문맥을 위해 이곳에 포함되었다).

예제 9.28   setShopping 함수의 시작부분

```
var shopScene = new Scene();
var cat = {
  action: function(){
    game.pushScene(shopScene);
  }
};
var spriteRoles = [,,greeter,,cat,,,,,,,,,,];
var setShopping = function(){
  var shop = new Group();
  shop.itemSelected = 0;
  shop.shoppingFunds = function(){
    return "Gold: " + player.gp;
  };
...
```

우선, shop이라는 이름의 새로운 Group 객체를 정의한다. 이 객체는 텍스트와 렌더링할 스프라이트로 구성되며 속성과 함수를 추가하여 얼마든지 자유롭게 재정의할 수 있다. 속성과 함수에 대해 살펴보면 이 객체에 shop.itemSelected 변수를 추가하게 되는데, 이 변수는 나중에 노출할 구매 가능한 상품의 배열에서 구매하기로 결정한 아이템들의 인덱스를 저장하기 위한 변수다. 그리고 shoppingFunds 함수는 플레이어가 얼마나 많은 돈을 지불해야 하는지를 텍스트로 보여준다.

예제 9.29에서는 마네키(옮긴이 인벤토리 창에 나타날 고양이의 이름)를 그린다.

그림 9.29   마네키 그리기

```
... //예제 9.28
shop.drawManeki = function(){
  var image = new Surface(game.spriteSheetWidth, game.spriteSheetHeight);
  var maneki = new Sprite(game.spriteWidth, game.spriteHeight);
  maneki.image = image;
  image.draw(game.assets['sprites.png']);
  maneki.frame = 4;
  maneki.y = 10;
  maneki.x = 10;
```

```
    maneki.scaleX = 2;
    maneki.scaleY = 2;
    this.addChild(maneki);
    this.message.x = 40;
    this.message.y = 10;
    this.message.color = '#fff';
    this.addChild(this.message);
  };
  ... //예제 9.30
```

이번 예제의 코드는 앞서 우리가 그렸던 스프라이트와 레이블을 구성했던 코드와 비슷하다. 다만 이 예제에서는 스프라이트와 레이블을 모두 가지고 있으며 이 둘을 모두 shop 객체에 추가한다. 그러나 this.message 속성은 무엇인지 궁금할 것이다. 이 속성은 아직 구현하지는 않았지만 나중에 고양이가 여러분에게 건넬 말을 저장할 shop.message 속성이다.

예제 9.30에서는 판매할 아이템을 그린다.

예제 9.30 판매할 아이템 그리기

```
  ... //예제 9.29
  shop.drawItemsForSale = function(){
    for(var i = 0; i < game.items.length; i++){
      var image = new Surface(game.itemSpriteSheetWidth, game.spriteSheetHeight);
      var item = new Sprite(game.spriteWidth, game.spriteHeight);
      image.draw(game.assets['items.png']);
      itemLocationX = 30 + 70*i;
      itemLocationY = 70;
      item.y = itemLocationY;
      item.x = itemLocationX;
      item.frame = i;
      item.scaleX = 2;
      item.scaleY = 2;
      item.image = image;
      this.addChild(item);
      var itemDescription = new Label(game.items[i].price + "<br />" + game.items[i].
➥description);
      itemDescription.x = itemLocationX - 8;
      itemDescription.y = itemLocationY + 40;
      itemDescription.color = '#fff';
      this.addChild(itemDescription);
      if(i === this.itemSelected){
        var image = new Surface(game.spriteSheetWidth, game.spriteSheetHeight);
        this.itemSelector = new Sprite(game.spriteWidth, game.spriteHeight);
        image.draw(game.assets['sprites.png']);
        itemLocationX = 30 + 70*i;
        itemLocationY = 160;
```

```
      this.itemSelector.scaleX = 2;
      this.itemSelector.scaleY = 2;
      this.itemSelector.y = itemLocationY;
      this.itemSelector.x = itemLocationX;
      this.itemSelector.frame = 7;
      this.itemSelector.image = image;
      this.addChild(this.itemSelector);
    };
  };
};
... //예제 9.31
```

이 함수는 전체가 game.items 배열을 순환하며 각 아이템을 개발적으로 처리하기 위한 for 루프 내에서 실행된다. 이 함수는 아이템마다 세 가지 중요한 작업을 수행한다. 첫째로 아이템에 해당하는 스프라이트를 그린다. 둘째로 가격과 아이템에 대한 설명을 출력한다(이 때문에 미리 아이템의 설명을 보강해 둔 것이다). 그리고 마지막으로 플레이어 스프라이트가 아이템을 바라보도록 다시 그린다. 주목할 점은 player 변수를 덮어쓰지 않고 shop.itemSelector 속성을 통해 플레이어를 참조한다는 점이다.

예제 9.31에서는 몇 개의 새로운 이벤트 핸들러를 구현한다.

예제 9.31 상점에 대한 이벤트 핸들러

```
... //예제 9.30
shop.on('enter', function(){
  shoppingFunds.text = shop.shoppingFunds();
});
shop.on('enterframe', function() {
  setTimeout(function(){
    if (game.input.a){
      shop.attemptToBuy();
    } else if (game.input.down) {
      shop.message.text = shop.farewell;
      setTimeout(function(){
        game.popScene();
        shop.message.text = shop.greeting;
      }, 1000);
    } else if (game.input.left) {
      shop.itemSelected = shop.itemSelected + game.items.length - 1;
      shop.itemSelected = shop.itemSelected % game.items.length;
      shop.itemSelector.x = 30 + 70*shop.itemSelected;
      shop.message.text = shop.greeting;
    } else if (game.input.right) {
      shop.itemSelected = (shop.itemSelected + 1) % game.items.length;
```

```
        shop.itemSelector.x = 30 + 70*shop.itemSelected;
        shop.message.text = shop.greeting;
      }
    }, 500);
    player.showInventory(100);
    shoppingFunds.text = shop.shoppingFunds();
  });
  ... //예제 9.32
```

enter 이벤트 핸들러(스프라이트가 처음 나타날 때 실행된다.)에서는 플레이어의 보유 금액을 설정한다. 이 값은 구매할 때마다 업데이트 되므로 여기서는 크게 중요하지 않아 보이지만 플레이어가 다른 곳에서 돈을 모으거나 쓰면 상점에 들어올 때 이 값을 적절히 수정해주어야 한다.

다음으로 enterframe 핸들러(루프 내에서 실행된다.)에서는 입력을 받기 전까지 0.5초를 기다려서 플레이어가 상점에 들어온 직후 실수로 물건을 구매하지 않도록 하기 위해 setTimeout 함수를 실행한다. 그런 다음 A 버튼(스페이스 바)을 attempToBuy 함수에 연결한다. 아래 화살표 키는 고양이의 작별 인사를 보여준 후 다시 지도로 돌아가기 전에 1초간 대기한다. 또한, 메시지를 재설정하여 상점에 다시 들어왔을 때 고양이의 작별 인사가 보이지 않도록 하며, 왼쪽과 오른쪽 화살표 키는 구매 가능한 아이템과 (플레이어가 바라보고 있는)선택란 스프라이트를 수정하고 고양이가 인사말을 건네도록 수정한다. showInventory 함수를 호출할 때는 앞서 변경한 코드를 적용하여 y 오프셋 값으로 100 값을 전달하며 따라서 플레이어의 인벤토리가 전체 지도에서 조금 낮은 곳에 나타나게 한다. 또한, shoppingFunds 문자열을 여기서 업데이트한다. 여기서 이 두 함수를 모두 호출하는 이유는 어떤 아이템을 구매할 경우 변경될 수 있는 값들이기 때문이다.

예제 9.32에서는 이어서 상품을 구매할 수 있는 기능을 구현한다.

예제 9.32 상품을 구매하는 코드

```
  ... //예제 9.31
  shop.attemptToBuy = function(){
    var itemPrice = game.items[this.itemSelected].price;
    if (player.gp < itemPrice){
      this.message.text = this.apology;
    }else{
```

```
    player.visibleItems = [];
    player.gp = player.gp - itemPrice;
    player.inventory.push(game.items[this.itemSelected].id);
    this.message.text = this.sale;
  }
};
... //예제 9.33
```

먼저, visibleItems 변수에 빈 배열을 설정하여 인벤토리가 여러 개의 아이템을 올바르게 렌더링할 수 있도록 한다. 만약 플레이어가 충분한 금액을 가지고 있지 않으면 고양이는 아이템을 판매하지 않는다. 아이템을 구매할 수 있으면 플레이어의 소지금이 아이템 가격만큼 줄어들고 숫자로 표현한 객체가 플레이어의 인벤토리 배열에 추가된 후 고양이가 축하 인사를 건넨다. 새로운 소지금의 총액과 인벤토리의 표시는 예제 9.31에서 작성한 코드를 통해 이루어진다.

이제 이번 레시피를 마무리하기 위해 예제 9.33과 같이 약간의 속성 값을 설정하고 함수를 호출하자.

예제 9.33   상점 구현을 위한 함수 호출 및 속성 값 처리

```
 ... //예제 9.32
   shop.greeting = "야옹! 저는 마네키입니다. 상품을 팔고 있습죠.";
   shop.apology = "야옹... 미안합니다. 충분한 돈을 갖고 있지 않군요.";
   shop.sale = "좋은 상품을 구매하신 것을 축하합니다!";
   shop.farewell = "또 오세요. 야옹~";
   shop.message = new Label(shop.greeting);
   shop.drawManeki();
   var shoppingFunds = new Label(shop.shoppingFunds());
   shoppingFunds.color = '#fff';
   shoppingFunds.y = 200;
   shoppingFunds.x = 10;
   shop.addChild(shoppingFunds);
   shop.drawItemsForSale();
   shopScene.backgroundColor = '#000';
   shopScene.addChild(shop);
 };
```

처음 4줄의 코드는 고양이가 상황에 따라 할 수 있는 말들을 정의한 것이며 그 다음에는 고양이의 메시지를 출력할 레이블 객체를 정의한다. 그런 후에는 고양이와 메시지를 그리는 함수를 호출한다. 그리고나면 shop 그룹에 상품을 구매할 때마다 업데이트 되는 shoppingFunds 함수의 결과를 출력할 레이블을 추가한다. 이어서 drawItemsForSale 함수를 호출해 아이템의 스프라이트와 가격, 설명을, 그리고 플레이어 스프라이트를 선택자로 그린다. 전체 화면의 배경은 검은색으로 그리고 마지막으로 shop에 shopScene 객체를 추가한다. 그림 9.5는 상점 화면으로 들어가 체스 판을 구매했을 때의 모습을 보여준다.

또한, 지도로 돌아오면 상태 화면에서 업데이트된 인벤토리를 볼 수 있게 되었다.

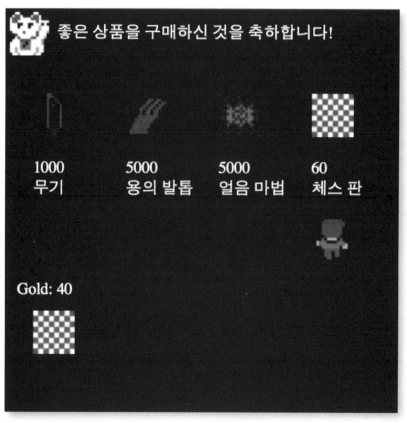

그림 9.5 체스 판을 구매한 모습

레시피: 전투 인터페이스 만들기

The Web Game Developer's Cookbook

표준 RPG에서는 플레이어가 직, 간접적으로 전투 상황을 만들어낸다. 간혹 전투에서 이긴다는 것은 세상의 일부를 구하고 모든 NPC가 당신에게 감사를 표한다는 것을 의미하며, 또 어떤 경우에는 단순히 금화와 경험치만 증가하기도 한다. 전투는 주변을 돌아다니면서 특정 위치에서나 혹은 특정 위치의 어떤 객체, 괴물, 또는 사람과 대화를 하면 무작위로 발생하게 된다. 하지만 우리 게임에서는 말을 걸면 여러분과 전투를 벌이게 될 또 다른 캐릭터를 추가할 것이다.

고양이 상인처럼 지도에 신규 캐릭터의 스프라이트를 추가한다. 이 캐릭터의 스프라이트 번호는 15번을 사용한다. map.js 파일의 어느 한 부분의 값을 –1에서 15로 바꾸자.

다음으로 고양이 캐릭터를 추가했던 코드 근처에 싸움 캐릭터를 위한 코드를 추가하기로 하자. 예제 9.34에서 굵게 표시한 코드를 이용하면 된다.

예제 9.34   싸움 캐릭터 추가하기

```
var shopScene = new Scene();
var cat = {
  action: function(){
    game.pushScene(shopScene);
  }
};
var battleScene = new Scene();
var brawler = {
  maxHp: 20,
  hp: 20,
  sprite: 15,
  attack: 3,
  exp: 3,
  gp: 5,
  action: function(){
    player.currentEnemy = this;
    game.pushScene(battleScene);
```

```
  }
};
var spriteRoles = [,,greeter,,cat,,,,,,,,,,,brawler]
```

고양이와 shopScene 객체를 추가할 때와 마찬가지로 먼저 싸움 캐릭터가 나타날 장면인 battleScene 객체를 추가해야 한다. 그런 후 싸움 캐릭터에 전투와 관련된 몇 가지 속성을 (전투에서 이겼을 때 벌어질 일에 관련된 속성도) 추가하고 새로운 장면을 시작하기 위한 동작을 구현한다. 또한, 플레이어가 전투 중인 적을 참조할 수 있도록 했다. 마지막으로 sprite Roles 배열의 16번째 위치에 싸움 캐릭터를 참조하는 변수를 추가했다. 배열의 인덱스는 0부터 시작하기 때문에 이 캐릭터에 참조하려면 [16]이 아닌 [15] 인덱스를 사용해야 한다는 점을 반드시 기억하자. 또한, 이 위치에 넣어둔 이유도 스프라이트의 번호에 해당하는 위치이기 때문이라는 점도 기억하자.

이제 플레이어를 수정할 차례다. 예제 9.35에 굵게 표시한 코드를 살펴보자.

예제 9.35 플레이어가 공격과 레벨업이 가능하도록 수정한 코드

```
var player = new Sprite(game.spriteWidth, game.spriteHeight);
var setPlayer = function(){
...
  // player.hp = 10;   // 이 줄은 삭제한다.
  // player.maxhp = 10;   // 이 줄은 삭제한다.
  // player.mp = 0;   // 이 줄은 삭제한다.
  // player.maxMp = 0;   // 이 줄은 삭제한다.
  player.gp = 100;
  player.levelStats = [{},{attack: 4, maxHp: 10, maxMp: 0, expMax: 10},
                      {attack: 6, maxHp: 14, maxMp: 0, expMax: 30},
                      {attack: 7, maxHp: 20, maxMp: 5, expMax: 50}
  ];
  player.attack = function(){
    return player.levelStats[player.level].attack;
  };
  player.hp = player.levelStats[player.level].maxHp;
  player.mp = player.levelStats[player.level].maxMp;
```

player 객체에서는 hp, maxHp, mp, 그리고 maxMp 등의 변수를 더 이상 관리할 필요가 없다. 굵게 표시된 코드처럼 이 속성들은 모두 삭제하자. 이제 이 값들은 levelStats 배열에 정의된 플레이어의 레벨에 따라 달라지게 된다. 전투 중에는 attack 함수가 사용될 텐데,

여기에 캐릭터가 장착할 무기의 힘을 설정하는 함수다. 배열의 처음에 빈 객체가 있는 이유는 플레이어의 레벨에 일관성을 유지하기 위해서인데 대부분의 레벨은 1부터 시작하지만 배열 인덱스는 0부터 시작하기 때문이다.

이제 예제 9.36에 굵게 표시된 코드와 같이 displayStatus 함수를 수정하여 HP와 MP를 올바르게 표시할 수 있도록 하자.

예제 9.36 플레이어의 상태 표시 방법을 수정한 코드

```
player.displayStatus = function(){
  player.statusLabel.text =
    "--" + player.name + " the " + player.characterClass +
    "<br />--HP: "+player.hp + "/" + player.levelStats[player.level].maxHp +
    "<br />--MP: "+player.mp + "/" + player.levelStats[player.level].maxMp +
    "<br />--Exp: "+player.exp +
...
};
```

여기서는 현재 플레이어의 레벨에 따른 속성 값들을 참조하는 것으로 코드가 변경되었다.

전투를 개시하기 위해서도 game.onload 함수에서 약간의 코드를 수정해야 한다. 이 함수에는 예제 9.37에 굵게 표시한 코드를 추가하자.

예제 9.37 게임이 시작할 때 전투 설정하기

```
game.onload = function(){
  setMaps();
  setPlayer();
  setStage();
  setShopping();
  setBattle();
...
```

setBattle 함수는 잠시 후에 살펴보기로 하고 마지막 변경 사항을 적용해보자. game.css 파일에는 예제 9.38의 코드를 추가한다.

예제 9.38 선택된 전투 옵션을 하이라이트 하기

```
.active-option {
  color: red;
}
```

이 스타일을 적용하면 우리가 선택한 옵션(전투, 마법, 혹은 도망가기 등)에 색상이 지정되어 어떤 옵션을 선택했는지 쉽게 판단할 수 있게 된다.

이제 setBattle 함수를 작성하자. 이 함수의 코드도 setShopping 함수처럼 여러 번으로 나누어 소개해야 하므로 예제 9.39부터 시작해서 연속해서 코드를 작성해야 한다.

예제 9.39 몇 가지 객체 설정하기

```
var spriteRoles = [,,greeter,,cat,,,,,,,,,,brawler]
var setBattle = function(){
  battleScene.backgroundColor = '#000';
  var battle = new Group();
  battle.menu = new Label();
  battle.menu.x = 20;
  battle.menu.y = 170;
  battle.menu.color = '#fff';
  battle.activeAction = 0;

... //예제 9.40
```

먼저, spriteRoles 배열 바로 아래에 setBattle 함수를 선언하고 장면에 검은색 배경을 지정한다. 그런 다음 전투에 관련된 스프라이트와 레이블, 그리고 속성을 저장하기 위한 battle 객체를 생성한다. battle.menu 속성은 전투 옵션을 표시할 (흰색)텍스트다.

다음으로 예제 9.40에서 player 객체의 HP와 MP 값을 출력할 playerStatus라는 레이블 객체를 새로 추가한다.

예제 9.40 플레이어의 상태를 표시하기 위한 레이블 객체

```
... //예제 9.39
    battle.getPlayerStatus = function(){
      return "HP: " + player.hp + "<br />MP: " + player.mp;
```

```
    };
    battle.playerStatus = new Label(battle.getPlayerStatus());
    battle.playerStatus.color = '#fff';
    battle.playerStatus.x = 200;
    battle.playerStatus.y = 120;
... //예제 9.41
```

이 예제의 코드 자체는 크게 어려울 것이 없으므로 예제 9.41의 hitStrength 함수로 바로 넘어가도록 하자.

예제 9.41   공격시 차감될 HP 결정하기

```
... //예제9.40
battle.hitStrength = function(hit){
  return Math.round((Math.random() + .5) * hit);
};
... //예제9.42
```

플레어어나 적의 피해 규모를 결정하기 위해서는 얼마나 세게 공격했는지(그리고 잠재적으로는 방어력이 어느 정도인지)를 감안해야 한다. 이 함수는 약간의 임의 값을 더하여 전투에 의외성을 더했다.

예제 9.42에서는 플레이어가 승리했을 때 어떤 일이 발생할 것인지를 처리한다.

예제 9.42   전투에서 승리했을 때 실행될 코드

```
... //예제 9.41
battle.won = function(){
  battle.over = true;
  player.exp += player.currentEnemy.exp;
  player.gp += player.currentEnemy.gp;
  player.currentEnemy.hp = player.currentEnemy.maxHp;
  player.statusLabel.text = "전투에서 이겼습니다!<br />" +
    "경험치가 "+ player.currentEnemy.exp + " exp 올랐습니다.<br />"+
    "그리고 " + player.currentEnemy.gp + " 골드를 얻었습니다!";
  player.statusLabel.height = 45;
  if(player.exp > player.levelStats[player.level].expMax){
    player.level += 1;
    player.statusLabel.text = player.statusLabel.text +
      "<br />레벨이 올랐습니다!"+
      "<br />현재 레벨은 " + player.level +"입니다!";
```

```
      player.statusLabel.height = 75;
   }
};
 ... //예제 9.43
```

예제 9.42의 코드에서는 플레이어가 전투에서 승리하면 battle.over 속성에 true 값을 대입하여 전투가 종료될 수 있도록 한다. 그 뒤 플레이어에게 상대를 물리친 경험치와 골드를 부여시키고 경험치가 현재 레벨의 한계를 넘어서면 레벨업을 하게 되며, 적의 체력은 다음 전투에서 다시 채워진다. 그리고 (다른 장면에 존재하는)statusLabel 객체에 승리를 알리는 텍스트를 출력한다. 내키지 않는다면 전투 장면에 있는 레이블에 출력해도 무방하다.

예제 9.43에서는 플레이어가 패배했을 때의 상황을 처리한다.

예제 9.43　전투에서 패배했을 때 실행될 코드

```
 ... //예제 9.42
battle.lost = function(){
  battle.over = true;
  player.hp = player.levelStats[player.level].maxHp;
  player.mp = player.levelStats[player.level].maxMp;
  player.gp = Math.round(player.gp/2);
  player.statusLabel.text = "전투에서 졌습니다!";
  player.statusLabel.height = 12;
};
 ... //예제 9.44
```

예제 9.43에서는 여러분이 패배했을 때 실행될 코드들을 보여준다. 승리 때와 마찬가지로 battle.over 속성에 true 값을 지정하여 전투가 종료될 수 있도록 한다. 그리고 플레이어의 체력과 마법력을 초기화하여 다시 전투를 개시할 수 있도록 해주고 가지고 있던 금화의 절반을 회수한다. 그리고 최종 결과를 다른 장면에 존재하는 레이블 객체에 출력한다.

예제 9.44에서는 플레이어가 공격을 하거나 받았을 경우를 처리하는 함수를 작성한다.

예제 9.44　공격이 발생한 경우를 처리하는 코드

```
 ... //예제 9.43
battle.playerAttack = function(){
```

335

```
    var currentEnemy = player.currentEnemy;
    var playerHit = battle.hitStrength(player.attack());
    currentEnemy.hp = currentEnemy.hp - playerHit;
    battle.menu.text = "피해를 " + playerHit + "만큼 입었습니다.";
    if(currentEnemy.hp <= 0){
      battle.won();
    };
  };
  battle.enemyAttack = function(){
    var currentEnemy = player.currentEnemy;
    var enemyHit = battle.hitStrength(currentEnemy.attack);
    player.hp = player.hp - enemyHit;
    battle.menu.text = "적에게 " + enemyHit + "만큼 피해를 입혔습니다.";
    if(player.hp <= 0){
      battle.lost();
    };
  };
  ... //예제 9.45
```

예제 9.44에서는 플레이어와 적이 공격할 때의 함수를 각각 구현했다. 두 경우 모두 공격자의 힘에 임의의 값을 더하는 hitStrength 함수를 이용하여 공격의 강도를 결정하며, 이 값을 체력에서 뺀 후 메시지를 표시하고 희생자가 결정되면 won 혹은 lost 함수를 호출한다.

예제 9.45에서는 플레이어가 각 전투에서 어떤 동작을 할 수 있는지를 구현한다.

예제 9.45   전투에서 활용 가능한 동작들

```
  ... //예제 9.44
  battle.actions = [{name: "Fight", action: function(){
    battle.wait = true;
    battle.playerAttack();
    setTimeout(function(){
      if(!battle.over){
        battle.enemyAttack();
      };
      if(!battle.over){
        setTimeout(function(){
          battle.menu.text = battle.listActions();
          battle.wait = false;
        }, 1000)
      } else {
        setTimeout(function(){
          battle.menu.text = "";
          game.popScene();
        }, 1000)
      };
```

```
    }, 1000);
  }},
  {name: "Magic", action: function(){
    battle.menu.text = "아직 배운 마법이 없습니다.";
    battle.wait = true;
    battle.activeAction = 0;
    setTimeout(function(){
      battle.menu.text = battle.listActions();
      battle.wait = false;
    }, 1000);
  }},
  {name: "Run", action: function(){
    game.pause();
    player.statusLabel.text = "도망쳤습니다!";
    player.statusLabel.height = 12;
    battle.menu.text = "";
    game.popScene();
  }}
];
... //예제 9.46
```

예제 9.45는 주어진 옵션을 선택했을 때의 상항을 처리한다. 아래쪽부터 시작해보면 Run 함수는 enchant.js가 제공하는 pause 함수를 호출하여 게임을 잠시 중단하고 statusLabel 객체에 전투 장면을 내보내면서 당신이 겁쟁이라는 것을 만천하에 알린다. 그런 다음 전투 메뉴를 새롭게 준비하여 다시 전투를 시작할 때 앞의 전투에서 선택했던 메뉴들이 다시 잠깐 보이는 현상을 방지한다. 마지막으로는 전투 장면에서 나와 원래의 세계로 돌아간다.

Magic 옵션은 뭔가 당장에 흥미로운 일을 하지는 않는다. 그저 잠깐 기다리다가 아직 배운 마법이 없다는 것을 알려줄 뿐이다. 여기서 game.pause 함수가 아닌 setTimeout 함수를 호출해서 기다리는 이유가 궁금할 것이다. 그 이유와 battle.wait 속성 값을 설정하는 이유는 이 코드 외부에서는 여러 개의 수집된 아이템들이 존재하므로 해당 코드를 여러 번 호출하게 될 것이기 때문이다. 함수의 첫 부분에서 입력을 중지시킬 수는 있지만 그렇게 되면 처리가 너무 늦는다.

Fight 함수는 가장 복잡한 함수이다. 여기서도 명시적으로 대기를 하기 때문에 입력을 차단할 수 있다. 앞서 구현한 playerAttack 함수를 호출하고 이 함수가 메시지를 출력할 때까지 기다린다. 적이 아직 살아있으면 이제 적에게 공격권을 넘겨주고 플레이어가 살아있으면 다시 기다린다. 기다린 후에는 메뉴를 보여주어 사용자의 입력을 활성화시킨 후 다음 전투로 돌입한다. 전투가 끝나면 다음 전투를 위해 메뉴를 재설정하고 전투 장면을 종료한다.

337

예제 9.46에서는 전투 동작을 표시하는 과정을 처리한다.

예제 9.46   전투에 관련된 옵션을 표시하는 코드

```
... //예제 9.45
battle.listActions = function(){
  battle.optionText = [];
  for(var i = 0; i < battle.actions.length; i++){
    if(i === battle.activeAction){
      battle.optionText[i] = "<span class='active-option'>"+ battle.actions[i].name +
➡"</span>";
    } else {
      battle.optionText[i] = battle.actions[i].name;
    }
  }
  return battle.optionText.join("<br />");
};
... //예제 9.47
```

예제 9.46의 함수는 옵션을 화면에 표시하는 과정을 처리한다. 앞서 선언했던 전투 관련
동작들이 정의된 배열을 순환하면서 새로운 배열을 만들어 낸다. 이 배열에는 이름을 저
장하고 A 버튼(스페이스 바)을 눌러 실행할 수 있는 옵션이 선택되어 있다면 CSS 클래스를
추가하여 흰색이 아니라 빨간색으로 표시되도록 한다. 루프의 마지막에서는 배열들을 하나
의 문자열로 결합하면서 각 배열 원소 사이에
태그를 추가한다.

예제 9.47에서는 플레이어와 적 스프라이트의 속성 값들을 설정한다.

예제 9.47   플레이어와 적 추가하기

```
... //예제 9.46
battle.addCombatants = function(){
  var image = new Surface(game.spriteSheetWidth, game.spriteSheetHeight);
  image.draw(game.assets['sprites.png']);
  battle.player = new Sprite(game.spriteWidth, game.spriteHeight);
  battle.player.image = image;
  battle.player.frame = 7;
  battle.player.x = 150;
  battle.player.y = 120;
  battle.player.scaleX = 2;
  battle.player.scaleY = 2;
  battle.enemy = new Sprite(game.spriteWidth, game.spriteHeight);
  battle.enemy.image = image;
  battle.enemy.x = 150;
```

```
    battle.enemy.y = 70;
    battle.enemy.scaleX = 2;
    battle.enemy.scaleY = 2;
    battle.addChild(battle.enemy);
  };
  battle.addCombatants();
  ... //예제 9.48
```

예제 9.47에서는 addCombatants 함수를 추가하고 곧바로 호출한다. 이 코드를 직접 작성하지 않고 함수로 정의하여 곧바로 호출하는 이유는 명확성 때문으로, 이는 여러분에게 매우 익숙한 코드일 것이다.

예제 9.48에서는 전투를 시작하는 핸들러 함수를 구현한다.

예제 9.48 전투를 시작하는 핸들러 함수

```
  ... //예제 9.47
  battleScene.on('enter', function() {
    battle.over = false;
    battle.wait = true;
    battle.menu.text = "";
    battle.enemy.frame = player.currentEnemy.sprite;
    setTimeout(function(){
      battle.menu.text = battle.listActions();
      battle.wait = false;
    }, 500);
  });
  ... //예제 9.49
```

예제 9.48에 작성한 battleScene 객체의 핸들러는 전투가 시작될 때 한 번만 실행된다. 전투가 시작되면 over 속성에는 false 값이 지정되며 그런 다음 wait 속성에는 ture를 설정하여 사용자의 입력을 차단한다. 그리고 나면 메뉴를 빈 문자열로 설정하여 플레이어가 전투 옵션에서 undefined라는 문자열을 보는 일이 없도록 처리한다. 적의 프레임을 여기서 설정하는 이유는 한 종류 이상의 적과 전투를 시작할 수 있으며 이때 스프라이트가 보여져야만 하기 때문이다. 0.5초를 기다린 후 플레이어에게 어떤 동작을 선택할 수 있다는 것을 알리기 위해 메뉴를 보여주고 battle.wait 속성에 false를 지정하여 사용자의 입력을 받아들인다.

예제 9.49에서는 전투가 진행되는 동안 반복해서 호출될 핸들러를 추가한다.

예제 9.49 전투가 진행되는 동안 반복 호출되는 핸들러

```
... //예제 9.48
battleScene.on('enterframe', function() {
  if(!battle.wait){
    if (game.input.a){
      battle.actions[battle.activeAction].action();
    } else if (game.input.down){
      battle.activeAction = (battle.activeAction + 1) % battle.actions.length;
      battle.menu.text = battle.listActions();
    } else if (game.input.up){
      battle.activeAction = (battle.activeAction - 1 + battle.actions.length) % battle.
➡actions.length;
      battle.menu.text = battle.listActions();
    }
    battle.playerStatus.text = battle.getPlayerStatus();
  };
})
... //예제 9.50
```

예제 9.49의 코드는 전투 내내 반복해서 호출되며 많은 상황들을 처리한다. 만약 battle. wait 속성이 true가 되면 어떤 입력도 받아들이지 않는다. 때문에 그와는 달리 위와 아래 화살표 키로 동작을 선택하고 선택된 옵션을 화면에 출력한다. A 버튼(스페이스 바)은 선택한 옵션을 결정한다. 또한, 이 루프 내에서는 getPlayerStatus 함수를 이용하여 플레이어의 체력을 얻어와 화면에 표시한다.

예제 9.50의 코드에서는 전투 모드를 종료할 때의 이벤트를 처리한다.

예제 9.50 전투 모드를 종료할 때의 코드

```
... //예제 9.49
battleScene.on('exit', function() {
  setTimeout(function(){
    battle.menu.text = "";
    battle.activeAction = 0;
    battle.playerStatus.text = battle.getPlayerStatus();
    game.resume();
  }, 1000);
});
... //예제 9.51
```

예제 9.50에서는 새로운 종류의 이벤트 핸들러가 사용되었다. 이 핸들러는 전투 장면을 종료하고 원래 세계로 돌아갈 때 실행된다. 이때는 메뉴 상태와 선택한 메뉴를 초기화한다. 그런 다음, 플레이어의 체력을 업데이트하여 다른 전투가 시작되었을 때 예전 정보가 표시되는 일이 없도록 한다. 게임이 정지되면 1초를 기다린 후 다시 재개한다. 전투 모드를 종료할 때 게임을 정지시키는 이유는 플레이어가 스페이스 바를 너무 오래 누르고 있다 실수로 또 다시 전투 모드로 들어오는 일이 없도록 하기 위해서다.

예제 9.51의 코드에서는 우리가 구현한 전투 장면에 여러 가지 기능을 추가한다.

> 장면이나 내부 로직, 그리고 전환 효과 등을 관리하는 것은 매우 복잡한 작업일 수 있으며 특히 게임의 규모가 커진다면 이런 것들을 정리하기 위해 '상태 관리기(State Machine)'를 구현하고자 할 수도 있다. 이 객체는 어떤 상태에 돌입하거나 해제될 때 어떤 작업을 할 것인지는 물론, 어떤 상태가 되어야 다른 상태로 전환될 수 있는지 등을 관리하며 상태 간의 전환을 위해 어떤 함수를 호출할 것인지를 관리할 수 있다. 지금까지 구현한 몇 가지 이벤트 핸들러를 통해 이와 유사하게 동작하도록 구현하긴 했지만 어떤 장면에서 그 장면에 구현된 어느 상태로 전환할 때는 변수를 이용한 인터페이스의 전환이 일관되지 않을 수도 있다.
>
> https://githubm.com/jackesgordon/javascript-state-machine 에서 잘 만들어진 유명한 상태 관리기를 얻을 수 있으니 참고하도록 하자.

예제 9.51　장면 구성하기

```
... //예제 9.50
  battle.addChild(battle.playerStatus);
  battle.addChild(battle.menu);
  battle.addChild(battle.player);
  battleScene.addChild(battle);
}; //setBattle 함수를 종료하는 중괄호
```

예제 9.39부터 예제 9.51까지의 코드가 setBattle 함수를 구현한 전체 코드다. 이 코드는 game.onload 함수에서 초기화 때 단 한 번 호출되며 battle 객체의 나머지 속성과 함수들은 전투 장면의 이벤트 핸들러에 의해 호출된다. 그리고 그중 하나는 update/draw 루프처럼 동작하기도 한다. 이런 구조를 이해한다면 이제 마지막으로 battleScene 객체를 설정할 수 있다. 이 예제에서는 Group 객체의 인스턴스인 battle 객체에 나머지 자식 객체를 추가하고 battle 객체를 또다시 battleScene 객체에 추가한 뒤 중괄호를 닫아줌으로써 이번 레시피를 마무리한다.

이제 모자를 쓴 캐릭터와 전투를 시작하면 그림 9.6과 같은 화면을 보게 될 것이다.

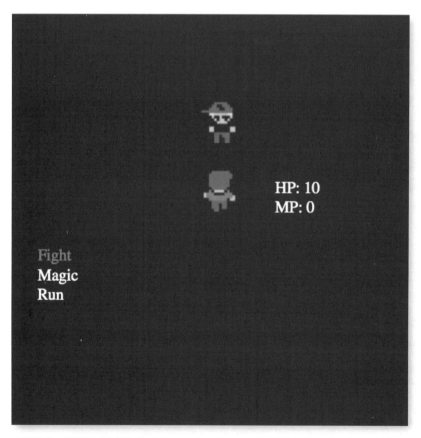

그림 9.6   전투를 시작한 화면

The **Web Game** Developer's Cookbook

레시피: HTML5의 로컬 저장소 API를 이용하여 게임의 상태 저장하기

이제 레벨업과 아이템의 구매를 마무리했으므로 지금까지 이루어 낸 것들을 잘 보관하고 싶을 것이다. 그러려면 HTML5의 로컬 저장소 기능을 이용하면 된다. 보통 이런 작업은 이벤트를 통해 처리하게 되지만 코드를 간소화하기 위해 변수를 로컬 저장소에 저장하는 타이머를 만들어보자. game.js 파일에 예제 9.52의 코드를 추가한다.

예제 9.52 5초마다 로컬 저장소에 변수를 저장하는 코드

```
game.onload = function(){
  game.storable = ['exp', 'level', 'gp', 'inventory'];
  game.saveToLocalStorage = function(){
    for(var i = 0; i < game.storable.length; i++){
      if(game.storable[i] === 'inventory'){
        window.localStorage.setItem(game.storable[i], JSON.stringify(player[game.
storable[i]]));
      } else {
        window.localStorage.setItem(game.storable[i], player[game.storable[i]]);
      }
    }
  };
  setInterval(game.saveToLocalStorage, 5000);
...
```

먼저, player 객체의 속성 이름들을 배열에 저장한다. 그런 다음 이 배열을 순환하면서 window.localStorage.setItem(keyName, value); 함수를 호출하여 값을 저장한다. 로컬 저장소는 문자열만 저장할 수 있기 때문에 배열 변수인 inventory 변수는 해당되지 않는다. 그래서 저장하기 전에 JSON.stringify 함수를 호출해 문자열로 변환해주어야 한다. 정수도

문제가 될 수 있다. 이 경우에는 쓸 때보다 읽을 때 더 문제가 되므로 저장된 데이터를 읽는 코드는 예제 9.53의 굵게 표시된 코드를 참고하자.

예제 9.53 로컬 저장소에서 데이터 읽기

```
player = new Sprite(game.spriteWidth, game.spriteHeight);
var setPlayer = function(){
  player.spriteOffset = 5;
...
  player.characterClass = "Rogue";
  if (window.localStorage.getItem('exp')) {
    player.exp = parseInt(window.localStorage.getItem('exp'));
  } else {
    player.exp = 0;
  }
  if (window.localStorage.getItem('level')) {
    player.level = parseInt(window.localStorage.getItem('level'));
  } else {
    player.level = 1;
  }
  if (window.localStorage.getItem('gp')) {
    player.gp = parseInt(window.localStorage.getItem('gp'));
  } else {
    player.gp = 100;
  }
  if (window.localStorage.getItem('inventory')) {
    player.inventory = JSON.parse(window.localStorage.getItem('inventory'));
  } else {
    player.inventory = []; //원래는 파일에서 훨씬 아래쪽에 있던 코드
  }
  player.levelStats = [{},{attack: 4, maxHp: 10, maxMp: 0, expMax: 10},
                          {attack: 6, maxHp: 14, maxMp: 0, expMax: 30},
                          {attack: 7, maxHp: 20, maxMp: 5, expMax: 50}
  ];
```

여기서는 각 값들을 로컬 저장소에서 읽어온다. 만일 저장소에 값이 존재하면 parseInt 함수를 이용하여 문자열을 정수로 변환시킨다. inventory 객체는 여기서도 특이한 경우이므로 JSON.parse 함수를 호출하여 stringified 배열을 우리가 사용할 자바스크립트 배열로 변환한다. 로컬 저장소에서 객체를 찾지 못하면 각 변수들을 사용하기 전에 기본 값들을 설정해준다. 특히, 바로 앞 레시피에서 이 변수 값들을 설정하던 코드를 반드시 제거해야만 한다. 대부분은 예제를 작성한 근처의 코드에 있지만 player.inventofy = []; 코드는 이전 레시피에서는 파일의 한참 아래쪽에 player.hideInventory 함수를 정의하던 위치에 있던 코드다.

지금까지 작성한 코드가 잘 동작한다면 브라우저를 닫았다가 다시 실행하더라도 경험치와 레벨, 인벤토리, 그리고 GP 값이 잘 저장되었다가 다시 로드될 것이다.

> **참고**
>
> HTML5의 모든 기능을 다루는 것은 이 책의 범위를 벗어나지만 클라이언트 측에서 활용할 수 있는 저장소가 2가지가 더 있다는 것은 알아둘 필요가 있다. 첫 번째는 세션 저장소라는 것인데 브라우저 탭이 닫히더라도 데이터를 공유할 수 있도록 해준다.
>
> 보다 복잡한 (관계형) 데이터를 저장해야 한다면 인덱스된 DB(IndexedDB, 크롬, 파이어폭스, 그리고 IE에서 사용 가능)나 WebSQL 데이터베이스(크롬, 사파리, 오페라, iOS, 안드로이드, 그리고 모바일 사파리에서 사용 가능) 데이터 저장소 옵션도 존재한다.

요약

이번 장에서는 enchant.js 엔진을 이용하여 기본적인 RPG 게임을 구현하며 지도, 대화 시스템, 상점, 전투 인터페이스, 인벤토리, 레벨 시스템, HTML5 로컬 저장소를 이용한 게임 데이터의 저장 및 복구 등을 구현했다.

이 게임에 더 많은 기능을 추가하고자 한다면 캐릭터, 무기, 보호장비, 마법, 대화, 적 등의 콘텐츠를 채우는 것부터 시작할 수 있다. 아니면 이 게임에 더욱 방대한 스토리를 설정하는 것도 재미있을 것이다. 플레이어의 전투 능력은 더 완벽해 질 수 있고 현재는 얼음 마법을 가지고 있다고 하더라도 제대로 동작하지 않는 데다가 다른 아이템들도 실제로 존재하는 것이 아니다. 주인공의 공격력을 향상시키기 위한 것을 추가하는 일은 그다지 어렵지 않다. 게다가 현재는 항상 플레이어가 우선이며 플레이어와 적의 공격은 절대로 빗나가는 일이 없고, 여차하면 플레이어가 언제라도 도망갈 수 있다. 또는 속도나 정확도, 민첩함 등의 요소를 추가한다면 더욱 역동적인 게임이 될 것이다. 전투 화면의 시각효과는 아직 다소 가벼운 편이기에 공격이 성공했을 때 약간의 시각 효과를 발생시키는 것도 좋다. 아마도 턴 기반 전투가 너무 복잡하다거나 액션 RPG의 충돌 기반 전투만큼 흥미진진하지 않다고 생각할 수도 있다. 만약 이번 장의 결과물을 토대로 그러한 기능을 구현하고자 한다면 이전 장에서 구현했던 충돌 감지 기능을 도입하는데 큰 무리는 없을 것이다.

enchant.js 엔진을 좀 더 살펴보고 싶다면 여러분은 행운아다. 이 엔진은 지금까지의 어느 엔진 보다도 완벽한 API를 제공한다. 더군다나 Group 객체 대신 사용할 수 있는 CanvasGroup, 사운드 API, ParallelAction 객체, 애니메이션을 위한 타임라인과 복제 등, 지금까지 다루지 못했던 독특한 기능들도 제공된다. 한술 더 떠서 enchant.js 엔진은 다른 엔진들과 달리 트위터에 연결하거나 wise9 분산 플랫폼(이들이 enchant.js 엔진을 만들었다.)에 연결하기 위한 플러그인 기능을 제공한다. 이들은 아바타 애니메이션 서버도 제공하기 때문에 캐릭터의 머리나 옷을 갈아입힐 수도 있다. 만일 여러분이 직접 게임 엔진을 작성할 생각이라면 꼭 시간을 내어서 enchant 엔진의 혁신적이고 놀라운 기능들을 살펴보길 바란다.

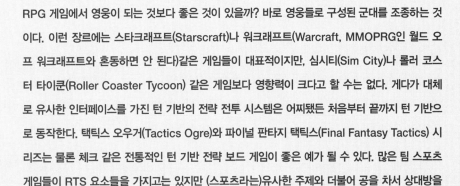

CHAPTER 10

RTS

RPG 게임에서 영웅이 되는 것보다 좋은 것이 있을까? 바로 영웅들로 구성된 군대를 조종하는 것이다. 이런 장르에는 스타크래프트(Starscraft)나 워크래프트(Warcraft, MMOPRG인 월드 오프 워크래프트와 혼동하면 안 된다)같은 게임들이 대표적이지만, 심시티(Sim City)나 롤러 코스터 타이쿤(Roller Coaster Tycoon) 같은 게임보다 영향력이 크다고 할 수는 없다. 게다가 대체로 유사한 인터페이스를 가진 턴 기반의 전략 전투 시스템은 어찌됐든 처음부터 끝까지 턴 기반으로 동작한다. 택틱스 오우거(Tactics Ogre)와 파이널 판타지 택틱스(Final Fantasy Tactics) 시리즈는 물론 체크 같은 전통적인 턴 기반 전략 보드 게임이 좋은 예가 될 수 있다. 많은 팀 스포츠 게임들이 RTS 요소들을 가지고는 있지만 (스포츠라는)유사한 주제와 더불어 공을 차서 상대방을 '공격'하는 것과 같이 목표가 지나치게 구체적이다.

이제 서버가 필요하다

이번 장에서는 Crafty.js 엔진과 노드(Node.js), 그리고 socket.io 모듈을 이용하여 RTS 게임을 구현할 것이다. 우리가 구현할 RTS 게임은 스트라테고(Stratego)와 유사하지만 턴 기반이 아닌 실시간으로 플레이할 수 있는 보드 게임이다.

스트라테고는 두 명의 플레이어가 즐기는 게임이며 각각 붉은 색 군대와 파란 색 군대를 운영한다. 각 플레이어는 다양한 내구성을 가진 유닛들을 조종하고 최종 목표는 상대방의 깃발을 빼앗는 것이다. 이 게임은 체스처럼 '정보가 완벽하게 공개된' 게임이 아니라 정보가 숨겨지는('불완전하게 공개되는') 게임이다. 즉, 상대가 어디에서 만들어져 나타나는지 등의 게임 상태에 대해 두 플레이어가 같은 정보를 공유하게 된다. 이 게임에서 상대 플레이어의 어떤 유닛이 우위에 있는지는 자신의 유닛과 대결을 벌여봐야 알 수 있다. 시간이 지날수록 여러분은 상대가 어떤 것들을 갖추었는지를 계속해서 유추하여 학습에 따라 전략을 갖추게 될 것이다.

우리는 제6장 "대전 게임"에서 2인 플레이어용 게임을 구현했었지만, 정보를 숨겨야 하는 것에 대해서는 고려하지 않았었다. 실시간 환경에서 '모니터 엿보기'를 방지하기 위해 모니터 가운데에 설치한 카드보드를 걷어내는 모순 없이 우리가 서로에게 정보를 숨기기 위해 채택할 방법은, 플레이어에게 각자의 화면을 제공하는 것이다. 우선 게임을 구현하기에 앞서 이 문제를 해결할 수 있는 방법을 알아보자.

지금까지 우리는 클라이언트 측 코드만 다루어왔다. 이 말은 코드가 브라우저에서 실행된다는 것을 의미한다. HTML 파일을 브라우저에서 열면 이 파일은 자바스크립트 코드를 로드하여 브라우저의 해석기(Interpreter)에게 전달한다. 그렇게 되면 이더넷 케이블을 잡아 뽑던 와이파이를 끄던, 한 번 로드된 코드는 여전히 잘 동작한다.

이제 우리 스스로 서버 측 코드의 영역에 들어가야 한다. 이 코드는 (때로는 이런 목적으로 만들어진)컴퓨터에서 동작하며 다른 컴퓨터에서 액세스하기 위해서는 특정 프로토콜을 바탕으로 네트워크를 통해야만 한다. 웹 사이트를 방문한다는 것은 어딘가에 있는 물리적인 '서버'에 방문한다는 것이며 여기서 서버란 여러분의 요청을 해석하고 (주로 HTTP 프로토콜을 통해)응답을 주는 프로그램을 실행하는 컴퓨터를 말한다. 여기서 가장 혼란스러울 수 있는 것은 (주로 '컴퓨터'라고 부르던)금속과 플라스틱, 그리고 실리콘 덩어리를 '서버'라고 부른다는 것인데 '서버'라는 이름을 얻게 된 이유가⋯ 미안하지만 역시 '서버'라고 불리는 특별한 프로그램을 실행하기 때문이다.

이런 특별한 컴퓨터 종류를 머신, 박스, 케이지, 물리적 서버, 데이터 센터에 있는 것 또는 마케팅 용어인 클라우드(Cloud)라고 부르면 충분히 구별할 수 있다. 여기서 클라우드란 보다 복잡하고 추상적으로 (가상화된)설정된 컴퓨터들의 집합이며 그런 이유로 '내 데이터가 이 컴퓨터에 있어요'라고 쉽게 지적하기가 어렵도록 구성된다.

서버에서 동작하는 특별한 프로그램의 경우에는 이들이 어떤 프로토콜을 이용하여 통신하는지를 명확히 하면 된다. 따라서 HTTP 서버, 웹 서버, 데이터베이스 서버는 물론 경우에 따라서는 특정 언어나 프레임워크에 초점을 맞춘 앱 서버 등으로 구분할 수 있다. 참고란에서 언급하듯이 대부분의 웹 중심에는 데이터를 조회하고, 수정하고, 추가하기 위해 웹 서버 혹은 API라고 불리는 개념이 자리하고 있다. 사람들이 트위터의 프로그래밍 인터페이스(API)를 '트위터 서버'라고 부른다고 해서 아주 잘못된 것은 아니다.

> **참고**
>
> 이번 장에서는 여러분의 컴퓨터를 Socket.io 모듈을 이용하는 노드 '서버'를 실행시키는 서버로 사용할 것이다. 컴퓨터를 로컬 네트워크나 웹에 노출시키는 방법은 여러 가지가 있지만 가장 간단한 것은 어딘가에 프로그램을 업로드하고 실행하는 것이다. 이런 방법을 **호스팅(Hosting)**이라고 한다.
>
> 물리적이며, 관리되며 독립된 (공유되지 않는)서버를 사용하려면 상당한 비용이 들어갈 수 있다. Linode나 아마존의 EC2, 랙스페이스(Rackspace) 등 '가상의' 서버를 설정할 수 있는 서비스를 제공하는 서비스들도 있지만, 온라인에서 손쉽게 찾을 수 있으며 여러분이 사용하고자 하는 '애플리케이션 스택(노드, 루비 온 레일즈 등)'을 미리 설정해준 히로쿠

(Heroku)나 Nodejitsu 등도 좋은 선택이 될 수 있다. 노드를 처음 시작한다면 nodejitsu. com이 가장 적당한 호스팅 서비스가 될 수 있을 것이다. 가격도 매우 저렴(월 3불)하다. 오픈 소스 소프트웨어와 달리 서버 호스팅 서비스는 비용 지출이 불가피하다. 직접 호스팅 환경을 갖추고 싶다면 nodejitsu와 nodester 둘 모두 Linode, EC2, 또는 랙스페이스의 가상화 옵션 중 하나를 가능하게 하는 오픈 소스 도구들을 제공한다.

jsarcade.com 같은 도메인 이름을 설정하는 방법은 호스팅 회사를 어느 곳으로 선정하느냐에 따라 매우 달라진다. 이 과정에서 도메인 등록자라고 불리는 다른 회사에 연락을 취해야 할 수도 있고 그들에게 매년 10불 내외의 돈을 지불해야 한다. 필자는 namecheap.com, iwantmyname.com 또는 gandi.net을 추천한다. 참고로 godaddy.com은 피하는게 좋다.

이제 용어에 대해서는 이만 마무리하고 두 플레이어에게 서로 관련이 있지만 같지는 않은 정보를 제공하려는 목적을 어떻게 달성할 것인가를 살펴보자. 간단히 말해 우리는 서버(하드웨어와 소프트웨어 모두)가 필요하다. 이 방법을 사용하면 다른 장점도 얻을 수 있다. 우선, 정보를 숨길 수 있다는 것과 더불어 서버가 있으면 렌더링을 하는 동안 코드를 백그라운드에서 실행할 수 있다. 게다가 느린 코드, 낮은 성능은 서버의 용량을 증가시켜야 한다는 것을 의미하므로 더 나은 사용자 경험을 위해 반드시 뭔가를 만들어야 하는 것이 아니라 뭔가를 구입할 수도 있는 옵션을 더하게 되는 것이다. 반대로 많은 경우 브라우저에 내장된 클라이언트 측 해석기에 의존하는 것은 서버의 짐을 덜어주는 것이 될 수 있다. 왜냐하면 느린 코드가 모두에게 영향을 미치게 될 때, 어느 한 곳만 손을 대서 해결되지는 않기 때문이다.

둘째로 플레이어가 모든 코드를 브라우저의 해석기로 다운로드할 필요 없이 코드가 서버에서 실행되므로 플레이어에게 보여주고 싶은 정보(이는 대부분 HTML, CSS, 이미지, 그리고 클라이언트 측 자바스크립트에 국한된다.) 만을 보여줄 수 있다. 원한다면 서버 측 코드는 서버에게 맡기고 서버가 없을 때와는 다른 유통 기회(게임을 판매할 기회)를 거칠 수도 있다.

마지막으로 클라이언트가 보여주거나 받아들이는 것들이 바뀔 수 있다. 여러분이 구현한 게임이 충분히 유명해지면 가상의 상품권이나 리더보드(leaderboard) 등 플레이어를 위한 몇 가지 인센티브들을 준비하게 되는데 이때 일부 플레이어들이 이를 악용할 수 있다. 이러한 악용을 방지하려면 자바스크립트를 압축해서 게으르고 멍청한 해커들이 분석할 필요도 없는 물건으로 치부하게 만들 수도 있다. 그러려면 drawAThing()이나 handleInput() 같은 따분한 기능만 클라이언트 측에 노출하도록 하고 winGame()이나 getRareItemThatIsSupposedToBeAFiveDollarInGamePurchase() 같은 중요한 함수들은 노출하지 않도록 정책을 정해야만 한다. 일반적으로 플레이어가 성취감을 느낄 수 있는 것들은 코드를 노출시키지 않는데 이 표준에 의하면 handleInput() 같은 함수도 자동 금괴 수집이나 자동 사냥 등에 악용될 수 있기 때문에 노출되지 않도록 해야 한다.

정말 유명한 게임들은 심지어 플레이어와 해커가 게임 전체를 복제하여 전혀 생각지 못한 일을 하는 프로그램을 만들기도 한다. 이들은 게임의 생태계를 무너뜨리거나 플레이어들의 평균 경험치에 다양한 방법으로 영향을 끼치는 몇 가지 문제점들을 만들어 낸다. 이런 것들을 확인할 수 있는 또 다른 방법은 여러분의 게임을 이해하고 제어하기 위한 두 번째 게임을 만드는 것이다. 플레이어나 해커들은 다른 플레이어나 해커는 물론, 일반 사용자들을 위해 그들 나름대로 어떤 기능을 요구하거나, 보안 취약점을 친절하게 알려주거나, 레벨을 디자인하거나, (새로운 레벨, 새로운 캐릭터, 음악, 또는 번역 패치 등)다양한 콘텐츠를 만들어 줄 수 있다. 만일 게임을 오픈 소스화 할 생각이라면 이런 종류의 플레이어를 먼저 만들어야만 한다는 것을 고려해보기 바란다.

The Web Game Developer's Cookbook

레시피: 노드 설치하기

이제 서버의 역할을 이해했으므로 이제 하나를 설치해보자. 다시 말하지만 여러분의 컴퓨터를 물리적인 '서버'처럼 동작하게 하는 '서버'를 실행할 것이므로 여러분의 서버를 직접 노출(자체 호스팅)하거나 온라인 상태의 서버를 찾아내지 못한다면 여러분의 네트워크가 아닌 다른 네트워크에 연결된 친구와는 플레이를 할 수 없다. 다른 서버 라이브러리들과 마찬가지로 Node 역시 소스를 얻을 수 있는 방법이 다양하다. 루비의 gems나 파이썬의 egg 같은 언어별 패키지 관리자를 이용하는 방법도 있다. (대부분 C언어지만)코드를 가지고 있는 소스 파일(바이너리 파일)을 직접 컴파일하고 설치해도 된다. 맥의 홈브류(Homebrew)나 데비안 리눅스의 apt-get 같은 OS에 특화된 패키지 관리자를 이용하는 방법도 있다. 우리가 사용할 node.js라는 웹 프레임워크는 npm(Node Package Manager)라는 자체 패키지 관리자를 가지고 있기도 하다.

맥과 Windows에서는 비교적 간단하게 node.js를 설치할 수 있다. http://nodejs.org/download 페이지로 이동하면 이 책을 쓰는 시점에 그림 10.1과 같은 페이지를 보게 된다. Windows나 애플 로고를 클릭하면 인스톨러가 다운로드되며 이를 이용하여 단계별 설치 마법사를 실행해 node를 설치할 수 있다(이때 npm도 설치되며 나중에 다시 설명하겠다). 이 설치 마법사는 맥과 Windows 사용자에게는 가장 쉬운 설치 방법을 제공한다. 리눅스 사용자는 당장은 조금 더 어려운 방법(커맨드 라인을 이용하는 방법)을 사용할 수 밖에 없다. 원한다면 누구나 맥이나 리눅스의 터미널 혹은 Windows의 Putty, cygwin 등을 이용해 커맨드라인 환경에서 설치할 수도 있다. 이런 터미널 프로그램이 있다면 (node를 운영하는) Joyent가 제공하는 위키 페이지(https://github.com/joyent/node/wiki/installing-Node.js-via-package-manager)를 참고하여 패키지 매니저를 통해 설치히는 것이 가능하다.

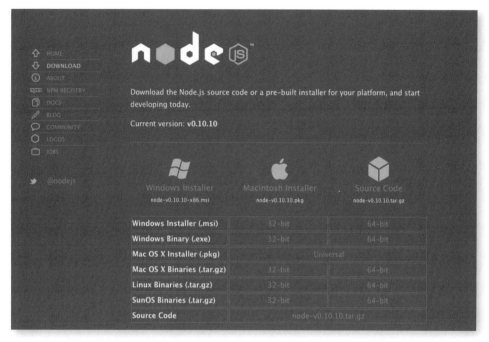

그림 10.1 node.js 다운로드 페이지

여러분이 더 많은 코드를 가져다 쓰고 또 공유할수록 Git과 Github에 대해 자주 듣게 될 것이다. Git은 버전 제어 시스템(Version Control System)이며 그 핵심에는 myFileLatest.exe, myFileBest.exe, myFileActuallyLatest.exe, myFileActuallyLatestJune.ext처럼 우스꽝스러운 파일명을 사용하지 않고 제대로 된 버전 관리를 할 수 있다. Github는 소스 코드의 백업과 공유를 호스팅하는 서비스다. 이 서비스는 앞서 언급한 패키지 관리 서비스 종류는 아니지만 자바스크립트 코드를 공유하는 가장 보편화된 방법이다. 아마도 다른 어떤 옵션보다도 빈번하게 소스 코드를 내려받는 일이 많을 것이다.

여러분이 사용하는 운영 체제와 선호하는 설치 방법에 따라 설치를 진행했으면 이제 노드를 사용할 차례다. 터미널을 열고 node 라고 입력하면 ">" 프롬프트를 보게 될 것이다. 이것은 브라우저의 자바스크립트 콘솔과 같은 것이라고 생각하면 되는데 1+3 같은 것을 입력해보면 4라는 값을 얻게 된다. 또는 자바스크립트 함수를 작성할 수도 있다. 브라우저의 자바스크립트 콘솔과의 가장 큰 차이점은 window나 document처럼 액세스할 객체가 없다는 점이다. 그 이유는 이 객체들은 브라우저 객체들이며 여러분은 더 이상 브라우저에서 자바스크립트를 실행하는 것이 아니기 때문이다. 축하한다. 드디어 서로 다른 브라우저의 서로 다른 버전을 관리해야 하는 골칫거리가 사라졌다. 이제 브라우저로 돌아가기 전까지는 오로지 하나의 (일관된)해석기만 생각하면 된다. 이제 브라우저 때문에 생긴 이상한 악감정 없이 자바스크립트를 진짜 언어로서 사용할 수 있게 되었다. 또한, Ctrl+C키를 누르면 해석기를 종료할 수 있다.

이제 터미널에서 node라고만 입력하면 실행할 수 있는 자바스크립트 해석기를 갖추었다. 게다가 서버를 작성할 수도 있게 되었으므로 이제 httpserver.js라는 파일을 생성하고 예제 10.1의 코드를 작성해보자. 그리고 터미널에서 node httpserver.js라고 입력해 이 파일을 실행해보자.

예제 10.1 노드로 구현한 HTTP 서버

```
console.log("http://localhost:1234에서 실행 중.");
var http = require('http');
http.createServer(function (request, response) {
  console.log("요청을 받았음.");
  response.write('<h1>앗호!</h1>');
  response.end();
}).listen(1234);
```

이 예제에서는 브라우저에서도 동작하던 console.log 함수를 이용하고 있다. 두 번째 라인의 코드는 노드의 HTTP 패키지를 로드한다. 그런 다음 createServer 함수를 호출하면서 어떤 요청을 받았을 때 호출될 함수를 매개 변수로 전달한다. 이 함수에서는 요청이 전달되면 콘솔에 다른 메시지를 출력하고 HTML의 H1 태그에 메시지를 출력한 후 연결을 종료한다. 만일 response.end처럼 연결을 종료하지 않으면 브라우저가 웹 페이지를 계속 로딩 중인 것으로 표시하기 때문에 아무런 변화도 보지 못하게 될 것이다. 그리고 listen(1234) 함수는 서버가 동작할 때 리스닝 할 포트 번호를 지정한다.

이 서버가 동작하는 것을 보기 위해서는 터미널에 콘솔을 열어 출력한 것과 같이 http://localhost:1234를 방문해야 한다. 파이어폭스 브라우저를 통해 이 페이지를 방문하고 파이어버그(Firebug) 플러그인의 Script 탭을 열어보면 그림 10.2와 같은 모습을 볼 수 있다. 마찬가지로 크롬 개발자 도구의 Sources 탭에서도 server.js 파일을 찾아볼 수는 없을 것이다. 모든 브라우저가 HTTP 서버에 접속하여 응답을 받기는 했지만 여러분이 루비나 파이썬,

펄, 자바 혹은 PHP 같은 서버 측 언어 대신 자바스크립트를 이용했는지에 대해서는 전혀 알아채지 못한다.

어떻게 보면 자바스크립트는 브라우저의 언어이며 그 사실로부터 벗어날 수 있는 방법은 없다. 자바스크립트가 아닌 다른 서버 측 개발 언어들을 선호할 수도 있겠지만, 서버 코드와 클라이언트 코드를 같은 언어(즉, 자바스크립트)로 개발하게 되면 두 가지 장점이 있다.

첫째, 개발 과정에서 한 언어를 바탕으로만 생각하던 것에서 다른 언어를 바탕으로 생각을 전환하는 시간을 줄여준다. 두 가지 언어를 사용하는 사람들은 주로 서버 측 언어의 사용에 더 많은 시간을 할애한다. 이 사람들은 모든 것을 서버 측 언어 방식으로 생각하며 프론트엔드는 단지 할 줄 알면 나쁘지는 않은, 또는 형편없이 만들어진 추측성 코드들일 뿐으로 간주한다. 사용자 경험은 더 심한 대우를 받는다. 서버 측 코드에 동일한 언어를 사용하면 개발자들이 적어도 프론트엔드 코드를 어떻게 다루어야 할지를 알 수 있게 된다. 둘째로 양쪽에 같은 언어를 사용하게 되면 보다 쉽게 클라이언트 측과 서버 측 사이의 코드 교환이 가능하거나 심지어 공유도 가능하다. 잠시 후에 살펴보겠지만 socket.io 같은 모듈들도 양쪽을 모두 고려하여 상호 보완적인 코드로 만들어질 것이다.

그림 10.2 httpserver.js 파일은 여러분의 눈에만 보인다.

레시피: Socket.io를 이용한 실시간 기법

게임을 구현하기에 앞서 먼저 이해해야 할 기술 중 남은 한 가지는 socket.io 모듈이다. 지금까지 우리는 localhost:1234에 정확히 같은 방법으로 경로와 매개 변수를 전달해야 응답하는 HTTP 서버를 만들었다. 비동기 형식으로 작업하려 한다면 정보를 숨기고 필요한 연산을 수행하는 통신을 위해 이 서버를 활용해도 무방하다. 그런 후 localhost:1234/playerOne같은 다른 경로를 만들어 그 결과를 사용하도록 하면 된다. 그러나 복잡한 라우팅과 고수준의 기능을 구현하려면 노드 상에서 동작하는 express.js 라이브러리의 활용을 고려해야 한다. 이 시스템에 실시간 업데이트 기능을 구현하려면 이전 장에서 사용했던 Ajax같은 기술을 사용해야 하며, 이는 새로운 정보를 서버에서 받아야 할 때마다 새로운 HTTP 요청을 실행하고 다시 HTTP 응답을 받아야 한다는 것을 의미한다. 이 작업을 수행하려면 모든 종류의 정보에 대한 경로(및 매개 변수)가 필요하다. 혹은 원하는 모든 정보를 전달받은 뒤 엄청난 양의 응답을 필터링하도록 구현해야 한다.

그러나 Ajax 방식을 개선하여 양방향 통신이 가능한 수단이 존재한다. 가장 최근의 기술은 웹 소켓(Web Socket)이라는 새로운 프로토콜이다. 이 기법은 빠른 데다가 Ajax 기법에 비해 더 적은 대역폭을 사용한다. 아직 모든 브라우저에서 지원되지는 않기 때문에 socket.io 모듈은 이런 모든 기술들에 대한 통합형 API를 제공한다. 만일 어떤 기술이 동작하지 않으면 그 대체 기술을 사용하는 방식이다.

socket.io 모듈을 이용하려면 커맨드 라인에서 노드 패키지 관리자를 npm install socket.io@0.9.11 -g와 같이 실행하여 다운로드해야 한다. 이 명령은 socket.io 모듈을 파일 시스템 어딘가에 다운로드한다. 물론, 그 경로는 터미널에 출력되고 터미널에서 모든 프로젝트 파일(index.html, game.js 및 server.js 파일 등)을 보관하는 디렉터리로 이동하여 npm link socket.io 명령을 입력한다.

그렇게 되면 글로벌 npm 패키지에 대한 로컬 포인터가 생성된다. 따라서 이 방법을 통해 서버 설정이 가능하다.

아마도 대부분 npm을 통해 모듈을 다운로드하는 명령어에는 –g 플래그가 붙어 있어서 socket.io 모듈을 설치할 때도 npm install socket.io –g와 같이 명령어를 입력했었다.

이렇게 하면 npm 패키지가 시스템 전체에서 전역적으로 사용 가능하게 설정된다. 이 방법의 한 가지 단점은 한 시스템에서 다른 여러 개의 프로젝트를 운영하는 경우, 패키지를 업데이트해도 모든 프로젝트들이 영향이 없다는 것을 보증해야 한다는 점이다. 따라서 이런 경우에는 패키지를 지역적으로 설치할 수 있다. 한편, 테스트 프레임워크처럼 프로젝트의 외부에서 사용하는 패키지들은 전역적으로 설치해도 무방할 것이다.

예제를 간소화하기 위해 socket.io 모듈은 전역적으로 설치했지만 이 레시피의 내용이 나중에도 계속 동작할 수 있도록 하기 위해 버전을 @0.9.11로 지정하였다. 그렇지 않으면 socket.io 모듈이 업데이트 되었을 때 이 책의 예제가 제대로 동작하지 않을 수도 있다.

socket.io 모듈은 클라이언트 측 자바스크립트 파일도 포함하고 있다. 이 파일을 자세히 살펴보고 싶다면 필자로서는 말릴 이유가 없으나, 여러분의 편의를 위해 이 책의 프로젝트 파일 디렉터리의 ch10-rts/initial/ 디렉터리에도 복사해 두었다.

다음으로 세 개의 파일을 만들어야 한다. 먼저, 예제 10.2의 index.html 파일 코드를 살펴보자.

예제 10.2 HTML 파일의 소스 코드

```
<!DOCTYPE html>
<html>
  <head>
    <title>RTS</title>
  </head>
  <body>
    <script src="socket.io.js"></script>
    <script src="Crafty.js"></script>
```

```
    <script src="game.js"></script>
  </body>
</html>
```

index.html 파일은 제목을 설정하고 모듈을 설치할 때 함께 따라온 socket.io 클라이언트 코드(서버 측 코드는 여전히 패키지 관리자 안에 있다)와 새로운 game.js 파일을 로드한다.

다음으로 예제 10.3의 코드를 이용하여 game.js 파일을 생성하자.

예제 10.3 socket.io 클라이언트 코드를 사용하는 game.js 파일의 코드

```
window.onload = function() {
  var socket = io.connect('http://localhost:1234');
  socket.on('started', function(data){
    console.log(data);
  });
};
```

이 파일은 window 객체가 로드되기를 기다렸다가 1234 포트로 소켓 연결을 시도한다. 여기서 on 함수는 서버에서 'started'라는 응답이 오기를 기다렸다가 데이터가 도착하면 익명 함수를 실행하여 로그에 데이터를 기록한다. 이 코드를 지금 (http://localhost:1234를 방문하여)실행하면 콘솔에 뜬 에러 메시지를 보게 될 것이다. 그러나 httpserver.js 파일이 1234 포트를 리스닝 하도록 실행해 둔 상태라면 요청이 처리되어 요청을 받았다는 메시지가 서버 콘솔에 출력되는 것을 볼 수 있을 것이다. 이제 socket.io 서버를 만들기 전에 터미널 창이나 탭을 닫거나 혹은 Ctrl+C 키를 눌러 HTTP 서버를 중지시키자.

이제 (앞서 클라이언트 라이브러리를 사용할 수 있도록 만든)game.js 파일과 통신할 수 있는 socket.io 서버를 만들어야 한다. server.js 파일을 새로 만들고 예제 10.4의 코드를 작성하자.

예제 10.4 socket.io 서버의 코드

```
var io = require('socket.io').listen(1234);
io.sockets.on('connection', function (socket) {
  socket.emit('started', {ahoy: "앗호!"});
});
```

이 코드는 노드의 require 키워드를 이용하여 socket.io 서버를 생성하고 1234 포트를 리스닝하도록 한다. 그런 다음 (클라이언트와 마찬가지로)연결 이벤트를 리스닝하는 on 함수에서는 emit 메서드(클라이언트에서 서버로 데이터를 보낼때도 사용된다.)를 이용해서 클라이언트 코드로 메시지를 전달하여 클라이언트의 요청에 응답한다. 이 메시지는 'started'라고 이름을 붙였으며 예제 10.3의 클라이언트 코드에서 기다리고 있는 메시지다. 클라이언트 코드는 이 메시지 객체를 받으면 콘솔에 출력한다.

이제 이 코드가 동작하는지를 살펴보기 위해 터미널에서 node server.js 와 같이 입력하여 socket.io 서버를 시작한다. 그리고 index.html 파일을 브라우저를 통해 실행한다. 브라우저 콘솔을 열어보면 메시지가 전달된 것을 볼 수 있을 것이다. 또한, 서버도 그림 10.3처럼 터미널에 로그와 메시지를 출력하는 것을 보게 될 것이다. 모든 동작이 출력된다는 점이 다소 이해가 되지 않을 수도 있겠지만 클라이언트/서버를 설정해서 게임을 개발하는 동안 어딘가 잘못된 경우에는 브라우저 콘솔 뿐만 아니라 이 서버 콘솔도 살펴봐야 한다. 예를 들어 서버를 실행하는 것을 잊어버리는 것도 상당히 흔한 실수인데, 이런 실수도 서버 콘솔을 보면 알 수 있다. 또한, 서버가 시작되었지만 잘못된 URL을 방문했다면 연결된 클라이언트가 없다는 사실을 알 수 있는 가장 좋은 곳도 이 터미널 콘솔이다.

그림 10.3 서버로부터의 출력 예시

지금까지의 과정을 모두 마쳤다면 이제 게임을 구현할 차례다.

The Web Game Developer's Cookbook

레시피: Crafty.js 엔진을 이용한
입체 지도 만들기

지금까지 다루었던 모든 게임 엔진들 중에서도 Crafty 엔진은 가장 성숙한 엔진이다. 매우 견고한 컴포넌트-엔티티 시스템이면서 활동적인 커뮤니티와 잘 갖춰진 문서, 그리고 모듈에 대한 훌륭한 지원(앞서 말한 커뮤니티가 빌드하고 지원한다.) 등이 장점이다.

이런 장점에도 불구하고 socket.io 모듈이 노드 모듈을 이끌면서 서버와 클라이언트 인터페이스를 구현하는 것에 비해 이 엔진은 HTML5 게임 엔진으로서 아직 충분한 기능을 제공하지 못하고 있다. 그런 이유로 아주 중요한 부분을 제외하고는 Crafty 엔진을 클라이언트 측 코드에서만 사용하게 될 것이다. 그러면 Crafty 엔진으로 입체 보드를 그리기 위해 game.js 파일에 예제 10.5의 굵게 표시된 코드를 추가하자.

예제 10.5 Crafty 엔진을 이용한 입체 보드 그리기

```
window.onload = function() {
  Crafty.init();
  Crafty.viewport.scale(3.5);
  var iso = Crafty.isometric.size(16);
  var mapWidth = 20;
  var mapHeight = 40;
  Crafty.sprite(16, "sprites.png", {
    grass: [0,0,1,1],
    selected_grass: [1,0,1,1],
    blue_box: [2,0,1,1],
    blue_one: [3,0,1,1],
    blue_two: [4,0,1,1],
    blue_three: [5,0,1,1],
    blue_bomb: [6,0,1,1],
    blue_flag: [7,0,1,1],
    red_box: [8,0,1,1],
    red_one: [9,0,1,1],
```

```
    red_two: [10,0,1,1],
    red_three: [11,0,1,1],
    red_bomb: [12,0,1,1],
    red_flag: [13,0,1,1],
    selected_box: [14,0,1,1]
});
var setMap = function(){
  for(var x = 0; x < mapWidth; x++) {
    for(var y = 0; y < mapHeight; y++) {
      var bias = ((y % 2) ? 1 : 0);
      var z = x+y + bias;
      var tile = Crafty.e("2D, DOM, grass, Mouse")
        .attr('z',z)
        .areaMap([7,0],[8,0],[15,5],[15,6],[8,9],[7,9],[0,6],[0,5])
        .bind("MouseOver", function() {
          this.addComponent("selected_grass");
          this.removeComponent("grass");
        }).bind("MouseOut", function() {
          this.addComponent("grass");
          this.removeComponent("selected_grass");
        });
      iso.place(x,y,0, tile);
    }
  }
};
setMap();
var socket = io.connect('http://localhost:1234');
socket.on('started', function(data){
  console.log(data);
});
};
```

window 객체가 로드되면 Crafty 엔진의 초기화를 시작한다. 그런 다음, 스프라이트가 16×16 크기이기 때문에 뷰 포트의 크기를 크게 키워줄 필요가 있다. 그리고 스프라이트를 사용하기 위해 Crafty의 isometric 객체를 초기화한다. 그런 다음 지도의 크기를 지정한다. 그러고 나서 게임에 나타날 스프라이트들을 지정하고 이들의 위치와 크기를 지정한 후 레이블을 덧붙인다.

setMap 함수에서는 mapWidth 변수와 mapHeight 변수 값을 토대로 각 x와 y 위치를 순환한다. 각 타일의 z 인덱스(타일이 들어갈 레이어)는 다소 복잡하다. 제일 위의 행에서 z 인덱스는 0부터 19까지의 값 중 하나를 가질 수 있다. 그 다음으로 이어지는 줄의 z 인덱스 값은 그 줄에 따라 달라지게 된다. 짝수 줄의 타일의 경우, 타일의 z 인덱스 값은 바로 아래 오른쪽과 바로 아래 왼쪽 타일이 큰 값을 갖는다. 그렇지 않다면 타일의 오버래핑은

361

제대로 동작하지 않게 된다. bias 변수 값이 필요한 이유는 바로 이 때문이다.

타일은 Crafty.e 함수에 의해 새로운 엔티티로 선언된다. 이 엔티티는 컴포넌트의 목록을 가진 배열처럼 생긴 문자열로, 목록을 보면 시스템이 제공하는 유연성의 종류를 알 수 있을 것이다. 입체 타일에 대한 지원 외에도 2D 컴포넌트는 매개 변수로 전달된 각각의 x/y 쌍으로부터 경로를 추적하여 타일의 픽셀 경계를 결정하는 areaMap 함수를 지원한다. DOM 컴포넌트는 지정된 엔티티를 그려 문서의 DOM 구조에 추가한다. grass 컴포넌트를 추가하면 스프라이트를 각 타일에 설정할 수 있다. 또한, 이 블록에서는 Mouse 컴포넌트의 기능을 활용하여 마우스 포인터가 가리키는 타일에 하이라이트 효과를 낼 수 있게 한다.

> DOM을 사용한 자리에 canvas 컴포넌트를 사용할 수도 있지만 이 컴포넌트는 작은 크기의 스프라이트를 사용할 때 필요한 스케일링을 지원하지 않는다. 따라서 여기서는 DOM 컴포넌트를 사용한다.

이제 하이라이트된 영역을 파란색으로 보여주는 입체 지도를 구현했다. index.html 파일을 브라우저를 통해 열어보면 그림 10.4와 같은 화면을 보게 될 것이다.

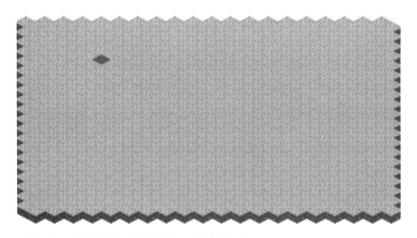

그림 10.4   하이라이트된 타일을 표시한 입체 지도

The Web Game Developer's Cookbook

레시피: 유닛 그리기

이제 앞서 실행 중인 상태로 페이지에 별 필요도 없는 메시지를 날리고 있는 우리의 서버로 돌아오자. 이대로도 나쁘지는 않지만 우리는 이 서버를 수정해야 한다. 서버가 아직 실행 중이라면 코드를 수정해도 자동으로 서버가 업데이트되지 않으므로 서버가 실행 중인 터미널 창에서 Ctrl+C를 눌러 서버 프로세스를 종료하자. 이번 뿐만이 아니라 서버를 변경할 때마다 이렇게 해주어야 한다.

> 서버가 파일의 변경 여부를 알게 하려면 (npm 패키지를 통해)hot reload, live reload, file watcher 또는 demon, daemon, 또는 forever 등의 단어가 포함된 패키지들을 찾아보면 된다.
>
> 노드 세계의 모듈들은 굉장히 빠른 속도로 업데이트 되며 어느 시점에는 server.js –reload를 커맨드 창에 입력하거나 설정 파일을 통해 자동 재시작을 지정할 수도 있을 것이다. 지금은 npm 패키지인 nodemon과 supervisor 패키지가 선택할 수 있는 가장 대중적인 옵션이다.

예제 10.6과 같이 server.js 에서 connection 이벤트를 처리하는 함수에 조금 더 유용한 코드를 추가해보자. 굵게 표시된 코드는 앞서 예제에서 started 메시지를 전송하던 코드를 대체하는 것이다.

예제 10.6 유닛의 위치를 클라이언트에 전달하는 코드

```
var io = require('socket.io').listen(1234);
io.sockets.on('connection', function (socket) {
  var units = placeUnits();
  socket.emit('place units', units);
  // socket.emit('started', {ahow: "얏호!"});  //이 줄은 삭제한다.

});
```

이 예제에서는 아직 정의하지 않은 placeUnits 함수가 리턴하는 어떤 것을 units 변수에 대입하고, emit 함수를 통해 연결된 클라이언트에 전달한다. 이제 예제 10.7의 코드를 통해 placeUnits 함수를 작성하자. 다소 길지만 처음 10줄은 반복적으로 사용되는 코드다. 이 코드는 server.js 파일의 윗쪽에 작성한다.

예제 10.7 server.js 파일에서 유닛의 위치를 결정하는 코드

```
var placeUnits = function(){
  var yLocations = [2, 4, 6, 8, 10, 12, 14, 16, 18, 20, 22, 24, 26, 28, 30, 32, 34,
➡36, 38];
  var pickY = function(alignment){
    var y = Math.floor(Math.random(yLocations.length)*yLocations.length);
    return yLocations.splice(y, 1) - alignment;
  };
  var xPositionRed = 18;
  var xPositionBlue = 1;

  return [
    {color: "red",
    type: "one",
    xPosition: xPositionRed,
    yPosition: pickY(1)},
    {color: "red",
    type: "one",
    xPosition: xPositionRed,
    yPosition: pickY(1)},
    {color: "red",
    type: "one",
    xPosition: xPositionRed,
    yPosition: pickY(1)},
    {color: "red",
    type: "two",
    xPosition: xPositionRed,
    yPosition: pickY(1)},
    {color: "red",
    type: "two",
```

```
    xPosition: xPositionRed,
    yPosition: pickY(1)},
   {color: "red",
    type: "three",
    xPosition: xPositionRed,
    yPosition: pickY(1)},
   {color: "red",
    type: "three",
    xPosition: xPositionRed,
    yPosition: pickY(1)},
   {color: "red",
    type: "bomb",
    xPosition: xPositionRed,
    yPosition: pickY(1)},
   {color: "red",
    type: "flag",
    xPosition: xPositionRed,
    yPosition: pickY(1)},
   {color: "blue",
    type: "one",
    xPosition: xPositionBlue,
    yPosition: pickY(0)},
   {color: "blue",
    type: "one",
    xPosition: xPositionBlue,
    yPosition: pickY(0)},
   {color: "blue",
    type: "one",
    xPosition: xPositionBlue,
    yPosition: pickY(0)},
   {color: "blue",
    type: "two",
    xPosition: xPositionBlue,
    yPosition: pickY(0)},
   {color: "blue",
    type: "two",
    xPosition: xPositionBlue,
    yPosition: pickY(0)},
   {color: "blue",
    type: "three",
    xPosition: xPositionBlue,
    yPosition: pickY(0)},
   {color: "blue",
    type: "three",
    xPosition: xPositionBlue,
    yPosition: pickY(0)},
   {color: "blue",
    type: "bomb",
    xPosition: xPositionBlue,
    yPosition: pickY(0)},
   {color: "blue",
    type: "flag",
    xPosition: xPositionBlue,
```

```
        yPosition: pickY(0)}
    ]
};
```

여기서는 유닛들이 나타날 수 있는 모든 세로 위치를 저장할 yLocations 배열을 정의한다. 그런 후 배열에서 임의의 인덱스를 가져와 해당 인덱스의 요소를 제거하고 그 값을 리턴한다. alignment 매개 변수는 양쪽의 유닛들이 지도의 각 테두리로부터 동일한 거리에 나타나도록 하기 위한 것이다. 이 매개 변수를 사용하지 않고 이 기능을 구현하고자 한다면 그나마 가장 나은 방법은 붉은 유닛과 파란 유닛을 위한 각각의 yLocations 변수를 선언하고 하나는 짝수만, 다른 하나는 홀수만 저장하는 것이다. 다음으로 붉은 유닛과 파란 유닛을 위한 xPositions 변수를 설정한다.

이 함수가 최종적으로 리턴하는 것은 유닛의 배열이다. 각 유닛에는 나중에 스프라이트를 결정할 때 사용할 수 있도록 색상과 종류를 문자열 값으로 대입한다. xPosition 변수는 각자의 색상이 지정된 xPosition 변수 값에 따라 달라지며 yPosition 변수는 pickY 함수에 의해 임의의 값이 대입된다. 이 속성 값을 대입하는 것은 각 유닛의 종류별로 반복되며 어떤 경우에는 한 유닛에 여러 번 실행되기도 한다.

서버의 코드를 변경했으면 서버를 재시작해야 변경 사항이 적용된다는 것을 기억하자.

실제로 페이지에 유닛을 그리는 역할은 클라이언트가 담당한다. 서버에서 원하는 만큼 처리와 준비를 할 수도 있지만, 어떤 경우에는 브라우저가 실제로 색상과 이미지, 텍스트를 렌더링하기도 한다. 그러려면 우선 socket.io 리스너가 place units 메시지를 받을 수 있도록 예제 10.8의 굵게 표시된 것과 같이 코드를 수정해야 한다. 이 코드는 앞서 작성했던 game.js 파일의 코드를 대체한다.

예제 10.8 서버의 place units 신호를 리스닝하기

```
var socket = io.connect('http://localhost:1234');
// socket.on('started', function(data){ 이 코드를 아래와 같이 변경한다.
socket.on('place units', function(units){
// console.log(data); 이 코드를 아래와 같이 변경한다.
placeUnits(units);

});
```

이 예제에서는 서버로부터 새로운 유닛들에 대한 정보를 얻어온다. 그런 다음 placeUnits 함수를 호출하여 units 배열을 순환하면서 지도에 각 유닛을 표시한다. 이제 예제 10.9에 있는 함수를 작성하자. 이 코드는 game.js 파일의 예제 10.8의 코드 바로 위에 작성한다.

예제 10.9 game.js 파일의 placeUnits 함수

```
var placeUnits = function(units){
  for(var i = 0; i < units.length; i++){
    var componentList = "2D, DOM, Mouse, " + units[i].color + "_" + units[i].type;
    var unit = Crafty.e(componentList)
        .attr('z',100)
        .areaMap([7,0],[8,0],[14,3],[14,8],[8,12],[7,12],[2,8],[2,3]);
    iso.place(units[i].xPosition,units[i].yPosition,0, unit);
  };
}
```

이 예제에서는 units 배열을 순환하면서 각 유닛을 위한 새로운 엔티티를 추가한다. 또한, 유닛의 색상과 종류를 유닛의 스프라이트 컴포넌트에 추가한다. z 인덱스를 100으로 설정한 이유는 유닛이 다른 유닛에 겹쳐지는 것은 괜찮지만 각 지도 타일의 z 인덱스보다는 위에 있어야 하기 때문이다. 그리고 마침표를 이용해서 연속적으로 호출하는 areaMap 함수에는 x와 y 좌표들을 매개 변수로 전달하여 스프라이트의 크기를 지정한다. 마지막으로 유닛들이 입체 지도에 규칙적으로 나타나므로 잔디 타일 상단의 경계에 나타나게 될 것이다.

모든 작업을 완료하고 서버를 재시작하면 페이지를 새로고침 할 때마다 유닛들이 새로운 좌표에 나타나게 된다. 그 결과는 그림 10.5와 유사하다.

The Web Game Developer's Cookbook

레시피: 유닛 이동하기

이제 보드 위에 유닛들이 나타났으므로 이들을 움직이게 해야 한다. 그러려면 두 개의 새로운 클릭 이벤트 핸들러를 추가해야만 한다. 두 개의 클릭 중 하나는 유닛을 위한 것이며 다른 하나는 타일을 위한 것이다. 처음으로 변경할 부분은 예제 10.10에 굵게 표시한 부분으로, game.js 파일의 setMap 함수에서 각 타일에 클릭 핸들러를 추가하는 부분이다.

예제 10.10   타일의 클릭 핸들러

```
var unitClicked = null;
var setMap = function(){
...
.bind("MouseOver", function() {
  this.addComponent("selected_grass");
  this.removeComponent("grass");
}).bind("MouseOut", function() {
  this.addComponent("grass");
  this.removeComponent("selected_grass");
}).bind("Click", function() {
  if(unitClicked){
    moveUnit(this);
  }
});
iso.place(x,y,0, tile);
```

그림 10.5 임의의 위치에 유닛이 나타난 지도의 모습

이번 예제에서는 setMap 함수 앞에 유닛이 클릭되었는지를 저장할 새로운 변수를 선언한
다. 그런 다음 setMap 함수 안의 굵게 표시한 부분에서 각각의 타일에 클릭 핸들러를 연
결하고, 만일 유닛이 클릭됐다면 moveUnit 함수를 호출하게 한다. 예제 10.11에서 굵게 표
시된 코드는 moveUnit 함수를 정의한 코드다. 이 코드를 unitClicked 변수와 setMap 함
수를 사이에 작성하자.

예제 10.11 moveUnit 함수의 정의

```
var unitClicked = null;

var moveUnit = function(place){
  var xDistance = Math.abs(unitClicked.x - place.x);
  var yDistance = Math.abs(unitClicked.y - place.y);
  var distance = Math.sqrt(Math.pow(xDistance, 2) + Math.pow(yDistance, 2)*4);
  unitClicked.tween({x: place.x, y: place.y}, Math.round(distance*3))
  unitClicked.addComponent(unitClicked.trueSprite);
  unitClicked = null;
};

var setMap = function() {
```

여기서는 unitClicked 변수에 저장된 위치에서 place 변수의 x 위치와 y 위치의 거리 사이
의 차를 구한다. place 변수는 우리가 unitClicked 변수에 저장할 유닛이 위치한 잔디밭이

다. 유닛 코드를 조정한 후에 place 변수에는 두 번째 유닛이 클릭된 위치를 저장하게 된다. 이제 선택된 지점 사이의 x와 y 거리를 구했으므로 피타고라스의 정리를 이용하여 두 지점 사이의 직선 거리를 구한다. 이때 y 컴포넌트에 4를 곱하는 이유는, 지도 데이터 배열의 크기가 가로보다 세로가 두 배나 크지만 실상은 높이가 너비의 1/2밖에 되지 않기 때문이다. 그런 뒤 tween 함수에서는 유닛이 가야할 위치의 좌표와 계산된 거리를 전달하면 이동에 필요한 동작을 수행하기에 적절한 밀리 초를 리턴해준다. 이 값에 3을 곱하면 이동이 조금 느려진다. 다음으로 unitClicked 변수에 저장된 원래 스프라이트를 복원한 뒤 unitClicked 변수에 null을 대입한다.

참고

이번 예제에서는 의도적으로 유닛이 이동할 거리에 3을 곱하여 이동이 조금 느려지게 만들었다. 대전 게임처럼 하나의 유닛을 컨트롤하는 게임인 경우에는 빠른 움직임이 필요할 것이다. 그러나 지금처럼 움직임을 조금 느리게 만들면 플레이어가 생각할 시간을 벌어줄 수 있기도 하거니와, 추적해야 할 다른 유닛들이 많기 때문에 이번 예제에서는 움직임을 느리게 하는 것이 효과적이다.

얼마나 많은 유닛을 얼마나 빨리 움직이게 할 것인지는 실험을 해봐야만 한다. 또는 유닛의 종류별로 이동 속도를 다르게 설정할 수도 있다.

다음으로 예제 10.12에서는 새롭게 향상된 placeUnits 함수의 코드를 보여준다.

예제 10.12   클릭과 이동 기능이 추가된 placeUnits 함수

```
var placeUnits = function(units){
  for(var i = 0; i < units.length; i++){
    var unitSprite = units[i].color + "_" + units[i].type;
    var componentList = "2D, DOM, Mouse, Tween, " + unitSprite;
    var unit = Crafty.e(componentList)
        .attr('z',100)
        .areaMap([7,0],[8,0],[14,3],[14,8],[8,12],[7,12],[2,8],[2,3]);
    unit.trueSprite = unitSprite;
    unit.bind("Click", function() {
      if(unitClicked){
        if(unitClicked !== this){
```

```
      moveUnit(this);
    };
  }else{
    this.removeComponent(this.trueSprite);
    this.addComponent('selected_box');
    unitClicked = this;
  };
});
iso.place(units[i].xPosition,units[i].yPosition,0, unit);
};
}
```

스프라이트를 표현하는 변수는 재사용해야 하기 때문에 컴포넌트 목록에 추가하기 전에 먼저 계산한다. 굵게 표시된 세 번째 줄의 코드에서는 trueSprite 변수에 unit 객체의 속성을 대입한다. 그런 다음 클릭 핸들러를 정의하고서 클릭된 유닛이 있고, 그 유닛이 현재 클릭된 유닛이 아니라면 해당 유닛을 현재 클릭된 유닛이 있는 위치로 이동한다. 유닛이 아직 클릭되지 않았다면 trueSprite 변수를 selected_box 스프라이트로 바꿔서 클릭된 유닛이 상자처럼 보이게 한 후 클릭된 유닛을 unitClicked 변수에 대입한다.

이제 스프라이트가 주변을 이동할 수 있게 되었으므로 몇몇 유닛을 클릭해서 이동시켜보자. index.html 파일을 브라우저에서 실행하면 그림 10.6과 같은 화면을 보게 될 것이다. 다시 말하지만 서버를 재시작하는 것을 잊지 말기 바란다.

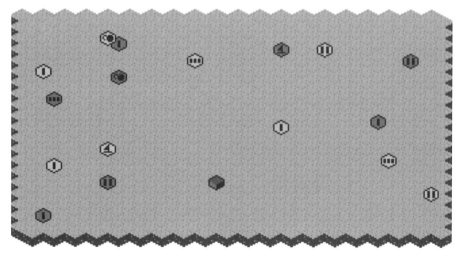

그림 10.6 유닛이 이동 중인 모습

The Web Game Developer's Cookbook

레시피: 플레이어별 제어 및 표시

이제 서로 다른 색상의 타일이 지도 위를 돌아다니는 게임이 만들어졌다. 지금 상태는 마치 건물을 지을 때 보기 흉한 골격만 있는 상황이어서 남들이 그렇게 생각하지 않게 하려면 게임을 더 좋게 만들거나 아니면 더 보기 좋은 스프라이트를 사용해야 한다. 우리는 첫번째 옵션을 선택해서 각 플레이어들이 각자 색상의 유닛을 조종하는 기능을 추가하고 유닛에 표시된 값(I, II, III 폭탄, 깃발 등)을 다른 색상으로 가리도록 해보자.

server.js 파일이 가장 기본이므로 여기서부터 코드를 수정해보자. 지금까지는 서버나 보드를 초기화하는 용도로만·사용했다. 그러나 이번 레시피에서는 조금 더 많은 역할을 맡길 것이다. 예제 10.13의 굵게 표시된 코드를 placeUnits 함수와 연결 핸들러 사이에 작성하자.

예제 10.13 게임방과 플레이어 속성

```
var playerId = 0;
var playerColor = function(){
  return (!(playerId % 2)) ? "red" : "blue";
}
var roomId = function(){
  return "room" + Math.floor(playerId / 2);
}
var units;
var io = require('socket.io').listen(1234);
```

먼저, playerId 변수에 기본 값으로 0으로 지정한다. 이 값은 매번 연결이 맺어질 때마다 증가될 것이다. 그런 다음 짝수 플레이어는 붉은 색으로 설정하고 홀수 플레이어는 파란색으로 설정한다. 다음으로 각 플레이어가 각자의 게임방을 가질 수 있도록 하는 두 번째 함수를 정의한다. 여기서 사용한 Math.floor 함수 덕분에 매번 두 명의 플레이어가 같은 게임방에 들어갈 수 있다. 마지막으로 units 변수를 정의하여 처음 지정된 값을 두 번째 플레이어가 게임방에 합류할 때 덮어 쓸 일이 없도록 한다.

다음으로 server.js 파일의 연결 핸들러의 코드를 예제 10.14의 굵게 표시된 코드로 변경하자.

예제 10.14 연결 핸들러 수정하기

```
var io = require('socket.io').listen(1234);
io.sockets.on('connection', function (socket) {
  socket.playerColor = playerColor();
  socket.roomId = roomId();
  var player = {id: playerId,
              color: socket.playerColor,
              room: socket.roomId }
  socket.emit('initialize player', player);
  socket.join(socket.roomId);
  if(!(playerId % 2)){
    units = placeUnits();
  };

  socket.emit('place units', units);

  socket.on('update positions', function (data) {
    socket.broadcast.to(socket.roomId).emit('update enemy positions', data);
  });
  playerId = playerId + 1;
  socket.on('disconnect', function () {
    socket.broadcast.to(socket.roomId).emit('user disconnected');
  });
});
```

이 코드에서는 우선 현재 소켓 연결 시에 사용할 색상과 게임방 ID를 결정한다. 그런 후이 속성들을 player 객체에 추가하고 initialize player 메시지를 연결된 클라이언트 소켓에보내고, 다음 줄에서는 join 함수에 현재 게임방 ID를 전달해서 방에 입장한다. socket.io모듈의 이 같은 게임방 기능은 연결된 클라이언트 중에 일부에게만 메시지를 보내는 방법중 하나다. 다음으로 클라이언트가 짝수 번호로 연결되어 있으면 유닛의 위치를 초기화한다. 플레이어는 매번 새로 그릴 때마다 매번 달라진 유닛의 위치를 보게 될 것이다. 그리고나면 update positions 메시지에 대한 핸들러를 생성한다. 이 메시지를 받으면 다른 플레이어에게 (브로드캐스트 매커니즘을 이용하여)update enemy positions 메시지를 보내고 새로운 적의 위치를 전달한다.

다음으로 game.js 파일을 수정할 차례다. 우선, placeUnits 함수부터 수정해야 한다. 예제 10.15의 굵게 표시된 코드를 살펴보자.

예제 10.15   수정된 placeUnits 함수

```
var placeUnits = function(units){
  player.units = [];
  player.enemyUnits = [];
  for(var i = 0; i < units.length; i++){
    var unitInfo = units[i];
    var controllable = unitInfo.color === player.color;
    if(controllable){
      unitSprite = unitInfo.color + "_" + unitInfo.type;
    }else{
      unitSprite = "selected_box";
    }
    var componentList = "2D, DOM, Mouse, Tween, " + unitSprite;
    var unit = Crafty.e(componentList)
          .attr('z',100)
          .areaMap([7,0],[8,0],[14,3],[14,8],[8,12],[7,12],[2,8],[2,3]);
    unit.controllable = controllable;
    unit.trueSprite = unitSprite;
    unit.xPosition = function(){
      return this.x;
    };
    unit.yPosition = function(){
      return this.y;
    };
    unit.bind("Click", function() {
      if(unitClicked){
        if(unitClicked !== this){
          moveUnit(this);
        };
      }else{
        if(this.controllable){
          this.removeComponent(this.trueSprite);
          this.addComponent('selected_box');
          unitClicked = this;
        };
      };
    });
    iso.place(unitInfo.xPosition, unitInfo.yPosition, 0, unit);
    if(unit.controllable){
      player.units.push(unit);
    }else{
      player.enemyUnits.push(unit);
    }
  };
}
```

이번 예제에서는 먼저 units와 enemyUnits 배열 변수를 선언한다. 첫 번째 배열은 이 플레이어가 어디로 움직여야 하는지에 대한 정보를 서버에 전달할 때 사용한다. 두 번째 배열은 서버로부터 데이터를 돌려받았을 때 다른 플레이어의 위치를 처리하기 위해 사용한다. 다음으로 unitInfo 변수를 배열의 원소를 참조하기 위해 사용한다. 그리고 controllable 변수에는 플레이어의 색상과 유닛의 색상이 일치하는지 여부가 저장된다. 이 두 색상이 일치하면 플레이어는 유닛의 값을 볼 수 있다. 그렇지 않다면 그저 상자처럼 보일 것이다.

controllerble 변수를 unit의 속성에 대입했기 때문에 이 값은 현재 범위를 벗어나도 참조할 수 있다. 마찬가지로 xPosition 함수와 yPosition 함수도 unit 객체의 속성처럼 대입했기 때문에 나중에 다시 참조할 수 있다. 그러나 이 값들은 변경될 것이므로 단순한 변수만으로는 충분하지 않다.

클릭 핸들러 안에서는 첫 번째 클릭('이동'을 위한 클릭이 아니라 '선택'을 위한 클릭)을 지원하기 위한 새로운 조건을 추가했다. 플레이어가 현재 유닛을 제어할 수 없다면 선택조차 할 수 없게 된다. 따라서 이 조건이 controllable 변수가 true가 되기 위한 두 번째 조건이 된다. 첫 번째 조건은 플레이어가 유닛의 값을 볼 수 있는지에 대한 여부다.

그런 다음 플레이어가 타일의 위치를 지정하면 이후부터는 x와 y 위치를 위해 배열 인덱스를 참조하지 않고 unitInfo 변수를 대신 참조한다. 마지막으로 유닛이 제어가 가능한지 여부에 따라 units 배열과 enemyUnits 배열에 추가한다.

이제 서버와의 통신을 수행하는 코드를 수정하자. 새로 추가된 코드는 굵게 표시했지만 거의 모든 코드가 새로 작성되었다. 안전을 위해 예제 10.16의 place units 핸들러부터 이후의 모든 코드를 대체하자.

예제 10.16   위치 수정을 위한 서버와의 통신

```
var socket = io.connect('http://localhost:1234');
socket.on('place units', function(units){
  placeUnits(units);
  var updateInterval = 1000/Crafty.timer.getFPS();
  setInterval(function(){
    socket.emit('update positions', player.unitsWithLimitedData());
  }, updateInterval);
});
socket.on('update enemy positions', function(enemies){
  player.updateEnemyPositions(enemies);
```

```
  });
  socket.on('initialize player', function(playerData){
    player = playerData;
    player.unitsWithLimitedData = function(){
      unitsToReturn = [];
      for(var i = 0; i < this.units.length; i++){
        unitsToReturn.push({x: this.units[i].x, y: this.units[i].y});
      }
      return unitsToReturn;
    };
    player.updateEnemyPositions = function(enemies){
      for(var i = 0; i < this.enemyUnits.length; i++){
        this.enemyUnits[i].x = enemies[i].x;
        this.enemyUnits[i].y = enemies[i].y;
      }
    };
  });
  socket.on('user disconnected', function(){
    alert("상대방이 페이지를 새로고침했거나 연결이 끊어졌습니다. 새로운 방에 입장하려면 페이지를
➡새로고침하세요.");
  });
}; //파일의 끝
```

먼저, 주 프레임 비율에 맞추어 setInterval 함수가 초당 50 프레임씩 실행되도록 조정하였다. 마치 루프같은 이 코드가 실행되면 플레이어가 제어하는 유닛의 x와 y 좌표를 서버에 전달한다. 그 다음에는 적의 위치를 수정하기 위한 핸들러를 정의한다.

그 다음으로 initialize player 핸들러를 정의한다. 이 핸들러는 처음 두 핸들러에서 사용할 변수를 설정한다. player 변수는 서버로부터의 데이터를 토대로 설정된다. 다음으로 unitsWithLimitedData 함수를 정의하는데 이 함수는 플레이어가 제어 중인 각 유닛의 x와 y 좌표를 서버에 전달한다. 그 뒤로 updateEnemyPositions 함수를 정의하고 있는데 이 함수는 unitsWithLimitedData 함수와는 반대 역할을 하는 함수다. 이 함수는 서버로부터의 데이터에 따라 적의 위치를 수정한다.

마지막 메시지 핸들러에서는 적 플레이어가 연결이 끊어졌을 때 현재 플레이어에게 그 사실을 알리는 역할을 담당한다.

이제 서버를 재시작하고 두 개의 창을 로드하면 혼자서도 이 게임을 할 수 있다. 주의할 것은 다른 브라우저 탭이 아니라 다른 브라우저 창을 열어야 한다는 점이다. 탭을 이용하면 브라우저가 제대로 업데이트되지 않는다.

지금은 개발과정에서 코드를 수정하고 있지만 만일 지금처럼 두 개의 클라이언트와 동작 중인 서버가 있는 스테이지 환경이라면 서버를 재시작함으로써 갑자기 연결이 끊어지게 된다. 물론, 경고 창을 통해 어떤 브라우저 창을 새로고침해야 하는지 알 수 있겠지만 그래도 헷갈린다면 아래의 절차를 따르도록 하자.

1. 서버를 종료한다.

2. 소켓으로 연결된 브라우저 창의 페이지를 새로고침하거나 페이지를 변경한다. 그러지 않으면 연결된 클라이언트가 자동으로 재연결되어 생각지도 않은 데이터가 흘러 들어오게 된다.

3. 서버를 재시작한다.

4. 페이지를 새로고침하여 클라이언트가 서버에 다시 연결되도록 한다.

만일 양쪽 플레이어의 창을 위 아래로 겹쳐본다면 그림 10.7과 같은 화면을 보게 될 것이다. 또한, 서버가 동작하는 동안 터미널의 출력은 그림 10.8과 같다.

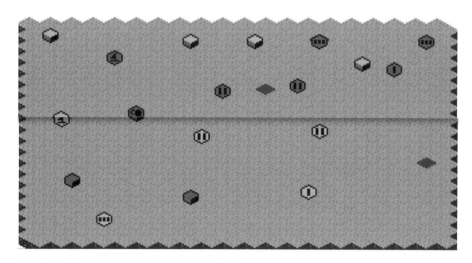

그림 10.7 두 명의 플레이어가 실행 중인 게임

그림 10.8   socket.io 서버의 터미널 출력

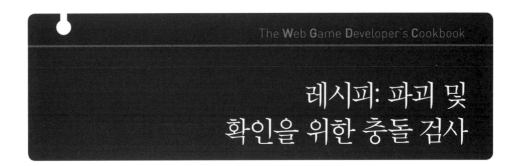

자, 우리가 생각했던 것들을 거의 다 구현했다. 이제 남은 한 가지는 유닛들이 서로를 공격할 수 있도록 만드는 것이다. 이 기능을 구현하기 위해서 서버에서 변경할 코드는 없다. 이미 정의된 메시지 종류에 따라 적당히 처리하면 된다.

game.js 파일의 시작 부분에 두 개의 새로운 컴포넌트를 먼저 추가해야 한다. 예제 10.17의 굵게 표시된 코드를 추가하자.

예제 10.17 새로 추가한 컴포넌트

```
window.onload = function() {
  Crafty.init();
  Crafty.c("blue");
  Crafty.c("red");
```

이 컴포넌트들을 추가한 이유는 crafty.js 엔진이 컴포넌트를 기반으로 충돌을 검사하기 때문이다. 더 구체적인 컴포넌트를 연결할 수도 있지만 그러려면 더 긴(그리고 더 느린) 코드가 필요하다.

예제 10.18에 굵게 표시한 코드는 placeUnits 함수를 수정한 코드다.

예제 10.18 game.js 파일의 placeUnits 함수를 수정한 코드

```
var placeUnits = function(units){
  player.units = [];
  player.enemyUnits = [];
```

```
  for(var i = 0; i < units.length; i++){
    var unitInfo = units[i];
    var controllable = unitInfo.color === player.color;
    unitInfo.trueSprite = unitInfo.color + "_" + unitInfo.type;
    if(controllable){
      unitSprite = unitInfo.color + "_" + unitInfo.type;
    }else{
      unitSprite = unitInfo.color + "_box";
    }
    var componentList = "2D, DOM, Mouse, Tween, Collision, " + unitInfo.color + ", "
➥+ unitSprite;
    var unit = Crafty.e(componentList)
         .attr('z',100)
         .areaMap([7,0],[8,0],[14,3],[14,8],[8,12],[7,12],[2,8],[2,3])//(no ";" )
         .collision([7,0],[8,0],[14,3],[14,8],[8,12],[7,12],[2,8],[2,3]);
    unit.controllable = controllable;
    unit.trueSprite = unitInfo.trueSprite;
    unit.xPosition = function(){
      return this.x;
    };
    unit.yPosition = function(){
      return this.y;
    };
    unit.hiding = true;
    unit.alive = true;
    unit.color = unitInfo.color;
    unit.type = unitInfo.type;
    unit.bind("Click", function() {
      if(unitClicked){
        if(unitClicked !== this){
          moveUnit(this);
        };
      }else{
        if(this.controllable){
          this.removeComponent(this.trueSprite);
          this.addComponent(this.color + '_box');
          unitClicked = this;
        };
      };
    });
    var collidesWithColor = (unit.color === "blue" ? "red" : "blue");
    unit.onHit(collidesWithColor, function(e){
      this.hiding = false;
      e[0].obj.hiding = false;
      if(this.type === "one"){
        if(e[0].obj.type === "one" || e[0].obj.type === "two" || e[0].obj.type ===
"three"){
          this.alive = false;
        };
      }else if(this.type === "two"){
        if(e[0].obj.type === "two" || e[0].obj.type === "three" || e[0].obj.type ===
"bomb"){
          this.alive = false;
```

```
          };
      }else if(this.type === "three"){
        if(e[0].obj.type === "three" || e[0].obj.type === "bomb"){
          this.alive = false;
        };
      }else if(this.type === "bomb"){
        if(e[0].obj.type === "one"){
          this.alive = false;
        };
      }else if(this.type === "flag"){
        if(e[0].obj.type === "one" || e[0].obj.type === "two" || e[0].obj.type ===
 "three"){
          this.alive = false;
        };
      }
    })
    iso.place(unitInfo.xPosition,unitInfo.yPosition,0, unit);
    if(unit.controllable){
      player.units.push(unit);
    }else{
      player.enemyUnits.push(unit);
    }
  };
}
```

이번 예제에서는 unitSprite 변수와 trueSprite 변수가 동일한 것이라고 간주하기보다는 둘을 구분하여 trueSprite 변수가 참조하는 객체를 unit 객체 내에 유지함으로써 나중에 적을 표시할 수 있도록 했다. 또한, (selected_box를 사용하지 않고) 스프라이트의 색상을 통해 숨겨진 박스의 스타일을 결정한다. 컴포넌트 목록에는 (간단히 충돌을 검사하기 위한)색상과 Collision 객체를 추가했다. collision 함수에는 areamap 함수에 클릭 가능한 유닛을 지정하기 위해 사용했던 것과 동일한 방법으로 충돌이 발생할 수 있는 지점의 목록을 전달한다. 또한, 유닛에 hiding과 alive 속성을 추가하여 유닛의 상태를 업데이트하고 다른 플레이어에게 유닛의 상태에 대한 정보를 전달할 수 있게 되었다. 이 속성들을 이용하면 적 유닛과 충돌한 것은 어떤 유닛이든 보이게 할 수 있으며 적 유닛과의 전투에서 패배하면 제거할 수 있게 되었다. color와 type 속성은 이 값들을 영구적으로 참조하기 위해 사용된다. 클릭 핸들러에서는 이 color 속성을 이용하여 유닛을 클릭할 때 어떤 색의 박스를 그릴 것인지를 결정한다.

다음으로, 충돌을 처리하기 위해 어떤 색상이 적인지를 결정한다. onHit 함수의 첫 번째 매개 변수에는 컴포넌트의 이름으로 사용한 색상을 전달하여 이 색상과의 충돌을 처리할 수 있도록 했다. 두 번째 매개 변수로 전달된 함수는 양쪽 유닛의 값을 보여지게 하고 각적 유닛의 종류에 따라 적당한 처리를 한다. crafty 엔진의 충돌 검사 코드에서 this는 충돌 검사 처리가 연결된 유닛을 참조하며 e는 충돌의 배열이다. 유닛의 종류는 이 배열의 첫번째 요소의 obj 속성을 통해 알아낼 수 있다. 이 값이 이 유닛을 공격할 수 있는 종류의 유닛 값이라면 해당 유닛을 제거된 상태로 표시한다.

placeUnits 함수에서는 서버에 보내고 받는 메시지를 수정해야 한다. place units 핸들러에서는 예제 10.19에 굵게 표시한 코드처럼 updateCasualities 함수를 호출하도록 수정한다.

예제 10.19   place units 핸들러를 수정한 코드

```
socket.on('place units', function(units){
  placeUnits(units);
  var updateInterval = 1000/Crafty.timer.getFPS();
  setInterval(function(){
    socket.emit('update positions', player.unitsWithLimitedData());
    player.updateCasualities();
  }, updateInterval);
});
```

이 파일을 마지막으로 변경했을 때처럼 예제 initialize player 핸들러에도 10.20의 굵게 표시한 코드를 추가하자.

예제 10.20   initialize player 핸들러를 수정한 코드

```
socket.on('initialize player', function(playerData){
  player = playerData;
  player.unitsWithLimitedData = function(){
    unitsToReturn = [];
    for(var i = 0; i < this.units.length; i++){
      unitsToReturn.push({x: this.units[i].x, y: this.units[i].y, hiding: this.units[i].
➥hiding, alive: this.units[i].alive});
    }
    return unitsToReturn;
  };
  player.updateCasualities = function(enemies){
    for(var i = 0; i < this.units.length; i++){
      if(this.units[i].alive === false){
        this.units[i].destroy();
      }
```

382

```
      };
    }
    player.updateEnemyPositions = function(enemies){
      for(var i = 0; i < this.enemyUnits.length; i++){
        this.enemyUnits[i].x = enemies[i].x;
        this.enemyUnits[i].y = enemies[i].y;
        this.enemyUnits[i].hiding = enemies[i].hiding;
        this.enemyUnits[i].alive = enemies[i].alive;
        if(this.enemyUnits[i].hiding === false){
          this.enemyUnits[i].addComponent(this.enemyUnits[i].trueSprite);
          if(this.enemyUnits[i].alive === false){
            player.markToDestroy(this.enemyUnits[i]);
          }
          if(this.enemyUnits[i].reallySuperDead === true){
            this.enemyUnits[i].destroy();
          };
        };
      }
    };
    player.markToDestroy = function(enemy){
      setTimeout(function(){
        enemy.reallySuperDead = true;
      }, 1000);
    }
});
```

처음으로 굵게 표시한 코드에서는 플레이어의 각 유닛의 hiding 속성과 alive 속성 값을 서버로 보내야 한다는 것을 알린다. 그런 다음, 예제 10.19에서 호출했던 updateCasualities 함수를 선언한다 이 함수는 적 유닛에게 패배한 플레이어의 유닛을 제거한다.

updateEnemyPositions 함수에서는 앞서 전달했던 alive 속성과 hiding 속성 값을 전달받는다. 만일 적 유닛이 숨겨지지 않았다면 실제 스프라이트를 그린 후 아직 살아있는지를 검사한다. 만약 이 유닛이 살아있지 않다면 제거될 유닛으로 표시하며, markToDestroy 함수는 1초를 기다린 뒤 reallySuperDead라는 속성 값을 설정한다. 만일 적 유닛에 reallySuperDead 속성 값이 설정되어 있으면 이 유닛은 제거된다. 이렇게 간접적으로 처리하는 이유는 유닛이 패배한 상대 유닛을 보이게 해서 플레이어가 나중에 복수할 수 있도록 하기 위함이다. 또한, 추가적인 정보와 함께 더욱 흥미진진한 게임이 되도록 하는 요소가 될 수도 있다. reallySuperDead라는 새로운 속성을 추가한 이유는 1초를 기다린 후 제거 대상을 표시하면 이 시간 동안 발생하는 다른 충돌은 에러가 발생하게 된다. 그러므로 reallySuperDead 변수는 이런 상황을 보호하기 위해 존재하는 것이다.

이제 게임이 완성되었다. 서버를 재시작하고 두 개의 브라우저 창을 별도로 실행하면 혼자서도 두명의 플레이어 역할을 할 수 있다. 상대방에 대한 확인과 공격을 반복하면 붉은 유닛을 플레이 하는 쪽의 화면은 그림 10.9와 같을 것이다.

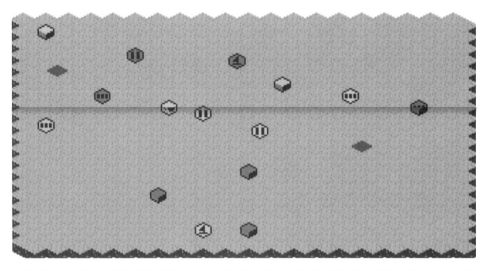

그림 10.9   게임이 진행 중인 화면의 모습. 파란 유닛 중 III 유닛이 위쪽 섹션에서는 원래 모습이 보여지는 것을 볼 수 있다.

The Web Game Developer's Cookbook

요약

이번 장에서는 네트워크 기반의 2인 플레이어용 RTS 게임을 crafty.js, node.js 그리고 socket.io 모듈을 이용해 구현했다. 이번 예제를 통해 crafty 엔진의 컴포넌트/엔티티 시스템에 대해 알아볼 수 있었으며, 서버를 사용할 때의 복잡함이나 고려 사항에 대해서도 알게 되었다. 또한, 노드 패키지 관리자에 대해서도 알 수 있었다.

crafty 엔진은 이번 장에서 소개하지 못한 다양한 기능들을 제공하기 때문에 해당 엔진에 대해 더 자세히 알고 싶다면 상당한 시간과 노력이 필요하다. 이 엔진의 저장소와 시간 관리 기능, 2D 수학 유틸리티, 그리고 컴포넌트/엔티티 시스템의 추가 기능과 장면 관리 기능 등, 전체 API를 학습하려면 상당한 시간을 소모될 것이다. 게다가 craftycomponents.com 에서 제공하는 (현재) 16개의 플러그인들을 활용하여 게임을 더욱 개선할 수 있다. 이 중 RTS를 구현할 때 도움이 될 만한 하나는 AStar 플러그인이다. 이 플러그인은 유닛이 직선으로만 이동하는 것이 아니라 임의의 방향으로 이동하게 해준다. ASter 플러그인을 사용하면 지도에 구멍이나 장애물이 있을 때 단순히 목적지를 클릭하기만 해도 유닛이 가능한 가장 빠른 길을 찾아 이동하는 기능을 구현할 수 있다.

완벽한 기능의 RTS는 이 외에도 많은 기능들을 구현해야 한다. 다행히 그런 기능 중 상당 부분은 다른 장에서 다루지 않았던 것들 보다는 개발하기가 크게 복잡하지는 않다. 모든 유닛이 움직이기는 하지만 RTS 게임들은 대체로 잠시 머무를 수 있는 '건물'의 개념을 제공한다. 유닛과 건물은 주로 체력을 가졌으며 이들을 공격하면 시간이 지날수록 체력을 줄여나갈 수 있다. 전투의 복잡도를 증가시키는 체력 개념과 더불어 유닛들이 넓은 영역에 영향을 미치는 공격 등 다양한 공격을 시도하게 만들 수도 있다. 대부분의 경우 유닛들은 구매 및 업그레이드가 가능하기 때문에 특정 종류의 유닛을 통해 수집할 수 있는 통화(또는 여러 종류의 통화) 개념이 도입되기도 한다.

이번 장에서는 게임의 네트워크 기능 등을 포함한 다른 기능들도 살펴보았다. 플레이어가 게임을 시작할 때 서버에 자동으로 연결되지 않고 '게임 로비' 개념을 도입하여 플레이어가 상대하고 싶은 다른 플레이어를 선택할 수 있도록 구현했다. 물론, 플레이하는 동안 대화 창을 열어 플레이어끼리 대화가 가능하도록 만들어도 된다. 또는 2인 플레이어 모드 뿐만 아니라 1인 플레이 모드를 통해 인공지능의 적과 플레이하는 모드를 추가해도 좋다.

CHAPTER **11**

레벨업

이 책을 거의 마무리한 것을 축하한다. 그리고 이 책을 읽어 준 것에 대해 진심으로 감사한다. 이번 장은 읽지 않고 건너 뛰고 싶다면 그래도 무방하다. 필자도 그런 경험이 있다. 그러나 필자는 이 지점으로 돌아온 사람을 위해 이야기를 풀어 나갈 것이며 이 책을 다 읽으면 여러분도 다시 돌아오게 될 것이다.

이번 장에서는 게임을 구현하지는 않는다. 즉, 매우 짧다는 뜻이다. 그렇다고 해서 게임을 만들어 보는 것이 끝났다는 의미는 아니다. 이번 장에서는 지난 10개의 장에서 다루었던 내용들을 정리하고, 여러분이 만들 게임의 수준을 높이기 위한 내용들을 소개한다.

The Web Game Developer's Cookbook

지금까지 어떤 것들을 해왔을까?

지금까지 해왔던 것들을 한번 정리해보자. 우리는 지금까지 각기 다른 자바스크립트 라이브러리를 이용해서 구현할 수 있는 서로 다른 장르의 게임들을 10개의 장에 걸쳐 살펴보았다. 이제 여러분은 만들고자 하는 게임을 작은 단위의 문제로 쪼개어 해결할 수 있는 방법을 깨우쳤을 것이다. 또한 스프라이트, 충돌, 시차 등 게임을 구현하는데 필요한 용어들에 대해서도 알았을 것이고 브라우저, 텍스트 편집기, 터미널, 자바스크립트 콘솔, 게임 장르 그리고 게임 엔진 등의 도구들 중 여러분이 선호하는 것들을 선택할 수도 있게 되었다. 어쩌면 선호하는 삼각 함수가 생겼을지도 모르겠다. 선입견을 가질 필요는 없지만 많은 사람들은 기능이 검증된 것들을 선호한다. 소프트웨어를 만드는데 있어 특정 도구를 선호한다면, 이는 아마도 여러분이 가치를 느끼는 어떤 것을 그 도구를 통해 만들어 낼 수 있기 때문일 것이다.

편하게 사용할 수 있는 기본적인 도구와 절차를 갖추는 것 외에도 초중급 수준의 HTML, CSS 그리고 자바스크립트에 대해 학습했다. 많은 사람들이 HTML5의 캔버스가 제공하는 기능으로 알고 있는 대화형 게임에서의 CSS3 활용법이나 로컬 저장소 API 등에 대해서도 시간을 할애하여 살펴보았다. 또한, 이제 이런 기능들이 실제로는 HTML이 아니기 때문에 (마케팅 용어로서의)'HTML5'의 일부일 뿐 (기술적으로는)HTML5가 아니라는 것도 알게 되었다.

이제 어떤 것들을 해야 할까?

지금까지 우리는 10가지 장르의 게임을 다루었지만 세상에는 그보다 더 많은 게임 장르가 존재한다. 지금까지 만들었던 게임들을 '템플릿'으로 생각하고 게임을 어떻게 하면 스프라이트나 복제, 프레임률, 레이어, 이벤트, 장면, 인벤토리, 충돌, 지도, 엔티티 등으로 쪼갤 것인지에 대해 생각해 낼 수 있어야 한다. 그렇게 할 수 있다면 심지어 다른 장르의 새로운 게임을 만든다 하더라도 기능은 다르지만 지금까지 이미 해왔던 작업들과 크게 다르지 않을만큼 구현할 수 있을 것이다. 어떤 장르는 지금까지 해왔던 것과 상당히 비슷한 것들도 있다. 예를 들어 슈팅 게임을 90도 회전하면 상하 스크롤 슈팅 게임이 된다. RTS게임의 스프라이트를 변경하고 보다 복잡한 규칙들을 적용하면 NES 스타일의 축구 게임이 될 수도 있다. '장르'라는 말보다는 어디까지나 특정 기능이 있을 뿐이다. 현재 HTML5에서 다루지 않은 것은 게임을 엄청나게 복잡하게 만드는 오디오와 3D 기능이다.

새로운 장르의 게임을 만들고 싶다면 그렇게 하면 된다. 그리고 오디오와 3D가 다루기 어렵다는 필자의 의견이 틀렸다는 것을 증명하고 싶다면 정말 훌륭한 생각이다. 장르와 더불어 이미 구현한 게임에 새로운 기능을 추가할 수도 있다. 필자는 각 장의 요약에서 보다 흥미로운 기능들에 대해 제안해 두었으므로 이런 기능들을 직접 구현해볼 수도 있을 것이다. 또한, 한 게임에 다른 게임을 넣어보거나 서로 연결할 수도 있다.

기능과 장르 외에도 이 게임들은 품질이 다소 떨어지며 보기에는 그다지 좋지 않다고 말할 수도 있다. 하지만 지금보다 매력적인 게임이 되지 못한다면 아무런 메시지도 주지 못할 것이기에 게임은 매력적이어야 하며, 이 게임이 아니면 경험할 수 없는 것들을 사람들에게 제공할 수 있어야 한다.

지금까지 만든 게임들에서 부족한 또 다른 점은 너무 경망스럽거나, 불필요하게 엉뚱하지 않은 캐릭터나 느낌이 없다는 점이다. 이런 것들을 만들 수 있는 쉬운 방법은 여러분의 경험을 활용하는 것이다. 여러분이 만들지 않는다면 그 어떤 게임도 여러분의 시각에서 만들어질 수 없다. 제대로 된 도구(이 책에서 만들었던 게임 템플릿을 포함해서)만 있다면 게임이란 것이 만들기에 어렵지만은 않다는 것을 기억하기 바란다. 이 책 전체를 읽고 이해했다면 잘 쓰여진 연애편지나 음악 CD, 카드 따위를 사는 것보다는 누군가를 위한 맞춤 게임을 구현하여 선물하는 것도 가능하다.

완전히 다른 방향에서 보면 여러분의 기술을 사용하여 펜트하우스의 발코니에서 시가를 피워대는 욕심많은 자본가가 있을 수도 있다. 이런 부류의 사람들은 다른 사람들이 자기들을 더 좋아하도록 그들의 웹 사이트에 사람들을 묶어두고 싶어한다. 그리고 그러기 위해서는 사람들을 재미있게 해주어야 한다. "우리는 홈페이지를 통해 사람들에게 게임을 제공할 수 있습니다! 그렇게 하면 다음 분기 매출이 14% 향상될 것입니다!"라는 것이 그들이 주로 하는 말이다. 따라서 이것도 하나의 옵션이 될 수 있다.

청중에 집중하는 대신 더 많은 게임을 만드는 것 이상의 동기 부여를 위해 여러 가지 원하는 것들을 학습하는 방법도 있다. 게임을 빨리 만들고 싶다면 작고 유사한 게임들을 가능한 빨리 만드는 연습을 반복하면 된다. 자고로 사람은 어떤 일에 경험이 풍부할 때 특별해진다. 만들고 버리기를 수백 번 해보라. 그리고 새로운 종류의 게임을 선택해서 똑같은 일을 해보라. 여러분이 연습한 기술이 가치를 만들어 낸다면 그때부터 더 이상 버리지 않아도 된다.

어떤 사람들은 완벽한 것 한 가지를 만들기 위해 몇 년의 시간을 할애하기도 한다. 이것도 나쁘지는 않으나 자칫 위험할 수도 있다. 완벽한 것을 만들기 위해서는 계속해서 비전을 가져야 하며, 같이 일하는 사람에게도 비전을 심어주고, 산만해져서도 안되며, 여러분이 목표한 것을 가능하게 만드는 것이라면 그것이 무엇이든 끝까지 신뢰해야 한다. 그렇지 못하면 더 이상 그 일을 할 수 없다. 때로는 그렇게 해서 브레이드(Braid) 같은 게임이 만들어지기도 한다.

또한, 기술적인 면에서 수백 번씩 같은 게임을 만들거나, 한 번에 완벽한 게임을 만드는 것과 더불어 기술적인 영역의 지식을 갈고 닦아야 한다. 여전히 자바스크립트, 브라우저, 혹은 여러 가지 종류의 게임을 만드는데 직접적으로 활용할 수 있는 기술들에 대해 더 배워야 할 것들이 많이 있다. 그러나 예술, 음악, 전기, 작문, 비즈니스, 심리학 등 게임 개발에 관련된 다른 기술을 배움으로써 그 범위를 넓혀나갈 수도 있다.

게다가 게임 디자인은 그 자체만도 매우 대중적으로 연구되는 분야다. 이 영역은 일부 기술 분야에 대해서 깊게 공부하기도 하지만, 별로 관련이 없는 분야들을 한데 모아 학생들에게 자신들의 게임 아이디어를 다른 대중과 소통하기 위한 기본 소양으로 소개한다. 게임 디자인에 대해서는 제시 쉘(Jesse Schell)이 저술한 "The Art of Game Design"이라는 훌륭한 저서가 있다. 이 책은 게임에 대한 플레이테스팅(Playtesting), 균형을 유지하는 방법, 그리고 재미를 부여하는 방법 등을 가르치는 책이다. 그리고 여러분이 볼만한 다른 리소스에 대해서는 부록 C "리소스"를 참고하기 바란다.

여러분이 어떤 길을 가든지, 심지어 5년간 동굴에 틀어박혀 코드만 작성하는 길을 간다 해도 다른 사람이 있어야 한다. 여러분이 스스로 하지 않는다면 디자이너, 아티스트, 프로그래머, 저자, 프로듀서, 작곡가, 플레이테스터 등 많은 사람들의 역할이 필요하다. 또한, 설령 여러분이 이 모든 것들을 처리할 수 있다 하더라도 여러분을 집중하게 만드는, 방해하는, 믿어주는, 그러면 안된다고 말해주는, 더 잘할 수 있을 것 같다고 생각하며 격려해주는, 그런 사람들이 필요하다. 그리고 같은 이유로 그들이 여러분을 필요로 하면 여러분도 그런 사람이 되어 주어야 한다. 정리하자면 여러분이 할 수 있는 만큼 여러분 주변에 많은 사람들을 유지해야 한다. 그것이 게임보다 훨씬 재미있다.

자바스크립트 기초

자바스크립트에 대한 경험이 충부하지 않다면 이번 부록을 통해 이 책을 읽는데 필요한 최소한의
지식을 갖출 수 있다. 다른 개발 언어에 대한 경험 덕분에 자바스크립트 코드를 쉽게 읽을 수 있다
하더라도 자바스크립트의 기본 문법에 대한 참고 사항으로서 유용할 것이다. 이 부록이 자바스크
립트의 개념 전체나 이 책에서 사용한 일부 개념들을 모두 설명하고 있지는 않지만, 이 부록에서
다루는 기본적인 용어와 구조를 이해한다면 나머지 장들을 읽는데 큰 무리가 없을 것이다. 이 책에
서 다루는 대체 구문과 번안들은 책 안에서도 실제 활용되는 것들이다. 만약 이해가 어려운 부분
들이 있으면 이 곳에서 기본적인 문법들을 다시 확인하기 바란다.

The Web Game Developer's Cookbook

자바스크립트 API의 주요 형식

API는 애플리케이션 프로그래밍 인터페이스(Application Programming Interface)의 약자로 사용하는 프로그래밍 언어의 문맥 내에서 여러분이 활용할 수 있는 것들을 의미하는 말이다. 특정 함수나 변수에 접근이 가능한지 궁금하다는 것은 사용 가능한 API가 제공되는지가 궁금하다는 것과 같은 의미다. API의 탐색과 이해를 돕기 위해 문서들이 제공되기에, 이 문서를 통해 무엇을 어떻게 사용할 수 있을지 알 수 있다. 종종 이런 문서들은 여러분이 사용하는 파일과 함께 제공되기도 하고, 어떤 경우에는 온라인으로 공개되기도 하며, 또 어떤 경우에는 텍스트 편집기나 터미널 프로그램 같은 부수적인 형태로 제공되기도 한다. 이런 방법들은 서로 혼용되기도 하고, 때로는 제공된 문서가 단지 다른 형태의 문서를 감싼(예를 들면 온라인 문서) 형태이기도 하다.

자바스크립트에서는 총 4가지 형태의 API가 제공된다.

네이티브 API

이것은 대부분의 사람들이 자바스크립트를 자바스크립트라고 여기게 하는 기본적인 기능들이며 게임이나 기타 여러 프로그램들이 작성되는 기본적인 블록이기도 하다. 이 부록에서는 숫자나 함수, 배열 및 변수 등 기본적인 것들에 대해 설명하고 있지만, 전체적으로 참고하고자 한다면 모질라 개발자 네트워크(Mozilla Developer Network, http://developer.mozilla.org)를 참고하기 바란다.

구현 API

자바스크립트는 여러 가지 브라우저에서 구현하고 있으며, 브라우저가 아닌 형태로 구현된 것들도 많다. 노드를 커맨드 라인에서 실행하면 window 같은 브라우저 객체들은 사용할 수 없다. jQuery나 캔버스 요소, 로컬 저장소, 혹은 브라우저 기반 자바스크립트 기능들을 이용할 때는 브라우저에 '구현된(Implemented)' 자바스크립트를 사용하는 것이다. 마찬가지로 커맨드 라인에서 노드의 특정 기능을 호출하는 것은 그것에 구현된 API를 사용하는 것이다. 브라우저별 차이점이나 의존성에 대해 정확한 설명이 필요하다면 마찬가지로 모질라 개발자 네트워크를 참고하기를 권한다.

라이브러리 API

라이브러리, 패키지, 혹은 '어디선가 가져온 소스' 등 뭐라고 부르던 간에 외부 유틸리티 프로그램들과는 어떤 방법으로든 교류를 하게 된다. 이렇게 패키지와 가능한 상호 작용을 'API'라고 한다. 자바스크립트에서는 대부분 외부 라이브러리는 하나의 파일로 구현되지만 테스트와 빌드 스크립트, 이미지, CSS 등을 포함하기 위해 더 복잡한 구조를 가질 수도 있다. 최신의 오픈 소스 도구는 훌륭한 도구와 잘 디자인된 API를 가지고 있지만, 그것을 지원하는 커뮤니티가 발생하기 전까지는 문서화 수준이 형편없는 경우가 있다. 프로젝트의 소스 코드를 읽어 보면 그 안에 어떤 것이 구현되어 있으며 여러분의 프로젝트에 필요한 것인지를 충분히 알 수 있다. 그런데 이 책에서 사용한 모든 게임 엔진은 오픈 소스이며 github에 저장되어 있다. 그 코드들을 보다 자세히 알고 싶다면 그들의 github 페이지에 방문하여 문서화나 버그 보고, 새 기능의 구현 등에 참여하면 된다. 부록 C에서 소개하는 많은 코드 기반 리소스들은 github 페이지(Box2D의 경우에는 구글 코드 페이지)에 연결되어 있다. 참고로 이전에는 프로젝트마다 소스 코드에 대한 링크를 가진 웹 사이트를 가지고 있었다.

여러분의 API

프로그램을 개발할 때는 그 프로그램에 대한 인터페이스를 구성하여 사용한다. 함수를 작성하거나 변수를 선언할 때마다 이런 것들이 사용 가능한 도구의 목록, 혹은 다른 말로 API가 된다. 이 함수들을 호출하거나 변수들을 참조할 때마다 여러분은 자신의 API를 사용하는 것이다. 사실 여러분이 코드를 작성한다는 것을 제외하면 라이브러리 API와 완전히 동일하다.

여러분의 API를 구성하는 방법에 있어 자바스크립트로 프로그램을 작성하는 가장 손쉬운 방법은 어떤 것(주로 함수나 변수 같은 것들)에 그 효과나 정보들을 연상할 수 있는 의미있는 이름을 부여하고, 자세한 것은 나중에 채우는 방식이다. 한편으로는 다소 모순처럼 들리겠지만 문제를 작은 조각으로 나누는 것 역시 또 다른 중요한 접근 방법으로, 이 두 가지 방법 사이의 균형을 잘 맞추는 것이 기본이다. API를 구성하고 프로그램을 만드는 것 역시 정확하게 동일한 일이나 단지 바라보는 관점이 다를 뿐이다. 그것은 여러분이 만든 프로그램 뿐만 아니라 다른 사람의 프로그램도 마찬가지다.

코드 라인(Line of code)이라고 부르기도 하는 구문(statement)은 자바스크립트에서 가장 기본적인 작업 단위다. 가장 기본적으로는 구문은 한 줄로 이루어지며 세미콜론으로 끝난다. 만일 한 줄 이상의 구문을 한 줄에 작성하고 싶다면 다음과 같이 같은 줄에 세미콜론을 계속 입력하면 된다.

```
x = "한 줄짜리 구문";
y = "한 줄에"; z = "여러 줄"; zz = "의"; zzz = "구문이"; zzzz = "있는 경우";
```

The Web Game Developer's Cookbook

변수

자바스크립트의 변수는 나중에 사용할 정보를 저장하는 하나의 방법이다. 이들은 주로 var 키워드 다음에 나오며 이 키워드는 변수가 선언된 함수의 범위(Scoped) 내에서만 사용이 가능하다. 그렇지 않은 변수들은 전역(Global) 변수로서 프로그램의 어느 곳에서든지 접근이 가능한 변수다. 전역 변수는 간혹 문제가 될 수도 있는데 그 이유는, 실수로 같은 이름을 두 번 사용할 수도 있기 때문이다. 대규모 시스템에서는 다른 사람들이 같은 이름을 사용할 수도 있다. 그렇게 되면 여러분이 작성한 변수를 덮어서 여러 가지로 난해한 결과들을 만들어 낼 수 있으므로 변수를 선언할 때는 var 키워드를 사용하자.

변수는 반드시 다음과 같이 선언해야 한다.

```
var myVariableName;
```

이렇게 변수를 선언한 뒤 34212 값을 대입하려면 등호 기호를 대입 연산자로 사용하면 된다.

```
var myVariableName = 34212;
```

나중에 프로그램에서 이 변수의 값을 다른 어딘가에서 바꾸고자 할 경우에는, var 키워드만 사용하지 않으면 된다. 이 키워드는 초기화에만 사용된다.

이 책에서는 다양한 범위의 변수명을 사용한다. 알파벳 문자(또는 시작 문자만 아니라면 숫자)를 사용하는 것이 가장 표준화된 변수다. 자바스크립트에서 변수는 capitalizedLike-This처럼 소문자로 시작하며, 새로운 단어는 대문자로 표기하는 캐멀케이스(camelCase)로 작명하는 것이 표준이다. (CSS를 포함한)다른 언어에서는 언더스코어 문자를 이용하여 underscores_like_this처럼 스네이크 케이스(Snake_case)를 사용하기도 한다. 이것은 프로그램이 동작하기 위해 반드시 지켜져야 하는 것은 아니고 단지 규칙일 뿐이다.

프로그램에 텍스트를 삽입할 때는 그냥 원하는 것을 쓰기만 해서는 안 된다. 해석기는 여러분의 텍스트를 사용 가능한 API로서 해석하려고 시도한다. 해석기에게 여러분이 입력한 것이 텍스트이며 어딘가에 전달될 수 있고, 출력될 수 있으며, 사람이 읽을 수 있는 것이라고 말해주고 싶다면 따옴표로 둘러싸야 한다. 어떤 경우에는 큰 따옴표(")를 사용하기도 하고 어떤 경우에는 작은 따옴표(')를 사용하기도 한다. 이 기호들을 문자열 안에서 사용하려면 서로 다른 따옴표를 사용하거나 아니면 따옴표 앞에 백슬래시(/)를 붙여서 '이스케이프' 문자로 표기해야 한다.

프로그래밍에서 숫자는 크게 정수와 실수, 두 가지 종류가 있다. 정수는 소숫점 부분이 없으며 실수는 소숫점 부분이 있다. 자바스크립트 해석기를 계산기처럼 사용하기 위해 다양한 산술 연산을 수행하고자 한다면 기본적인 산술연산 (+, -, *, /) 뿐만 아니라 Math 라이브러리를 활용해야 한다. 예를 들자면 15를 얻기 위해 다음과 같은 코드를 작성할 수 있다.

```
5 * 2 + 8 - 3;
```

여기서 한 가지 알아둘 것은 + 연산자다. 이 연산자를 숫자 사이에서 사용하면 두 숫자를 더한다. 그러나 만약 두 문자열 사이에 이 연산자를 사용하면 두 문자열을 결합한다. 따라서 "hello" + "world"는 "helloworld"가 된다. 문자열에 (별다른 생각없이)숫자를 더하면 그 후로 20분 정도는 왜 프로그램이 제대로 동작하지 않는지 궁금해하며 보내게 될 것이다.

배열은 어떤 데이터의 목록을 만들기 위한 것이다. 이 목록은 숫자, 문자열, 다른 배열, 객체, 함수 등이 될 수 있다. 새로운 배열을 선언하려면 콤마로 구분된 '요소'들의 배열을 대괄호로 묶은 문법을 사용하면 된다.

```
var myArray = ["이것이 첫 번째 값", 3, 1, 64, "이것이 마지막 값"];
```

또한, 배열에서 특정 위치를 지정하여 값을 조회하거나 (0으로 시작하는)인덱스를 지정할 수 있다. 예를 들어 첫 번째 값이 무엇인지 알고 싶다면 다음과 같이 코드를 작성하면 된다.

```
myArray[0];
```

또는 세 번째 요소에 다른 값을 넣고 싶다면 다음과 같이 작성하면 된다.

```
myArray[2] = "여기에 다른 값을 넣는다.";
```

배열이 얼마나 긴지 확인하려면 다음의 코드를 사용한다.

```
myArray.length;
```

자바스크립트 함수는 여러 가지 방법으로 선언할 수 있지만 주로 다음과 같은 방법으로 선언한다.

```
function(parameter1, parameter2){
  //여기에 함수 몸체를 구현한다.
};
```

이 코드는 두 개의 매개 변수(인수라고도 한다)를 가진 함수를 정의한다. 매개 변수는 변수와 유사한 제약사항을 가진다. 두 개의 슬래시를 가진 줄은 주석(Comment)이라고 하며, 해석기는 주석을 무시한다. 다음 예제는 기본적이면서도 실제로 동작하는 함수다.

```
var addition = function(parameter1, parameter2) {
  return parameter1 + parameter2;
};
```

변수명 addition에 함수를 붙이면 이 이름을 통해 호출할 수 있다. return 키워드가 없으면 이 함수 내에서 이후에 발생하는 일에 대해 알 수가 없다. 그저 undefined 값을 리턴할 뿐이다. 그것이 어떤 의미인지 이해하려면 다음과 같이 함수를 호출해보면 된다.

```
addition(5, 7);
```

이 함수는 12를 리턴한다. 그러면 이 값을 출력하거나, 변수에 대입하거나, 함수 내에서 계속 사용해도 된다.

객체는 어떤 것들의 목록을 저장한다는 점에서 배열과 비슷하다. 그것을 보다 유연한 개념으로 만드는 것은 숫자로 된 인덱스가 아니라 여러분이 객체를 정의한 키와 값의 쌍으로 저장한다는 점이다. 객체는 중괄호로 둘러싸고, 각 키와 값 사이에는 콜론이 있으며, 각 키와 값의 쌍 사이에는 콤마가 있다. 다음 예를 보자.

```
var myObject = {value1: "hello", value2: 4343, anotherKey: 2, lastKey: 34};
```

이 값을 설정하고 참조하려면 배열처럼 괄호 문법을 사용하면 된다. 이때 숫자로 된 인덱스 대신 키 이름을 사용한다.

```
myObject[value2];   //이 값은 4343과 같다.
```

또한, 다음과 같이 마침표를 사용해도 된다.

```
myObject.value2;   //이 값도 4343과 같다.
```

한 가지 더 알아두어야 할 것은 객체의 값이 함수가 될 수 있다는 점이다. 함수를 객체의 '속성'으로 만들고자 한다면 이 함수를 '메서드'라고 부를 수 있다. 다음 예제를 보자.

```
var myObject = {firstValue: function(){
                //함수의 기능을 여기에 구현한다.
                },
                regularProperty: 4};
```

이 메서드 또는 함수를 호출하려면 myObject.firstValue()처럼 코드를 작성하면 된다.

The Web Game Developer's Cookbook

조건문

때로는 값이 같은지 혹은 어느 한쪽이 다른 것보다 큰지를 알아야 할 때가 있다. 이런 것들을 알려면 조건문에서 비교 연산자(<, >, ===, !==)를 사용하면 된다. 그 기본적인 문법은 다음과 같다.

```
if(x < y){
   //x가 y보다 작을 때 실행할 코드를 여기에 적는다.
};
```

이 구문을 다른 형식으로도 적을 수있다. if/else 형식으로 한 번 살펴보자.

```
if(x === y){
   //x와 y가 같으면 실행될 코드를 작성한다.
}else{
   //x와 y가 다를 때 실행될 코드를 작성한다.
}
```

if/if else/if else.../else 형식은 다음과 같이 작성할 수 있다.

```
if(x === y){
   //x와 y가 같을 때 실행될 코드를 작성한다.
}else if (x > y){
   //x가 y보다 클 때 실행될 코드를 작성한다.
}else{
   //그 외의 경우에 실행될 코드를 작성한다.
}
```

비교 연산자는 true 또는 false로 표현되는 불리언 값을 리턴한다. 자바스크립트에서는 모든 불리언 값은 '참으로 취급할 수 있는' 값을 가진다. 일반적으로 false, null, undefined, 빈 문자열 "", 0, 그리고 NaN을 제외한 나머지는 true로 취급된다. 앞서 비교 연산자를 이용해서는 무엇이든 비교할 수 있고 if 조건문은 그 참/거짓 여부를 곧바로 판단해줄 것이다.

예를 들어 다음과 같은 코드도 작성할 수 있다.

```
if (5) {
  // 5는 true와  같으므로 이 곳의 코드가 실행된다.
};
```

간혹 프로그램을 작성하다보면 여러 번에 걸쳐 완전히 똑같거나 아주 조금 다른 작업을 반복하게 되는 경우가 있는데, 이런 경우에는 반복문을 사용하면 된다. 기본적인 for 구문은 다음과 같다.

```
for(var i=0;i < 7; i++){
  //이 곳의 코드는 7번 실행된다.
};
```

변수 i는 0부터 시작하는 루프 카운터다. 괄호 안의 두 번째 부분은 조건 탈출 식이다. 여기서는 루프 카운터 변수의 값이 7보다 작은 동안에만 코드가 반복 실행된다. 세 번째 부분은 루프를 한 번 실행할 때마다 카운터 변수에 1을 더한다.

다른 반복문도 있지만 사실 이 반복문이 가장 일반적으로 사용된다.

The Web Game Developer's Cookbook

주석

때로는 여러분 자신이나 다른 사람을 위해 작성한 코드에 첨언을 남기고 싶은 경우가 있을 것이다. 이를 종이에 쓰거나 메일을 보낸다 하더라도 다음에 코드를 볼 때 함께 볼 수 없다면 그다지 도움이 되는 방법은 아니다. 이런 경우에는 '주석'을 쓰면 된다. 주석은 코드에 해석기가 무시할 수 있는 문장을 작성하는 것이다. 부록에서 사용된 몇몇 예제 코드를 보면 아래와 같이 생긴 구문을 볼 수 있을 것이다.

```
//슬래시로 시작하는 이 문장이 주석이다.
➡3 + 5; // 이 부분도 주석으로 처리된다. 그러나 "3+5"는 동작한다.
```

또한, 다음과 같은 형식으로 여러 줄을 주석으로 처리할 수도 있다.

```
/* 여러 줄 주석은
슬래시와 애스터리스크로
구성된다. */
```

품질 관리

만일 코드가 제대로 동작하지 않는다면 몇 가지 이유가 있을 것이다. 어떤 경우에는 단어를 잘못 입력했을 수도 있고, 두 함수의 이름이 섞여 있는 경우도 있을 것이다. 아니면 라이브러리를 로드 하는 것을 깜박 했을 경우도 있다. 또 어떤 경우에는 다른 부분이 실행되기 전에 코드의 일부가 예상치 못하게 실행되는 경우도 있을 것이다. 이 모든 것을 버그라고 하며 우리들의 코드에서 몰아내야만 한다.

The Web Game Developer's Cookbook

브라우저의 디버깅 도구들

많은 프로그래밍 언어들은 개발자의 실수를 컴파일 타임에 미리 잡아낸다거나 런 타임 환경에서 왜 문제가 발생했는지에 대해 상세한 정보를 제공한다. 자바스크립트가 훌륭한 점 중 하나는 개발을 시작함에 있어 특별한 장비를 준비할 필요가 없다는 점이다. 그저 텍스트 편집기와 브라우저만 있으면 된다. 반면, 별로 좋지 않은 것은 기본적인 개발 환경(텍스트 편집기와 브라우저)이 여러분이 자바스크립트로 뭔가를 만들려고 하는 프로그래머라는 사실에 별 관심이 없다는 것이다.

소스 보기는 현재 페이지의 HTML 코드를 보여주는 가장 간단한 도구다. 그러나 별로 보기 좋지도 않고 편집도 할 수 없지만 때로는 편리할 때가 있다.

하지만 보다 쉽게 개발을 하거나, 적어도 가능하게끔 해주는 다양한 도구들이 존재하며, 어떤 것들은 숨겨져 있기도 하고 어떤 것들은 조금 고생을 해야 사용할 수 있는 것들도 있다. 기본적으로 브라우저는 여러분이 고양이 사진이나 볼 것이라고 예상하고 만들어진 물건이기 때문에 아주 명확한 도구를 제공하지는 않는다. 파이어폭스 브라우저에서는 파이어버그(Firebug) 애드온을 반드시 설치해야 한다. 이 애드온은 getfirebug.com에서 다운로드해서 설치할 수 있다. 크롬 브라우저의 경우에는 이미 브라우저에 도구가 설치되어 있지만 사용법을 배우려면 developers.google.com/chrome-developer-tools를 방문하는 것이 도움이 될 것이다.

개발자 도구들은 유사한 기능을 제공한다. 이런 도구들을 이용하면 현재 페이지를 구성하는데 사용된(HTML, CSS, 그리고 자바스크립트) 파일을 살펴볼 수 있다. 그리고 페이지 상에 존재하는 요소들이 서로 어떻게 연결되어 있는지 확인할 수 있는 DOM 검사기(DOM Inspector)도 제공된다. 또한, 네트워크 검사기는 이 페이지를 완전히 표시하기까지 액세스한 모든 URL을 보여준다. 가장 중요한 것은 자바스크립트 콘솔(해석기)을 제공한다는 점이다.

이 콘솔을 이용하면 변수를 선언하고 함수를 호출하는 등 프로그래밍 환경에서 할 수 있는 모든 것이 가능하다. 특히 한 줄의 코드를 실행하기에 가장 적합하나, 프로그램을 실행하고 싶다면 전체 파일을 가져오는 것이 가장 좋은 방법이다. 콘솔에 입력한 스크립트나 구문이 올바르지 않으면 콘솔은 에러 정보를 표시한다. 사람들이 '자바스크립트를 싫어하는' 경우는 콘솔의 장점을 제대로 활용하지 못하고 결국 감으로 개발해야 한다고 생각하기 때문이다.

콘솔을 사용하는 대신 몇몇 사람들은 "alert" 구문을 이용하여 브라우저에서 자바스크립트를 디버깅한다. 즉, 다음과 같은 코드를 사용한다.

```
alert("이렇게 하면 경고창이 나타난다");
```

아마 여러분도 특정 코드에 접근이 가능한지 살펴보기 위해 가끔씩 이 방법을 사용할 것이다. 피드백 루프(Feedback Loop)는 정말이지 답답해서 페이지를 로드하고 코드가 실행되거나 혹은 실행되지 않으면 다시 코드를 살펴보는 식이다. 그러나 이렇게 변수의 값을 출력해보면 피드백 루프를 놀랍도록 지연시켜 그다지 힘들지 않은 일로 만들 수 있다. 다음 코드를 살펴보자.

```
alert(myObject);
```

이 구문을 실행한 결과는 그림 B.1과 같다.

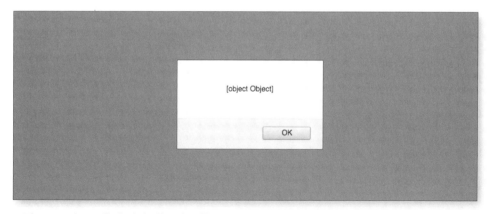

그림 B.1 별로 도움이 되지 않는 경고 창

이것은 객체가 로드된 것은 알 수 있지만 그 객체가 어떤 것인지는 전혀 알 수 없으므로 별로 도움이 되지 않는다. 여러분이 알고 있는 도구가 이 경고창 뿐이라면 변수의 이름이나 배열의 인덱스 등을 예측할 수밖에 없어 원하는 답을 얻기 전까지는 매번 코드를 수정하고 다시 객체를 살펴보는 일을 반복해야만 한다.

조금 더 나은 방법은 console.log(myObject) 코드를 이용하여 객체(그리고 조금 더 상세한 정보)를 콘솔에 출력해보는 것이다. 이렇게 하면 클릭을 통해 속성과 자식 객체들을 쉽게 살펴볼 수 있다. 약간 조작같기는 하지만 또 다른 옵션은 보고 싶은 변수(혹은 구문)를 전역 변수(var 키워드를 떼어 버리면 된다)에 대입하는 것이다. 그런 다음, 변수를 대입한 코드에서 변수 자체를 살펴보면 된다. 이 방법은 부록 A "자바스크립트 기초"에서 언급한 전역 변수 문제를 발생시킬 수 있기 때문에 그렇게 좋은 방법은 아니다. 또한, 나중에 반드시 제거해야 하기 때문에 개발자 도구는 다른 옵션을 제공해준다.

일단 다 멈춰! 중단점(breakpoint)이 바로 이런 역할을 한다. 여러분은 스스로 (이 변수가 뭔지 잘 모르겠네. 라던가 이 루프가 10번 실행되나 11번 실행되나? 처럼)가물가물한 코드가 몇 번째 줄인지 알고 있다. 여기에 중단점을 설정하면, 콘솔을 통해 자바스크립트에 설정한 중단점이 영향을 받는 바로 그 지점에서 코드를 실행해볼 수 있다. 따라서 'thisThing 변수가 무엇인지' 알고싶다면 그저 콘솔에 console.log(thisThing); 이라고 입력하면 된다. 또는 doSomething 함수를 실행했을 때 어떤 일이 일어나는지 알고싶을 경우에는 doSomething(); 이라고 입력하기만 하면 된다.

노드 런타임 환경처럼 브라우저가 아닌 환경에서는 코딩 표준에 보다 가까운 도구들을 사용할 수 있다. 파일이나 일련의 코드를 노드 프로그램이나 터미널에서 실행하면 오류가 발생한 곳에서 오류 정보를 얻을 수 있다. 브라우저와 달리 이런 환경에서는 검사기가 개발 환경 도구보다 우선하지 않는 경향이 있다.

The **Web Game Developer's Cookbook**

테스트

부록 A에서는 조건문에 대해 약간의 언급이 있었다. 여러분이 작성한 코드를 테스트하는 것은 어떠한 값이, 어떤 문맥 내에서, 다른 값과 어떤 관련이 있는지를 증명하는 과정이다. 이런 테스트들은 '누군가 이 버튼을 클릭하면 페이지에 강아지가 나타나야 한다' 같은 고수준의 증명일 수도 있고 '이 함수가 실행되면 x 변수의 값은 5가 되어야 한다'라는 저수준의 코드 증명이 될 수도 있다.

테스트의 가치는 코드와 계약을 정하는 것이다. 그런 후 만약 (또는 누군가가)여러분의 코드에 이 계약에 어긋나는 변경을 가했다면 무언가 잘못됐다는 것을 쉽게 인지할 수 있다.

QUnit은 "이 기능이 내가 말한대로 동작하는가?" 같은 형식의 테스트를 수행하는 가장 대중적인 프레임워크다. 이 프레임워크는 http://github.com/jquery/qunit에서 찾을 수 있다.

테스트의 다른 범주는 성능 테스트다. 브라우저 상에서 동작하는 게임에 있어 성능은 많은 것을 의미한다. 첫째로 웹 환경에서 일반적인 성능을 의미하는 "페이지 렌더링이 시작된 후 얼마의 시간이 지나야 사용자가 페이지를 볼 수 있는가" 같은 질문이나 "언제 모든 다운로드가 완료되는가?" 같은 질문에 대해서는 webpagetest.org에서 다양한 종류의 브라우저에 대해 테스트를 진행할 수 있다.

웹 게임의 경우 성능은 대부분 초당 프레임 수와 관련이 있다. html5rocks에는 이런 종류의 성능에 대한 훌륭한 기사가 있다. http://html5rocks.com/en/features/performance를 참고하기 바란다.

테스트를 보다 일반적인 범주로 확장해보면 알아둬야 할 몇 가지 도구가 더 있다. 그중 하나는 "JavaScript: The Good Parts"를 쓴 더글라스 크로포드(Douglass Crockford)가 개발한 JSLint이다. 이 도구는 여러분이 어떤 좋지 않은 기법을 사용했는가를 확인한다. 이 도구는 다른 여러 환경으로 포팅되고 있지만, 정확히 어떤 일을 하는지 알아보려면 그저 자바스크립트 코드를 복사한 다음, jslint.com 페이지에 붙여넣으면 된다.

코드가 (테스트에 작성해둔 대로)올바르게 동작하는지, 그리고 코드의 품질이 좋은지를 테스트하는 자동화된 방법도 존재한다. 하지만 이런 것들은 각자 서로를 참조하고 있어 여러분의 환경을 복잡하게 만들 수도 있다. 어떤 경우에는 '테스트'라는 것이 '도구의 활용'이 되기도 한다. 일반적으로 도구를 활용하는 것은 중요하다. 여러분의 도구, 편집기, 터미널, 프로세스를 알아야 궁극적으로 여러분의 코드를 통해 여러분이 뭔가를 빨리 만들고 수정할 수 있게 되는 것이다. 대부분의 개발자는 그들이 게임과 애니메이션의 개발에 사용하는 터미널 단축키부터 테스트 프레임워크에 이르기까지 그들의 환경과 사용하는 도구에 맞추어 주기적으로 빌드 과정을 개선한다.

반대로 도구의 사용은 (비록 테스트를 위해서라 하더라도)시간이 걸리며 제대로 이해하지 못하거나, 그 도구가 없으면 동작하지 못할 정도로 의존하게 되면 문제가 발생한다. 아마도 여러분은 모든 것이 코드를 통해 이루어지기를 원할 것이다. 그러나 도구는 여러분이 오래 걸리는 작업을 빨리 처리하게 할 수도 있지만, 별 것 아닌 일을 오래 걸리게 할 수도 있다. 도구를 사용하는데 있어서는 충분한 연습이나 개선을 고려하되, 그것을 사용하는 것이 목표가 되어서는 안 된다.

The Web Game Developer's Cookbook

더 나은 코드를 위한 협업

실력을 키우고 싶다면 커뮤니티에서 몇 명의 영웅을 고르면 된다. 필자가 여러분의 첫 번째 영웅이 되고 싶은 생각은 없으나 이 책과 함께라면 필자의 모임에 참여할 것을 권한다. 이 모임에는 책에서 사용하는 게임 엔진과 다른 도구들을 개발하는 모두가 포함되어 있다.

이런 슈퍼스타들을 한 번에 정리할 수 있는 취미나 전문성을 갖추고 있다면 여러분은 엄청난 행운아다. 컨퍼런스에 가서 이런 사람들의 강연을 듣고 지역 이벤트에 참여해 그들과 시간을 보내거나, 그들의 프로젝트에 참여할 수도 있다. 음악 산업에서 이것이 진실이라고 상상해보자. 이는 가수가 되고 싶어하는 모든 사람이 그들이 원하는 모든 CD에 백업 가수로 참여할 수 있는 기회를 얻는 것이나 마찬가지다.

필자가 다른 사람들의 시간을 허비하도록 강요할 수 있는 권리는 없지만, 많은 경우로 주어진 환경에서 자신들의 재주를 빌려주고 싶다는 의사를 가진 재능있는 사람들이 엄청나게 많다. 어떤 사람들에게 있어 이는 오픈 소스 프로젝트에 참여하거나, 관련된 정보를 찾는 것일 수도 있다. Github는 이런 종류의 교류를 위한 대중적인 곳이다. 어떤 프로젝트들은 구독 가능한 메일링 리스트를 가지고 있어 최신 소식을 계속해서 접할 수도 있다.

또한, 여러분이 직접 프로젝트나 커뮤니티를 시작하여 다른 사람들이 원하는 뭔가를 만들기 시작할 수도 있다. 많은 훌륭한 창조자들은 좋은 도구를 인정하기 때문에 당신이 뭔가 훌륭한 것을 만들어 낸다면 사람들은 그것을 사용하고자 할 것이다. 바로 이런 것들이 도구가 되고 게임이 되는 것이다.

당신의 도구와 API를 항상 최신 버전으로 유지하고 사람들을 알고 지내기 위해 코딩 동굴에서(나쁜 의도로 하는 말은 아니다. 필자도 동굴에 살고 있다.) 기어나오는 방법을 알고 있다고 해도 가끔은 막히고, 관련된 주제의 길을 모조리 찾아 읽으며 모든 최신 소식을 접해도 안 될 때가 있다. 그런 경우는 누군가 물어볼 사람을 찾아야 할 시점이다.

포럼에 따라 다소 분위기가 험악할 수도 있다. 메일링 리스트와 인터넷 릴레이 챗(IRC, Internet Relay Chat)에서는 환영받지 못할 수도 있다. 그러나 일반적으로 여러분의 질문이 얼마나 구체적이냐에 비례해서 도움의 손길들을 얻을 수 있다. "이 도구가 제대로 동작하지 않아요."라는 질문은 좀 더 구체적인 정보를 정중히 요구하는 답변을 받을 수도 있지만 대부분의 경우 무시당하거나 (공개적이며 지속적으로)조롱을 당할 수도 있다. 이크, 그런 꼴을 면하려면 우선 여러분과 같은 질문을 누군가 올린 적이 있는지 찾아보고 가능한 최대히 자세한 정보를 제공해야 한다. 필자는 간혹 "이런, 인터넷이 나를 완전 바보로 생각하기 시작했어." 같은 생각이 드는 순간이 있는데, 그 이유는 누군가 너무 뻔한 것을 물어봤기 때문이다. 물론, 그런 일이 있다해도 괜찮다. 여러분이 받은 피드백이 "이런 방법이나 저런 방법으로 좀 더 구체적인 정보를 주세요."라면 여러분이 아직 자신의 환경에서 무엇이 중요한지를 잘 모르고 있다는 뜻이다. 최악의 경우 누군가 예의없이 "더 찾아보셈." 같은 응답을 보냈다면, 그것은 포스트를 작성하기 전에 좀 더 검색을 해보거나 '설명서를 더 읽어 볼 것'이라는 의미다.

잘난 체 하는 것처럼 보일 수도 있겠지만 필자는 설명서를 더 읽어보라는 말을 오프라인 모임에서 딱 한 번 들어본 적이 있는데, 그 사람은 아주 뛰어나다거나 아주 능숙한 사람은 아니었다. 어떤 경우든 대부분의 사람들은 좋은 사람들이며 그 보다 더 많은 사람들은 더 좋은 사람들이다.

프로젝트 메일링 리스트와 IRC 외에도 코딩에 도움이 되는 몇 가지 포럼들이 있다. stackoverflow.com은 일반적인 질문들을 올릴 수 있는 매우 훌륭한 장소다. jsfiddle.net은 여러분의 코드를 실시간으로 다른 사람에게 보여줄 수 있는 좋은 방법을 제공한다. 마음이 넓은 사람들은 그 파일을 다시 수정해서 되돌려 보내줄 것이다.

사용 가능한 모든 개발 및 커뮤니티 도구들을 비롯하여 여러분이 공부할 의지가 있고 약간의 용기만 있다면 개발하는 과정에서 맞닥뜨리는 모든 문제들을 해결할 수 있을 것이다. 게임을 만들고 그것을 다른 사람의 손에 전달하는 것이 결코 쉬운 일만은 아니니 말이다.

게임을 만들기 위해 필요한 모든 것들에 대한 정보를 쉽게 찾을 수 있는 멋진 장소는 사방에 널려 있다. 이번 부록에서 정리한 리소스들로 무장하면 이 책에서 다루었던 것을 뛰어넘어 여러분이 스 스로 코드를 개선하는 방법을 찾는 데에 아무런 문제가 없을 것이다.

The Web Game Developer's Cookbook

게임 엔진

일부 게임 엔진은 다른 것들보다 평균적이어서, 어떤 것은 더 나은 커뮤니티나 더 나은 기능을 제공하기도 한다. 여기서 소개한 엔진들은 모두 놀라운 것들이지만 어떤 게임을 구현하느냐에 따라 적용할 수 있는 도구의 숫자가 결정된다. 핵심을 말하자면 이들은 단지 자바스크립트일 뿐이라 여러분이 만든 코드의 상당 부분이 (FPS의 레이캐스팅처럼)엔진의 기능을 사용하지 않는다면 필요한 기능만 가져다 쓰고 나머지는 여러분이 직접 만들 수 있다. 아니면 제1장 "퀴즈"에서 보여준 것과 같이 하나 이상의 엔진을 로드해서 필요한 기능을 골라 사용할 수도 있다.

- **kesiev.com/akihabara의 아키하바라(Akihabara)**

  이 엔진은 HTML5 게임의 가능성을 보여준 첫 번째 게임 엔진이다. 이 책에서 사용한 나머지 게임 엔진 중 일부는 설치와 사용이 쉽지만 이 엔진은 책에서 고전 장르에 속하는 게임을 만들 때 사용했던 아케이드 스타일의 형식을 채택하고 있다.

- **github.com/nornagon/atom의 아톰(Atom)**

  github에 똑같은 'atom'이라는 이름의 프로젝트가 있는데 혼동해선 안된다. 이 작은 게임 엔진은 개발자들에게 어떠한 가치를 주기 위해 많은 기능을 가질 필요가 없다는 것을 잘 보여준다. 이 엔진은 파티 게임에 주로 사용된다.

- **craftyjs.com의 크래프티(Crafty)**

  훌륭한 문서, 강력한 기능, 방대한 플러그인, 그리고 활동적인 커뮤니티 등 이 게임 엔진은 최고의 엔진 중 하나로 자리잡고 있다. 게다가 로고의 여우 꼬리는 마치 아주 괜찮은 그림붓같이 생겼다. 입체 지도 기능 덕분에 RTS 분야에서 견고한 위치를 확보하고 있다.

▨ easeljs.com의 이즐(Easel)

create.js 수트의 일부인 이즐 엔진은 캔버스를 바탕으로 한 훌륭한 API를 제공한다. 스스로를 게임 엔진으로 분류하지는 않지만 퍼즐 게임의 구현에 훌륭하게 활용할 수 있다.

▨ enchantjs.com의 인챈트(Enchant)

이 게임 엔진은 일본에서 가장 널리 사용되는 게임 엔진으로 트위터 통합 기능과 자체 배포 플랫폼을 가지고 있다. 여러분은 아바타 애니메이션 서버가 필요한가? 인챈트는 그것이 필요할 것이라 생각한다. 이 엔진은 모든 게임 엔진 중에서도 가장 놀라운 기능을 가지고 있는 엔진이다. 주로 RPG 영역에 사용된다.

▨ gamejs.org의 Game.js

게임 라이브러리인 Pythongame을 기초로 한 엔진으로 다른 언어로도 포팅되고 있다. 또한, 잘 만들어진 데모 페이지도 제공한다. 주로 대전 게임 개발에 사용된다.

▨ gamequeryjs.com의 게임쿼리(GameQuery)

이 게임 엔진이 이 목록에 등장한 것은 두 가지 이유 때문이다. 첫 번째 이유는 그 이름에서 알 수 있듯이 jQuery에 의존성을 가지며 그 자체를 확장하는 유일한 엔진이다. 두 번째 이유는 jQuery 통합에서 진일보 하여 캔버스가 아닌 DOM을 기반으로 한다는 점이다. 슈팅 게임에 자주 사용된다.

▨ jawsjs.com의 죠스(Jaws)

아톰만큼 작지는 않지만 이 엔진의 API는 인챈트나 크래프티처럼 무겁지 않다. 매우 잘 만들어 진 중량급 엔진이며 FPS를 제법 잘 지원한다.

▨ melonjs.org의 멜론(Melon)

이 게임 엔진은 엄청나게 많은 기능과 유용한 문서를 제공한다. 플랫폼 게임에 자주 사용된다.

The Web Game Developer's Cookbook

텍스트 편집기

어쨌든 우리는 코드를 작성하고 수정해야 한다. 다음으로 나열한 편집기 중에는 여러분이 선호하는 편집기가 있을 수도 있고, 아니면 이 목록에 없는 다른 것을 선호할 수도 있다. 선택할 수 있는 옵션은 많다. 이제 막 시작한다면 이 중 몇 가지를 사용해보고 하나를 고르기 바란다.

- **gnu.org/software/emacs의 이막스(Emac)**

    LISP 프로그래머를 위한 조작 기능 때문에 대학에서 특히 많이 사용하는 편집기다. 리눅스, 맥 그리고 Windows 운영체제에서 사용할 수 있다.

- **projects.gnome.org/geidt의 게디트(Geddit)**

    이 편집기는 'GNOME 데스크톱 환경을 위한 공식 텍스트 편집기'다. 즉, 리눅스 환경에서 많이 사용된다. 물론, 맥과 Windows 환경에서도 사용할 수 있다.

- **notepad-plus-plus.org의 노트패드++(Notepad++)**

    이 편집기는 Windows 전용이다. Windows 사용자들은 맥과 리눅스 사용자에 비해 선택할 수 있는 옵션이 그리 많지 않다. 간단하면서도 강력한 편집기다.

- **sublimetext.com의 서브라임 텍스트(Sublime Text)**

    상대적으로 새로운 편집기이며 훌륭한 기능들을 '세련되게' 제공한다. 많은 사람들이 좋아한다.

- **vim.org의 빔(Vim)**

    필자가 가장 좋아하는 텍스트 편집기다(옮긴이 역자도 가장 좋아한다). 처음 몇 년 동안은 사용하기 어려우나, 그 후에는 여러분의 일부가 될 것이다.

The **Web Game Developer's Cookbook**

브라우저

이 책의 예제 코드를 개발하는 동안 가장 많이 사용한 브라우저는 파이어폭스와 크롬이다. 둘 모두 각각 훌륭한 브라우저이며 현대 웹을 잘 지원하고 Windows, 맥, 그리고 리눅스 플랫폼을 모두 지원한다. 이 둘 외에도 오페라, 사파리 그리고 몇 가지 모바일 버전의 브라우저들도 괜찮은 것들이다. 그러나 인터넷 익스플로러는 이상한 점이 많으며, 현대 웹의 행보를 제때 맞추지 못한다. 여러분은 자신이 만든 게임을 플레이할 대상이 누구이고 어떤 기능이 필요한지에 따라 가능한 많은 브라우저를 대상으로 하거나 혹은 하나만 골라 지원해야 한다.

- **google.com/chrome의 크롬(Chrome)**

  이 책의 게임을 개발할 때 두 번째로 많이 사용한 브라우저다. 통상적으로 파이어폭스보다 빠르다.

- **mozilla.org/firefox의 파이어폭스(Firefox)**

  이 책의 게임을 개발할 때 주로 사용한 브라우저다. 크롬처럼 항상 빠른 것은 아니지만 매번 다른 기능과 다른 생태계를 경험할 수 있다.

The Web Game Developer's Cookbook

기타 도구들

게임 엔진은 아니지만 이 책의 게임을 만드는 동안 유용하다고 검증된 도구들을 모아봤다.

▣ **coffeescript.org의 커피스크립트(CoffeeScript)**

이 언어는 몇몇 사람들이 선호하는 자바스크립트로 컴파일되는 언어다. 살다보면 커피
스크립트를 사용하는 프로젝트를 만날 일이 있을 것이므로, 알아둬서 손해볼 것은 없
다. 이 책의 콘텐츠에서는 제 3장 "파티"에서 변환하기 전까지 atom.js는 atom.coffee로
시작된 프로젝트였다.

▣ **github.com/alexmic/filtrr/tree/master/filtrr2의 필터(Filtrr)**

FPS 게임에서 클릭하면 효과를 생성하는 기능을 구현할 때 사용한다.

▣ **getfirebug.com의 파이어버그(Firebug)**

파이어폭스 브라우저에 소스 살펴보기 및 자바스크립트 콘솔을 제공한다.

▣ **github.com/bartaz/impress.js의 임프레스(Impress)**

매우 훌륭한 프리젠테이션 도구다. 제2장 "대화형 게임"에서 대화형 스토리를 이야기할
때 가장 적합한 게임 엔진이다.

▣ **jquery.com의 제이쿼리(jQuery)**

효과 및 DOM 조작 기능을 위해 사용되는 자바스크립트 프레임워크다. 몇 개의 장에
서 사용되었다.

■ **modernizr.com의 모더나이저(Modernizr)**

기능의 지원 여부를 확인하는 프레임워크이며 브라우저가 원하는 기능을 제공하는지, 혹은 대체 기능을 제공하는지를 확인할 수 있게 해준다.

■ **nodejs.org의 노드(Node)**

제10장 "RTS"에서 사용했던 서버 측 자바스크립트 프레임워크다.

■ **npmjs.org의 NPM**

제10장에서 socket.io 모듈을 다운로드할 때 사용했던 노드 패키지 관리자다.

■ **zurb.com/playgroud/jquery-raptorize의 랩터라이즈(Raptorize)**

제2장에서 인상적인 피날레를 연출했던 jQuery 플러그인이다.

■ **socket.io의 Socket.IO**

RTS에서 실시간 통신을 위해 사용했던 인터페이스를 제공하는 NPM 패키지다.

■ **mapeditor.org의 타일드(Tiled)**

제5장 "플랫폼 게임"에서 스프라이트 레이어 및 충돌 레이어를 생성하고 엔티티를 배치했던 애플리케이션이다.

■ **github.com/jbrantly/yabble의 야블(Yabble)**

제6장 "대전 게임"에서 game.js 게임 엔진이 의존성을 가지고 있던 라이브러리다.

게임 아트 만들기/검색하기

The Web Game Developer's Cookbook

매우 훌륭한 게임 컨셉을 가지고 전체적으로 훌륭한 게임을 만들었는데 게임 아트가 제대로 지원되지 않는다면 여러분이 창조한 세상에 사람들을 초대하기는 꽤 어려울 것이다. 이번 섹션의 리소스들을 이용하면 게임을 위해 만들어진, 혹은 구매할 수 있는 여러 가지 게임 아트들을 찾을 수 있을 것이다.

■ Etsy (etsy.com/search?q=pixel)

재미있고 놀라운 픽셀 아트들을 찾을 수 있다.

■ gimp.org의 김프(Gimp)

그다지 훌륭한 픽셀 아트 창작 도구는 아니지만 포토샵과 유사한 무료 오픈 소스 도구다(무엇보다 모든 게임이 필자가 선호하는 Crica 1994 같지 않아도 된다).

■ inkscape.org의 잉크스케이프(Inkscape)

SVG 이미지를 생성할 수 있는 괜찮은 크로스 플랫폼 도구다.

■ opengameart.org의 오픈 게임 아트(Open Game Art)

이 곳의 대부분의 아트는 재수정 및 사용이 가능하지만 게임과 별개로 팔 수는 없다.

■ pickleeditor.com의 피클(Pickle)

필자가 찾은 가장 훌륭한 스프라이트 편집기이며 이 책의 모든 스프라이트를 제작하는데 사용되었다. 무료지만 한 번씩 9불 정도 기부를 요구한다. 소장 가치가 충분하다.

- **pixeljoint.com의 픽셀조인트(Pixel Joint)**

  꽤 괜찮은 수의 픽셀 아티스트들의 모임이 있다. 이미 알고 있을 수도 있지만 이 곳이 아닌 다른 곳에서 활동하는 사람을 본 적이 없다고 말할 수 있다. 아티스트들에게 무료로 게임에 사용할 이미지들을 만들어 달라고 하면 다소 공격적으로 나오겠지만 그것은 그들의 권리다.

- **spritedatabase.net의 스프라이트 데이터베이스(Sprite Database)**

  어떤 영감을 줄 만한 것을 찾고 있다면 복고풍의 게임에 어울릴 최고의 아트워크를 볼 수 있는 훌륭한 장소다. 대부분의 스프라이트는 저작권의 제한을 가지고 있어서 이 스프라이트들을 이용해 게임을 만든다면 엄청난 저작권료를 지불해야 할 것이다.

421

The Web Game Developer's Cookbook

데모 및 튜토리얼

필자는 나름대로 여러분이 쉽게 설치하고 문서를 찾아보며 쓸 만한 예제를 쉽게 찾을 수 있는 게임 엔진들을 선정하여 사용했기 때문에 이 책에서 만든 게임의 컨셉, 코드, 아트워크 등은 모두 어딘가에 원본이 있다. 일부 코드 샘플은 게임 엔진 만큼이나 원 제작자에게 귀속시킬 가치가 있는 것들이었다.

- melonjs.org/tutorial.index.html의 플랫폼 게임

- gamequeryjs.com/documentation/first-tutorial의 슈팅 게임

- dev.opera.com/articles/view/creating-pseudo-3d-games-with-html-5-can-1/ 의 FPS(DOM기반 레이캐스팅)

- developer.mozilla.org/en-US/docs/HTML/Canvas/A_Basic_RayCaster의 FPS (캔버스 기반 레이캐스팅)

- https://github.com/wise9/enchant.js/tree/master/examples/expert/rpg의 RPG 게임

본 책을 집필할 때 필자가 염두에 두었던 책들이 있지만 그 책들이 다루었던 주제들은 이 책의 범위를 벗어난다. 하지만 필자는 이 책들로부터 근본적인 기법들을 배울 수 있었다.

- **제시 쉘(Jesse Schell)의 ≪The Art of Game Design≫**

  이 책은 게임 디자인에 대해 여러분이 알아야 할 모든 것을 독특한 방법으로 다룬다. 이처럼 모든 질문에 답을 얻는 느낌을 받았던 책은 거의 없었던 것 같지만 적어도 The Art of Game Design은 그랬다.

- **더글라스 크로포트(Douglas Crockford)의 ≪JavaScript: The Good Parts≫**

  이 책은 매우 짧지만 깊이가 엄청난 책이다. 덕분에 많은 사람들이 단점에도 불구하고 자바스크립트가 괜찮은 언어라고 확신할 수 있었다. 이 책이 분수령이 되어 웹이 지금 의 영향력을 갖게 되었다고 해도 과언이 아니다.

- **팀 리트(Tim Wright)의 ≪Learning JavaScript≫**

  이 책은 중급 자바스크립트의 기초를 확실히 다루는 책이다. 최근 웹 기법과 더불어 브 라우저에서 자바스크립트 프로그램을 개발하면서 마주칠 수 있는 장점과 단점을 기품 있게 설명하고 있다.

- **애나 안트로피(Anna Anthropy)의 ≪Rise of the Videogame Zinesters≫**

  개인적이며 원초적으로, 일반적이지 않은 관점에서 인디 게임의 가장 취약한 부분인 디 자인의 가치에 대해 학습하고자 한다면 이 책이 적합하다. 이 책은 간단하든, 복잡하 든, 일반적이지 않든, 혹은 아주 개인적인 것이든, 메시지를 사람들에게 전달하는 가장 강력한 방법이 게임 개발이라고 생각하게끔 만드는 훌륭한 예시다. 그리고 게임을 통해 여러분이 자신만의 스토리를 발견하도록 강요하며 게임이란 어떤 것이어야 하고, 어떻게 만들어져야 하는지에 대한 여러분의 생각에 정면으로 도전한다.

The Web Game Developer's Cookbook

웹 사이트

본 책은 음악과 3D는 지나치게 복잡한 것으로 간주한다. 물론, 완전히 사실이라고 하기는 어렵지만 이 둘은 너무 복잡하며, HTML5 기반 게임을 만들 때 필요한 다른 것들과 마찬가지로 너무 빨리 변하고 있다. 다음의 목록은 너무 복잡하거나 문서화 하기에는 지나치게 빨리 변하는 주제들을 다루는 웹 사이트들의 목록이다.

■ **code.google.com/p/box2dweb/의 Box2D**

Web box2d는 실제에 가까운 2D 물리엔진을 적용한 게임을 구현하기에는 최상의 선택이다.

■ **caniuse.com의 Can I Use**

각 브라우저의 버전 별로 어떤 브라우저 기능(예를 들면 웹 오디오 API등)이 지원되는지를 표로 보여주는 사이트다.

■ **dailyjs.com의 데일리 JS(Daily JS)**

오늘(그리고 어제, 그리고 엊그제, 그리고 또 그 전날에도…) 자바스크립트에 어떤 멋진 일들이 벌어지고 있는지 알고 싶다면 이 사이트가 최고다. 타의 추종을 불허하는 품질의 포스트가 자주 올라온다.

■ **html5audio.org의 HTML5 오디오**

최신의 브라우저 오디오 기술을 다루는 블로그다. 웹에서 멋진 오디오를 지원하는 것 외에도 파이어폭스가 마침내 웹 오디오 API를 구현했다는 등의 큰 이벤트가 있으면 이곳에서 가장 먼저 알려준다.

■ **html5gamedevelopment.org의 HTML5 게임 개발**

HTML5 게임에 대한 모든 것을 다루는 사이트다. 커뮤니티에 관련된 모든 이슈와 도구에 대해 알고 싶다면 이 사이트는 환상적일 것이다.

■ **html5rocks.com의 HTML5 Rocks**

캐시(Cache)나 HTML5 기술이 브라우저에서 동작하는 방법과 같은 다른 밀리초 수준의 정보들이나 깊게 연구한 아티클이 필요하다면 이 사이트에서 찾아보기 바란다.

■ **mrdoob.github.com/three.js**

3D를 공부해보고 싶다면 이 사이트에서 시작하면 좋을 것이다. three.js는 WebGL의 API를 간소화한 것으로, 이 사이트가 제공하는 데모를 보면 어떤 놀라운 일을 할 수 있는지를 알 수 있게 될 것이다. 또한, three.js 제작자는 mrdoob.com에 놀라운 효과들을 적용하고 있다.

■ **tigsource.com의 TIGSource**

인디 게임 개발자 소식이나 다음 게임에 대한 영감을 얻고 싶다면 자주 들러야 할 좋은 사이트다.

찾아보기

ㅊ

ㅋ